会计信息化

——用友U8业财一体化应用

主 编　黄浩岚　历　丽

南京大学出版社

前　　言

本书按照“中国特色高水平高职院校和专业建设计划”的相关要求，以当今主流业务财务一体化系统之一的用友 U8 V10.1 为平台，以全面提高学习者业务财务一体化应用知识及技能为目标，从信息化相关岗位的职业能力要求出发，采用问题创设、事项驱动、实务导向等多种形式的教学模式，设计能够体现企业业务与财务相融合的信息化教学内容，以顺应企业信息化建设的新形势和会计职业发展的新变化。

本书共分为 6 个单元。第 1 单元主要是会计信息化认知，以及对用友 U8 业务财务一体化系统的简要介绍及其应用准备。第 2 单元至第 6 单元围绕着企业“业务＋财务”的实际工作流程，分别介绍了业财一体化系统的建立与管理、初始设置、日常管理、期末处理、报表处理等内容。每个单元均由若干个项目构成，每个项目又分解为若干个任务，每个任务均以问题引入，围绕实务案例，剖析技能要点，最后是完成任务的应用向导。

本书在编写过程中突出体现以下特点：

第一，实例丰富，注重实用性。配合用友 U8 V10.1 软件，本书以一个较为完整的企业案例贯穿于第 2 单元至第 6 单元，每个单元不是以某个系统为单位，而是围绕业务财务一体化集成应用的处理过程进行架构，与实际工作更为贴合。此外，附录中也提供了将业务和财务整合到一起的企业案例作为强化测试。

第二，应用全面，强化业务链。本书的内容体系较为完整，在面向企业业务及财务信息化岗位应用的基础上，打通了各个系统的功能界限，加强了对供应链及外部往来方面的财务链的介绍，突出了业务财务一体化应用的跨系统流程组合与数据关联。

第三，步骤明确，助力自主学习。本书中的每个项目开篇都有项目目标和知识要点，知识要点介绍言简意赅，使学习者在学习前对项目内容能有一定的方向性。项目中的每个任务都以表格形式列出任务分解及技能要点，使学习者对应当掌握的主要技能及其菜单路径一目了然，给出详细的应用向导，并配有形式突出的提示，方便学习者把握实操技巧和解决实操问题。同时，在主要流程和关键环节上以案例实图的形式留有业务及财务处理结果，供学习者操作验证。

本书既可作为高职高专财经类专业学习会计信息化课程的专用教材，也可作为其他类型专业的教学用书，还可作为在职人员学习相关软件的辅导教材。

本书由黄浩岚、历丽主编，各单元的分工如下：黄浩岚负责全书系统架构，编写第 1 单元、第 3 单元的项目 5、第 4 单元的项目 2 和项目 4、第 5 单元的项目 2 和项目 4、第 6 单元、第 2 单元至第 6 单元的实务案例、附录 1。历丽编写第 2 单元、第 3 单元的项目 1 至项目 3、第 4 单元的项目 1、第 5 单元的项目 1、附录 2。李同琴编写第 3 单元的项目 4、第 4 单元的项目 3、第 5 单元的项目 3。

在编写过程中，我们得到了江苏经贸职业技术学院会计学院、新道科技的支持，在此一并致以诚挚的感谢。

在编写过程中，我们尽了最大努力，但书中可能还存在疏漏之处，恳请广大读者批评指导，以使本书进一步完善。本书的邮箱是 njhhl@126. com，欢迎来函。

编　者

2020 年 3 月

目　录

第1单元　会计信息化认知与应用准备

单元概要

会计信息化是国家信息化的重要组成部分，也是会计发展的必然选择。伴随着信息技术的日益发展，会计信息化的发展经历了若干阶段，而业务财务一体化系统已然成为企业全面信息化建设的核心组成部分。一个企业实施会计信息化，既要在充分分析内外部条件的基础上进行合理规划，也需要配备合适的业务财务一体化系统，更需要相关岗位人员具备相应的系统应用能力。本单元包括以下3个项目。

- 1.1　会计信息化认知
- 1.2　用友U8业务财务一体化系统简介
- 1.3　用友U8业务财务一体化应用准备

项目1.1　会计信息化认知

【项目目标】

- ◆ 掌握企业会计信息化系统的岗位分工。
- ◆ 理解会计信息化在企业信息化中的重要作用。
- ◆ 理解会计信息化与会计电算化的区别与联系。
- ◆ 熟悉企业会计信息化系统的构建过程。
- ◆ 了解我国会计信息化的发展现状及趋势。

【知识要点】

本项目主要包括以下内容。

☑ 1.1.1　会计信息化的产生与发展

☑ 1.1.2　企业会计信息化系统的构建

下面对本项目内容的知识要点进行介绍。

一、会计信息化的产生与发展

（一）会计信息化的产生

追溯会计信息化的产生，必然需要提及“会计电算化”这一术语。自1979年财政部在长春第一汽车制造厂启动会计电算化试点工作后，“会计电算化”作为将计算机技术应用于会计工作的代名词在 1981 年的“财务、会计、成本应用电子计算机专题讨论会”上正式得到确认，也是被广泛、一致认同的我国会计信息化产生的起点。

（二）会计信息化的发展

1. 发展阶段的划分

实务界和学者们纷纷从不同的视角，对会计信息化的发展作了不同的划分。诸如：会计信息化初级阶段、中级阶段和高级阶段的 3 个阶段；会计信息化的萌芽（1978—1999 年）、产生（1999—2000 年）、初步应用（2000—2002 年）、推进与发展（2002 年至今）的 4 个阶段（艾文国等，2008）等。本教材引用学者刘勤、杨寅（2019）的观点，将我国会计信息化 40 年发展历程划分为会计电算化、会计信息化（狭义）和会计智能化 3 个阶段，如表 1－1 所示。

表 1－1　会计信息化发展历程的时间划分及阶段内容

阶段名称	阶段内容及时间
会计电算化	会计电算化实验探索阶段（1979—1981 年）
	会计电算化定点化软件阶段（1982—1987 年）
	会计电算化商品化软件阶段（1988—1997 年）
会计信息化（狭义）	会计信息化产生阶段（ERP）（1998—1999 年）
	会计信息化初步应用阶段（网络财务）（2000—2004 年）
	会计信息化推进与发展阶段（会计信息化标准和财务共享）（2005—2015 年）
会计智能化	会计智能化初步阶段（局部智能化）（2016 年至今）

资料来源：刘勤，杨寅．改革开放 40 年的中国会计信息化：回顾与展望[J]．会计研究，2019(2)：27.

2. 各阶段的关联事件

会计信息化发展的上述阶段既彼此独立又相互联系。在每个期间内，均伴随有典型事件的发生以及相关政策法规的出台。现就会计信息化（狭义）阶段的 3 个期间和会计智能化阶段，进行简要概述。

1）1998—1999 年的会计信息化产生阶段（ERP）。在该期间内，1998 年，由中国软件行业协会财务及企业管理软件分会召开题为“向 ERP 进军”的发布会，管理型的商品化会计软件开始受到关注。1998 年，金蝶软件公司推出第一个 ERP 系统：金蝶 K/3 ERP，从财务软件向管理软件转型。1999 年 4 月，“会计信息化理论专家座谈会”将“会计电算化”的称谓更改为“会计信息化”。由此，信息技术在会计应用上不再是简单的模拟手工记账，开始由核算型会计电算化向管理型会计信息化发展。

2）2000—2004 年的会计信息化初步应用阶段（网络财务）。在该期间内，2000 年，用友和金蝶两大软件公司分别推出了网络会计软件服务，也是我国开展网络财务的先行者。2002 年，国家标准化管理委员会发布《信息技术、会计核算软件数据接口规范》，建立了会计信息化的标准体系结构。

3）2005—2015 年的会计信息化推进与发展阶段（会计信息化标准和财务共享）。在该期间内，XBRL 一直是业界与学界关注的热点。2008 年，会计信息化委员会暨 XBRL（可扩展商业报告语言）中国区组织成立，标志着我国正在积极制定行业分类标准。2010 年，财政部发布

XBRL 技术规范系列国家标准和企业会计准则通用分类标准，标志着我国会计信息化开始以 XBRL 应用为先导，对于我国会计信息化建设具有里程碑意义。2011 年，财政部成立全国会计信息标准化技术委员会，起草和发布会计信息化国家标准，标志着我国会计信息化领域的标准化工作进入一个新的发展阶段。2013 年，财政部印发《企业会计信息化工作规范》，替代原有的《会计电算化管理办法》(1994)。2015 年，《会计档案管理办法》(1999)经修订后重新发布，确定了会计信息化领域的电子会计档案若干问题。

4) 2016 年至今的会计智能化初步阶段(局部智能化)。2016 年，德勤宣布将人工智能引入会计、税务、审计等工作中，随后以四大为代表的会计师事务所和以金蝶、用友、元年为代表的软件公司纷纷推出财务机器人方案。2016 年，财政部发布《会计改革与发展“十三五”规划纲要》，密切关注大数据、“互联网＋”发展对会计工作的影响。2017 年，国务院发布《新一代人工智能发展规划》，面向人工智能的云服务平台、自主无人系统等都将给会计行业带来变革与转型。

通过上述阶段的划分，不难看出从“会计电算化”向“会计信息化”发展的必然性。“会计电算化”强调的是对传统会计处理手段的电算化，是以电子计算机替代手工记账、算账、报账，以及一部分对会计信息的判断和分析的过程。会计信息化的关键是利用现代信息技术对传统会计进行重构和优化，建立开放的会计信息系统，实现会计信息的共享性、主动性和实时性，从而解决会计电算化存在的“孤岛”现象。可以说，信息技术发展至今，会计电算化有了更为广泛的含义，并非只是在名称上向“会计信息化”革新，更应该代表一种与现代信息技术环境相融合的新会计思想。

二、企业会计信息化系统的构建

不管处于何种阶段，或是作了何种划分，会计信息化都离不开软件系统的研发和推广应用。会计信息化系统也经历且又并存着面向财务部门的独立系统、业务财务一体化系统、财务共享服务中心、智能化的会计信息系统等多种类型。现以业务财务一体化系统为例，企业需要围绕以下方面开展会计信息化的建设工作。

1. 可行性分析与规划

1) 明确系统建设目标。建设与实施会计信息化，必将涉及企业的各个方面，很多原来的运作流程和日常习惯都将发生相应的变化。为确保项目实施按计划、进度、目标、质量进行，控制项目风险，在准确分析自我需求和能力的基础上，企业应当更多围绕所处行业背景、发展战略、业务财务流程、内部组织架构、会计信息化工作现状等诸多因素，进行内外部环境分析，以企业未来 3～5 年发展规划确定的管理改进计划为基础，认真规划企业会计信息化建设的总体目标及分阶段目标。

2) 制订系统进度计划。系统建设周期是从企业开始有实施会计信息化系统的想法，建立项目筹备组开始，到系统稳定地投入正常使用，完成项目的各项管理事宜为止的整个过程。在分阶段目标下，企业可以将目标实施分为四步：系统调研与规划阶段(实施准备)、系统建设与试运行阶段(系统设计与建设)、系统正式运行阶段(系统运行)、系统后续维护管理阶段(系统支持与优化)。

3) 选定系统建设内容。会计信息化系统的总体构成通常包括财务系统、供应链系统、生产制造系统、成本管理系统、人力资源管理系统等。其中，财务系统主要处理总账、出纳管理、应收应付管理、固定资产管理、薪资管理、预算管理等。供应链系统主要处理采购管理、销售管理、库存管理、存货核算、质量管理等。生产制造系统主要处理工程数据、需求计划、生产作业、生产统计等。成本管理系统主要处理成本预算、成本目标、成本核算、成本分析等。人力资源管理系统主要处理组织机构管理、人员信息管理、人员变动管理、人员合同管理、绩效管理等。此外，还可以加入文档管理、基础运行系统、网络系统的建设等。企业可以依据分阶段目标先行实施其中的部分功能。

4）合理预算系统投资。根据企业的信息化现状、业务规模、未来的发展战略以及现有信息化规划资料，制定会计信息化投资的总体预算，主要侧重于预算支出维度，可以分为基本建设投资预算和长期支出预算。基本建设投资以硬件及网络费、正版系统软件费、应用软件费、开发费等为重点预算项目。长期支出以系统运行维护费、远程服务、现场服务、软件升级或服务器搬迁、相关耗材等为重点预算项目。

5）评估系统实施风险。由于涉及范围广、管理层次多以及企业管理体制等诸多因素，系统建设与实施存在一定的风险，必须预估风险，并评定风险等级。这些风险主要有管理理念转变、业务流程重组的管理风险；资金筹措、成本控制的财务风险；软件功能、软件商选择的软件风险；岗位培训、时间和进度控制、实施效果背离的实施风险等类型。

2. 会计信息化软件配置

会计信息化软件主要以 ERP 软件为代表。通过 ERP 软件的应用，将会计信息系统与企业业务系统进行更有效地融合，实现企业会计信息化系统的整体集成化。可以说，ERP 软件的正确选择对于企业财务与供应链之间形成有效的业务财务一体化处理模式具有重大影响，甚至起到决定性作用。合适的 ERP 软件与企业之间应当是一种双向价值关系。一方面，企业需要适应 ERP 软件所提供的规范管理模式；另一方面，ERP 软件也需要适应企业因行业、产品或服务的特殊性而对软件功能的个性化改造和整合的特殊处理需求，这些都需要企业对 ERP 软件进行慎重选择。

何为合适的 ERP 软件？商品化 ERP 软件主要考虑功能与适应性、安全与可靠性、友好与易用性、可拓展性等因素。此外，软件厂商的实力及售后服务、同类企业的成功经验及应用评价也是需要了解的。目前使用较多的主流 ERP 软件包括国内的用友 U8 和 NC、金蝶 K/3 和 EAS、智邦国际 ERP 等，以及国外的 SAP ERP、ORACLE ERP、Infor 等。主流 ERP 软件通常在功能上差别并不太大，一般的 ERP 产品对于财务、采购、销售、库存、生产制造等的管理都有覆盖。而且，随着技术发展，软件功能区别将逐渐缩小，而企业能否得心应手地使用软件、软件系统能否对数据安全性和一致性进行严格审查控制，这些对于日常管理至关重要。在移动互联背景下，部分大型企业或企业集团也开始关注 ERP 软件能否支持手机端、能否支持云服务等增值功能。

3. 会计信息化岗位分工

会计信息化系统的数据具有高度上下级的关联性，系统各岗位人员既是上层数据的使用者又是下层数据的提供者。因此，企业必须结合所启用的各个系统，明确岗位分工及其权责。现引用我们调研的一家制造企业的实例加以说明。在 ERP 系统中，此公司启用了系统设置管理、销售管理、采购管理、库存管理、车间生产管理、财务管理、系统维护管理 7 个子系统。根据系统功能的设置，对各子系统用户职责进行界定，共分解出如下岗位(见表 1－2)。

表1-2 会计信息化岗位分工

系统名称	职能部门	关键用户	数据录入员	数据审核员
系统设置管理	信息技术部	信息技术部主管(ERP项目经理)	用户组成员	用户组组长
销售管理	市场部	市场部主管	销售单据处理员	市场部主管
采购管理	采购部	采购部主管	采购单据处理员	采购部主管
库存管理	仓储部	仓储部主管	仓库数据管理员	仓储部主管
车间生产管理	生产部	生产部主管	生产流程控制员	生产部主管
财务管理	财务部	财务部主管	总账管理员	会计主管
系统维护管理	信息技术部	ERP工程师	数据管理员	

由表1-2可见,实施会计信息化系统的用户主要由关联部门的数据录入及审核人员、主管组成。每个子系统对应一个部门主管,为该子系统的负责人。各子系统的业务部门主管必须结合本部门情况组织制定出系统操作规范,说明系统主要业务流程、各流程操作步骤,以及操作注意事项和常见问题解答。信息技术部负责协调解决各子系统运作过程中遇到的各种问题,为会计信息化的实施提供技术支持和保障。

4. 业务财务数据准备

业务财务一体化系统启用后,相当于为企业单位建立了一个不包含数据的空文件。日常业务处理需要用到大量的基础数据,而大部分基础数据在会计信息化系统正式运行后一般不得修改。因此,在系统正式运行前,企业应当将自身的业务特点、业务财务一体化管理需求与ERP软件系统的初始化数据功能相结合,采用多级信息描述方法,对原有的基础工作所形成的公用基础档案、财务系统初始数据、业务系统初始数据进行规范化准备,整理并优化现有编码体系,作为系统运行的基本条件。

1) 公用基础档案包括企业生产经营过程中,可供多个子系统共享使用的数据,诸如:机构及其人员、往来客商、仓库及货位、存货种类及项目、结算方式及银行账户等信息。为了便于税控处理和电子发票管理,针对供应商和客户的全称、纳税人识别号、开户银行及其账户等信息需要加以整理,与对方单位进行核实,并及时进行信息的变更。针对某些与业务系统直接相连,或是日常业务单据需要被参照使用的基础数据,都需要事先反映到ERP系统中。

2) 财务系统的初始数据主要包括会计科目表及其科目级次、辅助核算、数量金额核算等科目属性,以及会计科目期初及借、贷方累计发生数据。在依据现行会计准则的基础上,企业应当根据本单位编制会计报表的要求、业务财务各子系统之间的相互衔接,充分利用ERP软件的管理优势,对系统预设的会计科目进行修改科目属性、增设明细科目等内容的优化调整。如有外币业务的企业单位,还应考虑哪些会计科目为外币核算科目,以及对应的外币币别和汇率信息。

3) 业务系统的初始数据主要包括出入库类别、购销类型、产品结构、采购业务单据期初数据、销售业务单据期初数据、库存期初结存等内容。业务系统涉及的采购管理、销售管理、库存管理、存货核算均可单独启用,也可有选择地组合启用,或是全面集成运行。考虑到供应链业务处理流程的系统交错性,企业应当设定供应链系统的运行模式,明确部分或整体组合模式下的信息源部门，避免出现一项基础数据的多源头现象。

企业单位不仅要对上述基础档案进行整理，也要明确哪些项目应当作为系统功能执行的必需信息，哪些可以适当缺省或由各职能部门自定义信息的详略程度，尽可能完善数据库中的文字型信息。由于不同类型的基础数据归口于不同部门，审核各类基础数据的正确性以及与前期录入数据的一致性是非常必要的。各部门之间要协调数据录入权属，统一名词术语，统一数据口径与精度，避免数据的重复录入、间断和不相符，以达到 ERP 系统基础数据的准确、简明、完整的基本要求。

5. 会计信息化制度建立

为了确保信息数据的安全和准确，满足领导决策信息和信息披露的需要，企业应当结合本单位会计信息化系统的工作特点，建立和完善相关制度。会计信息化系统的管理制度包括 ERP 系统作业流程管理制度、网络中心管理制度、系统维护管理制度、信息化档案管理制度以及系统安全管理制度等。企业的相关管理制度既是保证系统正常运行的规范，也是考核各部门工作情况的重要依据。

在此，仅列举系统安全管理的制度要点，其他方面的管理制度不再一一赘述。围绕系统安全管理，企业至少应当建立数据备份、数据保密、故障响应、病毒防范等具体内容。为了防止任何时间发生的硬、软件故障以及人为失误造成的数据损毁，应当制定严格的机房和设备的操作规程，明确数据备份的周期、数据副本的存储载体、完全备份和归档备份资料的保管等，数据备份、恢复、转出、转入等相关权限都应清晰界定。ERP 软件作为一个可共享数据的集成系统，数据保密制度更应完善。企业应当建立用户访问的多重身份认证，新增用户和用户权限变更实行唯一渠道处理，积极采用防火墙技术、信息加密技术、身份识别技术等安全措施来保证 ERP 系统的信息安全。此外，ERP 软件提供了灵活的系统控制参数设置功能，企业可以自行设计业务系统和财务系统内部控制的有效方法。

项目 1.2　用友 U8 业务财务一体化系统简介

【项目目标】

◆ 掌握用友 U8 V10.1 系统的模块组成。
◆ 掌握用友 U8 V10.1 系统的基本功能。
◆ 理解业务财务一体化应用的基本原理及其重要性。
◆ 熟悉用友 U8 V10.1 系统管理的窗口组成。
◆ 熟悉用友 U8 V10.1 企业应用平台的窗口组成。
◆ 了解用友 U8 V10.1 系统的数据传递关系。

【知识要点】

本项目主要包括以下内容。

☑ 1.2.1　业务财务一体化系统主要功能
☑ 1.2.2　业务财务一体化系统实务环节

下面对本项目内容的知识要点进行介绍。

一、业务财务一体化系统主要功能

U8 是用友软件公司发布的管理型软件，也是我国 ERP 普及旗舰产品，用户量大、应用全面、行业实践丰富。用友 U8 以集成的信息管理为基础，面向大中型企业，满足不同的竞争环境、不同的运营模式，匹配标准化、行业化和个性化的集成应用模式，提供从企业日常财务及供应链运营、人力资源管理到办公事务处理等全方位的企业管理解决方案。用友 U8 集成了财务会计、管理会计、生产制造、供应链管理、人力资源管理、企业应用集成等产品，如图 1－1 所示。

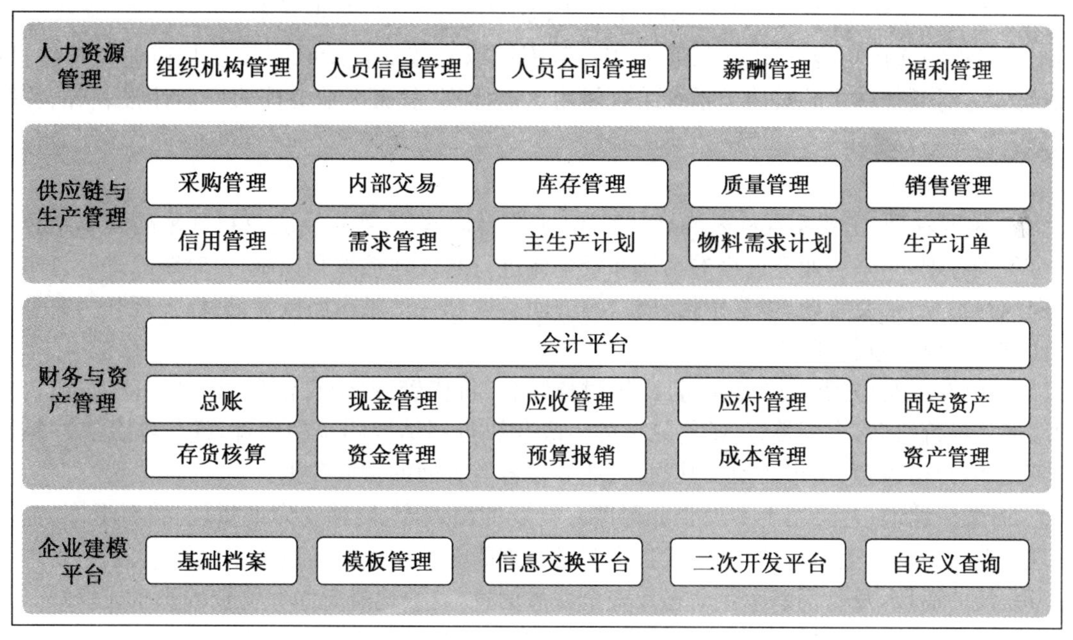

图 1－1　用友 U8 的功能框架

在 U8 的基础上，用友软件公司又推出 U8 cloud、U8＋等，以企业全面精细化管理方案为核心，融入云服务、移动技术、网络营销、电子商务、体验营销等依托于互联网技术的新兴元素，全面支持多组织业务协同，助力企业实现产业链协同，拓展社交化应用。

本教材以用友 U8 V10.1 作为实务平台，该产品为 U8 系列的升级版本。我们以财务信息化系统的岗位能力需求为主要方向，在综合考虑学习对象、形式及方法的基础上，选取了应用最多的财务会计、供应链管理、人力资源管理中的常用系统功能构建了本教材的项目理论与实务体系，以充分体现实践主导。现将本教材涉及的各系统功能作如下简介。

1. 财务会计

1）总账：属于会计信息化系统的基础和核心。它主要实现对记账凭证的填制和处理，以及完成记账工作。业务财务一体化集成方案的其他子系统有关资金的数据最终都会归集到总账系统，进而生成完整的会计账簿。

2）应收款管理：主要以销售发票、其他应收单、收款单等业务单据为依据，核算和管理企业单位与客户之间因销售业务或其他应收款业务所形成的往来账款，反馈和处理应收账款的收回、坏账、转账和预收账款的结算等信息，进行客户往来账款的清查与核销，实现对应收及预收款项的综合管理。

3）应付款管理：主要以采购发票、其他应付单、付款单等业务单据为依据，核算和管理企业单位与供应商之间因采购业务或其他应付款业务所形成的往来账款，反馈和处理应付账款的偿还、转账和预付账款的结算等信息，进行供应商往来账款的清查与核销，实现对应付及预付款项的综合管理。

4）固定资产管理：主要以固定资产卡片或变动单为基础，实现对固定资产的新增、变更、后续支出、转移、折旧、处置等的全流程管理，及时跟踪、快速查询和统计每项固定资产的使用情况及其价值变化数据，为企业的资源合理配置、固定资产投资决策等提供依据。

5）UFO 报表：属于表格式数据处理系统，具有制作表格、数据运算、图形制作、文件管理等电子表格的通用功能。UFO 报表的相关数据可以直接取自总账系统及其他业务系统，因此，与业务财务一体化的其他子系统结合使用更能体现“凭证—业务账表—会计报表”的关联优势。

2. 供应链管理

1）采购管理：主要实现从采购计划提出、采购合同签订、物资检验收料到采购订单结算等的全流程管理，对采购业务过程的物流和资金流进行有效地核算和控制，及时跟踪采购订单或合同执行情况，从交货期、供货价格、质量等方面反馈和评估供应商供货信息，实现较为完整的企业物资供应信息管理。

2）销售管理：主要以销售合同、销售财务结算、价格管理、销售信息、客户信息为重点，实现对销售报价、销售合同签订、销售订单的生成及执行到结算的全程跟踪，提供涉及客户档案及其信用、价格管理、销售活动及其损益、业务报告等方面的重要数据。

3）库存管理：主要用于实现企业对库存物资的出入库、转移仓库或货位、物料退库、盘点处理等业务活动的全面管理，并生成各类存货明细账簿及报表。通过与采购管理、销售管理等业务系统的衔接，及时反馈库存动态和安全存量信息，有效地避免库存物资的积压或短缺。

4）存货核算：通常与库存管理结合使用，主要实现企业对出入库、调拨、盘点等业务的出入库成本、结存成本的核算和管理，完成存货成本的调整、成本差异的分摊和存货期末计量，及时准确地将存货成本归集到各成本项目和成本对象上，实时反馈存货资金占用情况和存货价值增减变动信息，为企业进行全面成本管理和分析提供依据。

3. 人力资源管理

1）薪资管理：主要用于涉及计薪人员类别、薪资构成项目、薪资项目计算方法等内容的薪资体系设计，以及薪资结构调整、薪资数据计算及发放、薪资费用核算和管理等方面，可以与人力资源管理的考勤管理、绩效考核等模块之间实现数据共享，并提供各类薪资报表以便于进行人力成本结构、比例及趋势变化情况的分析。

2）计件工资：主要提供计件工序设计、计件单价信息维护、计件工资计算、计件工资统计等功能。计件工资系统通常与薪资管理结合使用，计件工资核算要求需要在薪资管理中预先设定，当计件工资系统形成计件人员的工资数据后，再传递到薪资管理系统进行薪资费用分配和凭证生成。

二、业务财务一体化系统实务环节

用友 U8 V10.1 的各子系统既可以单独运行，也可以彼此组合运行，因此，不同应用方案的业务处理流程不尽相同。现以“总账＋应收＋应付＋供应链”综合集成的业务财务一体化系统为例，对各系统的实务环节进行简介。

1）总账：主要包括总账系统初始化、总账控制参数设置、总账业务凭证处理、出纳管理、账簿管理、账务结转、损益调整、对账、期末结账等环节。

2）应收应付款管理：主要包括应收及应付系统初始化、应收及应付控制参数设置、购销业务发票审核、收付款业务单据录入和审核、收付款项结算和核销处理、转账处理、票据管理、应收及应付业务凭证生成、应收系统坏账处理、应收及应付账表管理、对账、期末结账等环节。

3）固定资产管理：主要包括固定资产系统初始化、固定资产管理参数设置、固定资产增减业务卡片处理、固定资产变动业务处理、折旧处理、固定资产减值处理、固定资产评估处理、固定资产业务凭证生成、固定资产账表管理、期末结账等环节。

4）UFO 报表：主要包括自定义报表编报、财务模板报表编报、报表图表分析等环节。

5）采购管理：主要包括采购系统初始化、采购申请、采购订单处理、采购到货处理、采购入库处理、采购发票管理、暂估入库处理、应付款项形成、采购退货处理、采购结算、采购账表管理、对账、期末结账等环节。其中的“订单→入库单→发票”组成采购业务系统的核心关联单据。

6）销售管理：主要包括销售系统初始化、销售报价、销售订单处理、销售发货处理、销售发票管理、代垫费用处理、应收款项形成、销售退货处理、销售账表管理、对账、期末结账等环节。其中的“订单→出库单→发票”组成销售业务系统的核心关联单据。

7）库存管理：主要包括库存系统初始化、出入库单据处理、调拨处理、库存盘点、库存账表管理、对账、期末结账等环节。

8）存货核算：主要包括存货核算初始化、出入库单据记账、出入库成本核算、出入库调整、存货跌价准备处理、暂估成本处理、存货成本核算凭证生成、存货核算账表管理、期末处理、对账、期末结账等环节。

9）人力资源管理：主要包括薪资系统初始化、薪资管理参数设置、薪资变动数据管理、个人所得税计算与申报、薪资费用分摊、薪资基金计提、薪资账表管理、对账、期末结账等环节。

期初，每个系统都有各自的初始化设置流程，诸如：总账系统的期初余额、数据权限分配、金额权限分配、银行对账期初余额等；应收应付款管理的科目设置、账龄区间设置、报警级别设置、单据类型设置、期初余额等，以销售或采购票据为主线，分别录入销售发票或采购发票、应收单或应付单、预收单或预付单的正反两个方向的期初数据。固定资产管理系统的固定资产初始向导、部门对应折旧科目、资产类别、增减方式、使用方法、折旧方法、原始卡片录入等。人力资源管理系统的建立工资套、工资类别设置、部门设置、人员档案、人员附加信息设置、工资项目设置等，如需核算计件工资的，还要完成标准工序资料维护，以及计件要素、工价及项目设置。采购管理的期初采购入库单、期初采购发票、采购期初记账等。销售管理的期初发货单、期初销售发票、允限销设置等。库存管理的期初结存、期初不合格品等。存货核算的期初余额、期初差异、期初发出商品、科目设置等。库存管理和存货核算均以仓库为主线，在选定仓库后录入存货期初数量和金额，因此，两个系统之间可以彼此共享对方的期初数据。到了期末，每个系统都有可供数据查询和统计分析的账表，也都需要逐一进行本系统的结账。在期末结账时，需要注意是否存在先后顺序。固定资产管理、人力资源管理、采购管理和销售管理的结账操作不分先后，库存管理的结账必须在采购管理、销售管理均已结账后进行，存货核算在供应链的 4 个系统中最后结账。总账系统的结账要在各外部系统均已结账后执行。

需要说明的是，业务财务一体化系统涉及企业单位整个业务流程或多个部门，每个部门人员都有可能成为系统操作员，存在着较为复杂的数据关联关系，业务处理的各个环节需要相互配合，在系统内形成一个与实际业务流程相配合的数据流程，如图 1－2 所示。

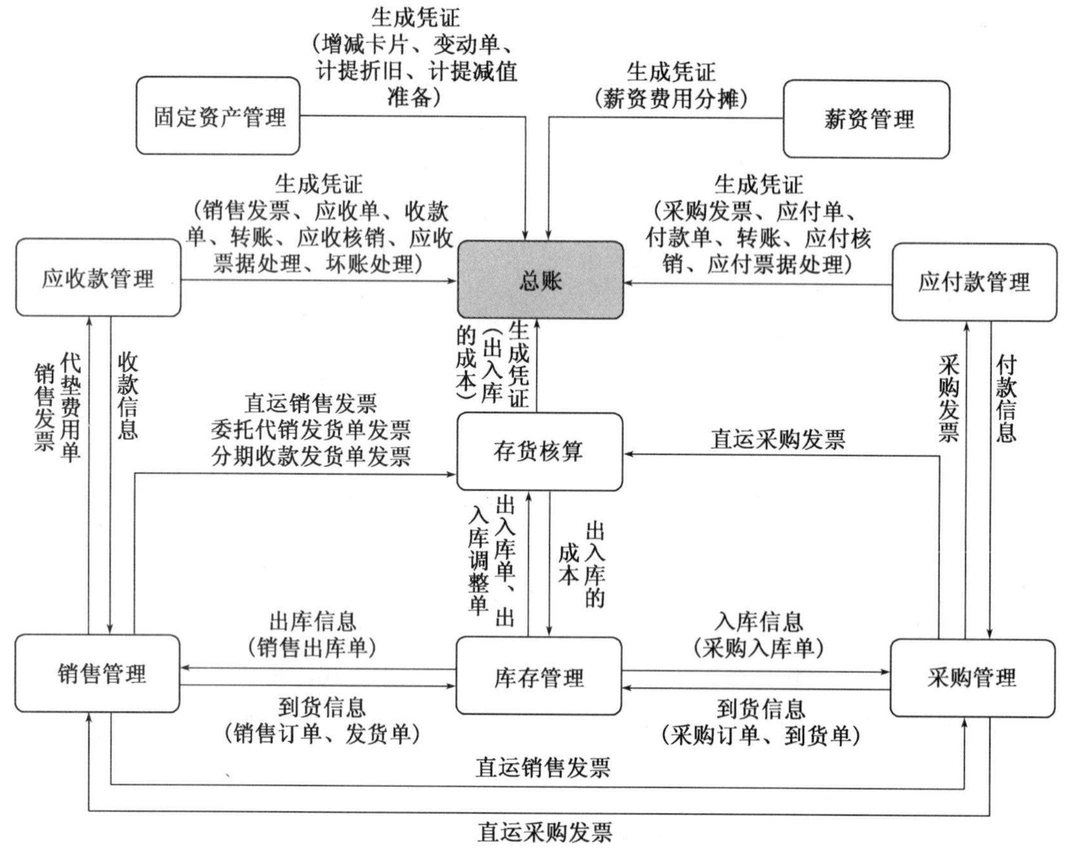

图 1－2　用友 U8 的数据关系

由图 1－2 可见，除在总账系统中可以制单之外，应付款管理、应收款管理、存货核算、固定资产管理、薪资管理都可以生成对应的业务凭证，统称为外部系统凭证，并传递给总账系统。供应链作为整体性会计信息化系统的重要组成部分，可以实现从执行购销、仓存单据向应收应付款管理、总账系统的传递过程。诸如：在采购管理、销售管理中，通常分别以采购订单、销售订单为起始数据文件，经审核后向下传递；对采购入库单和采购发票、销售出库单和销售发票之间均不存在操作先后顺序约束，允许双向流转，便于处理单货同到、单到货未到的不同采购类型，以及单货同出、单出货未出的不同销售类型；采购入库单、销售出库单关联到库存管理的出入库业务和存货核算的出入库成本处理，采购发票和付款信息、销售发票和收款信息分别实现采购管理与应付款管理、销售管理与应收款管理之间的数据互联。

项目 1.3　用友 U8 业务财务一体化应用准备

【项目目标】

◆ 理解业务财务一体化内部控制的重要性。
◆ 熟悉用友 U8 V10.1 的系统控制参数。
◆ 了解用友 U8 V10.1 对软硬件环境的基本要求。
◆ 了解用友 U8 V10.1 安装前的准备事项。

【知识要点】

本项目主要包括以下内容。

☑ 1.3.1　业务财务一体化系统环境准备
☑ 1.3.2　业务财务一体化系统安装作业
☑ 1.3.3　业务财务一体化系统平台初识
☑ 1.3.4　业务财务一体化系统内控管理

下面对本项目内容的知识要点进行介绍。

一、业务财务一体化系统环境准备

用友 U8 V10.1 的运行环境为局域网，采用数据库服务器、应用服务器和客户端的三层架构体系。作为一款应用软件，需要备有合适的硬件及网络环境、操作系统和数据库系统环境加以支撑。关于硬件及网络环境，目前的市场产品更新及网络技术的发展足以满足业务财务一体化系统的运行要求。用友 U8 V10.1 得以运行的操作系统可以是 Windows XP(＋SP2 及以上版本的补丁)、Windows Server 2003(＋SP2 及以上版本的补丁)、Windows Server 2008(＋SP1 及以上版本的补丁)、Windows 2008 R2(＋SP1 及以上版本的补丁)、Windows 7(＋SP1 及以上版本的补丁)或者 Windows Vista(＋SP1 及以上版本的补丁)等，应用服务器和客户端的 IE 浏览器建议为 IE7.0 及以上版本。同时，需要配置 SQL Server 数据库管理系统，诸如：MSDE 2000(＋SP4)、Microsoft SQL Server 2000(＋SP4)、Microsoft SQL Server 2005(＋SP2 及以上版本的补丁)、Microsoft SQL Server 2008(＋SP1 及以上版本的补丁)、Microsoft SQL Server 2008 R2。

二、业务财务一体化系统安装作业

(一) 安装的基础事项

在用友 U8 V10.1 进行产品安装前，需要注意以下事项：

1) 同一个操作系统下不能安装用友软件的不同版本；
2) 安装前需要关闭防火墙、实时监控系统和各种防病毒软件；
3) 请用系统管理员或具有同等权限的人员身份登录；

4）安装产品的计算机名称中不能带有“-”，或者用数字开头，或是包含中文字符；

5）已添加过 Internet 信息服务(IIS)组件。

（二）安装的两个过程

在操作系统和注意事项确认到位后，用友 U8 V10.1 需要经过产品安装、配置应用服务器和数据库服务器连接的两个过程。

1. 产品安装

以系统管理员身份登录到操作系统，将用友 U8 V10.1 软件所在光盘放入服务器的共享光盘中，打开 Windows 的资源管理器，打开光盘的“U8 V10.1setup”目录，双击 Setup.exe 文件，按照安装向导显示的界面，依次完成安装初始准备、接受安装授权许可证协议后，开始正式的安装过程。在安装中，需要输入用户名和公司名称，用户名可以默认为本机的机器名；可以选择程序的安装路径；可以选择最适合的安装类型，如图 1-3 所示。

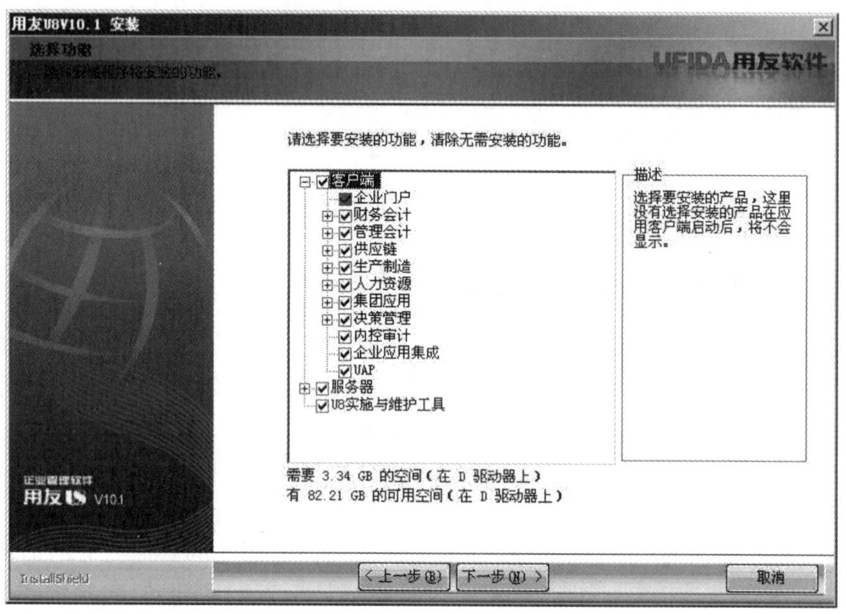

图 1-3　用友 U8 V10.1 安装功能选择

提示：

1）全产品：安装应用服务器、数据库服务器和客户端所有文件。

2）服务器：分为应用服务器、数据库服务器、加密服务器、文件服务器、WEB 服务器，可以选择性安装。应用服务器的安装不再细分产品。WEB 服务器仍选择产品安装，推荐全部选择。

3）客户端：只安装应用客户端相关文件，不使用的产品可以不安装。

4）自定义：如果上述安装都不能满足用户要求时，用户可自定义选择安装产品。

根据企业所选择的安装类型及其子项检测环境的适配性。环境检测的目的在于检测安装用友 U8 V10.1 的基础软件环境是否达到标准,并为企业安装所必需的第三方组件。只有安装所需的所有组件才能正式安装产品。如有不满足的组件项目,系统会在检测报告中提供组件所在光盘的位置信息,引导用户手动安装。

提示:

1) 用友 U8 V10.1 的安装通常分为数据库服务端、应用服务端和客户服务端三个层次分别进行安装。如果想要在一台机器上安装全部产品也可以。

2) 在安装过程中,系统会自动检测是否存在历史版本的用友 U8 产品。如果存在历史版本残留内容,必须执行清理后方可继续安装。

2. 服务器配置

用友 U8 V10.1 安装完毕后,需要配置应用服务器与数据库服务器的连接。在第一次重新启动计算机时,会自动弹出数据源配置窗口。在如图 1-4 所示的对话框中,输入数据库名称和安装 SQL Server 时设置的口令,点击【测试连接】按钮,即可完成数据源的配置。

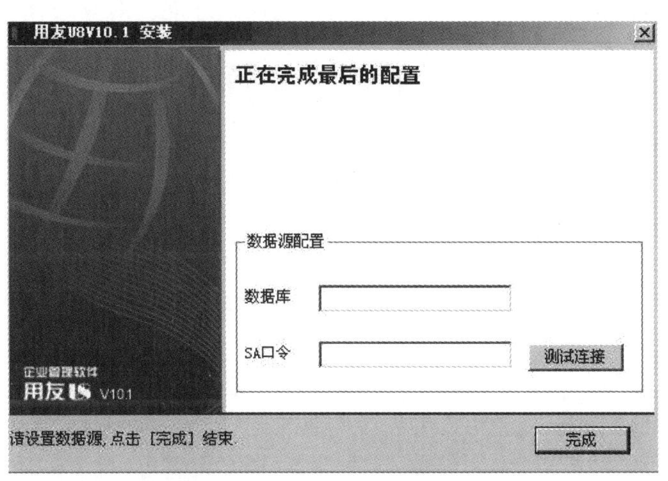

图 1-4　用友 U8 V10.1 数据源配置

接着,在应用服务器端的所有程序里,执行【用友 U8 V10.1】\【系统服务】\【应用服务器配置】命令,进行应用服务器配置。在如图 1-5 所示的对话框中,点击【数据库服务器】按钮,可以建立多个数据源指向不同的数据库服务器;点击【服务器参数配置】按钮,输入控制加密站点数的服务器名称,即可进行加密服务器配置。如有信息提示要求的,可以点击【消息中心参数配置】按钮,设置 U8 产品中发送手机短信、电子邮件所需要的服务配置,可以选择短信发送方式,或是指定发送和接收邮件的服务器及端口、发送账户等信息。

成功完成产品安装与配置后,计算机屏幕底部状态栏的右侧会显示两个图标,即 SQL Server 服务管理器、U8 应用服务管理器,且状态均为“运行”。

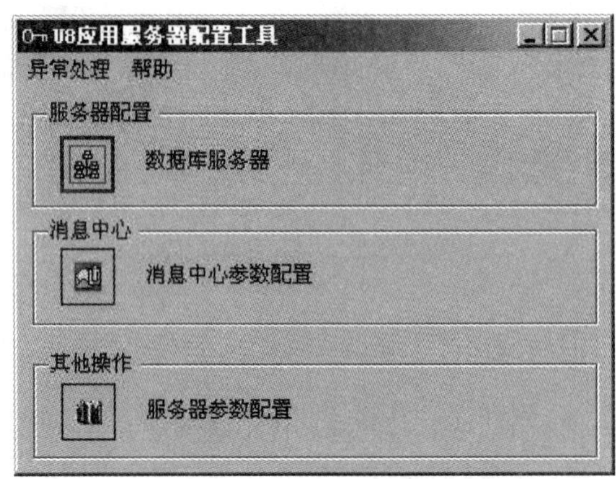

图1-5 用友U8 V10.1应用服务器配置

三、业务财务一体化系统平台初识

用友U8 V10.1的功能布局及运行主要通过两大平台，即系统管理、企业应用平台，在计算机桌面会产生对应的两个图标，都要由对应身份的用户才能注册登录，既执行着相对独立的功能，又彼此联系与互通。

1）系统管理：主要实现对用友U8 V10.1各个子系统的统一操作管理和数据维护。在系统管理中，企业单位可以对整个系统进行数据清除、数据还原、初始化数据库等操作；设置备份计划、安全策略等安全机制；对账套进行建立、修改、引入、输出等操作；对操作员进行用户、角色和权限设置；对系统任务的管理，包括查看上机日志、清除异常任务、清除单据锁定、清退站点等。

2）企业应用平台：是企业运行用友U8 V10.1进行业务流程定制、个性化信息设置、完成业务工作的场所。在该平台左下方设有3个导航，即业务工作、系统服务、基础设置。其中，“系统服务”界面更多体现出与“系统管理”平台的关联性，包括系统管理、服务器配置、工具、权限等。进入“基础设置”界面，企业可以为系统的日常运行做好基础工作，包括基本信息、基础档案、业务参数、业务流程配置、个人参数、单据设置、档案设置等，且上述功能布局基本保持不变。业务工作是对各个子系统进行功能操作，完成对应业务的唯一入口，包括财务会计、供应链、人力资源、内部控制、企业集团应用等诸多功能群，每个功能群又包括若干功能模块。“业务工作”区域的布局是会变化的，只有已启用的系统才会显示在该界面上，只有已授权的操作员才能看到可供使用的功能菜单。

四、业务财务一体化系统内控管理

根据业务财务一体化目标定位和企业资源准备，结合行业类型和供应链的复杂程度，完成财务及业务数据准备、机构及人员配置、专项资金预算及使用、计算机及网络配置、软件系统选型、系统安装调试及试运行、新旧信息化系统切换、系统作业规程制定等诸多工作都是围绕会计信息化系统的创建角度。当会计信息化系统正式运行后，必须对实施过程加以控制，才能保障软件系统的功能水平和事务驱动方式，企业整体需求的满足程度才会有效提升。借助于用友U8 V10.1的系统参数功能，可以设计上下游关联单据、进行流程参数设置、系统和数据安全设计，从而更好地兼顾企业管理精细度的提高和整个信息化系统实施风险的降低。用友 U8 V10.1 系统参数的用户化设置分散在各系统的业务范围内，通过执行【设置】\【选项】命令突显出来，且控制内容相对较多。现对各系统的控制参数作如下简介：

1）总账系统：主要进行针对凭证的制单控制、凭证控制、凭证编号方式、现金流量参照科目、凭证打印内容控制等；打印位数宽度、明细账（日记账、多栏账）打印方式等账簿控制；预算控制；制单、修改、签字等权限控制；外币核算汇率方式、排序方式等其他控制。

2）应收应付款管理：主要进行单据审核日期依据、坏账处理方式、汇兑损益方式、代垫费用类型、费用支出类型等常规控制；受控科目制单方式、购销科目依据、生成凭证的业务种类、凭证合并规则等凭证控制；单据报警、信用额度报警、采购发票单据报警等权限与预警控制；核销方式、核销规则等核销控制。

3）固定资产管理：主要进行折旧方法变更、折旧汇总分配周期、新增资产折旧计提起始期间等折旧信息控制；是否与账务系统进行对账、固定资产业务凭证默认入账科目、业务发生后是否立即制单等与账务系统接口控制；资产类别及固定资产编码方式、卡片编号长度等编码方式控制；已减少资产的删除年限、卡片断号填补方式、是否允许转回减值准备等其他控制。

4）UFO 报表：通过执行【工具】\【选项】命令，可以进行字体、百分号设置、重算时是否重算错误公式、嵌套公式合法性检查、文件管理器目录设置、打开报表默认表页、打印页数范围参数等方面的控制。

5）采购管理：主要进行采购业务种类、单价录入方式、是否允许超订单到货及入库等业务及权限控制；系统启用月份、单据进入方式等公共及参照控制；采购预警设置、订单自动关闭条件、询价控制等其他业务控制；哪种采购类型需要进行预算控制、预算控制时点等预算控制。

6）销售管理：主要进行销售业务种类、是否由销售系统生成销售出库单、是否允许超订量发货、是否必有订单等业务控制；信用控制对象、控制信用的单据、额度检查方式等信用控制；是否允许超可用量发货、预计库存量查询公式等可用量控制；取价方式、报价参照依据、是否有最低售价等价格控制。

7）库存管理：主要设有业务类型设置、系统启用月份、修改现存量时点、业务校验规则、是否由库存系统生成销售出库单等通用控制；允许出库的数量控制、预警设置、哪些单据自动带出单价等专用控制，以及预计可用量公式设置等控制选项。

8）存货核算：主要进行销售成本核算方式、暂估方式、出入库单成本选择、资金占用规范等核算方式控制；进项税转出科目、操作员是否检查权限、差异率计算规则、假退料单据等控制方式控制；差异率、全月平均法和移动平均法平均单价等最高最低控制。

9）人力资源管理：主要涉及有无扣零要求；个人所得税计税项目、税率设置、月工资及年终奖扣税方式等扣税设置；是否核算计价工资；外币工资类别的调整汇率控制；是否分段计薪及薪酬周期设置等控制选项。确需核算计件工资的，可以进一步选择按个人或按班组进行启用控制。

第 2 单元　业务财务一体化系统的建立与管理

单元概要

在业务财务一体化系统中，用于保存一个企业所有财务及业务数据的文件称为“账套”。一个账套体现出一个会计主体的业务财务核算和管理体系，是具有独立性和完整性的数据集合。在系统常规应用之前，企业需要结合本单位的基本情况和会计核算信息，完成创建账套、设置相关岗位人员及其操作权限，并确定需要启用的子系统以及启用会计期间。为了保证账套数据的安全，企业还应定期进行账套文件的输出和引入操作。本单元包括以下 3 个项目。

- 2.1　账套创建与系统启用
- 2.2　操作员设置与角色分工
- 2.3　账套管理

项目 2.1　账套创建与系统启用

【项目目标】

◆ 理解系统管理在用友 U8 中的重要地位。

◆ 掌握账套创建的原理与流程。

◆ 掌握系统启用的具体操作。

【知识要点】

本项目主要包括以下内容。

☑ 2.1.1　账套创建

☑ 2.1.2　系统启用

下面对本项目内容的知识要点进行介绍。

一、账套创建

企业应用会计信息化系统之始，首先需要在系统中建立企业的基本信息、核算方法、编码规则等，称之为建账，这里的“账”是“账套”的概念。

建立账套，就是在业务财务一体化软件中，为本企业或本核算单位建立一套符合业务财务核算和管理要求的账表文件。根据企业的具体情况，进行账套的各项参数设置，业务财务一体化软件将按照这些基础参数自动建立一套“账”，而将来进行系统的数据输入、处理、输出时，数据的内容和形式就会由账套的基础参数决定。

在创建账套之前，我们先来对用友 U8 系统建账的有关概念进行基本的了解。

1. 账套的基础资料

账套包括会计科目、记账凭证、账簿、会计报表以及相关业务资料等内容。一个账套只能保存一个会计主体的业务资料，即所谓的一套业务财务数据的资料。在用友 U8 中，可以为多个企业（或企业内多个独立核算的部门）分别立账，各账套间相互独立，互不影响，系统最多允许建立 999 个企业账套。

2. 账套号与账套名称

账套号是该企业账套的唯一标识，必须输入，且不能与已存账套号重复。可以输入 001～999 之间的 3 个字符。

账套名称可以输入企业简称，也可根据自己的需要命名，进入系统后它将显示在正在运行的软件的界面上。

3. 账套和年度账

账套是年度账的上一级，账套由年度账组成。首先有账套然后才有年度账，一个账套可以拥有多个年度的年度账。

系统管理员可以对整个账套进行数据备份及设置自动备份计划。账套主管只能对账套内的年度账进行数据备份及设置自动备份计划。

4. 记账本位币

用友 U8 提供了强大的多种外币核算功能，根据财务核算的要求，所有的外币都应全部折算为记账本位币进行核算。因此，在账套中必须指定一种货币作为记账本位币，其他币别都必须以此本位币为基础进行折算。

5. 会计科目结构设计

用友 U8 的会计科目由科目编码和科目名称两部分构成。其中，科目编码的最大级别数为 9 级，从一级科目开始逐级增加，某级科目如无下级科目，则该级科目为最明细科目。例如，科目编码方案为 4－2－2－2，表示科目编码分为 4 级，一级编码为 4 位，由财政部统一规定，2～4 级编码为 2 位，由企业自行确定。

二、系统启用

"系统启用"功能用于对已安装系统或模块的启用，并记录启用日期和启用人。用友U8系统作为一个功能较为完整、可供灵活集成的业务财务一体化系统，包含财务会计、供应链、人力资源、内部控制、企业应用集成等诸多相对独立而又相互关联的子系统。企业通常会按照会计信息化阶段性实施方案、自身管理属性及其业务需要，有选择性地运行其中的某个或多个子系统。所有系统运行前，都要先判断是否已经启用。因此，在完成建账之后，企业应当通过执行"系统启用"功能，选择正式运行的子系统，并设定启用会计期间和开始使用日期。只有被启用的子系统，用户才能以有效身份登录，且其所辖功能才能得以显示和调用。

【项目准备】

☞ 系统登录:以 admin(系统管理员)身份注册并登录【系统管理】模块,操作日期为“2019 -01 - 01”。

☞ 了解企业的背景资料。

1. 企业的基本情况

1) 公司概况:江苏天成机械股份有限公司是一家从事汽车零部件、五金工具零部件、机械零部件制造的股份有限公司。该公司被认定为增值税一般纳税人,主要生产轴承、齿轮轴、套筒、前叉组件等产品。

2) 公司地址:南京市江宁区高新园学鉴路 168 号;邮编:211160。

3) 法人代表:赵天成。

4) 联系电话:025 - 86874593。

5) 开户银行:交通银行学鉴路支行;账号:135698210274。

6) 纳税人识别号:913201159965121332。

2. 会计核算信息

1) 记账本位币:人民币(RMB)。

2) 存货核算:存货按实际成本核算,发出原材料和产品计价采用全月平均法;领用周转材料采用一次摊销法。

3) 税率:增值税适用税率为 13%;企业所得税适用税率为 25%。

4) 外币业务以业务发生当期的期初汇率进行折算。

2.1.1 账套创建

【问题引入】

1. 什么是账套?它主要包含哪些内容?
2. 账套和年度账之间有怎样的联系和区别?
3. 系统管理员的主要权限是什么?

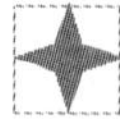【项目实训】

⊙ **实务案例**

本月进行账套创建涉及的相关参数如下:

1) 账套号:学号末 3 位(也可以自定义账套号,但不能与已存账套号重复);
账套名称:江苏天成(为便于教学过程管理,也可以是学生姓名);
账套路径:默认;
启用日期:2019 年 1 月 1 日。

2) 单位名称:江苏天成机械股份有限公司;
单位简称:江苏天成。

3）记账本位币：RMB 人民币；
企业类型：工业；
行业性质：2007 年新会计制度科目（按行业性质预置科目）；
账套主管：U01（学号末 3 位）。
4）基础信息：对存货、客户、供应商进行分类，有外币核算。
5）分类编码方案。
① 科目编码级次：4－2－2－2－2；
② 客户分类编码级次：1－2－2；
③ 供应商分类编码级次：1－2－2；
④ 存货分类编码级次：2－2－2；
⑤ 部门编码级次：2－2；
⑥ 结算方式编码级次：1－2。
其他按照系统默认设置。
6）数据精度：默认。

⊙ 任务分解及技能要点（见表 2－1）

表 2－1 任务分解及技能要点

任务名称	系统导航	菜单路径	技能要点
建立账套	【系统管理】	【账套】\【建立】命令，进入建账向导	账套信息的输入
			单位信息的输入
			核算类型的输入
			基础信息的确定
			编码方案的设置
			数据精度的定义

⊙ 应用向导

1. 启动系统管理

1）启动用友 U8 V10.1，双击【系统管理】模块，进入“系统管理”界面。

2）执行【系统】\【注册】命令，进入如图 2－1 所示的“系统登录”界面。系统中预先设定了一个系统管理员为 admin，初次使用时，输入“用户名”为“admin”，默认 admin 的初始密码为空，单击【登录】按钮，以 admin（系统管理员）身份进入系统管理。在“系统管理”界面最下行的状态栏中显示当前操作员为“admin”。

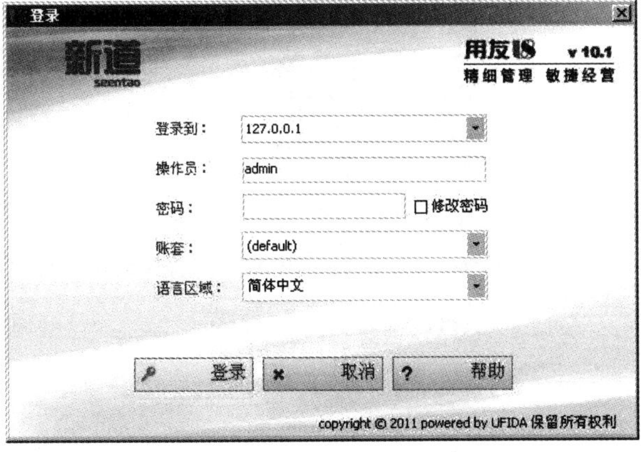

图 2－1 系统登录

提示：

1）为了保证系统的安全性，在登录界面可以设置或更改系统管理员的密码。单击“修改密码”前面的“□”，使之打上“√”，再单击【确定】按钮，在“新密码”和“确认密码”后的输入区输入新设置的密码，单击【确定】按钮即可。

2）一定要牢记设置的系统管理员密码，否则无法以系统管理员的身份进入系统管理，也就不能执行账套数据的输出和引入。

考虑实际教学环境，建议不要设置系统管理员密码。

2. 建立账套

1）账套信息。以系统管理员 admin 的身份注册并登录【系统管理】模块后，执行【账套】\【建立】命令，“建账方式”为“新建空白账套”，单击【下一步】按钮，进入建账向导的“账套信息”界面。

① 已存账套：系统已存在的账套已经在下拉列表显示，用户只能查看，不能输入或修改，目的是为了避免重复建账。

② 账套号：本例输入“账套号”为“001”。

③ 账套名称：本例输入“企业简称”为“江苏天成”。

④ 账套路径：用来保存新建账套的位置，系统默认为 C:\UFSMART\Admin，用户也可以保存在其他路径。

⑤ 启用会计期：指开始使用计算机系统进行业务处理的初始日期。要根据资料修改启用日期，否则系统会自动设置为系统日期。此处日期为“2019 年 1 月”。

以上账套信息输入完成后，如图 2－2 所示。单击【下一步】按钮，打开“创建账套”的“单位信息”对话框。

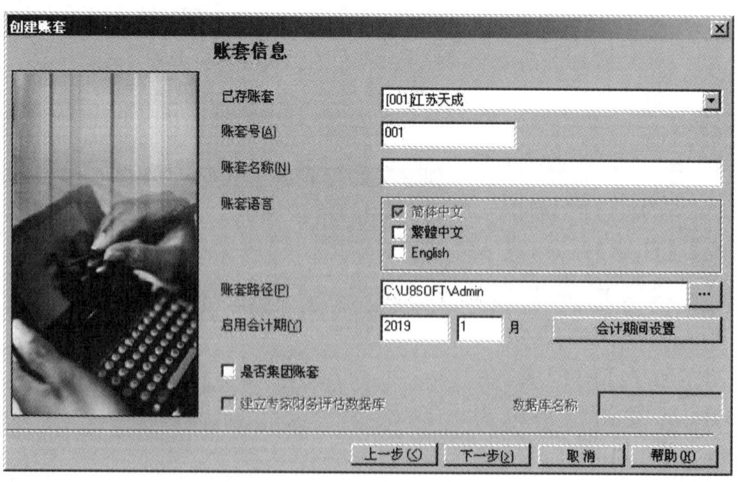

图 2－2　创建账套—账套信息

2）单位信息。

① 单位名称：用户单位的全称，必须输入，本例输入“江苏天成机械股份有限公司”。企业

全称只在发票打印时使用，其余情况全部使用企业的简称。

② 单位简称：用户单位的简称，本例输入“江苏天成”。

其他项目根据企业的资料输入即可。单位信息输入完成后，如图 2－3 所示。单击【下一步】按钮，打开“创建账套”的“核算类型”对话框。

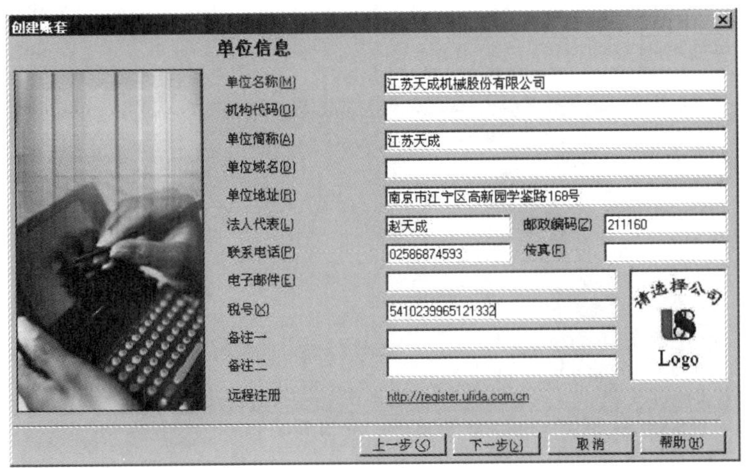

图 2－3　创建账套—单位信息

3）核算类型。

① 本币代码：必须输入。本例按系统默认为“RMB”。

② 本币名称：必须输入。本例按系统默认为“人民币”。

③ 企业类型：用户可在下拉框选择，系统提供了工业、商业两种类型。本例选择为“工业”。

④ 行业性质：用户必须从下拉框选择，系统按照所选择的行业性质预置科目。本例选择为“2007 年新会计制度科目”。

⑤ 账套主管：必须从下拉框选择。本例先选择为“demo”。

⑥ 按行业性质预置科目：勾选该选项，指用户希望预置所属行业的标准一级科目。

核算类型输入完毕后，如图 2－4 所示。单击【下一步】按钮，打开“创建账套”的“基础信息”对话框。

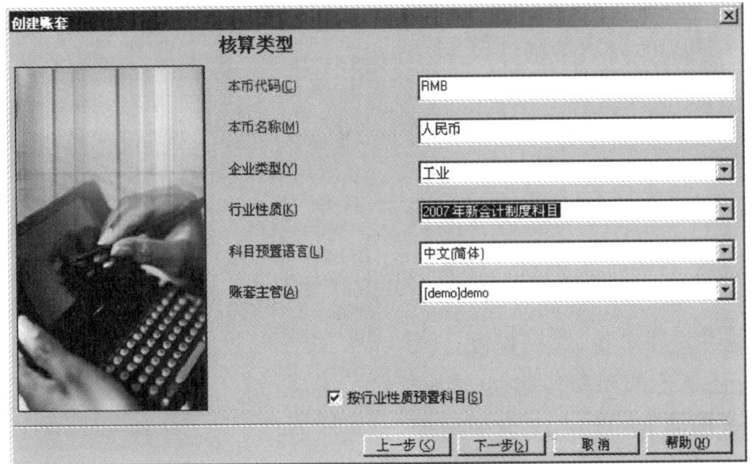

图 2－4　创建账套—核算类型

4）基础信息。如果单位的存货、客户、供应商相对较多，可以对他们进行分类核算。因此，可以在“存货是否分类”“客户是否分类”“供应商是否分类”“有无外币核算”前面的复选框进行选择。按照本例要求，选中“存货是否分类”“客户是否分类”“供应商是否分类”“有无外币核算”复选框，如图 2-5 所示。

如果此时不能确定是否分类核算，也可以在建账完成后由账套主管在【账套】\【修改】命令中设置分类核算。

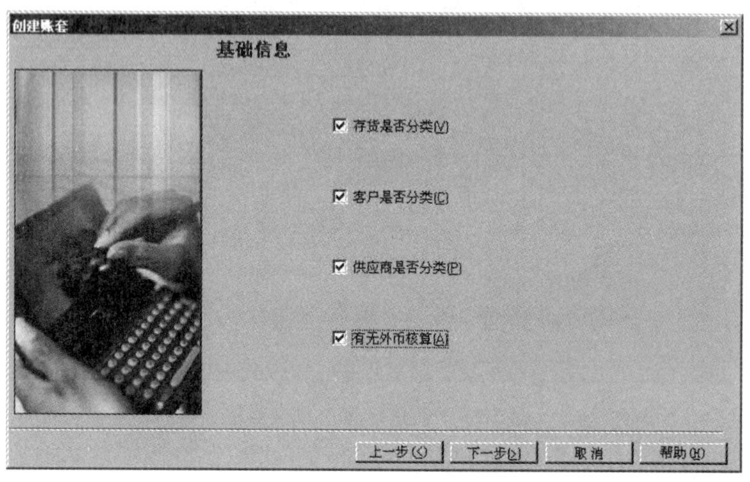

图 2-5　创建账套—基础信息

完成基础信息设置后，单击【下一步】按钮，再单击【完成】按钮，弹出系统提示“可以创建账套了吗”，单击【是】按钮，稍等一段时间，系统按输入信息要求建立企业数据库，完成后打开“分类编码方案”对话框。

5）分类编码方案。为了便于对经济业务数据进行分类核算、统计和管理，系统要求预先设置某些基础档案的编码规则，即规定各种编码的级次及各级的长度。设置的编码方案级次不能超过系统最大级数和最大长度限制，只能在最大长度范围内增加级数和改变级长。按本例要求修改系统默认值，如图 2-6 所示。单击【确认】按钮，打开“数据精度定义”对话框。

6）数据精度。此功能主要解决数据精度所涉及的核算精度问题。涉及购销存业务环节时，会输入一些原始单据，如发票、出入库单等，需要填写数量及单价，数据精度定义是确定有关数量及单价的小数位数的，如图 2-7 所示。单击【确认】按钮，系统会弹出提示“创建账套{江苏天成:[001]}成功”。

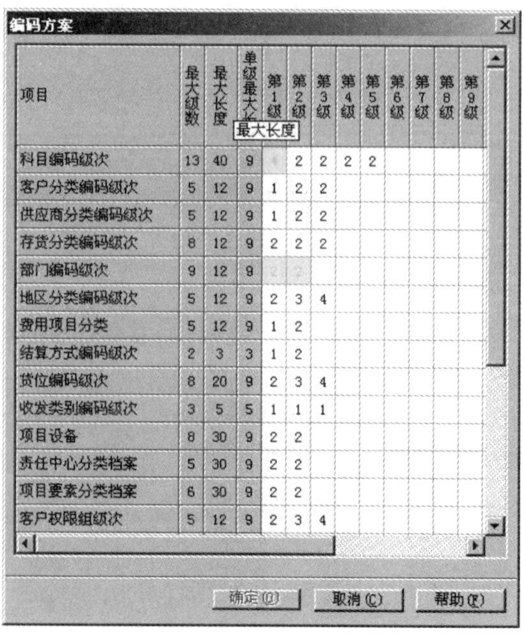

项目	最大级数	最大长度	单级最大长度	第1级	第2级	第3级	第4级	第5级	第6级	第7级	第8级	第9级
科目编码级次	13	40	9	[illegible]	2	2	2	2				
客户分类编码级次	5	12	9	1	2	2						
供应商分类编码级次	5	12	9	1	2	2						
存货分类编码级次	8	12	9	2	2	2						
部门编码级次	9	12	9	[illegible]	[illegible]							
地区分类编码级次	5	12	9	2	3	4						
费用项目分类	5	12	9	1	2							
结算方式编码级次	2	3	3	1	2							
货位编码级次	8	20	9	2	3	4						
收发类别编码级次	3	5	5	1	1	1						
项目设备	8	30	9	2	2							
责任中心分类档案	5	30	9	2	2							
项目要素分类档案	6	30	9	2	2							
客户权限组级次	5	12	9	2	3	4						

图 2-6　编码方案

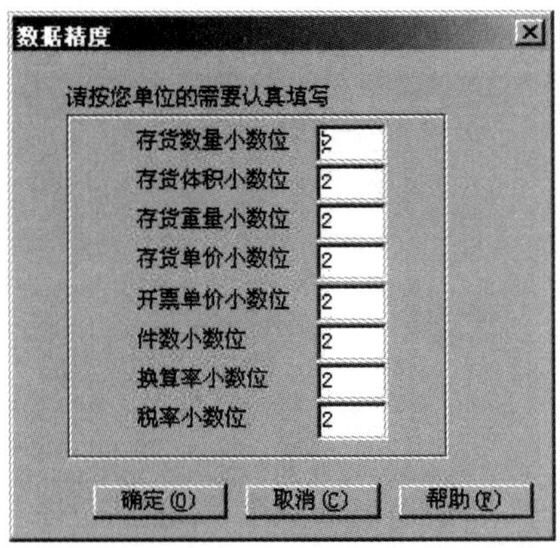

图 2－7　数据精度

2.1.2　系统启用

【问题引入】

1. 系统启用由什么身份的操作员执行?
2. 系统启用的目的是什么?
3. 系统启用是否必需在系统管理中操作?

【项目实训】

⊙ **实务案例**

1) 系统启用:总账,启用日期为"2019－01－01"。

2) 根据业务财务一体化处理的需要,其他系统可以分批启用,启用日期均为"2019－01－01"。

建账时如暂未启用系统的,也可以在【企业应用平台】模块中进行操作。

⊙ **任务分解及技能要点(见表 2－2)**

表 2－2　任务分解及技能要点

任务名称	系统导航	菜单路径	技能要点
系统启用	【基础设置】\【基本信息】	【系统启用】	启用系统的选择及启用会计期间设置

⊙ **应用向导**

1. 建账后直接启用系统

建账完成后,单击【确定】按钮,系统会弹出"是否立即启用账套",单击【是】按钮,即可进入"系统启用"窗口,如图 2－8 所示。选择需启用的系统,并确定"启用会计期间"为"2019－01－01"(可选择任意年度与月份,但启用日期通常为启用月的 1 日),单击【确定】按钮,系统会再次提示“确实要启用当前系统吗”，点击【是】按钮，即可完成系统启用。

系统启用

全启　刷新　退出

[001]江苏天成账套启用会计期间2019年1月

系统编码	系统名称	启用会计期间	启用自然日期	启用人
☑GL	总账	2019-01	2019-01-01	admin
☐AR	应收款管理			
☐AP	应付款管理			
☐FA	固定资产			
☐NE	网上报销			
☐NB	网上银行			
☐WH	报账中心			
☐SC	出纳管理			
☐CA	成本管理			
☐PM	项目成本			
☐FM	资金管理			
☐BM	预算管理			
☐CM	合同管理			
☐PA	售前分析			
☐SA	销售管理			
☐PU	采购管理			
☐ST	库存管理			
☐IA	存货核算			

图 2-8　系统启用

提示：

如果此时暂不进行系统启用的设置，则在系统弹出“是否立即启用账套”后，单击【否】按钮，系统会提示“请进入企业应用平台进行业务操作！”，单击【确定】按钮返回，以后可以执行【企业应用平台】\【基础设置】\【基本信息】命令进行启用或修改。

2. 登录企业应用平台进行系统启用

建账和系统启用成功后，企业应根据自身实际情况进行初始化工作，包括部门档案、职员档案、客户供应商档案、外币设置、期初余额录入等工作，以确保本月工作顺利进行。这些工作需要登录【企业应用平台】模块，执行【基础设置】\【基础信息】\【系统启用】命令，选择需启用的系统，并设定启用会计期间。

项目 2.2　操作员设置与角色分工

【项目目标】

- ◆ 理解角色与用户的联系和区别。
- ◆ 掌握增加用户的具体操作。
- ◆ 掌握用户权限设置的具体操作。

【知识要点】

本项目主要包括以下内容。

☑ 2.2.1　操作员身份管理

☑ 2.2.2　操作员权限分配

下面对本项目内容的知识要点进行介绍。

一、操作员身份管理

1. 用户与角色

用户是指有权限登录系统，对系统进行操作的人员，即“操作员”。每次登录系统，都要进行用户身份的合法性检查。只有设置了具体的用户后，才能进行相关的操作。

角色是指在企业管理中拥有某一类职能的组织，这个角色组织可以是实际的部门，也可以是由同一类职能的人构成的虚拟组织。例如，实际工作中最常见的会计和出纳两个角色(他们既可以是同一部门的人员，也可以分属不同的部门，但工作职能是一样的)。在设置了角色后，就可以定义角色的权限，当用户归属于某一角色后，就相应地拥有了该角色的权限。设置角色的方便之处在于可以根据职能统一进行权限的划分，方便授权。

用户和角色设置不分先后顺序，用户可以根据自己的需要先后设置。但对于自动传递权限来说，应该首先设定角色，然后分配权限，最后进行用户的设置。这样在设置用户的时候，如果选择其归属于某一个角色，则其自动具有该角色的权限。一个角色可以拥有多个用户，一个用户也可以分属于多个不同的角色。

2. 系统管理员与账套主管

系统允许以两种身份注册进入系统管理模块：一是以系统管理员(admin)的身份；二是以账套主管的身份。

系统管理员(admin)：对整个系统进行管理和维护，包括进行账套的建立、引入、输出、操作员及权限的设置、系统维护等工作。系统管理员只能进入系统管理模块，不能进入建立的具体账套中。

账套主管：实现对所主管的账套进行修改和管理，包括年度账的建立、清空、引入、输出和年末结账等。账套主管还可以为其主管账套设置操作员权限，既可以登录【系统管理】模块，也可以注册登录所主管的账套，进行账务处理。

系统管理员可以根据财务管理的要求来设置系统所需要的操作员，并可根据需要对已有操作员进行修改、删除、注销等处理。

系统管理员和账套主管的主要区别如下：

1) 系统管理员：只针对系统维护的相关工作，不参与日常操作。账套主管：拥有所有日常操作的权限。

2) 系统管理员：只能有一个。账套主管：根据工作需要可以设置多个，且权限相同。

3) 系统管理员：可以对系统内的任何一个账套进行相关维护工作。账套主管：只能对自己有权限的账套进行维护。

4) 系统管理员：可以增加操作员，并对其分配权限。账套主管：不可以增加操作员，但可以对操作员分配权限。

5）系统管理员：只能建立账套，但不能修改账套。账套主管：只能修改账套，不能建立账套。

6）系统管理员：可以对整个账套进行数据备份及设置自动备份计划。账套主管：只能对账套内的年度账进行数据备份及设置自动备份计划。

7）系统管理员：可以清除系统异常。账套主管：没有此权限。

二、操作员权限分配

系统的授权分为两个层次，即系统管理员授权和账套主管授权。

系统管理员是软件系统默认的最高权利执行者，拥有执行软件系统的全部权利，可以指定账套主管或取消账套主管权限，也可以对各个账套的操作员进行授权。

账套主管的权限局限于所管理的账套，在该账套内，账套主管被默认为拥有该账套的全部操作权利，可以对本账套的操作员进行权限设置。

1. 指定账套主管

可以在两个环节中确定企业账套的账套主管：一是在建立账套环节，如图 2－4 所示，在账套主管处点击右侧的三角按钮，选择某个用户为账套主管。二是在权限设置环节。只有系统管理员能够指定账套主管。

2. 对操作员赋权

系统管理员和账套主管都可以对操作员进行赋权操作。

【项目准备】

☞ 系统登录：以 admin（系统管理员）身份注册并登录【系统管理】模块，操作日期为“2019－01－01”。

2.2.1 操作员身份管理

【问题引入】

1. 登录系统时，系统管理员、账套主管的登录界面有什么不同？
2. 角色与用户之间有什么关联？
3. 如何合理安排用户的不同角色？

【项目实训】

⊙ **实务案例**

根据江苏天成岗位设置的现实情况，需要将下列人员设置为用友 U8 V10.1 的用户（见表 2－3）。

表 2－3　增加用户

编　号	姓　名	所属角色	所属部门
U01	学号末 3 位	账套主管	企管部
U02	学生姓名	账套主管	财务部
U03	姚家友	普通员工	财务部
U04	丁成功	普通员工	财务部
U05	秦奋	普通员工	物资部
U06	李丽	普通员工	营销一部
U07	王立华		营销二部
U08	赵方平		生产一部
U09	董文		生产二部

注：为了方便操作，口令设置均为空。

⊙ 任务分解及技能要点(见表 2－4)

表 2－4　任务分解及技能要点

任务名称	系统导航	菜单路径	技能要点
角色管理	【系统管理】	【权限】\【角色】	角色的增加、修改和删除等操作；角色的用户分配
用户管理		【权限】\【用户】	用户的增加、修改和删除等操作；用户的角色设置

⊙ 应用向导

在【系统管理】模块中，执行【权限】\【用户】命令，进入“用户管理”窗口。单击工具栏上的【增加】按钮，打开“增加用户”对话框，“编号”为“U01”，“姓名”为“999”（此姓名仅作为教师演示使用），如图 2－9 所示。其他用户按照此方法分别增加后退出。

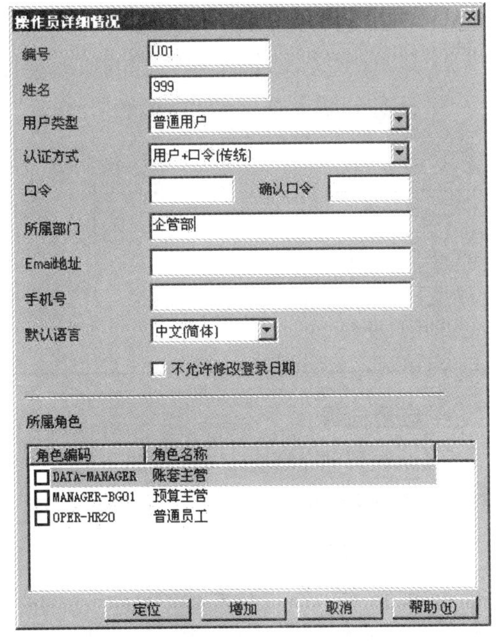

图 2－9　增加用户

2.2.2 操作员权限分配

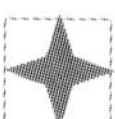【问题引入】

1. 系统管理员与账套主管的主要权限有哪些区别?
2. 如何指定账套主管?
3. 什么岗位上的企业人员可以成为账套主管?

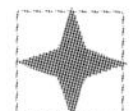【项目实训】

⊙ **实务案例**

根据用户身份设置情况,结合业务财务一体化系统的相关功能,对操作员的权限作如下分配。

1) U01:学号末 3 位,为新建账套的账套主管,赋予系统管理的所有权限。

2) U02:学生姓名,为新建账套的账套主管,赋予系统管理的所有权限。

3) U03:姚家友,赋予总账(除审核凭证外)、应收款管理、应付款管理、固定资产管理、人力资源管理的所有权限。

4) U04:丁成功,赋予总账的出纳签字、查询凭证等相关权限,以及出纳的所有权限。

5) U05:秦奋,赋予采购管理、库存管理、存货核算的所有权限。

6) U06:李丽,赋予销售管理、库存管理、存货核算的所有权限。

7) U07:王立华,赋予销售管理、库存管理、存货核算的所有权限。

8) U08:赵方平,赋予库存管理、存货核算的所有权限。

9) U09:董文,赋予库存管理的所有权限。

⊙ **任务分解及技能要点(见表 2-5)**

表 2-5 任务分解及技能要点

任务名称	系统导航	菜单路径	技能要点
账套主管设置	【系统管理】	【权限】\【权限】	针对特定账套,指定账套主管
普通用户授权			针对特定账套,选择性设置用户操作权限

⊙ **应用向导**

在【系统管理】模块中,完成如下操作:

1. 账套主管设置

执行【权限】\【权限】命令,打开"操作员权限"窗口。在账套列表下拉框中,选择"[001]江苏天成"。在操作员列表中,选择"U01",选中"账套主管"复选框,系统弹出提示"设置操作员 U01 账套主管权限吗?",单击【是】按钮,即可对 U01 赋予账套主管的权限。

如果想取消其账套主管的权限,只要将"账套主管"复选框前面的"√"取消即可。

2. 普通用户授权

系统管理员和账套主管都可以给普通操作员赋权。在【系统管理】模块中，执行【权限】\【操作员权限】命令，对普通用户进行授权。在“操作员权限”窗口，选择“001”账套，再从操作员列表中选择需授权的操作员，单击工具栏上的【修改】按钮，然后勾选其所属权限，如图 2－10 所示。除账套主管之外的其他用户都按此方法进行权限设置。

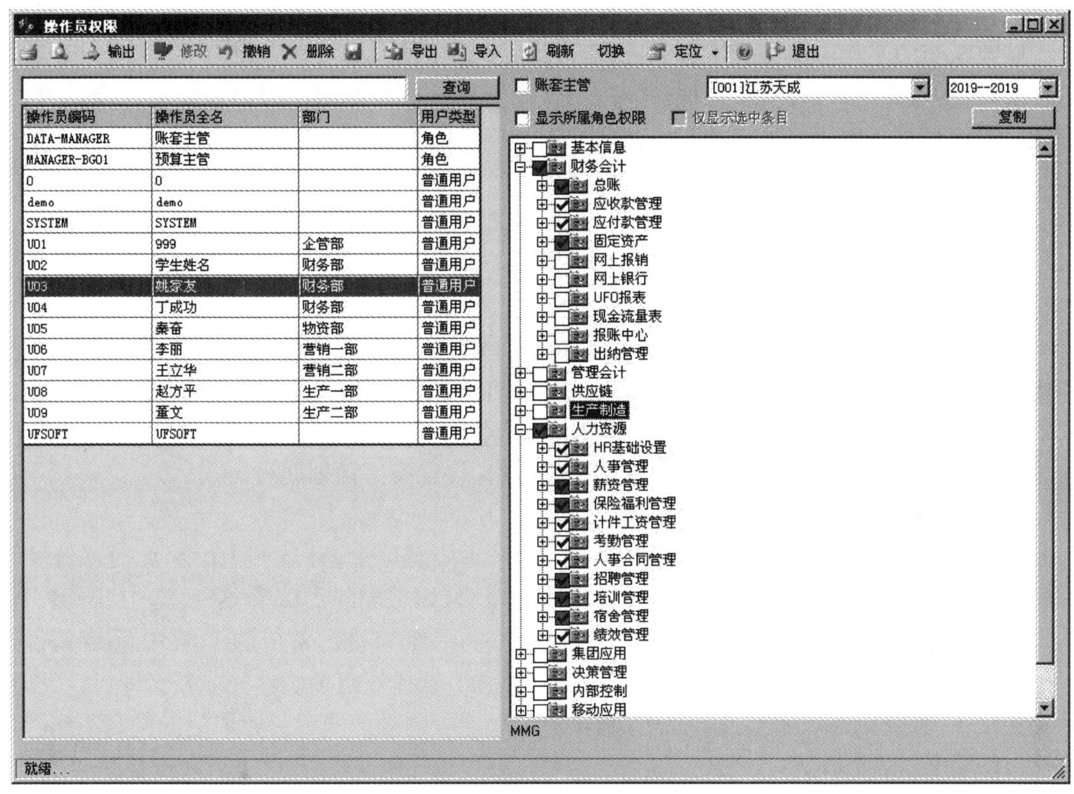

图 2－10　操作员权限

项目 2.3　账套管理

【项目目标】

◆ 掌握账套的修改方法。

◆ 掌握账套的备份与恢复。

【知识要点】

本项目主要包括以下内容。

☑ 2.3.1　账套修改

☑ 2.3.2　账套输出与引入

下面对本项目内容的知识要点进行介绍。

一、账套修改

账套创建完毕后，如果发现账套参数设置有误需要修改，或者需要查看账套信息，此时可以通过账套的修改功能来实现。账套参数信息若已被使用，进行修改可能会造成数据库数据的紊乱，因而对账套信息的修改应慎重对待。

修改账套的工作应由账套主管完成，双击【系统管理】模块，打开“系统登录”窗口，由账套主管登录进入【系统管理】模块。执行【账套】\【修改】命令，即可调出以前设置的账套信息，并按照正确信息进行修改。

二、账套输出与引入

（一）账套输出

账套输出也称为账套备份，是指将财务软件系统产生的数据备份到硬盘、光盘及其他存储介质上保存起来，目的就是要长期保存财务数据，防止恶意篡改和破坏或意外事故造成数据丢失，给核算工作造成不必要的损失。利用输出备份数据可以尽快恢复系统数据，从而保证单位核算业务的正常进行。账套备份可以使用手工备份、设置备份计划两种方式。

1. 手工输出

以系统管理员的身份登录进入【系统管理】模块，执行【账套】\【输出】命令，此时系统弹出“账套输出”界面。在“账套号”处选择需要备份的账套，如想删除源账套，还要选中“删除当前输出账套”，点击【确定】按钮，如图 2－11 所示。此时，系统会进行备份的工作，在系统备份过程中有一个进度条，任务完成后，系统会提示备份路径，选择好路径确认完成备份即可。此时，系统会提示“真要删除该账套吗”，点击【确认】按钮，即可删除该账套。若取消操作则不删除当前输出的账套。

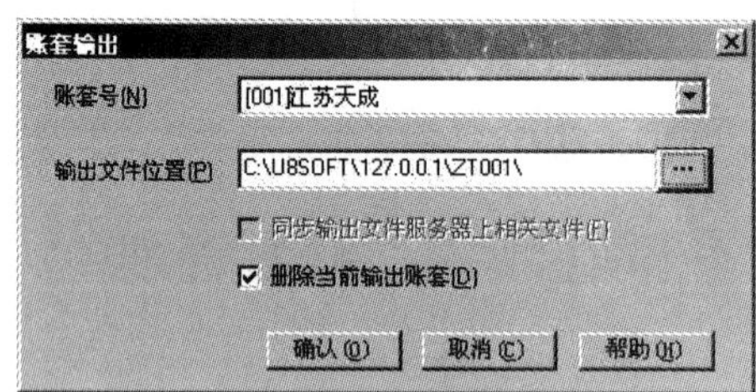

图 2－11　账套输出

2. 设置账套备份计划

设置账套备份计划是自动定时对设置好的账套进行备份。其优势是设置定时备份账套功能，多个账套同时备份，在很大程度上减轻了系统管理员的工作量，同时可以更好地对系统进行管理。

（二）账套引入

账套引入也称为账套恢复，是指将系统外的某账套数据引入本系统中，即将备份到硬盘、光盘或其他存储介质中的备份数据恢复到硬盘上指定的目录中。

以系统管理员身份登录进入【系统管理】模块，执行【账套】\【引入】命令，选择要恢复的账套数据备份文件 UF2KAct. Lst，单击【确定】按钮，系统会弹出提示"此项操作将会覆盖[001]当前账套的所有信息，继续吗?"，单击【是】按钮，即可完成账套的恢复。

提示：

1) 只有系统管理员有权限进行账套的输出与引入。输出账套前，最好关闭所有系统模块。

2) 账套输出的结果形成两个文件 UFDATA. BAK 和 UfErpAct. Lst。

3) 利用账套输出功能同时可以进行删除账套的操作。

4) 数据引入只有在系统损坏后、数据库损坏后、软件重装后、数据做错后而又不想修改等情况下，才可做数据引入。在软件正常运行时，不需要做这个动作。

第3单元　业务财务一体化系统初始设置

单元概要

系统初始化是企业实施业务财务一体化系统的基础工作，也是将通用应用系统转换为符合本单位管理需要的专用应用系统的重要环节。在企业建账后，只相当于搭建了一个业务财务一体化工作的场所，数据库文件还没有具体内容。通过系统初始化，可以进行财务和业务基础档案的规范设置和期初数据录入，并进一步了解基础档案与业务之间的关联性。本单元包括以下5个项目。

- 3.1　公共基础数据设置
- 3.2　总账管理初始设置
- 3.3　固定资产管理初始设置
- 3.4　薪资管理初始设置
- 3.5　供应链及收付款管理初始设置

项目3.1　公共基础数据设置

【项目目标】

◆ 理解各项基础档案在系统中所起的作用及各基础档案设置的意义。

◆ 掌握机构人员、客商信息、财务信息等各基础档案的建立方法。

【知识要点】

本项目主要包括以下内容。

☑ 3.1.1　部门人员信息设置

☑ 3.1.2　往来单位信息设置

☑ 3.1.3　收付结算信息设置

下面对本项目内容的知识要点进行介绍。

一、部门人员信息设置

1. 部门档案

部门档案主要是设置与企业财务核算和管理有关的部门。设置部门档案的目的在于按部门进行数据汇总和分析，它在不同的管理系统中所起的作用如下：

1) 总账系统：按部门核算收入、费用。

2）人力资源管理：按部门管理职工。

3）固定资产管理：按部门管理资产。

4）应收应付款管理：将客户、供应商往来账记录到部门。

2. 人员档案

人员档案的作用是设置企业的各个职能部门中需要对其核算和业务管理的职工信息，以便按职员进行记录、查询和统计。人员档案在不同的管理系统中所起的作用也有所不同。

1）总账系统：核算个人往来。

2）人力资源管理：核算职工工资。

3）应收应付款管理：往来记录到业务员。

3. 人员类别

人员类别是对企业的人员类别进行分类设置与管理，主要在薪资管理系统使用。

二、往来单位信息设置

1. 地区分类

地区分类是针对客户/供应商所属地区进行分类，便于进行业务数据的统计、分析。

2. 供应商分类

当企业的往来供应商较多时，可以按照某种分类标准对供应商进行分类管理，以便分类汇总统计。对供应商可以根据地区、行业、供料性质等进行分类。

3. 供应商档案

供应商档案与客户档案极为相似。供应商档案中也包含了与业务处理环节相关的大量信息，分为“基本”“联系”“信用”“其他”四个标签。供应商档案必须建立在最末级供应商分类之下。

4. 客户分类

当企业的往来客户较多时，可以按照某种分类标准对客户进行分类管理，以便分类汇总统计。对客户进行分类，既可以根据合作时间将客户分为长期客户、中期客户和短期客户，也可以按信用等级分类，还可以按客户所属行业分类。

5. 客户档案

客户是企业的重要资源。因此，在建立计算机管理系统时，需要全面整理客户资料并录入系统，以便有效地管理客户、服务客户。

三、收付结算信息设置

1. 结算方式

设置结算方式的目的，一是为了提高银行对账的效率；二是根据业务自动生成凭证时可以识别相关的科目。计算机信息系统中需要设置的结算方式与财务结算方式基本一致，如现金结算、支票结算等。如果某种结算方式需要进行票据管理，只需选中“是否票据管理”标志即可。结算方式一旦被引用，便不能进行修改和删除的操作。

2. 付款条件

付款条件称为现金折扣，是指企业为了鼓励客户偿还所欠货款而允诺在一定期限内给予规定的折扣优待。

3. 本单位开户银行

本系统支持多个开户行及账号的情况。此功能用于维护及查询使用单位的开户银行信息。开户银行一旦被引用,便不能进行修改和删除操作。

【项目准备】

☞ 系统登录:以 U02 学生姓名(账套主管)身份注册并登录【企业应用平台】模块,操作日期为“2019 - 01 - 01”。

3.1.1 部门人员信息设置

【问题引入】

1. 部门和人员在设置上有无先后顺序?
2. 人员类别设置有什么意义?
3. 人员档案中录入哪些项目对后续操作有参照作用?

【项目实训】

⊙ **实务案例**

1. 部门档案(见表 3 - 1)

表 3 - 1 部门档案

部门编码		部门名称	部门负责人
一级部门	二级部门		
01		企管部	学号末 3 位
02		财务部	学生姓名
03		物资部	秦奋
04		营销部	李丽
04	01	营销一部	李丽
04	02	营销二部	王立华
05		生产部	赵方平
05	01	生产一部	赵方平
05	02	生产二部	董文

2. 人员类别

1) 增加人员类别:编码为“104”,名称为“在职人员”。

2) 在职人员分类(见表 3 - 2)。

表3-2　在职人员分类

分类编码	分类名称
10401	行政管理人员
10402	财务管理人员
10403	采购管理人员
10404	销售管理人员
10405	车间管理人员
10406	生产技术人员

3. 人员档案(见表3-3)

表3-3　人员档案

人员编码	人员姓名	性别	雇佣状态	所属部门	人员类别	是否业务员
1001	学号末3位	男	在职	企管部	行政管理人员	是
1002	学生姓名	男/女	在职	财务部	财务管理人员	是
1003	姚家友	女	在职	财务部	财务管理人员	是
1004	丁成功	男	在职	财务部	财务管理人员	是
1005	秦奋	男	在职	物资部	采购管理人员	是
1006	李丽	女	在职	营销一部	销售管理人员	是
1007	王立华	男	在职	营销二部	销售管理人员	是
1008	赵方平	女	在职	生产一部	车间管理人员	否
1009	董文	男	在职	生产二部	生产技术人员	否

⊙ 任务分解及技能要点(见表3-4)

表3-4　任务分解及技能要点

任务名称	系统导航	菜单路径	技能要点
部门信息设置	【基础设置】\【基础档案】	【机构人员】\【部门档案】	部门档案的增加、修改、删除等操作
人员信息设置		【机构人员】\【人员类别】	人员类别的增加、修改、删除等操作
		【机构人员】\【人员档案】	人员档案的增加、修改、删除等操作

⊙ 应用向导

双击【企业应用平台】模块，打开“登录”窗口，“操作员”为“U02”，“密码”为空，单击“账套”栏的下拉按钮，选择“账套”为“[001]江苏天成”，“操作日期”为“2019-01-01”，如图3-1所示。单击【登录】按钮，进入“企业应用平台”主界面。

图 3－1 “企业应用平台”登录界面

执行【基础设置】\【基础档案】命令，完成如下操作。

1. 部门档案设置

执行【机构人员】\【部门档案】命令，打开“部门档案”窗口。单击【增加】按钮，对相关栏目内容进行选择或输入：“部门编码”为“01”，“部门名称”为“企管部”，“负责人”为“999”，如图 3－2 所示，单击【保存】按钮。依次输入案例中其他部门档案后退出。

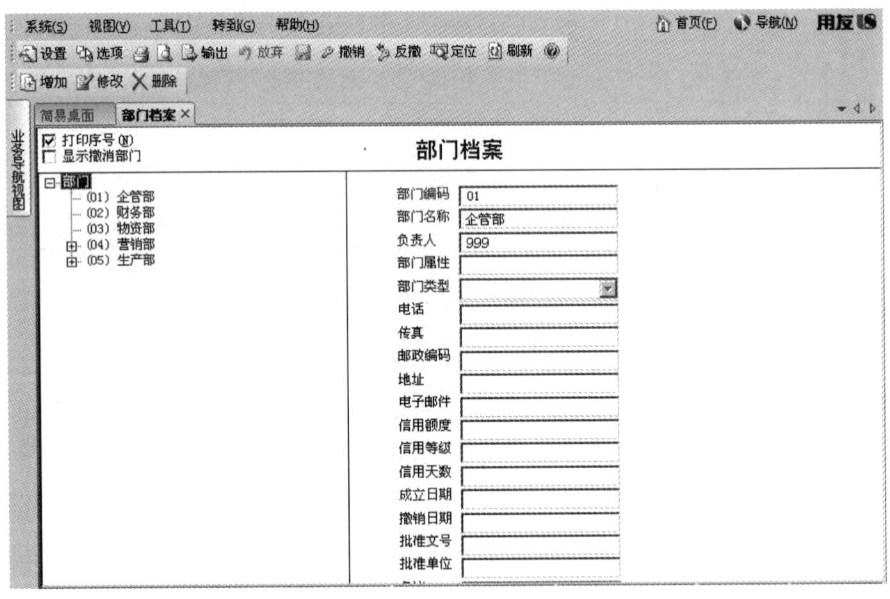

图 3－2 部门档案

2. 人员类别设置

1）执行【机构人员】\【人员类别】命令，打开“人员类别”窗口。

2）单击【增加】按钮，输入“档案编码”为“104”，“档案名称”为“在职人员”，如图 3－3 所示，单击【确定】按钮后退出。

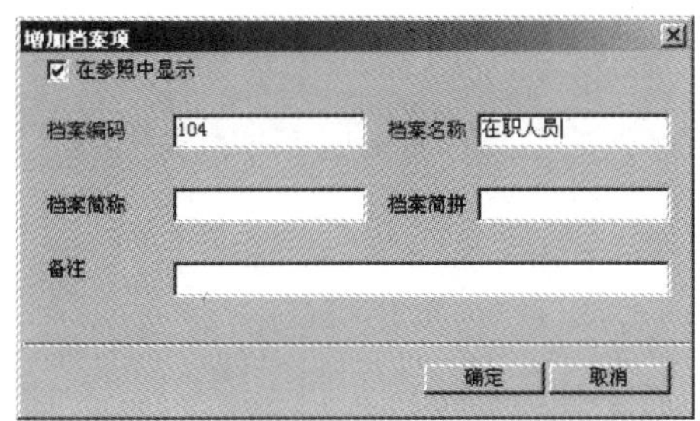

图 3-3　人员类别

3）打开“在职人员”对话框，输入“档案编码”为“10401”，“档案名称”为“行政管理人员”，单击【确定】按钮。依次输入其他人员类别后退出。

3. 人员档案设置

执行【机构人员】\【人员档案】命令，打开“人员档案”窗口。单击【增加】按钮，对相关栏目进行选择或输入：“人员编码”为“1001”，“人员姓名”为“999”，“性别”为“男”，“行政部门”为“企管部”，“雇佣状态”为“在职”，“人员类别”为“行政管理人员”，“证件类型”为“身份证”，在“是否业务员”前面的“□”中打“√”，如图 3-4 所示，单击【保存】按钮。依次输入其他人员档案后退出。

图 3-4　人员档案

3.1.2 往来单位信息设置

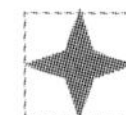【问题引入】

1. 客商分类的主要作用是什么?
2. 是否必须先设置客户或供应商的分类才能录入档案?
3. 客户档案中纳税人识别号、开户银行和账号的信息能否省略?

【项目实训】

⊙ 实务案例

1. 地区分类(见表 3-5)

表 3-5 地区分类

分类编码	分类名称
01	国内
02	国外

2. 供应商分类(见表 3-6)

表 3-6 供应商分类

分类编码	分类名称
1	原料供应商
2	配件供应商
3	成品供应商
4	其他供应商

3. 供应商档案(见表 3-7)

表 3-7 供应商档案

编码	名　称	简　称	供应商分类	地区分类	纳税人识别号	开户银行	账　号
1001	杭宁设备有限公司	杭宁设备	1	01	913306593744602681	交行杭州分行	55416593567
1002	青山机械有限公司	青山机械	1	01	913305207395116053	交行郑州分行	54021178431
2001	华城工贸有限公司	华城工贸	2	01	913300250140992406	工行南通分行	22564136940
3001	天山科技集团公司	天山科技集团	3	01	911903374102216834	建行北京分行	45057896115
4001	南京市自来水公司	宁水	4	01	913201156628403772	建行南京分行	44930951371
4002	南京市供电局	宁电	4	01	913201155193428011	建行南京分行	44935978801

注:供应商开户银行的所属银行,如果在银行档案基本参照中没有的,可以在【银行档案】菜单中设置,企业账号定长:12;银行账号均为默认账号。

4. 客户分类(见表 3－8)

表 3－8　客户分类

分类编码	分类名称
1	北区客户
2	中区客户
3	南区客户
4	国外客户

5. 客户档案(见表 3－9)

表 3－9　客户档案

编码	名　称	简　称	客户分类	地区分类	纳税人识别号	开户银行	账　号
1001	河北机电集团	河北机电	1	01	911306469711239658	农行保定分行	16045896101
1002	北京福林汽车公司	北京福林	1	01	911549823576512483	农行北京分行	14452136709
2001	茂名飞达有限公司	茂名飞达	2	01	914205347281134953	工行武汉分行	29851023448
2002	南元科技集团	南元科技	2	01	914301611755391240	工行长沙分行	26244127512
3001	向海建工有限公司	向海建工	3	01	914406297406219957	工行广州分行	23259871034
4001	G&S Co.,Ltd.	G&S	4	02	913102030641922706	工行上海分行	25668412067

注：客户开户银行的所属银行，如果在银行档案基本参照中没有的，可以在【银行档案】菜单中设置，企业账号定长：12；银行账号均为默认账号。

⊙ 任务分解及技能要点(见表 3－10)

表 3－10　任务分解及技能要点

<table>
<tr><th>任务名称</th><th>系统导航</th><th>菜单路径</th><th>技能要点</th></tr>
<tr><td>地区信息设置</td><td rowspan="5">【基础设置】\【基础档案】</td><td>【客商信息】\【地区分类】</td><td>地区分类的增加、修改、删除等操作</td></tr>
<tr><td rowspan="2">供应商信息设置</td><td>【客商信息】\【供应商分类】</td><td>供应商分类的增加、修改、删除等操作</td></tr>
<tr><td>【客商信息】\【供应商档案】</td><td>供应商档案的增加、修改、删除等操作</td></tr>
<tr><td rowspan="2">客户信息设置</td><td>【客商信息】\【客户分类】</td><td>客户分类的增加、修改、删除等操作</td></tr>
<tr><td>【客商信息】\【客户档案】</td><td>客户档案的增加、修改、删除等操作</td></tr>
</table>

⊙ 应用向导

执行【基础设置】\【基础档案】命令，完成如下操作。

1. 地区分类设置

执行【客商信息】\【地区分类】命令，打开“地区分类”窗口，如图 3－5 所示。单击【增加】按钮，输入“分类编码”为“01”，“分类名称”为“国内”，单击【保存】按钮。依次输入其他地区分类后退出。

图 3－5　地区分类

2. 供应商分类设置

执行【客商信息】\【供应商分类】命令，打开“供应商分类”窗口，如图 3－6 所示。单击【增加】按钮，输入“分类编码”为“1”，“分类名称”为“原料供应商”，单击【保存】按钮。依次输入其他供应商分类后退出。

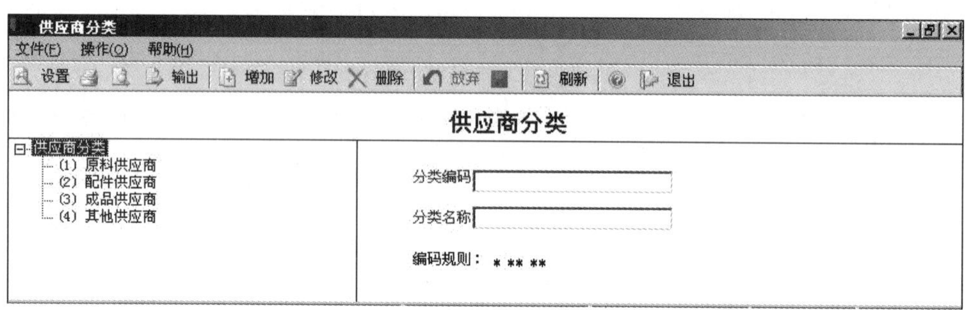

图 3－6　供应商分类

3. 供应商档案设置

1）执行【客商信息】\【供应商档案】命令，进入“供应商档案”标签页。单击【增加】按钮，对相关栏目内容进行选择或输入：“供应商编码”为“1001”，“供应商名称”为“杭宁设备有限公司”，“供应商简称”为“杭宁设备”，“所属地区”为“01”，“纳税人识别号”为“91330659374460268l”，“开户银行”为“交行杭州分行”，“银行账号”为“55416593567”，“所属银行”为“交通银行”，如图 3－7 所示。

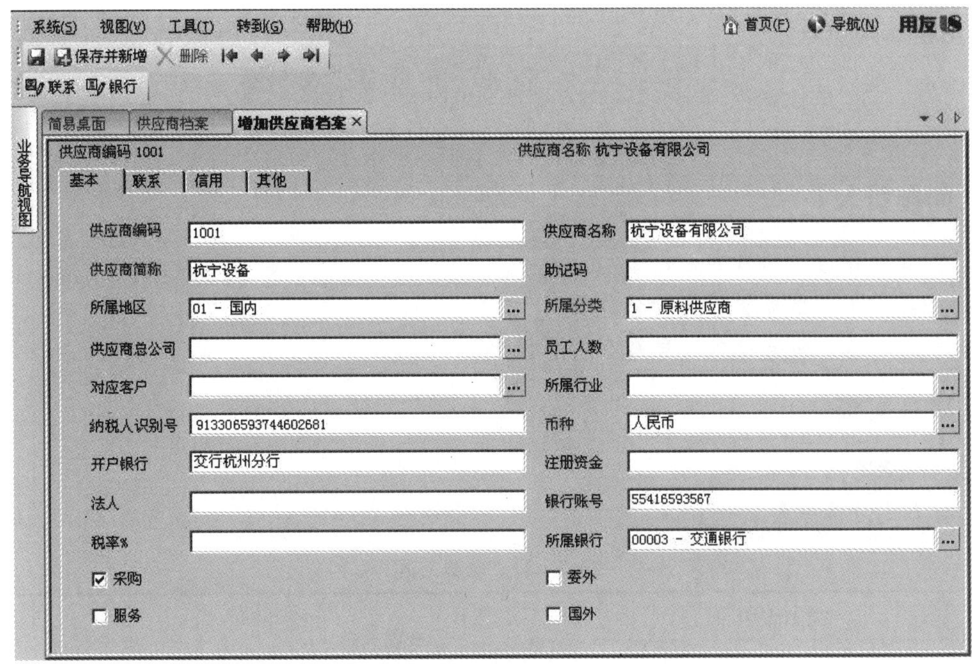

图 3－7　供应商档案

2）单击工具栏的【银行】按钮，进入“供应商银行档案”对话框，单击【增加】按钮，选择“所属银行”为“交通银行”，输入“开户银行”为“交行杭州分行”，“银行账号”为“55416593567”，“账户名称”为“杭宁设备有限公司”，如图 3－8 所示，单击【保存】按钮，返回“增加供应商档案”标签页，单击【保存】按钮。依次输入其他供应商档案后退出。

供应商银行档案

设置　输出　增加　删除　退出

序号	所属银行	开户银行	银行账号	账户名称	默认值
1	交通银行	交行杭州分行	55416593567	杭宁设备有限公司	是

图 3－8　供应商银行档案

4. 客户分类设置

执行【客商信息】\【客户分类】命令，进入“客户分类”标签页，参照供应商分类的操作方法，依次输入客户分类后退出。

5. 客户档案设置

执行【客商信息】\【客户档案】命令，进入“客户档案”标签页，参照供应商档案的操作方法，依次输入客户档案后退出。

3.1.3 收付结算信息设置

【问题引入】

1. 设置结算方式的目的是什么?
2. 结算方式的票据管理有什么作用?
3. 结算方式对哪些会计科目存在参照作用?

【项目实训】

⊙ **实务案例**

结算方式设置见表 3-11。

表 3-11 结算方式

类别编码		类别名称	票据管理
一级编码	二级编码		
1		现金结算	—
2		支票结算	—
2	01	现金支票	是
2	02	转账支票	是
3		银行汇票	—
4		银行本票	—
5		商业汇票	—
5	01	商业承兑汇票	—
5	02	银行承兑汇票	—

⊙ **任务分解及技能要点(见表 3-12)**

表 3-12 任务分解及技能要点

任务名称	系统导航	菜单路径	技能要点
结算方式设置	【基础设置】\【基础档案】	【收付结算】\【结算方式】	结算方式的增加、修改和删除等操作

⊙ **应用向导**

执行【基础设置】\【基础档案】\【收付结算】\【结算方式】命令,打开“结算方式”窗口,如图 3-9 所示。单击【增加】按钮,输入“结算方式编码”为“1”,“结算方式名称”为“现金结算”,单击【保存】按钮。依次输入其他结算方式后退出。

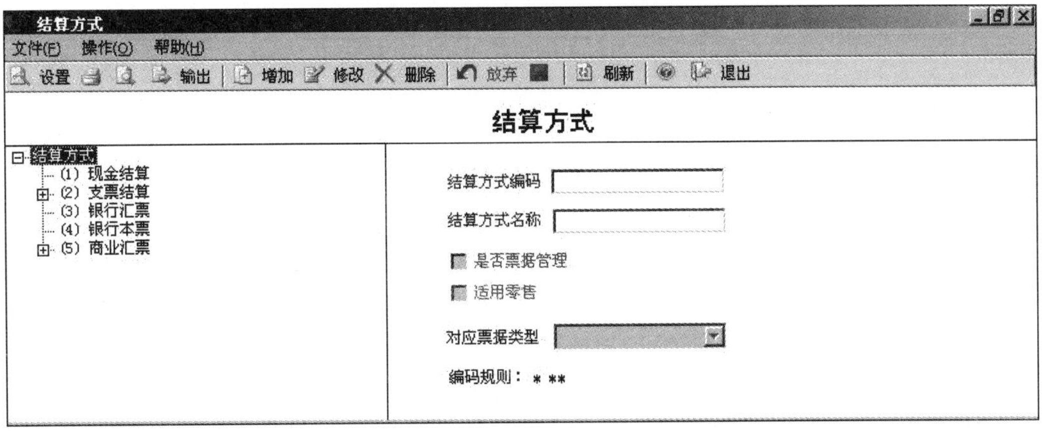

图 3-9　结算方式

项目 3.2　总账系统初始设置

【项目目标】

◆ 理解总账管理初始设置的基本内容及具体要求。
◆ 掌握总账管理初始设置的操作流程。
◆ 掌握财务信息基础设置的具体方法及注意事项。
◆ 掌握期初余额录入的具体操作方法。
◆ 掌握出纳初始设置的具体操作方法。
◆ 理解总账管理选项设置的目的及对总账业务的影响。

【知识要点】

本项目主要包括以下内容。

☑ 3.2.1　财务信息基础设置
☑ 3.2.2　总账期初数据录入
☑ 3.2.3　出纳初始信息设置
☑ 3.2.4　总账管理选项设置

下面对本项目内容的知识要点进行介绍。

总账管理系统是财务业务一体化管理软件的核心系统，适合于各行各业进行账务核算及管理工作。总账管理系统既可以独立运行，也可以同其他系统协同运转。

总账管理系统的初始设置是由用户根据本企业的需要建立账务应用环境，将用友通用账务处理系统变成适合本单位实际需要的专用系统。主要工作包括财务信息基础设置、总账期初数据录入、出纳初始信息设置、总账管理选项设置等。

一、财务信息基础设置

（一）外币及汇率

企业有外币业务，要进行外币种类及汇率的设置，其作用是，一方面减少录入汇率的次数和差错；另一方面可以避免在汇率发生变化时出现错误。

（二）会计科目

会计科目的建立是会计核算方法之一，财务软件一般都提供了符合国家会计制度规定的一级会计科目，明细科目则要根据企业情况自行确定。

会计科目设置时应注意以下几点。

1. 科目编码

科目编码应是科目全编码，即从一级科目至本级科目的各级科目编码组合。各级科目编码必须唯一，且必须按其级次的先后次序建立，即先有上级科目，然后才能建立下级明细科目。科目编码中的一级科目编码必须符合现行的会计制度。通常，通用商品化会计核算系统在建立账套时，会自动装入规范的一级会计科目。

2. 科目名称

科目名称是指本级科目名称。通常分为科目中文名称和科目英文名称。在中文版中，必须录入中文名称；若是英文版，则必须录入英文名称。科目中文名称和英文名称不能同时为空。

3. 科目类型

科目类型是指会计制度中规定的科目类型，分为资产、负债、所有者权益、成本、损益。由于一级科目编码的首位数字与科目类型有直接的对应关系，即科目大类代码“1＝资产”“2＝负债”“3＝共同”“4＝所有者权益”“5＝成本”“6＝损益”，因此，系统可以根据科目编码自动识别科目类型。

4. 账页格式

账页格式可以定义该科目在账簿打印时的默认打印格式。通常系统会提供金额式、外币金额式、数量金额式、外币数量式四种账页格式供选择。

5. 助记码

助记码用于帮助记忆科目，提高录入和查询速度。通常科目助记码不必唯一，可以重复。

6. 科目性质(余额方向)

增加记借方的科目，科目性质为借方；增加记贷方的科目，科目性质为贷方。一般情况下，只能在一级科目设置科目性质，下级科目的科目性质与其一级科目的相同。已有数据的科目不能辅助核算。

7. 辅助核算

辅助核算也称为辅助类账，用于说明本科目是否有其他核算要求。系统除完成一般的总账、明细账核算外，还提供部门核算、个人往来核算、客户往来核算、供应商往来核算、项目核算五种专项核算功能供选用。

其他核算用于说明本科目是否有其他要求，如银行账、日记账等。一般情况下，现金科目要设为现金日记账；银行存款科目要设为银行日记账。

8. 外币核算

外币核算用于设定该科目是否有外币核算，以及核算的外币名称。一个科目只能核算一种外币，只有需要外币核算的科目才允许也必须设定外币币名。

9. 数量核算

数量核算用于设定该科目是否有数量核算，以及数量计量单位。计量单位可以是任何汉字或字符，如千克、件、吨等。

（三）凭证类别

系统提供五种常用分类方式供用户选择。

1）记账凭证；

2）收款凭证、付款凭证、转账凭证；

3）现金凭证、银行凭证、转账凭证；

4）现金收款凭证、现金付款凭证、银行收款凭证、银行付款凭证、转账凭证；

5）自定义。

凭证分类不影响记账的结果，一般而言，可分为收款凭证、付款凭证和转账凭证。业务量较少的单位可不分类，即只设置"记账凭证"一种类别。

某些类别的凭证在制单时对科目有一定限制，本系统提供五种限制类型。

1）借方必有。制单时，此类凭证的借方限制科目至少有一个发生额。

2）贷方必有。制单时，此类凭证的贷方限制科目至少有一个发生额。

3）凭证必有。制单时，此类凭证无论借方限制科目还是贷方限制科目，至少一方有发生额。

4）凭证必无。制单时，此类凭证无论借方限制科目还是贷方限制科目均无发生额。

5）无限制。制单时，此类凭证可使用所有合法的科目。

（四）项目目录

1）定义项目大类。定义项目大类包括指定项目大类名称、定义项目级次和定义项目栏目三项工作。项目级次是确定该项目大类下所管理的项目的级次及每级的位数。项目栏目是针对项目属性的记录。例如，定义项目大类"工程"，工程下又分了一级，设置 1 位数字即可，工程要记录的必要内容诸如"工程号""工程名称""负责人""开工日期""完工日期"等可作为项目栏目。

2）指定核算科目。指定设置了项目辅助核算的科目具体要核算哪一个项目，建立项目与核算科目之间的对应关系。

3）定义项目分类。例如，将"工程"分为"自建工程"和"外包工程"。

4）定义项目目录。定义项目目录是将每个项目分类中所包含的具体项目录入系统。具体每个项目录入哪些内容取决于项目栏目的定义。

二、总账期初数据录入

在总账管理系统中主要输入各科目余额，包括明细科目余额和辅助账余额，总账科目余额自动计算。计算机信息系统需要的期初数据包括各科目的年初数，建账当前月的借、贷方累计发生额，及期末余额 4 项数据。由于 4 个数据项之间存在内在联系，因此，只需要输入借、贷方累计发生额和期末余额，就可以计算出年初数。

1. 不同性质科目的余额输入

显示为黄色的单元格表示该科目为非末级科目，输入末级科目余额后该科目余额自动汇总生成；显示为蓝色的单元格表示该科目设置了辅助核算，需要双击该单元格进入辅助账期初余额录入界面，辅助账期初余额输入完成退出后，总账相应期初余额自动生成。

2. 关于科目的余额方向

如果需要改变科目的余额方向，可单击工具栏上的【方向】按钮。

3. 期初试算平衡

期初余额输入完成后，单击工具栏上的【试算】按钮进行科目余额的试算平衡，以保证初始数据的正确性。期初余额试算不平衡，可以填制凭证，但不能记账。已经记过账，则不能再输入、修改期初余额，也不能执行“结转上年余额”功能。

三、出纳初始信息设置

出纳人员除了在总账管理系统中对相关凭证进行“出纳签字”之外，可以借助“出纳”功能加强对现金和银行存款的控制和管理，随时掌握现金、银行存款收付的动态和库存现金余额，确保现金和银行存款的资金安全。

出纳初始设置主要是录入银行对账期初数据，即录入单位银行日记账和银行对账单的期初余额，以及录入期初未达账项。其具体内容如下。

1. 录入期初数据

手工直接输入“单位日记账”和“银行对账单”的启用期初余额，并比较两者的期初余额是否相等；若不等，则在后续的步骤中继续录入期初未达账项。

2. 录入期初未达账项

分别录入期初的银行已达而企业未达账、期初的企业已达而银行未达账。

当双方的未达账项都录入完毕，并且调整后的余额相等，则完成了银行对账期初设置。在出纳初始信息设置时应注意以下几点：

1）在第一次使用“银行对账”功能前，系统才会要求录入日记账及对账单未达账项，一旦开始使用“银行对账”功能后将不再需要录入。

2）录入单位日记账、银行对账单期初未达账项后，请不要随意调整启用日期，尤其是向前调，否则会造成启用日期后的期初数不能参与对账。

3）银行日记账、银行对账单期初调整后的余额必须相等，才能进一步执行银行存款管理的其他处理功能。

4）如果现金和银行存款科目下设有多个明细科目，我们必须对各个明细科目逐一进行初始化。

四、总账管理选项设置

（一）数据权限分配

数据权限分配功能用于需要对操作员的操作权限作进一步细化，如进行明细账科目权限设置，即针对每位有账簿查询权限的操作员规定其所能查询的科目范畴；或者，进行制单科目权限设置，即针对有制单权限的操作员规定其制单时所能使用的科目等。

（二）总账参数设置

总账参数设置是对总账管理系统的一些系统选项进行设置，以便为总账管理系统配置相应的功能或设置相应的控制。它主要进行以下设置。

1. 凭证

（1）制单控制

该功能限定了在填制凭证时系统应对哪些操作进行控制。这主要包括以下几项。

1）制单序时控制：选中该项意味着填制凭证时，随凭证编号的递增凭证日期按由小到大的顺序排列。

2）支票控制：若选择此项，在制单时录入了未在支票登记簿中登记的支票号，系统将提供登记支票登记簿的功能。

3）资金及往来赤字控制：若选择此项，则在制单时，当现金、银行科目的最新余额出现负数时，系统将予以提示。

4）制单权限控制到科目：若选择此项，系统允许设置有制单权限的操作员可以使用某些特定科目制单。

5）允许修改、作废他人填制的凭证：若选择该项，当前操作员可以修改或作废非本人填制的凭证。

6）可以使用其他系统受控科目：一般情况下，某系统的受控科目其他系统是不能用来制单的，如客户往来科目一般为应收款管理系统的受控科目，总账系统是不能使用此类科目进行制单的。若选择该项，系统则允许使用其他系统受控科目。

（2）凭证控制

1）打印凭证页脚姓名：设置在打印凭证时是否自动打印制单人、出纳、审核人、记账人的姓名。

2）凭证审核控制到操作员：有些时候，希望对审核权限作进一步细化，如只允许某操作员审核其本部门操作员填制的凭证而不能审核其他部门操作员填制的凭证时，则应选择此选项。

3）出纳凭证必须经由出纳签字：若选择了此项，则含有现金、银行科目的凭证必须由出纳人员通过“出纳签字”功能对其核对签字后才能记账。

（3）凭证编号方式

系统在“填制凭证”功能中一般按照凭证类别并按月自动编制凭证编号，即“系统编号”，但有的企业需要系统允许在制单时手工录入凭证编号，即“手工编号”。

（4）外币核算

如果企业有外币业务，则应选择相应的汇率方式为固定汇率或浮动汇率。选择固定汇率，日常业务按月初汇率处理，月末进行汇兑损益调整；选择浮动汇率，日常业务按当日汇率折算本位币金额，月末无须进行调整。

2. 账簿

1）打印位数宽度。该功能可以定义正式账簿打印时摘要、金额、外币、数量、汇率、单价各栏目的宽度。

2）明细账查询权限控制到科目。有些时候，希望对查询和打印权限作进一步细化，如只允许某操作员查询或打印某科目明细账而不能查询或打印其他科目的明细时，则应选择此选项，然后通过【设置】菜单的相关命令设置明细账科目查询权限。

3）凭证、账簿套打。该功能用于打印凭证、正式账簿时是否使用套打纸进行打印。套打纸是指用友公司为总账系统专门印制的带格线的各种凭证、账簿。选择套打纸打印，无须打印表格线，打印速度快且美观。

3. 会计日历

在"会计日历"标签中，可以查看各会计期间的起始日期与结束日期以及启用会计年度和启用日期。此处仅能查看会计日历的信息，如需修改需到系统管理中进行。

4. 其他

1）数量、单价小数位设置。该功能用于决定在制单或查账时系统对于数量、单价小数位的显示形式。

2）部门/个人/项目排序方式。该功能用于决定在查询相关账目时，是按编码排序还是按名称排序。

【项目准备】

☞ 系统登录：以 U02 学生姓名（账套主管）身份注册并登录【企业应用平台】模块，操作日期为"2019－01－01"。

3.2.1 财务信息基础设置

【问题引入】

1. 外币种类与会计科目建立联系的建账前提是什么？
2. 人民币对外币的汇率采用哪种标价方法？
3. 什么是指定科目？指定科目的主要作用是什么？
4. 如何通过编码体现会计科目的上下级关系？
5. 会计科目可以设置哪些辅助核算？

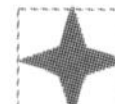

【项目实训】

⊙ **实务案例**

1. 外币种类（见表 3－13）

表 3－13 外币种类

币别代码	币别名称	汇率方式	记账汇率
USD	美元	固定汇率	6.85
GBP	英镑	固定汇率	8.77

2. 会计科目

1）按表3－14所列的会计科目对原有系统预设科目进行增加、修改、删除、复制等操作。

2）将表3－14中的“1001 库存现金”指定为“现金总账科目”，“1002 银行存款”指定为“银行总账科目”。

表3－14 会计科目

科目代码	科目名称	借贷方向	外币币种及辅助核算			
			外币核算	核算项目	数量核算	其他
资产类						
1001	库存现金	借				日记账
1002	银行存款	借				
100201	交通银行	借				日记账、银行账
100202	中国工商银行	借	美元			日记账、银行账
100203	中国建设银行	借	英镑			日记账、银行账
1012	其他货币资金	借				
101201	银行汇票存款	借				
101202	银行本票存款	借				
101205	存出投资款	借				
101206	外埠存款	借				
1101	交易性金融资产	借				
110101	成本	借				
110102	公允价值变动	借				
1121	应收票据	借		客户往来		无受控系统
1122	应收账款	借		客户往来		无受控系统
1123	预付账款	借		供应商往来		无受控系统
1131	应收股利	借				
1132	应收利息	借				
1221	其他应收款	借				
122101	个人往来	借		个人往来		
122102	其他往来	借				
1231	坏账准备	贷				
1402	在途物资	借				
140201	钢材	借			是(吨)	
140202	标准件	借			是(套)	
140203	配件	借				

（续表）

科目代码	科目名称	借贷方向	外币币种及辅助核算			
			外币核算	核算项目	数量核算	其他
140204	辅料	借				
140205	燃料	借				
1403	原材料	借				
140301	钢材	借			是(吨)	
140302	标准件	借			是(套)	
140303	配件	借				
140304	辅料	借				
140305	燃料	借				
1405	库存商品	借		项目核算		
1406	发出商品	借				
1408	委托加工物资	借				
1411	周转材料	借				
141101	低值易耗品	借				
141102	包装物	借				
1471	存货跌价准备	贷				
1501	债权投资	借				
1502	债权投资减值准备	贷				
1503	其他债权投资	借				
1505	其他权益工具投资	借				
1511	长期股权投资	借				
1512	长期股权投资减值准备	贷				
1521	投资性房地产	借				
1531	长期应收款	借				
1601	固定资产	借				
1602	累计折旧	贷				
1603	固定资产减值准备	贷				
1604	在建工程	借				
1605	工程物资	借				
1606	固定资产清理	借				
1701	无形资产	借				

（续表）

科目代码	科目名称	借贷方向	外币币种及辅助核算			
			外币核算	核算项目	数量核算	其他
1702	累计摊销	贷				
1703	无形资产减值准备	贷				
1801	长期待摊费用	借				
1811	递延所得税资产	借				
1901	待处理财产损溢	借				
负债类						
2001	短期借款	贷				
2201	应付票据	贷		供应商往来		无受控系统
2202	应付账款	贷		供应商往来		无受控系统
2203	预收账款	贷		客户往来		无受控系统
2211	应付职工薪酬	贷				
221101	工资	贷				
221102	职工福利费	贷				
221103	工会经费	贷				
221104	职工教育经费	贷				
221105	社会保险费	贷				
221106	住房公积金	贷				
221107	非货币性福利	贷				
2221	应交税费	贷				
222101	应交增值税	贷				
22210101	进项税额	贷				
22210103	转出未交增值税	贷				
22210105	销项税额	贷				
22210108	进项税额转出	贷				
22210109	转出多交增值税	贷				
222102	未交增值税	贷				
222104	待抵扣进项税额	贷				
222111	应交企业所得税	贷				
222112	应交城市维护建设税	贷				
222113	应交个人所得税	贷				

（续表）

科目代码	科目名称	借贷方向	外币币种及辅助核算			
			外币核算	核算项目	数量核算	其他
222114	应交教育费附加	贷				
2231	应付利息	贷				
2232	应付股利	贷				
2241	其他应付款	贷				
2401	递延收益	贷				
2501	长期借款	贷				
2502	应付债券	贷				
2701	长期应付款	贷				
2801	预计负债	贷				
2901	递延所得税负债	贷				
所有者权益类						
4001	股本	贷				
4002	资本公积	贷				
400201	股本溢价	贷				
400202	其他资本公积	贷				
4003	其他综合收益	贷				
4101	盈余公积	贷				
410101	法定盈余公积金	贷				
410102	任意盈余公积金	贷				
4103	本年利润	贷				
4104	利润分配	贷				
410401	未分配利润	贷				
410402	提取盈余公积	贷				
410403	应付现金股利或利润	贷				
成本类						
5001	生产成本	借				
500101	直接材料	借		项目核算		
500102	直接人工	借		项目核算		
500103	其他直接支出	借		项目核算		
500104	制造费用	借		项目核算		

（续表）

科目代码	科目名称	借贷方向	外币币种及辅助核算			
			外币核算	核算项目	数量核算	其他
5101	制造费用	借				
510101	工资	借		部门核算		
510102	折旧费	借		部门核算		
510103	办公费	借		部门核算		
510104	水电费	借		部门核算		
510105	其他	借		部门核算		
损益类						
6001	主营业务收入	贷		项目核算		
6051	其他业务收入	贷				
6101	公允价值变动损益	贷				
6111	投资收益	贷				
6301	营业外收入	贷				
6401	主营业务成本	借		项目核算		
6402	其他业务成本	借				
6403	税金及附加	借				
6601	销售费用	借				
660101	工资	借		部门核算		
660102	办公费	借		部门核算		
660103	折旧费	借		部门核算		
660104	差旅费	借		部门核算		
660105	广告费	借		部门核算		
660106	其他	借		部门核算		
6602	管理费用	借				
660201	工资	借		部门核算		
660202	办公费	借		部门核算		
660203	折旧费	借		部门核算		
660204	差旅费	借		部门核算		
660205	其他	借		部门核算		
6603	财务费用	借				
660301	利息	借				

（续表）

科目代码	科目名称	借贷方向	外币币种及辅助核算			
			外币核算	核算项目	数量核算	其他
660302	手续费	借				
660303	汇兑损益	借				
6701	资产减值损失	借				
6702	信用减值损失	借				
6711	营业外支出	借				
6801	所得税费用	借				
6901	以前年度损益调整	贷				

注：

1）由于该软件设定为下级科目与其所属的上级科目方向必须保持一致，因此，“2221 应交税费”的下级科目均为贷方。

2）如进行供应链及收付款管理，需将“客户往来”的科目修改为以应收系统为受控系统、“供应商往来”的科目修改为以应付系统为受控系统。

3. 凭证类别

设置凭证分类方式为收款凭证、付款凭证和转账凭证（见表 3-15）。

表 3-15 凭证类别

类别字	类别名称	限制类型	限制科目
收	收款凭证	借方必有	1001,1002
付	付款凭证	贷方必有	1001,1002
转	转账凭证	凭证必无	1001,1002

4. 项目核算档案

1）项目大类（见表 3-16）。

表 3-16 项目大类

名　称	级　次	栏　目
产品	1	默认

2）项目分类（见表 3-17）。

表 3-17 项目分类

编　码	名　称
1	单个项目
2	套组项目

3）项目目录（见表 3-18）。

表3-18　项目目录

编　码	名　称	是否结算	所属分类
001	轴承	否	1
002	齿轮轴	否	1
003	套筒	否	1
004	前叉组件	否	2

4）核算科目(见表3-19)。

表3-19　核算科目

编　码	名　称
1405	库存商品
500101	直接材料
500102	直接人工
500103	其他直接支出
500104	制造费用
6001	主营业务收入
6401	主营业务成本

注:编码为“500101”至“500104”的会计科目均为“5001 生产成本”的明细科目。

⊙ 任务分解及技能要点(见表3-20)

表3-20　任务分解及技能要点

任务名称	系统导航	菜单路径	技能要点
外币设置	【基础设置】\【基础档案】	【财务】\【外币设置】	外币币别的增加、修改和删除等操作;外币汇率的设置
会计科目设置		【财务】\【会计科目】	会计科目的增加、修改和删除等操作;指定现金科目及银行科目;科目属性设置
凭证类别设置		【财务】\【凭证类别】	凭证类别的名称及限制科目设置
项目核算档案设置		【财务】\【项目目录】	项目类别的增加、修改与删除等操作;项目类别的构成及核算科目设置;项目目录维护

⊙ 应用向导

执行【基础设置】\【基础档案】命令,完成如下操作。

1. 外币设置

执行【财务】\【外币设置】命令,打开“外币设置”窗口。单击【增加】按钮,输入“币符”为“USD”,“币名”为“美元”,单击【确认】按钮。输入2019年1月的“记账汇率”为“6.85”,如图3-10所示,单击【增加】按钮。依次输入案例中其他外币信息后退出。

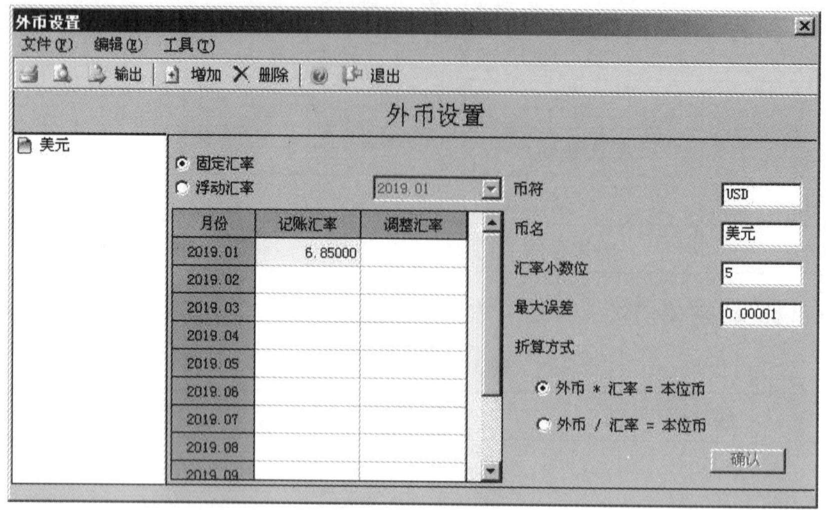

图 3－10　外币设置

2. 会计科目设置

1）执行【财务】\【会计科目】命令，打开“会计科目”窗口，显示所有按“2007 年新会计制度科目”预置的科目。

2）单击【增加】按钮，输入“科目编码”为“100201”，“科目名称”为“交通银行”，勾选“日记账”“银行账”，如图 3－11 所示，单击【确定】按钮。依次输入案例中其他新增科目后退出。

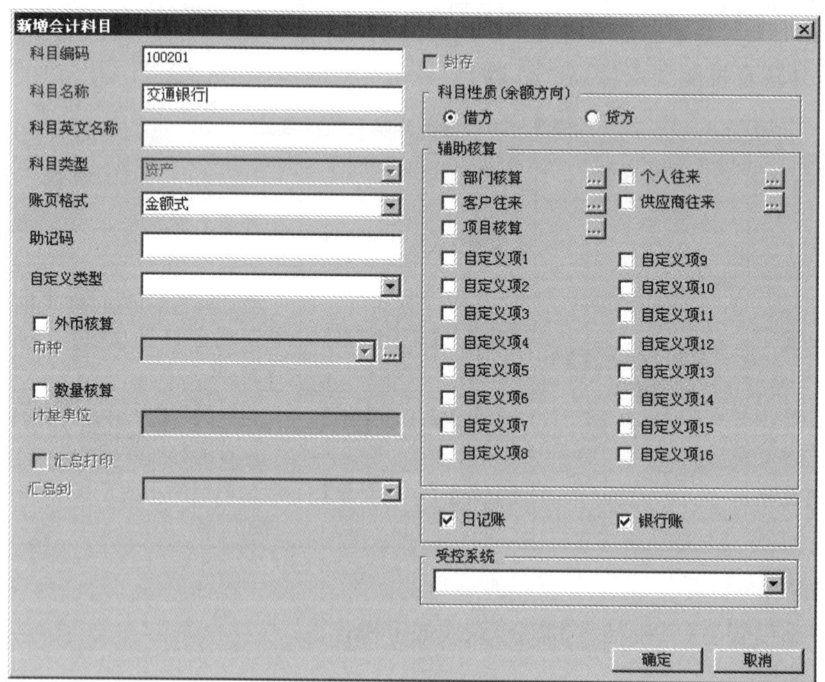

图 3－11　新增会计科目

3）在“会计科目”窗口中，选中需修改的会计科目“1001”，单击【修改】按钮或双击需要修改的会计科目，进入“会计科目修改”窗口，单击【修改】按钮，选中“日记账”前面的复选框后，单击【确定】按钮。依次修改案例中其他科目后返回。

4）在“会计科目”窗口中，选中需删除的会计科目，单击【删除】按钮即可删除。

5）在“会计科目”窗口中，执行【编辑】\【指定科目】命令，进入“指定科目”对话框，选择“现金科目”，将“1001 库存现金”由“待选科目”移入“已选科目”，如图3－12所示。同样，指定“1002 银行存款”为银行总账科目后单击【确定】按钮。

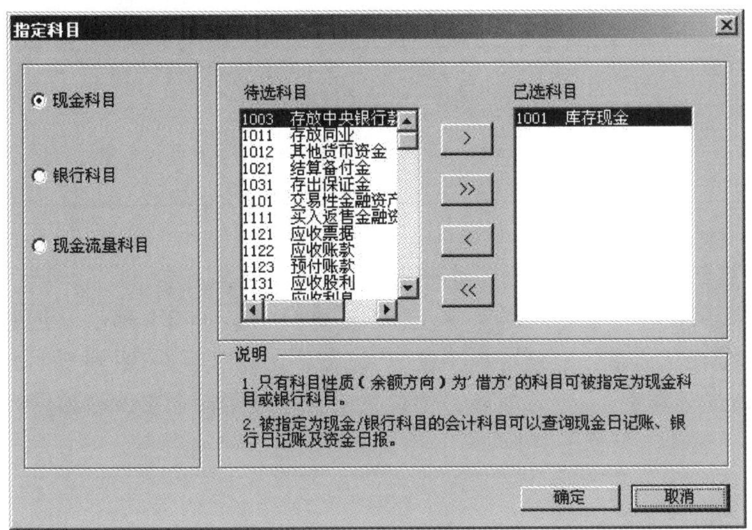

图3－12　指定科目

提示：

指定会计科目是指定出纳的专管科目，一般指现金科目和银行存款科目。指定科目后，才能执行出纳签字，从而实现现金、银行管理的保密性，才能查看现金、银行存款日记账。

3. 凭证类别设置

1）执行【财务】\【凭证类别】命令，打开“凭证类别”窗口。

2）单击【增加】按钮，选择“收款凭证、付款凭证、转账凭证”按钮后单击【确定】按钮，进入“凭证类别”窗口。

3）单击工具栏上的【修改】按钮，单击收款凭证限制类型的下三角按钮，选择“借方必有”，在“限制科目”栏中选择“1001”“1002”，或是直接手动输入“1001，1002”，依次设置付款凭证和转账凭证后退出，如图3－13所示。

类别字	类别名称	限制类型	限制科目	调整期
收	收款凭证	借方必有	1001,1002	
付	付款凭证	贷方必有	1001,1002	
转	转账凭证	凭证必无	1001,1002	

图 3－13　凭证类别

提示：

1）已经使用的凭证类别不能删除，也不能修改类别字。

2）如果收款凭证的限制类型为借方必有“1001,1002”，那么系统要求在填制凭证时，收款凭证的借方必须有一个是“1001”或“1002”，否则，系统会判断该张凭证不属于收款凭证类别，不允许保存。付款凭证及转账凭证也应满足相应的要求。

3）手动输入限制科目时，多个科目之间一定为半角符号。

4. 项目核算档案设置

1）执行【财务】\【项目目录】命令，打开“项目档案”窗口。

2）单击【增加】按钮，输入“项目大类”为“产品”，单击【下一步】按钮，此处均为默认值，单击【完成】按钮后返回“项目档案”窗口。

3）在“项目档案”窗口，打开“核算科目”页签，选择“项目大类”为“产品”，选中“5001 生产成本”及其他参加项目核算的科目，将其全部由“待选科目”移入“已选科目”，单击【确定】按钮，如图 3－14 所示。

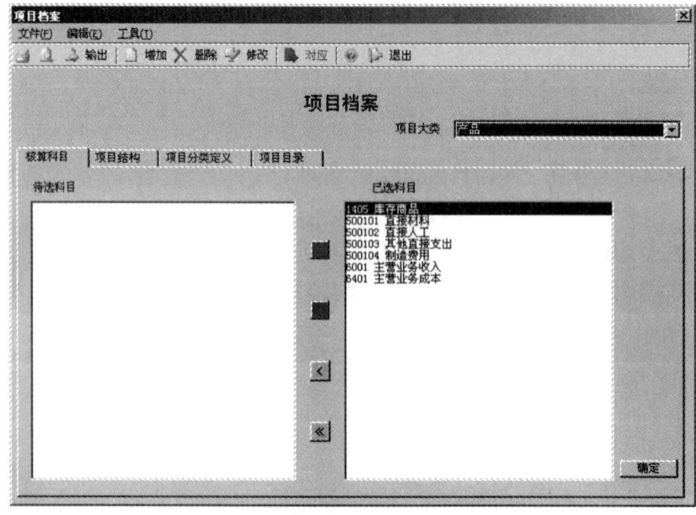

图 3－14　项目档案—核算科目

4）在“项目档案”窗口，打开“项目分类定义”页签，单击右下角【增加】按钮，输入“分类编码”为“1”，“分类名称”为“单个项目”，单击【确定】按钮。同理，输入其他项目，如图 3－15 所示。

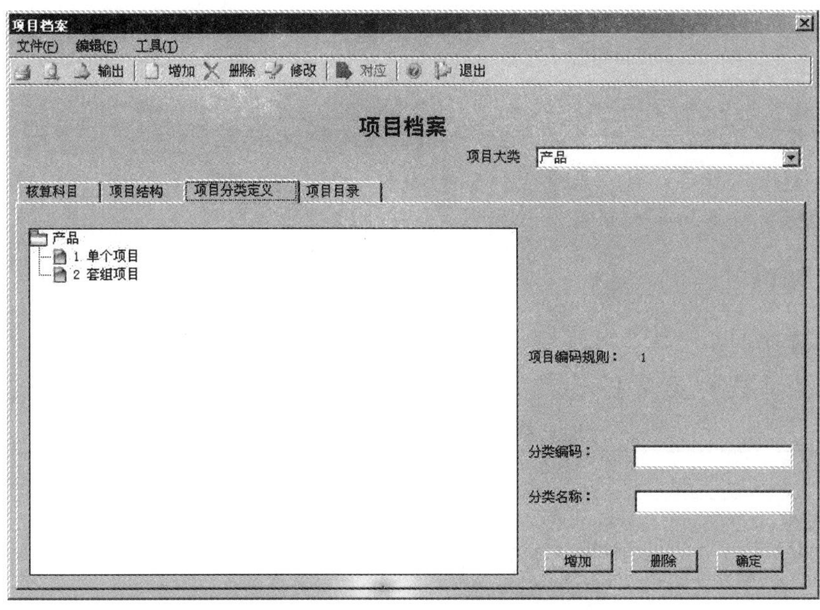

图 3－15　项目档案—项目分类定义

5）在“项目档案”窗口，打开“项目目录”页签，单击【维护】按钮，进入“项目目录维护”对话框，单击【增加】按钮，输入“项目编号”为“001”，“项目名称”为“轴承”，选择“是否结算”为“否”，“所属分类码”为“1”，“所属分类名称”为“单个项目”。同理，输入其他项目，如图 3－16 所示。

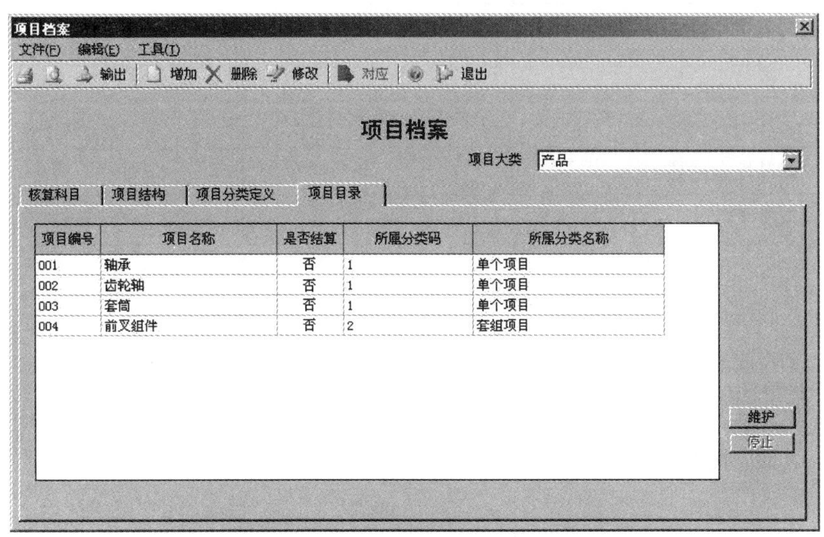

图 3－16　项目档案—项目目录

3.2.2 总账期初数据录入

【问题引入】

1. 期初余额录入后如果试算不平衡，如何快捷地查找错误？
2. 试算不平衡对总账日常业务有什么影响？
3. 设有辅助核算的会计科目如何输入期初数据？

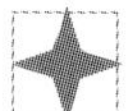

【项目实训】

⊙ 实务案例

1. 总账期初明细(见表3-21)

表3-21 总账期初明细

科目代码	科目名称	辅助核算	方向	期初余额
1001	库存现金	日记账	借	8 236.00
1002	银行存款	日记账、银行账	借	3 955 961.91
100201	交通银行	日记账、银行账	借	2 832 461.91
100202	中国工商银行	日记账、银行账	借	685 000.00 (美元 100 000.00)
100203	中国建设银行	日记账、银行账	借	438 500.00 (英镑 50 000.00)
1012	其他货币资金		借	683 505.42
101202	银行本票存款		借	455 005.42
101205	存出投资款		借	228 500.00
1101	交易性金融资产		借	100 433.00
110101	成本		借	90 000.00
110102	公允价值变动		借	10 433.00
1122	应收账款	客户往来	借	742 200.00
1123	预付账款	供应商往来	借	180 000.00
1132	应收利息		借	3 300.00
1221	其他应收款		借	7 840.00
122101	个人往来	个人往来	借	3 000.00
122102	其他往来		借	4 840.00
1231	坏账准备		贷	3 711.00
1402	在途物资		借	400 000.00

（续表）

科目代码	科目名称	辅助核算	方向	期初余额
140201	钢材	数量核算（吨）	借	400 000.00 （100 吨）
1403	原材料		借	1 434 546.00
140301	钢材	数量核算（吨）	借	1 256 850.00 （315 吨）
140302	标准件	数量核算（套）	借	140 000.00 （2 800 套）
140303	配件		借	16 521.00
140304	辅料		借	6 325.00
140305	燃料		借	14 850.00
1405	库存商品	项目核算	借	221 830.00
1406	发出商品		借	90 200.00
1411	周转材料		借	96 640.00
141101	低值易耗品		借	46 640.00
141102	包装物		借	50 000.00
1531	长期应收款		借	31 200.00
1601	固定资产		借	5 686 500.00
1602	累计折旧		贷	606 081.00
1701	无形资产		借	312 054.00
2001	短期借款		贷	416 250.00
2202	应付账款	供应商往来	贷	558 500.00
2203	预收账款	客户往来	贷	50 000.00
2211	应付职工薪酬		贷	183 129.00
221101	工资		贷	172 500.00
221102	职工福利费		贷	10 629.00
2221	应交税费		贷	86 027.47
222101	应交增值税		贷	46 056.00
22210101	进项税额		贷	－98 092.00
22210105	销项税额		贷	144 148.00
222111	应交企业所得税		贷	35 841.81
222113	应交个人所得税		贷	4 129.66
2231	应付利息		贷	53 314.42

（续表）

科目代码	科目名称	辅助核算	方向	期初余额
2232	应付股利		贷	34 266.00
2241	其他应付款		贷	2 385.00
2501	长期借款		贷	703 490.00
2502	应付债券		贷	363 324.00
2701	长期应付款		贷	34 708.00
4001	股本		贷	9 435 153.20
4002	资本公积		贷	358 355.00
400202	其他资本公积		贷	358 355.00
4101	盈余公积		贷	140 000.00
410101	法定盈余公积金		贷	107 000.00
410102	任意盈余公积金		贷	33 000.00
4104	利润分配		贷	1 139 009.24
410401	未分配利润		贷	1 139 009.24
5001	生产成本		借	213 257.00
500101	直接材料	项目核算	借	150 938.00
500102	直接人工	项目核算	借	59 719.00
500103	其他直接支出	项目核算	借	2 600.00

2. 辅助核算明细

1）应收账款往来明细(见表 3－22)。

表 3－22　应收账款往来明细

日　期	凭证号	客　户	摘　要	方　向	金　额
2018－09－07	转字－19	河北机电集团	应收销货款	借	134 100.00
2018－10－16	转字－23	北京福林汽车公司	应收销货款	借	127 500.00
2018－11－01	转字－1	茂名飞达有限公司	应收销货款	借	58 600.00
2018－11－08	转字－5	南元科技集团	应收销货款	借	302 200.00
2018－12－10	转字－12	向海建工有限公司	应收销货款	借	119 800.00
合计					742 200.00

2）预付账款往来明细(见表 3－23)。

表 3－23　预付账款往来明细

日　期	凭证号	供应商	摘　要	方　向	金　额
2018－12－09	付字－13	杭宁设备有限公司	预付购货款	借	65 000.00
2018－12－17	付字－16	天山科技集团公司	预付购货款	借	105 000.00
2018－12－25	付字－23	青山机械有限公司	预付购货款	借	10 000.00
合计					180 000.00

3）其他应收款个人往来明细(见表 3－24)。

表 3－24　其他应收款个人往来明细

日　期	凭证号	部　门	个　人	摘　要	方　向	金　额
2018－11－10	付字－6	营销二部	王立华	预借差旅费	借	2 000.00
2018－12－15	付字－10	财务部	丁成功	预借差旅费	借	1 000.00
合计						3 000.00

4）库存商品项目明细(见表 3－25)。

表 3－25　库存商品项目明细

编　号	项　目	方　向	期初余额
001	轴承	借	100 580.00
002	齿轮轴	借	56 700.00
003	套筒	借	40 800.00
004	前叉组件	借	23 750.00
合计			221 830.00

5）应付账款往来明细(见表 3－26)。

表 3－26　应付账款往来明细

日　期	凭证号	供应商	摘　要	方　向	金　额
2018－08－10	转字－7	杭宁设备有限公司	应付购货款	贷	75 000.00
2018－10－19	转字－24	青山机械有限公司	应付购货款	贷	14 000.00
2018－11－12	转字－20	华城工贸有限公司	应付购货款	贷	460 000.00
2018－12－03	转字－6	天山科技集团公司	应付购货款	贷	9 500.00
合计					558 500.00

6）预收账款往来明细(见表3－27)。

表3－27　预收账款往来明细

日　期	凭证号	客　户	摘　要	方　向	金　额
2018－11－06	收字－10	北京福林汽车公司	预收销货款	贷	20 000.00
2018－12－14	收字－15	向海建工有限公司	预收销货款	贷	25 920.00
2018－12－30	收字－28	南元科技集团	预收销货款	贷	4 080.00
合计					50 000.00

7）生产成本项目明细(见表3－28)。

表3－28　生产成本项目明细

明细科目	项　目	方　向	期初余额
直接材料	轴承	借	36 842.00
	齿轮轴	借	14 096.00
	套筒	借	79 500.00
	前叉组件	借	20 500.00
	小计		150 938.00
直接人工	轴承	借	22 000.00
	齿轮轴	借	15 700.00
	套筒	借	12 019.00
	前叉组件	借	10 000.00
	小计		59 719.00
其他直接支出	轴承	借	2 600.00
	小计		2 600.00
合计			213 257.00

3. 试算平衡与对账

1）试算结果：平衡(检查期初余额是否平衡，如不平衡应检查余额录入是否有错误)。

2）期初对账：相符。

⊙ 任务分解及技能要点(见表3－29)

表3－29　任务分解及技能要点

任务名称	系统导航	菜单路径	技能要点
总账期初数据录入	【业务工作】\【财务会计】\【总账】	【设置】\【期初余额】	总账科目期初录入；往来核算科目期初录入；项目核算科目期初录入；数量金额核算科目期初录入；外币核算科目期初录入；试算平衡表的生成

⊙ **应用向导**

执行【业务工作】\【财务会计】\【总账】命令，完成如下操作。

1. 期初余额录入

1）执行【设置】\【期初余额】命令，进入“期初余额录入”窗口。

2）直接输入末级科目（底色为白色）的期初余额，上级科目的期初余额会自动填列。

3）设有辅助核算的科目底色为浅黄色，期初余额要到相应的辅助账中进行录入。其具体操作如下：

① 双击有辅助核算科目的“期初余额”栏，进入相应的“辅助账”窗口，按照明细输入每笔业务的金额。

② 录入完成后退出，辅助账的数据会自动转到总账。

以“1122 应收账款”为例，双击“期初余额”栏，进入“辅助期初余额”窗口，单击【往来明细】按钮，进入“期初往来明细”窗口，单击【增行】按钮，依次输入应收账款往来明细，如图 3－17 所示。操作完成后，单击【汇总】按钮，系统自动将往来明细汇总到辅助明细，单击【退出】按钮后，如图 3－18 所示。

期初往来明细

输出 | 引入 增行 删行 查找 | 汇总 | 退出

期初往来明细

科目名称 1122 应收账款

日期	凭证号	客户	业务员	摘要	方向	金额	票号	票据日期	年度
2018-09-07	转-19	河北机电	-	应收销货款	借	134 100.00			2019
2018-10-16	转-23	北京福林	-	应收销货款	借	127 500.00			2019
2018-11-01	转-1	茂名飞达	-	应收销货款	借	58 600.00			2019
2018-11-08	转-5	南元科技	-	应收销货款	借	302 200.00			2019
2018-12-10	转-12	向海建工	-	应收销货款	借	119 800.00			2019

图 3－17　应收账款—期初往来明细

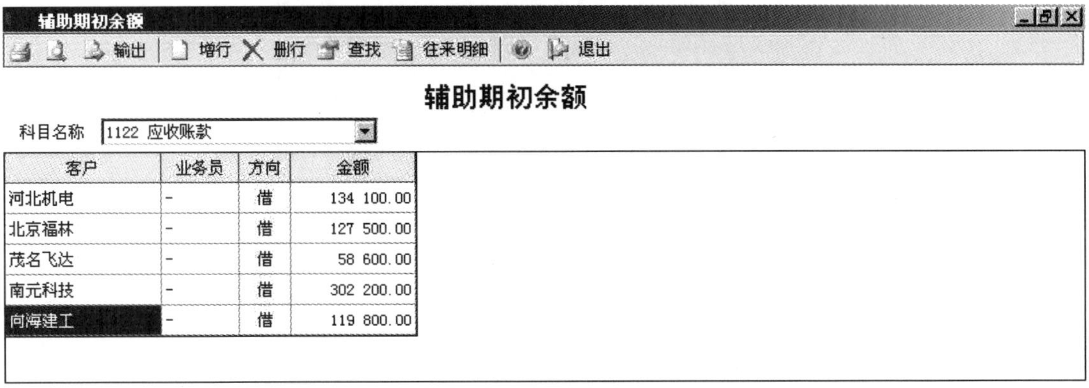

辅助期初余额

输出 | 增行 删行 查找 往来明细 | 退出

辅助期初余额

科目名称 1122 应收账款

客户	业务员	方向	金额
河北机电	-	借	134 100.00
北京福林	-	借	127 500.00
茂名飞达	-	借	58 600.00
南元科技	-	借	302 200.00
向海建工	-	借	119 800.00

图 3－18　应收账款—辅助期初余额

提示：

(1) 进项税额在录入时用负数表示借方余额。

(2) 在录入期初往来明细余额时，若删除行失败，可以连续两次按“ESC”键。

2. 试算平衡

输完所有科目期初余额后，在“期初余额录入”窗口单击【试算】按钮，打开“期初试算平衡表”窗口，如图 3－19 所示。只有试算平衡后，才可以进行记账操作。如果试算不平衡，则需要查找错误并修改，直到试算平衡为止。

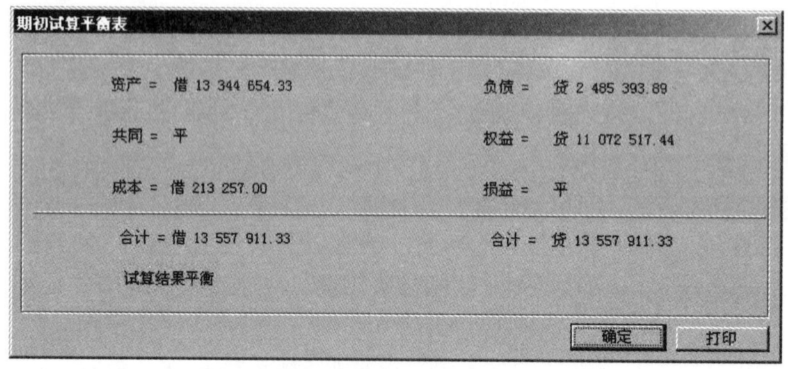

图 3－19　期初试算平衡表

3. 对账

试算平衡后，单击【对账】按钮，在“期初对账”对话框，单击【开始】按钮，即可完成期初对账，如图 3－20 所示。

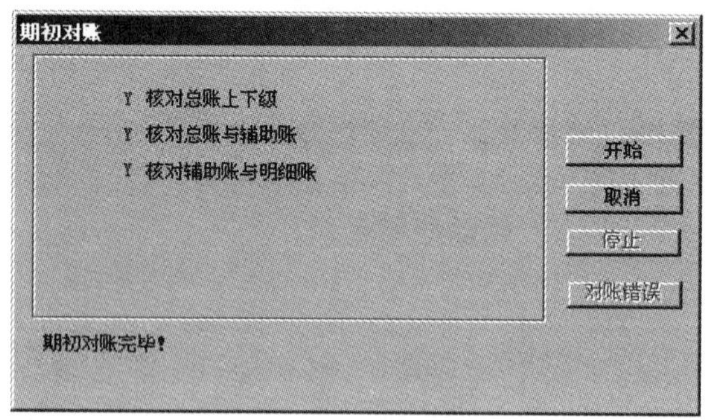

图 3－20　期初对账

3.2.3 出纳初始信息设置

【问题引入】

1. 现金清查与银行存款清查在方法上有什么不同?
2. 什么是未达账项?它主要包括哪几种?
3. 银行存款余额调节表的结果平衡与否分别代表什么含义?

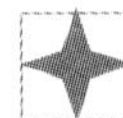

【项目实训】

⊙ 实务案例

1) 2018年12月31日,江苏天成的“交通银行”科目(100201)的人民币存款日记账余额为2 832 461.91元,银行对账单余额为2 843 581.91元。经核对,发现以下未达账项。

① 2018年12月25日,由秦奋经手,通过转账支票(票号为912778)支付给青山机械有限公司的预付购货款15 200元,结算日期为当日,企业银行账已支付(付字-23号),但银行因手续等原因未入账。

② 2018年12月30日,由王立华经手,预收南元科技集团的购货款4 080元,对方单位用转账支票(票号为349155)支付,企业已记入银行账(收字-28号),但银行因手续等原因未入账。

2) 2018年12月31日,江苏天成的“中国工商银行”科目(100202)的美元存款日记账余额为100 000.00美元,与银行对账单余额相符。

3) 2018年12月31日,江苏天成的“中国建设银行”科目(100203)的英镑存款日记账余额为50 000.00英镑,与银行对账单余额相符。

根据上述情况,完成银行初始设置。

⊙ 任务分解及技能要点(见表3-30)

表3-30 任务分解及技能要点

任务名称	系统导航	菜单路径	技能要点
银行存款初始信息设置	【业务工作】\【财务会计】\【总账】	【出纳】\【银行对账】\【银行对账期初录入】	银行日记账及银行对账单期初录入;期初未达账项录入;期初银行存款余额调节表生成

⊙ 应用向导

执行【业务工作】\【财务会计】\【总账】命令,完成如下操作。

1. 手工输入期初余额

执行【出纳】\【银行对账】\【银行对账期初录入】命令,在“银行科目选择”对话框中,选择“100201 交通银行”,单击【确定】按钮,进入“银行对账期初”对话框。分别录入调整前余额:“银行存款日记账”为“2 832 461.91”,“银行对账单”为“2 843 581.91”。

2. 录入期初未达账项

1）单击【日记账期初未达项】按钮，进入“企业方期初”窗口，单击【增加】按钮，录入“企业已付、银行未付”的未达账项，单击【保存】按钮。同理，依次输入“企业已收、银行未收”未达账项，如图 3-21 所示。

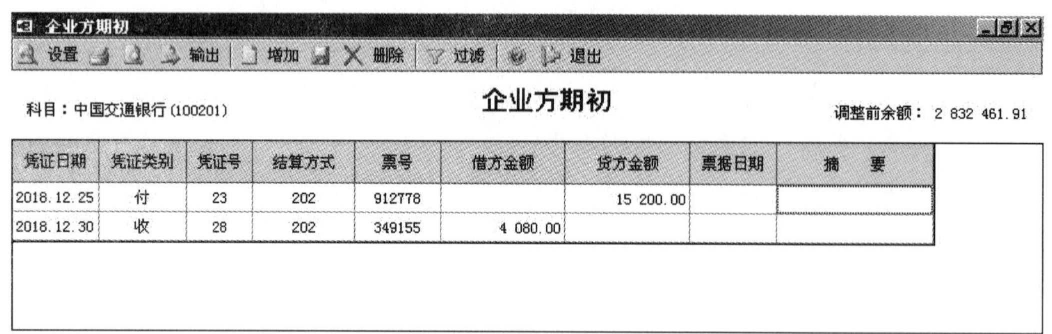

凭证日期	凭证类别	凭证号	结算方式	票号	借方金额	贷方金额	票据日期	摘　要
2018.12.25	付	23	202	912778		15 200.00		
2018.12.30	收	28	202	349155	4 080.00			

图 3-21　企业方期初

2）未达账项录入完毕后，返回“银行对账期初”窗口，如果调整后的余额相等，则完成了银行对账的期初设置，如图 3-22 所示。

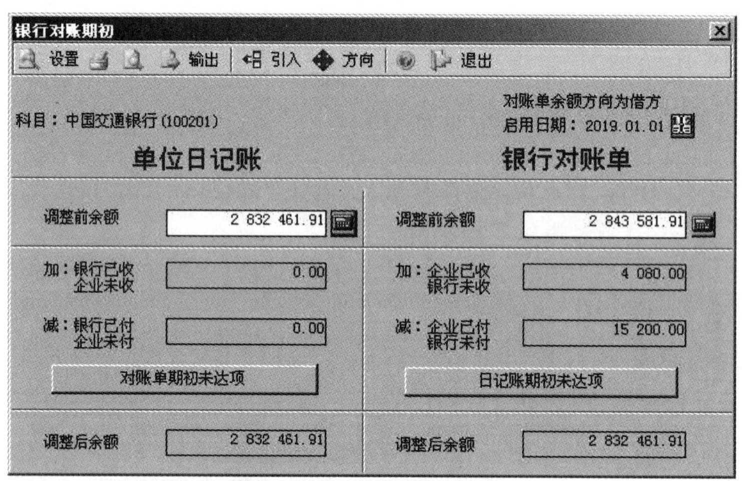

图 3-22　银行对账期初

3）以同样的方法，录入“中国工商银行(100202)”科目、“中国建设银行(100203)”科目日记账的期初余额，并与对账单期初余额核对。

3.2.4 总账系统选项设置

【问题引入】

1. 总账系统的数据权限分配与系统管理的授权有什么不同?
2. 凭证填制环节存在哪些控制参数?它们起到什么作用?
3. 凭证审核、出纳签字是总账系统中的必需流程吗?

【项目实训】

⊙ **实务案例**

1. 数据权限分配

1) U03(姚家友):拥有所有科目及其下级的制单权和查账权。

2) U04(丁成功):拥有所有科目及其下级的制单权和查账权。

3) U05(秦奋):拥有所有科目及其下级的制单权和查账权。

4) U06(李丽):拥有所有科目及其下级的制单权和查账权。

2. 总账选项设置

1) "凭证"标签页:取消制单序时控制、取消现金流量科目必录现金流量项目;支票控制;凭证审核控制到操作员;出纳凭证必须经由出纳签字;其他选项按照系统默认。

2) "账簿"标签页:按照系统默认。

3) "会计日历"标签页:按照系统默认。

4) "其他"标签页:按照系统默认。

⊙ **任务分解及技能要点(见表3-31)**

表3-31 任务分解及技能要点

任务名称	系统导航	菜单路径	技能要点
数据权限分配	【系统服务】\【权限】	【数据权限分配】	针对特定操作员,设置制单权、查账权等权限的科目范围
总账选项设置	【业务工作】\【财务会计】\【总账】	【设置】\【选项】	设置总账系统的控制参数

⊙ **应用向导**

1. 数据权限分配

在【系统服务】模块中,完成如下操作:

1) 执行【权限】\【数据权限分配】命令,进入"权限浏览"标签页。

2) 在"业务对象"下拉列表中选择"科目","用户及角色"列表框中选择"U03 姚家友",单击工具栏的【授权】按钮,进入"记录权限设置"对话框,勾选"查账""制单"前面的复选框,将全部科目从"禁用"移至"可用",如图3-23所示,单击【保存】按钮。依次对其他人员进行权限分配。

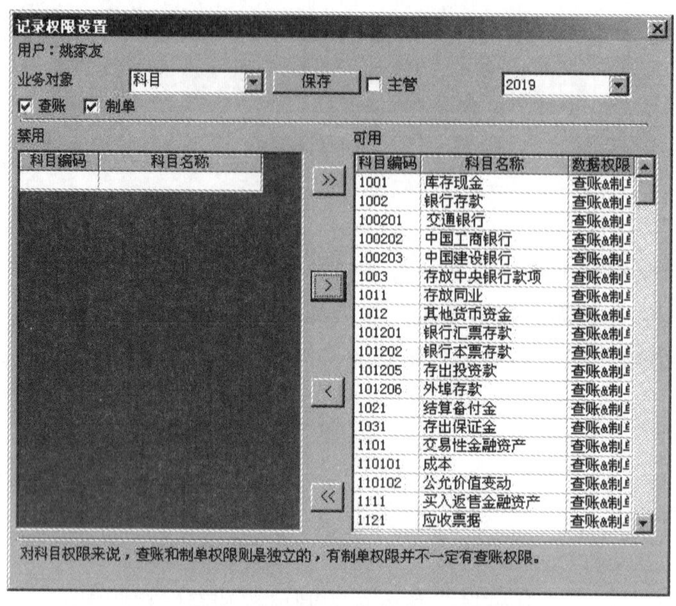

图 3－23　数据权限分配—记录权限设置

2. 总账选项设置

执行【业务工作】\【财务会计】\【总账】命令，完成如下操作：

1）执行【设置】\【选项】命令，进入“选项”窗口。

2）单击【编辑】按钮，分别打开“凭证”“账簿”“会计日历”“权限”“其他”选项卡，按照案例资料的要求进行设置，如图 3－24 所示。设置完成后，单击【确定】按钮。

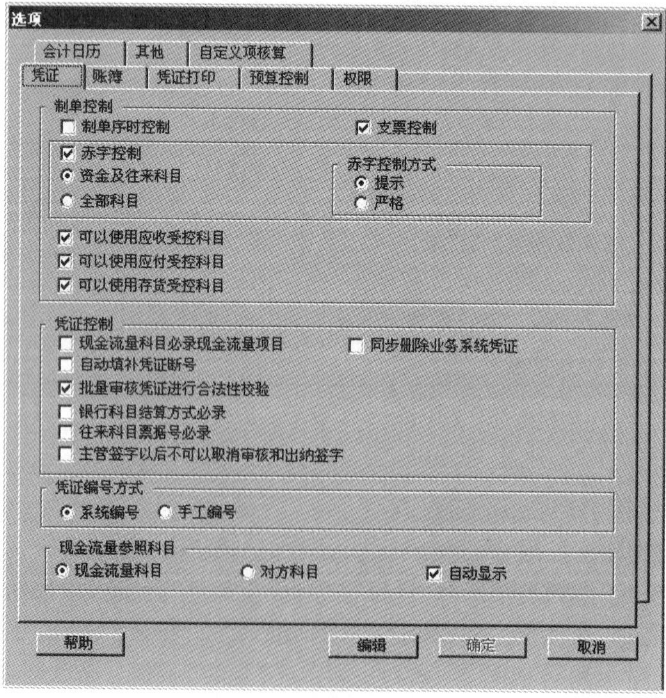

图 3－24　总账—选项

项目 3.3　固定资产系统初始设置

【项目目标】

◆ 理解固定资产管理系统在用友 U8 中的重要地位。
◆ 掌握启用固定资产管理系统的方法。
◆ 理解固定资产管理参数设置对日常业务的影响。
◆ 掌握固定资产管理初始设置的流程及方法。

【知识要点】

本项目主要包括以下内容。

☑ 3.3.1　固定资产管理选项设置
☑ 3.3.2　固定资产管理基础信息设置
☑ 3.3.3　固定资产原始卡片录入

下面对本项目内容的知识要点进行介绍。

固定资产管理系统初始设置是根据用户单位的具体情况，建立一个适合于本单位具体情况和实际需要的固定资产管理系统的过程，主要包括设置控制参数、设置基础数据、输入期初固定资产卡片。

首先需要启用固定资产管理系统。固定资产管理系统的启用主要有两种方法：一是在账套创建成功后，系统会随即提示“是否立即启用账套”，点击【是】按钮，可通过系统管理员 admin 身份一次性连贯完成建账与固定资产管理系统启用。二是在建账时不进行固定资产管理系统启用，待到需要启用时，再以账套主管身份进入【企业应用平台】模块，执行【基础设置】\【基本信息】\【系统启用】命令，实现对固定资产管理系统的启用。

一、固定资产管理选项设置

初次启用固定资产系统时，需要根据固定资产管理初始化向导提示的步骤，分别设置控制参数，包括约定与说明、启用月份、折旧信息、编码方式以及财务接口等。其他参数可以在“选项”中补充。需要注意的是，初始化设置完成后，有些参数是不能修改的。因此，如果发现参数有错必须改正，只能进入【固定资产】模块，通过执行【工具】\【重新初始化账套功能】命令来实现，该操作将清空固定资产管理系统启用的一切工作。

二、固定资产管理基础信息设置

1. 部门对应折旧科目

对应折旧科目是指折旧费用的入账科目。计提固定资产折旧时，需要以固定资产类别或所属部门为依据，将折旧费用分别确认为相关资产成本或当期损益。如账套单位是按照部门计提折旧的，会计实务上往往将每个部门的固定资产折旧费用归集到一个相对固定的会计科目中，且基本保持不变。

部门对应折旧科目设置功能可一次性完成所有部门折旧费用科目的设定。上述操作一般在录入固定资产卡片之前进行，当录入卡片时，所设科目会自动显示在卡片相应栏目中，不必重复设置，有利于提高卡片录入效率，减少录入差错。生成折旧分配表时也会按所设科目自动汇总。

2. 资产类别

固定资产类别设置是将种类繁多、规格不一的固定资产进行科学分类，有助于为固定资产核算与管理提供依据。

3. 增减方式

固定资产增减方式设置实际上是对固定资产变动业务内容概括一个关键词。系统默认包括 6 种增加方式和 7 种减少方式，账套单位可根据实际情况增设新的增减方式，并可对每一种增减方式指定对应入账科目。

三、固定资产原始卡片录入

原始卡片是账套单位正式启用固定资产系统之前的固定资产明细资料。为了确保固定资产数据资料的连贯性和完整性，需要将其录入到财务软件系统中。录入原始卡片时应该注意以下几点。

1）对于设定为自动编码的固定资产类别，固定资产卡片中的“固定资产编号”不能手工录入。

2）开始使用日期的录入格式为：年份-月份-日期。

3）原值、累计折旧、累计工作量必须为卡片录入当期期初值。

4）在涉及折旧计算的基本要素信息录入完成后，系统会根据选定的折旧方法，自动计算并显示出月折旧率、月折旧额。

5）除固定资产卡片外的其他标签页作为辅助管理使用，不参与业务数据计算。

6）原始卡片可在固定资产管理系统结账前的任何时间录入。

【项目准备】

☞ 系统启用：固定资产管理，启用日期为“2019 - 01 - 01”。

☞ 系统登录：以 U02 学生姓名（账套主管）身份注册并登录【企业应用平台】模块，操作日期为“2019 - 01 - 01”。

3.3.1 固定资产系统选项设置

【问题引入】

1. 固定资产折旧方法主要有哪几种？它们分别如何计算折旧？

2. 固定资产系统与总账系统的哪些科目相关联？

3. 计提折旧的周期通常按什么期间？

【项目实训】

⊙ 实务案例

1. 初始化固定资产管理账套

1）本账套计提折旧，固定资产采用“平均年限法（一）”计提折旧，折旧汇总分配周期为 1 个月，当月初已计提月份＝可使用月份－1 时，将剩余折旧全部提足（工作量法除外）。

2）固定资产类别编码方式为“2－2－2”；固定资产编码方式采用“自动编码”方法；编码方式为“类别编码＋部门编码＋序号”；卡片序号长度为“4”。

3）要求与账务系统进行对账，固定资产对账科目为“1601，固定资产”，累计折旧对账科目为“1602，累计折旧”，在对账不平衡的情况下允许固定资产月末结账。

2. 固定资产管理选项设置

月末结账前一定要完成制单登账业务；“固定资产”默认入账科目为“1601，固定资产”，“累计折旧”默认入账科目为“1602，累计折旧”，“减值准备”默认入账科目为“1603，固定资产减值准备”，“增值税进项税额”默认入账科目为“22210101，应交税费——应交增值税（进项税额）”，“固定资产清理”默认入账科目为“1606，固定资产清理”。

⊙ 任务分解及技能要点（见表 3－32）

表 3－32　任务分解及技能要点

任务名称	系统导航	菜单路径	技能要点
固定资产系统启用	【基础设置】\【基本信息】	【系统启用】	设置固定资产系统的启用会计期间
初始化固定资产管理账套	【业务工作】\【财务会计】\【固定资产】	首次：自动进入固定资产初始化向导	设置固定资产系统的折旧信息、编码方式、财务接口等
固定资产管理选项设置		【设置】\【选项】	设置固定资产系统的控制参数

⊙ 应用向导

1. 启用并注册固定资产管理系统

执行【基础设置】\【基础信息】\【系统启用】命令，打开“系统启用”窗口。选中“固定资产”复选框，弹出“日历”对话框，选择“启用会计期间”为“2019－01－01”，单击【确定】按钮。系统提示“确实要企业当前系统吗?”，单击【是】按钮后返回。

2. 初始化固定资产管理账套

1）初次启用时的参数设置。

① 执行【业务工作】\【财务会计】\【固定资产】命令，系统提示“这是第一次打开此账套，还未进行过初始化，是否进行初始化”，点击【是】按钮，进入“初始化账套向导”窗口。

② 在“约定与说明”对话框中，选择“我同意”，单击【下一步】按钮。

③ 在“启用月份”对话框中，系统显示为“2019－01”，单击【下一步】按钮。

④ 在“折旧信息”对话框中，选择“折旧方法”为“平均年限法（一）”，“折旧分配周期”为“1 个月”，选中“当（月初已计提月份＝可使用月份－1）时，将剩余折旧全部提足”复选框，单击【下一步】按钮。

⑤ 在“编码方式”对话框中，确定“资产类别的级别编码长度”为“2－2－2”；单击“自动编码”按钮；选择“编码方式”为“类别编码＋部门编码＋序号”；“卡片序号长度”为“4”，单击【下一步】按钮。

⑥ 在“财务接口”对话框中，选中“与财务系统进行对账”复选框，选择“固定资产对账科目”为“1601，固定资产”，“累计折旧对账科目”为“1602，累计折旧”，单击【下一步】按钮。

⑦ 在“完成”对话框中，如图 3－25 所示，单击【完成】按钮，系统提示“是否确定所设置的信息完全正确并保存对新账套的所有设置”，单击【是】按钮，系统提示“已成功初始化本固定资产账套”，单击【确定】按钮。

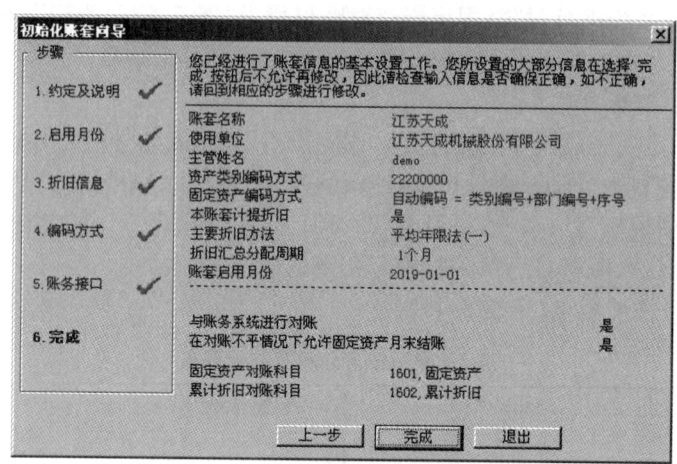

图 3－25　固定资产初始化账套向导

2）补充参数设置。执行【业务工作】\【财务会计】\【固定资产】\【设置】\【选项】命令，进入“选项”窗口。单击【编辑】按钮，打开“与财务系统接口”页签，选中“月末结账前一定要完成制单登账业务”复选框，选择缺省入账科目分别为“1601，固定资产”“1602，累计折旧”“1603，固定资产减值准备”“22210101，应交税费——应交增值税（进项税额）”“1606，固定资产清理”，如图 3－26 所示，单击【确定】按钮。

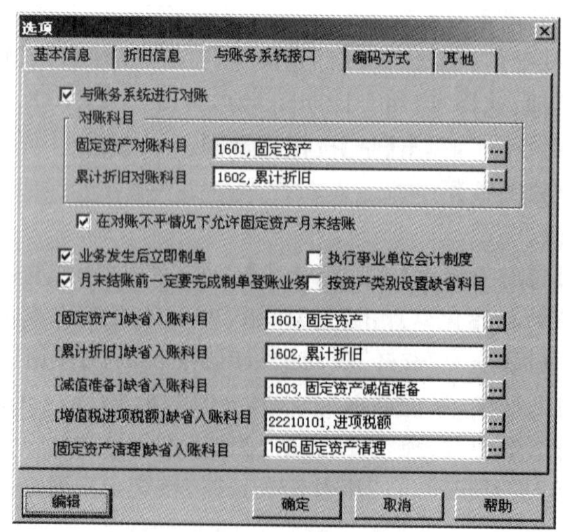

图 3－26　固定资产—选项

3.3.2　固定资产系统基础信息设置

【问题引入】

1. 不同部门的折旧费用分别归入哪些成本或费用账户？
2. 在初始化中预先设好会计科目的作用是什么？
3. 固定资产系统预设的会计科目在后续操作时如需变化，可以修改吗？
4. 固定资产类别的主要划分依据是什么？

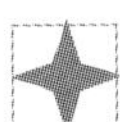

【项目实训】

⊙ **实务案例**

1. 部门对应折旧科目（见表 3－33）

表 3－33　部门对应折旧科目

部门代码	部门名称	折旧科目
01	企管部	管理费用——折旧费
02	财务部	管理费用——折旧费
03	物资部	管理费用——折旧费
0401	营销一部	销售费用——折旧费
0402	营销二部	销售费用——折旧费
0501	生产一部	制造费用——折旧费
0502	生产二部	制造费用——折旧费

2. 资产类别（见表 3－34）

表 3－34　资产类别

类别编码	类别名称	净残值率/%	计提属性	卡片样式
01	房屋及建筑物类	10	总提折旧	含税卡片样式
0101	厂房	10	总提折旧	含税卡片样式
0102	办公楼	10	总提折旧	含税卡片样式
02	通用设备类	10	正常折旧	含税卡片样式
03	交通运输设备类	5	正常折旧	含税卡片样式
04	电子设备类	5	正常折旧	含税卡片样式

3. 固定资产增减方式(见表3-35)

表3-35 固定资产增减方式

增加方式	对应入账科目	减少方式	对应入账科目
直接购入	100201 银行存款——交通银行	出售	1606 固定资产清理
投资者投入	4001 股本	盘亏	1901 待处理财产损溢
捐赠	6301 营业外收入	投资转出	1606 固定资产清理
盘盈	6901 以前年度损益调整	捐赠转出	1606 固定资产清理
在建工程转入	1604 在建工程	报废	1606 固定资产清理
融资租入	2701 长期应付款	毁损	1606 固定资产清理

⊙ 任务分解及技能要点(见表3-36)

表3-36 任务分解及技能要点

任务名称	系统导航	菜单路径	技能要点
部门对应折旧科目设置	【业务工作】\【财务会计】\【固定资产】	【设置】\【部门对应折旧科目】	区分部门,设置折旧费用凭证的模板科目
固定资产类别设置		【设置】\【资产类别】	固定资产类别的增加、修改和删除等操作
固定资产增减方式设置		【设置】\【增减方式】	区分不同方式,设置固定资产增减业务凭证的模板科目

⊙ 应用向导

执行【业务工作】\【财务会计】\【固定资产】命令,完成如下操作。

1. 部门对应折旧科目设置

执行【设置】\【部门对应折旧科目】命令,选择“部门”为“企管部”,单击【修改】按钮,选择“折旧科目”为“660203,折旧费”,单击【保存】按钮。同理,依次完成其他部门折旧科目的设置,如图3-27所示。

2. 固定资产类别设置

执行【设置】\【资产类别】命令,进入“资产类别”标签页,单击【增加】按钮,在“单张视图”窗口,对相关栏目内容进行选择或输入:“类别编码”为“01”,“类别名称”为“房屋及建筑物类”,“净残值率”为“10%”,“计提属性”为“总提折旧”,“卡片样式”为“含税卡片样式”,单击【保存】按钮。同理,完成其他资产类别的设置,如图3-28所示。

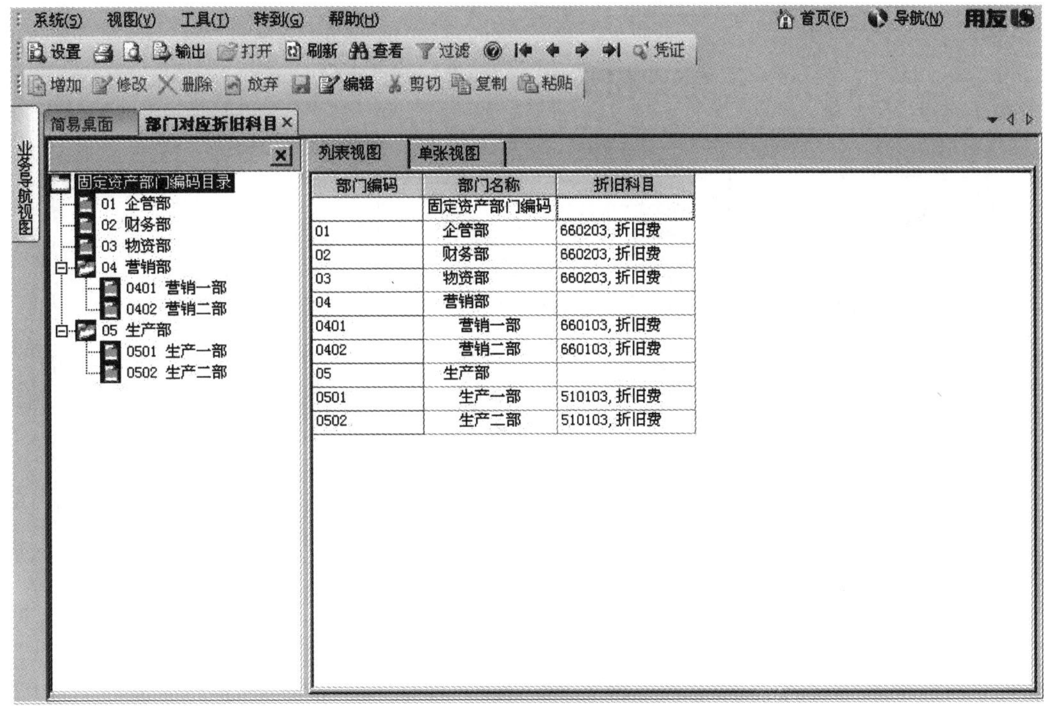

部门编码	部门名称	折旧科目
	固定资产部门编码	
01	企管部	660203，折旧费
02	财务部	660203，折旧费
03	物资部	660203，折旧费
04	营销部	
0401	营销一部	660103，折旧费
0402	营销二部	660103，折旧费
05	生产部	
0501	生产一部	510103，折旧费
0502	生产二部	510103，折旧费

图 3－27　部门对应折旧科目

类别编码	类别名称	使用年限(月)	净残值率(%)	计量单位	计提属性	折旧方法	卡片样式	不允许转回减值准备	新增资产当月计提折旧
	固定资产分类编码表								
01	房屋及建筑物类	0	10.00		总提折旧	平均年限法(一)	含税卡片样式	是	否
02	通用设备类	0	10.00		正常计提	平均年限法(一)	含税卡片样式	是	否
03	交通运输设备类	0	5.00		正常计提	平均年限法(一)	含税卡片样式	是	否
04	电子设备类	0	5.00		正常计提	平均年限法(一)	含税卡片样式	是	否

图 3－28　资产类别

3. 固定资产增减方式设置

执行【设置】\【增减方式】命令，进入“增减方式”标签页，在左侧列表框中，单击“增加方式”前面的【＋】按钮，展开下级名称。单击“101 直接购入”，并单击【修改】按钮，选择“对应入账科目”为“100201，交通银行”，单击【保存】按钮。同理，完成其他固定资产增减方式的设置，如图 3－29 所示。

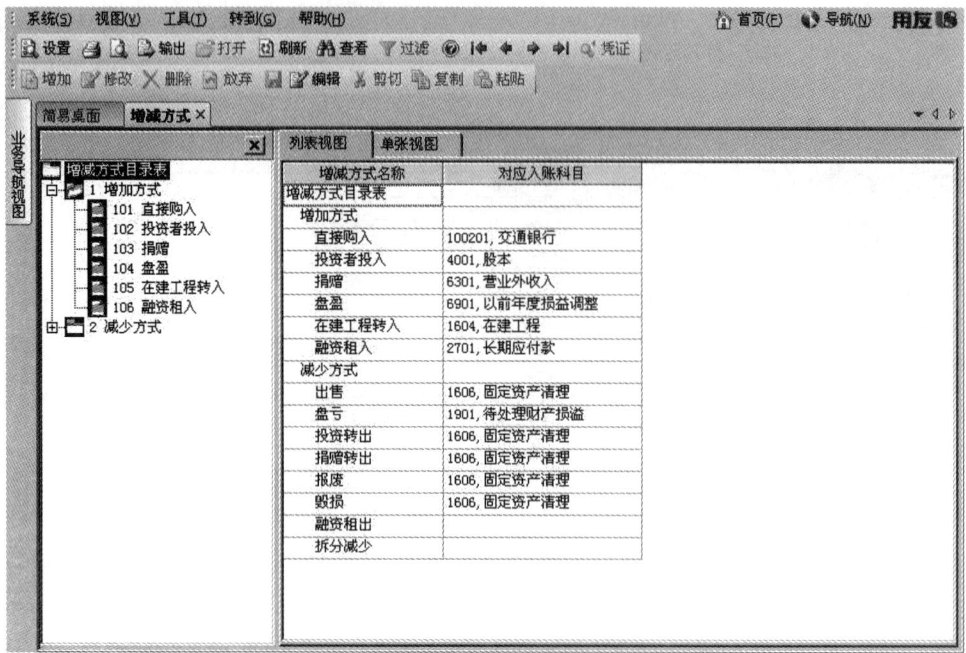

图 3-29 增减方式

3.3.3 固定资产原始卡片录入

【问题引入】

1. 固定资产卡片属于哪种类型的账簿？
2. 固定资产卡片中的哪些信息会影响折旧的计算？
3. 固定资产原始卡片录入完成后，如何进行查询和修改？
4. 固定资产卡片在录入中哪些信息由参照获得，无须手动输入？

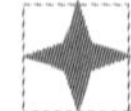

【项目实训】

⊙ **实务案例**

本月固定资产的原始数据见表 3-37。

表 3－37　固定资产原始卡片资料

资产名称	类别编号	部门	增加方式	使用年限	开始使用日期	原值	累计折旧	对应折旧科目
厂房 A	0101	生产一部	在建工程转入	30	2017－06－01	1 800 000.00	81 000.00	制造费用——折旧费
厂房 B	0101	生产二部	在建工程转入	30	2013－05－01	1 600 000.00	268 000.00	制造费用——折旧费
行政楼	0102	企管部、财务部、物资部	直接购入	30	2017－02－15	1 293 000.00	71 115.00	管理费用——折旧费
展销中心	0102	营销一部、营销二部	直接购入	30	2013－05－01	450 000.00	75 775.00	销售费用——折旧费
车床	02	生产一部	直接购入	15	2013－08－15	78 000.00	24 960.00	制造费用——折旧费
分体式空调	02	财务部	直接购入	10	2014－12－01	60 000.00	21 600.00	管理费用——折旧费
商务车	03	企管部	直接购入	15	2016－05－01	300 000.00	49 083.00	管理费用——折旧费
货车	03	物资部	直接购入	15	2018－10－30	50 000.00	528.00	管理费用——折旧费
笔记本电脑	04	财务部	直接购入	10	2015－06－01	38 000.00	12 635.00	管理费用——折旧费
办公一体机	04	企管部	直接购入	10	2018－02－15	17 500.00	1 385.00	管理费用——折旧费
合计						5 686 500.00	606 081.00	

注：

1）使用状况均为“在用”，其他未作说明的信息按系统默认。

2）多部门共同使用的固定资产的使用比例：行政楼为 4∶3∶3，展销中心为 1∶1。

⊙ 任务分解及技能要点（见表 3－38）

表 3－38　任务分解及技能要点

任务名称	系统导航	菜单路径	技能要点
固定资产原始卡片录入	【业务工作】\【财务会计】\【固定资产】	【卡片】\【录入原始卡片】	期初固定资产卡片账的录入、修改、查询等操作

⊙ 应用向导

执行【业务工作】\【财务会计】\【固定资产】命令，完成如下操作：

1）执行【卡片】\【录入原始卡片】命令，打开“固定资产类档案”对话框，选择“固定资产类别”为“房屋及建筑物类”，单击【确定】按钮，进入“固定资产卡片录入”标签页。

2）对相关栏目内容进行选择或输入："固定资产名称"为"厂房 A"，"使用部门"为"生产一部"，"增加方式"为"在建工程转入"，"使用状况"为"在用"，"使用年限（月）"为"360"，"开始使用日期"为"2017－06－01"，"原值"为"1 800 000"，"累计折旧"为"81 000"，"对应折旧科目"为"510103，折旧费"，其他信息默认，如图 3－30 所示。单击【保存】按钮。同理，完成其他固定资产原始卡片的录入。

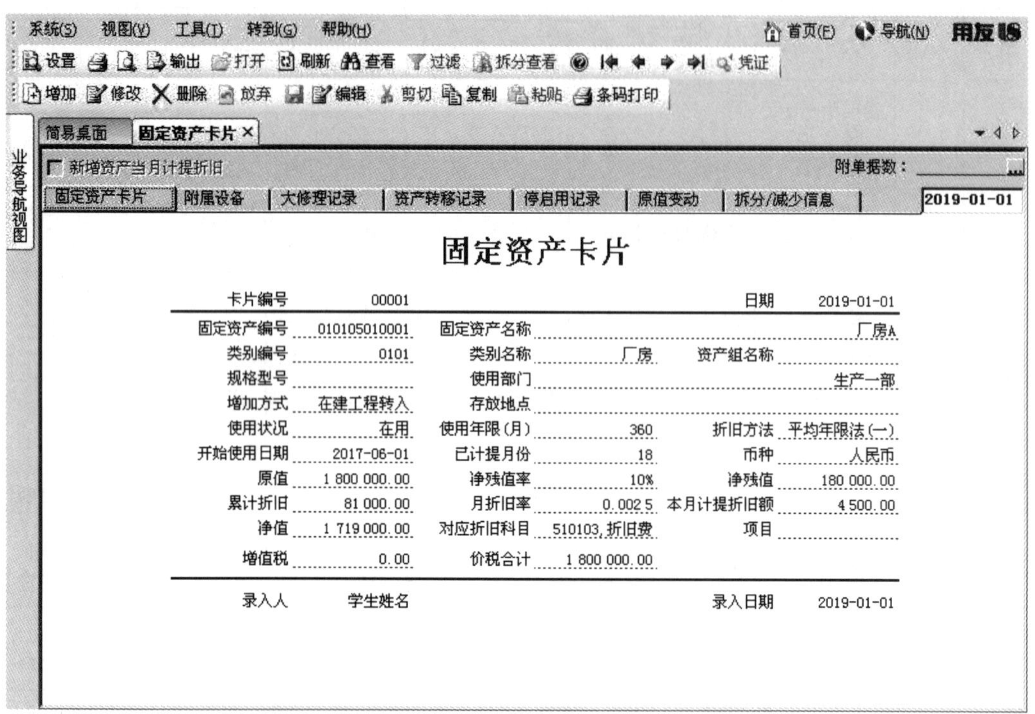

图 3－30　原始卡片录入

提示：

1）在初始化固定资产中，"固定资产编码方式"已预设为"自动编码"，因此，固定资产卡片无须手动录入固定资产编号。

2）某项固定资产如为多部门使用的，选择使用部门的同时，需要设置使用比例、各个部门对应的折旧科目等信息。

项目 3.4　薪资系统初始设置

【项目目标】

◆ 掌握薪资管理初始设置的操作流程。

◆ 掌握个人所得税计算方法，依据相关税法设定所得税扣缴公式。

◆ 熟悉薪资项目的勾稽关系及其公式设置方法。
◆ 熟悉计件工资的初始资料维护。
◆ 理解工资类别在薪资管理中的主要作用。

【知识要点】

本项目主要包括以下内容。

☑ 3.4.1　薪资管理子账套创建
☑ 3.4.2　工资类别管理
☑ 3.4.3　薪资管理基础信息设置

下面对本项目内容的知识要点进行介绍。

薪资管理系统适用于各类企业单位进行薪资核算、薪资发放、薪资费用分摊、薪资数据分析和个人所得税核算等方面，可以实现薪资业务凭证的自动转账处理，并将薪资业务凭证传输到总账系统中，也可以生成薪资数据的各类统计账表，或是为成本管理、项目管理系统提供人员的人工费用信息、项目的薪资数据。在开展薪资管理业务之前，企业需要先做好如下准备工作。

一、薪资管理子账套创建

企业在首次使用薪资管理系统时，需要结合本单位的实际情况，选择薪资管理的功能选项，完成薪资管理子账套的创建。建立薪资管理子账套是薪资管理系统正常运行的基础和起点。通过系统提供的建账向导，企业可以分别从扣零设置、扣税设置、参数设置、人员编码这4个方面创建薪资管理的基本规则。在新建薪资管理子账套后，或是由于薪资管理要求的变更，如果发现一些薪资参数与核算内容不相符，企业可以进行薪资管理子账套的参数调整。

二、工资类别管理

用友U8系统为企业提供了处理多个工资类别的管理功能。工资类别是指一套薪资账中，根据不同情况而设置的薪资数据管理类别。针对所有人员采用统一薪资模式的企业，可以只使用单一工资类别进行薪资管理。存在以下几种情况的企业，也可以使用多个工资类别进行差异化管理。

1) 区分在职人员、退休人员、离休人员进行核算的企业；
2) 区分正式工、临时工进行核算的企业；
3) 在每个月中分期间段进行多次薪资发放，月末统一核算薪资的企业；
4) 在不同地区设有分支机构，而由总部统一核算薪资的企业等。

在新建薪资管理子账套时，企业如果选择启用多个工资类别的核算方式，即可进入此功能，进而完成工资类别的新建、复制、删除、打开、关闭等操作。

三、薪资管理基础信息设置

在业务财务一体化应用方案中，薪资管理系统通常是与用友U8的其他系统集成使用的。因此，企业往往已按部门档案建立了部门、按岗位建立了人员类别、按职员档案建立了人员，如果薪资管理系统中含有外币，往往也已进行了外币设置，这些都是用友 U8 系统初始化的操作内容。在薪资管理子账套创建后，企业可以先查看公共基础信息中的机构人员数据是否完整，运行薪资管理功能是否存在需要补充的资料，诸如：除了人员编号、人员姓名、所在部门、人员类别等基本信息外，薪资管理系统会需要一些辅助管理信息。在薪资管理系统中，需要增加人员的学历、职称、职务、民族、婚否等附加信息，丰富人员档案；在计件工资管理系统中，需要增加标准工序、计件要素、计件工价等信息，完善薪资标准。企业还应当整理好需要设置的薪资项目及其核算方法，准备好所有需要发放薪资的人员的档案、薪资数据等基本信息。

【项目准备】

☞ 系统启用：薪资管理、计件工资管理，启用日期均为“2019－01－01”。

☞ 系统登录：以 U02 学生姓名（账套主管）身份注册并登录【企业应用平台】模块，操作日期为“2019－01－01”。

3.4.1 薪资系统子账套的创建

【问题引入】

1. 企业人员的薪资发放方法有几种？
2. 创建薪资管理子账套可以进行哪些设置？
3. 企业是否需要代扣代缴个人所得税？
4. 薪资管理子账套创建时设置好的参数能否修改？

【项目实训】

⊙ **实务案例**

本月薪资管理子账套的相关参数如下：工资类别个数设置为“多个”；核算币种设置为“RMB 人民币”；核算计件工资；实行代扣个人所得税；不进行扣零处理；人员编码与公共平台的人员编码保持一致。

⊙ **任务分解及技能要点(见表 3－39)**

表 3－39　任务分解及技能要点

任务名称	系统导航	菜单路径	技能要点
薪资关联 系统启用	【基础设置】\【基本信息】	【系统启用】	启用系统的选择及启用会计期间设置

（续表）

任务名称	系统导航	菜单路径	技能要点
薪资子账套初始设置	【业务工作】\【人力资源】\【薪资管理】	首次：自动进入建立工资套向导	薪资管理子账套的扣零、扣税、参数、人员编码等设置
薪资管理选项设置		【设置】\【选项】	设置薪资管理的控制参数
计件工资管理选项设置	【业务工作】\【人力资源】\【计件工资】	【选项】	设置计件工资管理的控制参数

⊙ **应用向导**

1. 薪资关联系统启用

执行【基础设置】\【基本信息】\【系统启用】命令，选择需启用的系统为“薪资管理”，并确定“启用会计期间”为“2019－01－01”。同理，启用“计件工资管理”系统。

2. 薪资子账套的相关参数设置

执行【业务工作】\【人力资源】\【薪资管理】命令，完成如下操作：

1）初次使用时，系统弹出“建立工资套”向导，在“参数设置”页签中，选择工资类别个数为“多个”，勾选“是否核算计件工资”，如图3－31所示。

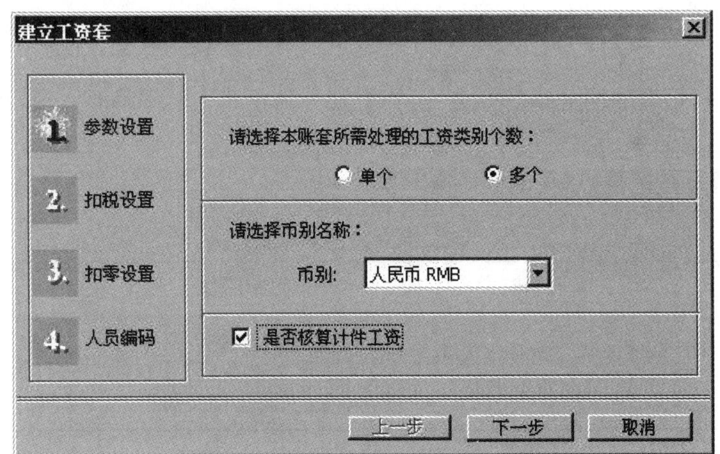

图3－31　薪资管理—建立工资套

2）单击【下一步】按钮，在“扣税设置”页签中，勾选“是否从工资中代扣个人所得税”。

3）单击【下一步】按钮，在“扣零设置”页签中，不进行扣零处理。

4）单击【下一步】按钮，在“人员编码”页签中，系统提示“人员编码同公共平台的人员编码保持一致”，单击【完成】按钮，薪资管理子账套创建成功。

提示：

(1) 如果需要核算计件工资，必须选中“是否核算计件工资”。

(2) 如果修改了扣税设置，需要进入工资变动重新计算个人所得税。

(3) 在创建薪资管理子账套后，通过执行【设置】\【选项】命令，可以修改部分参数，但只有账套主管才能修改。

3.4.2 工资类别管理

【问题引入】

1. 企业一般如何划分工资类别？
2. 工资类别管理为什么需要单独设置关闭功能？
3. 不同工资类别下的薪资管理功能菜单有什么不同？

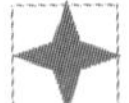

【项目实训】

⊙ **实务案例**

本月工资类别管理的相关要求如下：工资类别分为正式人员和临时人员；正式人员分布于所有部门，临时人员只属于物资部。

⊙ **任务分解及技能要点(见表 3-40)**

表 3-40 任务分解及技能要点

任务名称	系统导航	菜单路径	技能要点
工资类别管理	【业务工作】\【人力资源】\【薪资管理】	【工资类别】\【新建工资类别】、【打开工资类别】、【删除工资类别】、【关闭工资类别】	工资类别的新建、打开、删除、关闭等操作

⊙ **应用向导**

1. “正式人员”工资类别

执行【业务工作】\【人力资源】\【薪资管理】命令，完成如下操作：

1) 如在“参数设置”页签中已选择工资类别为“多个”，完成薪资管理子账套创建后，系统会自动进入“新建工资类别”操作向导，输入“工资类别名称”为“正式人员”，单击【下一步】按钮，勾选“正式人员”工资类别包含的职能部门，如图 3-32 所示。

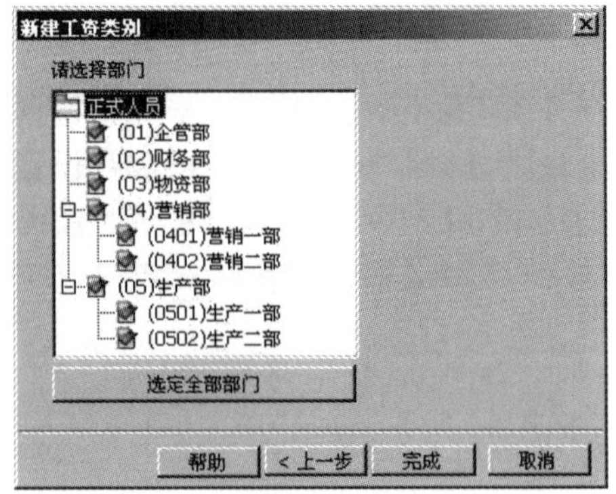

图 3-32 新增工资类别—正式人员

2) 单击【完成】按钮，系统弹出提示“是否以 2019-01-01 为当前工资类别的启用日期”，单击

【是】按钮。

2. “临时人员”工资类别

执行【业务工作】\【人力资源】\【薪资管理】\【工资类别】\【新建工资类别】命令，参照“正式人员”工资类别的操作方法，进入部门选择界面后，勾选“临时人员”工资类别包含的“物资部”，单击【完成】按钮，再单击【是】按钮。

提示：

工资类别需要选定对应的部门。

1）如为所有部门的，可以单击【选定全部部门】按钮。

2）如所选部门包括下级部门的，需要展开部门前面的【＋】按钮，挨个勾选下级部门。

3）如果需要修改某个工资类别包含的部门，应当先通过执行【工资类别】\【打开工资类别】命令，打开需修改的工资类别，再执行【设置】\【部门设置】命令，重新进行部门选择。

3.4.3 薪资系统基础信息设置

【问题引入】

1. 薪资管理的人员档案与基础设置的人员档案是否完全一致？
2. 薪资管理的人员基本信息主要包含哪些方面？
3. 企业人员工资的计算方法主要有几种？
4. 企业工资项目一般有哪些具体项目？
5. 企业是否需要代扣代缴个人所得税？

【项目实训】

⊙ **实务案例**

本月薪资管理需要设置的基础信息如下。

1. 人员附加信息

增加“身份证号”和“学历”为人员的附加信息。

2. 银行档案

增加交通银行学鉴路支行(编号:0501)，个人账号定长:11，自动带出账号长度:7。

3. 工资项目设置(见表 3－41)。

表 3－41　工资项目

项目名称	类　型	长　度	小数位数	增减项
基本工资	数字	8	2	增项
岗位工资	数字	8	2	增项
津贴	数字	8	2	增项
交通补贴	数字	8	2	增项
应发合计	数字	10	2	增项
病事假扣款	数字	8	2	减项
社会保险金	数字	8	2	减项
代扣税	数字	10	2	减项
扣款合计	数字	10	2	减项
实发合计	数字	10	2	增项
病事假天数	数字	8	2	其他
计税工资	数字	8	2	其他

4. 人员档案

1) 正式人员档案(见表 3－42)。

表 3－42　正式人员档案

职员编号	职员姓名	所属部门	人员类别	账　号	学　历
1001	学号末 3 位	企管部	行政管理人员	62226001001	研究生
1002	学生姓名	财务部	财务管理人员	62226001002	研究生
1003	姚家友	财务部	财务管理人员	62226001003	本科
1004	丁成功	财务部	财务管理人员	62226001004	专科
1005	秦奋	物资部	采购管理人员	62226001005	本科
1006	李丽	营销一部	销售管理人员	62226001006	本科
1007	王立华	营销二部	销售管理人员	62226001007	专科
1008	赵方平	生产一部	车间管理人员	62226001008	专科
1009	董文	生产二部	生产技术人员	62226001009	本科

注:中方人员,计税,不核算计件工资,通过银行(交通银行学鉴路支行)代发工资,工资不停发。

2）临时人员档案（见表 3－43）。

表 3－43　临时人员档案

职员编号	职员姓名	性　别	所属部门	人员类别	账　号
9001	王芳琴	女	物资部	采购管理人员	62226009001
9002	李勇	男	物资部	采购管理人员	62226009002

注：中方人员，计税，核算计件工资，通过银行（交通银行学鉴路支行）代发工资，工资不停发。

5. 各类人员工资项目及公式

1）正式人员。

① 工资项目：基本工资、岗位工资、津贴、交通补贴、应发合计、病事假扣款、社会保险金、代扣税、扣款合计、实发合计、病事假天数、计税工资。

② 计算公式（见表 3－44）。

表 3－44　正式人员的工资计算公式

工资项目	计算公式
交通补贴	人员类别为销售管理人员，交通补贴为 1 000 元，否则为 500 元
应发合计	基本工资＋岗位工资＋津贴＋交通补贴
病事假扣款	病事假天数×80 元
社会保险金	（基本工资＋岗位工资）×0.15
扣款合计	病事假扣款＋社会保险金＋代扣税
实发合计	应发合计－扣款合计
计税工资	基本工资＋岗位工资＋津贴＋交通补贴－病事假扣款－社会保险金

2）临时人员。

① 工资项目：计件工资。

② 计件要素：工序（检查是否为启用状态）。

③ 工序档案包括：01 工作日里程；02 非工作日里程。

④ 计件工价：01 工作日里程：1.5 元；02 非工作日里程：3 元。

6. 代扣个人所得税设置

1）所得税项目：工资；对应工资科目：正式人员为计税工资，临时人员为计件工资。

2）计税基数为 5 000 元，附加费用默认。

3）个人所得税七级超额累进税率表（正式人员和临时人员均适用，见表 3－45）。

表 3－45　个人所得税税率表

级数	全月应纳税所得额	税率/%	速算扣除数/元
1	不超过 3 000 元	3	0
2	超过 3 000 元至 12 000 元的部分	10	210
3	超过 12 000 元至 25 000 元的部分	20	1 410

（续表）

级数	全月应纳税所得额	税率/%	速算扣除数/元
4	超过 25 000 元至 35 000 元的部分	25	2 660
5	超过 35 000 元至 55 000 元的部分	30	4 410
6	超过 55 000 元至 80 000 元的部分	35	7 160
7	超过 80 000 元的部分	45	15 160

⊙ 任务分解及技能要点(见表 3－46)

表 3－46　任务分解及技能要点

任务名称	系统导航	菜单路径	技能要点
人员附加信息设置	【业务工作】\【人力资源】\【薪资管理】	【设置】\【人员附加信息设置】	人员附加信息的增加、修改和删除等操作
银行档案设置	【基础设置】\【基础档案】	【收付结算】\【银行档案】	用于代发薪资的银行及个人账户设置
工资项目设置	【业务工作】\【人力资源】\【薪资管理】	【设置】\【工资项目设置】	工资项目的增加、删除、停用/启用、排序等操作
人员档案维护		【设置】\【人员档案】	薪资管理的人员档案增加、修改等操作
人员工资项目及公式设置	【业务工作】\【人力资源】\【薪资管理】	【设置】\【工资项目设置】	区分工资类别，工资项目的增加、删除和排序等操作；工资计算公式的定义
	【基础设置】\【基础档案】	【生产制造】\【标准工序资料维护】	计件工资的工序档案增加、修改和删除等操作
	【业务工作】\【人力资源】\【计件工资】	【设置】\【计件要素设置】	计件工资的计件要素的增加、删除和编辑等操作
		【设置】\【计件工价设置】	区分工序档案，计价工价的增加、修改和删除等操作
代扣个人所得税设置	【业务工作】\【人力资源】\【薪资管理】	【设置】\【选项】	设置个人所得税税率、计税基数以及附加费用等

⊙ 应用向导

1. 人员附加信息设置

执行【业务工作】\【人力资源】\【薪资管理】\【设置】\【人员附加信息设置】命令，单击【增加】按钮，输入“信息名称”为“身份证号”，单击【确定】按钮。同理，增加输入“学历”信息。

2. 银行档案设置

执行【基础设置】\【基础档案】\【收付结算】\【银行档案】命令，单击【增加】按钮，对相关栏目内容进行选择或输入：在基本信息中，“银行编码”为“0501”，“银行名称”为“交通银行学鉴路支行”；在个人账户规则中，勾选“定长”，“账号长度”为“11”，“自动带出账号长度”为“7”。操作完成后，单击【保存】按钮后退出，在“银行档案”窗口会显示已增加的银行档案信息。

3. 工资项目设置

执行【业务工作】\【人力资源】\【薪资管理】\【设置】\【工资项目设置】命令，进入“工资项目设置”对话框，单击【增加】按钮，对相关栏目内容进行选择或输入：“工资项目名称”为“基本工资”，“类型”为“数字”，“长度”为“8”，“小数”为“2”，“增减项”为“增项”。输入完成后，系统自动保存，单击【置顶】按钮，将“基本工资”调整到项目列表的首行。同理，增加其他工资项目，单击【上移】或【下移】按钮，将设好的项目调整到对应的排列顺序。操作完成后，如图 3－33 所示。

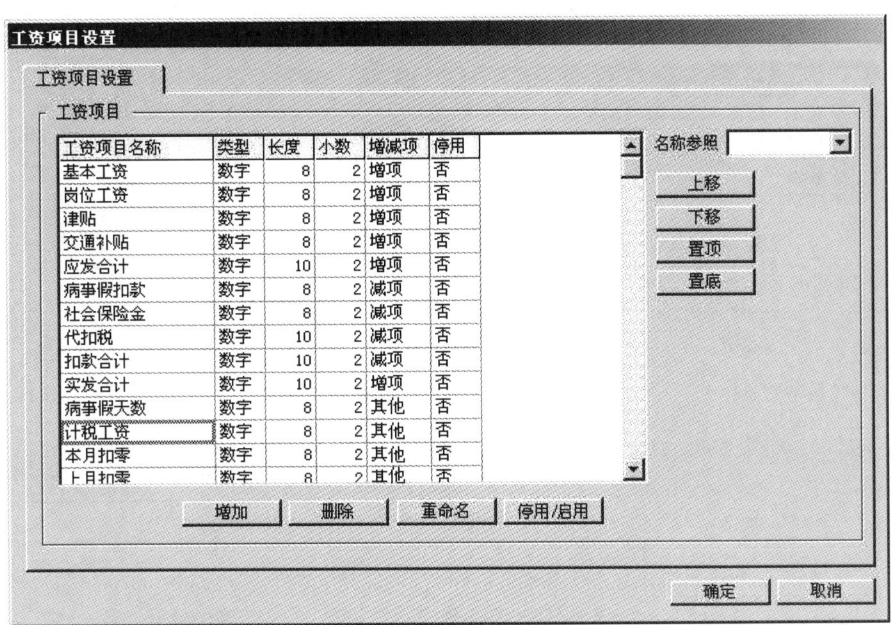

图 3－33　工资项目设置

提示：

图 3－33 中的工资项目设置只包含“工资项目设置”一个页签，需要在关闭工资类别的状态下进行，其作用在于对整个薪资管理系统的所有工资项目进行设置。

1）工资项目的数据类型包括数值型和字符型。字符型项目的小数位不可用，“增减项”默认为“其他”。工资项目一经使用，数据类型不得修改。

2）“增减项”包括 3 种类型，即增项、减项、其他。货币计量且使薪资金额增加的项目为“增项”；货币计量且使薪资金额减少的项目为“减项”；非货币计量的项目为“其他”。设置好后，增项直接计入应发合计，减项直接计入扣款合计。

3）如果在“选项”中勾选“核算计件工资”，则可以看到“计件工资”项目。

4）如果在“选项”中勾选“代扣个人所得税”，则可以看到“扣税合计”“代扣税”“代付税”等预置工资项目。

4. 人员档案维护

1）正式人员。执行【业务工作】\【人力资源】\【薪资管理】命令，完成如下操作：

① 执行【工资类别】\【打开工资类别】命令，选中“正式人员”工资类别，单击【确定】按钮，打开“正式人员”工资类别。

② 执行【设置】\【人员档案】命令，进入“人员档案”标签页，单击工具栏的【批增】按钮，在“人员批量增加”对话框中，逐个勾选直至全部部门均被选中，单击【查询】按钮，系统显示选中部门的人员档案列表，在增加的人员档案所在行单击“选择”栏显示为“是”，如图 3－34 所示。

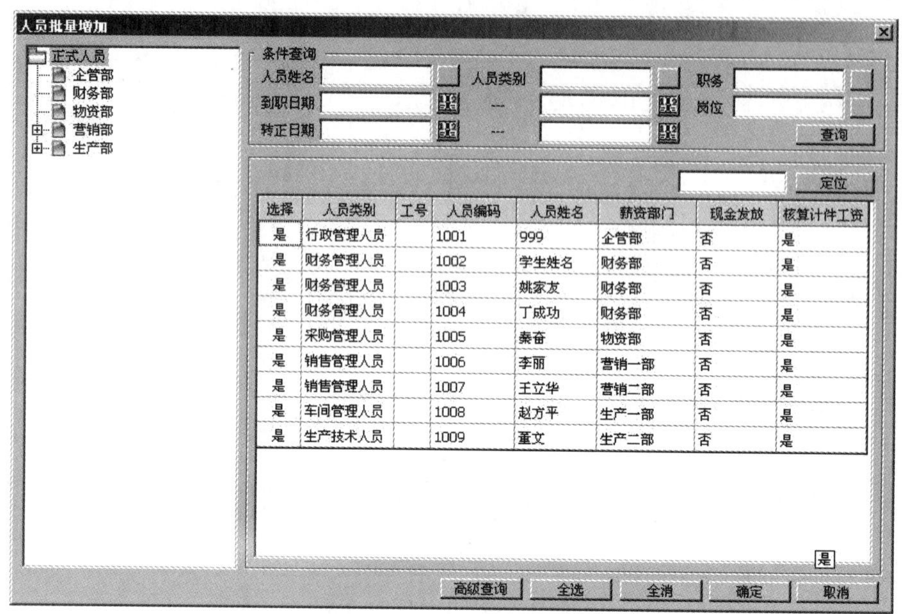

选择	人员类别	工号	人员编码	人员姓名	薪资部门	现金发放	核算计件工资
是	行政管理人员		1001	999	企管部	否	是
是	财务管理人员		1002	学生姓名	财务部	否	是
是	财务管理人员		1003	姚家友	财务部	否	是
是	财务管理人员		1004	丁成功	财务部	否	是
是	采购管理人员		1005	秦奋	物资部	否	是
是	销售管理人员		1006	李丽	营销一部	否	是
是	销售管理人员		1007	王立华	营销二部	否	是
是	车间管理人员		1008	赵方平	生产一部	否	是
是	生产技术人员		1009	董文	生产二部	否	是

图 3－34　人员批量增加

③ 单击【确定】按钮后，返回“人员档案”标签页，选定的正式人员档案已经导入。

④ 双击“人员编码”为“1001”的人员档案所在行，进入“人员档案明细”界面，在“基本信息”页签，取消勾选“核算计件工资”，从“银行名称”下拉列表中选择“交通银行学鉴路支行”，输入“银行账号”为“62226001001”，如图 3－35 所示。在“附加信息”页签，输入“学历”为“研究生”。

⑤ 操作完成后，单击【确定】按钮，系统弹出提示“写入该人员档案信息吗?”，单击【确定】按钮，完成对“人员编码”为“1001”的人员档案修改的保存。

⑥ 单击【下一个】按钮，以同样的方法完成所有正式人员的人员档案设置。设置完成后，返回“人员档案”标签页，补充录入的正式人员信息已全部显示在列表中。

2）临时人员。执行【基础设置】\【基础档案】\【机构人员】\【人员档案】命令，参照“3.1.1 部门人员信息设置”的方法，增加临时人员档案。

执行【业务工作】\【人力资源】\【薪资管理】命令，完成如下操作：

① 执行【工资类别】\【打开工资类别】命令，打开“临时人员”工资类别。

② 执行【设置】\【人员档案】命令，进入“人员档案”对话框，参照正式人员档案的设置方法，选择对应的临时人员，完成对临时人员档案的批增操作。

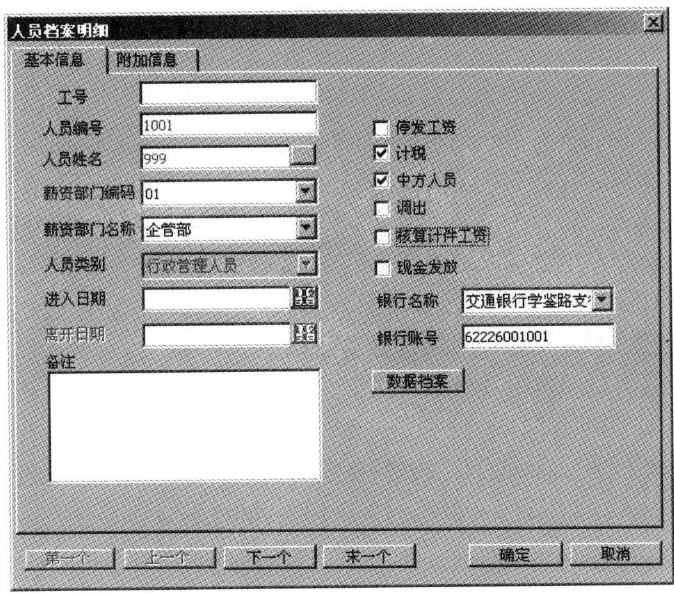

图 3 - 35　人员档案明细—基本信息

③ 在“人员档案”标签页，选定的临时人员档案已经导入，以同样的方法完成所有临时人员的人员档案设置。设置完成后，返回“人员档案”标签页，补充录入的临时人员信息已全部显示在列表中。

5. 人员工资项目及公式设置

(1) 正式人员

1) 工资项目。执行【业务工作】\【人力资源】\【薪资管理】命令，完成如下操作：

① 执行【工资类别】\【打开工资类别】命令，打开“正式人员”工资类别。

② 执行【设置】\【工资项目】命令，进入“工资项目设置”对话框。在“工资项目设置”页签中，单击【增加】按钮，从“名称参照”下拉列表中选择“基本工资”，单击【置顶】按钮，将“基本工资”调整到项目列表的首行。同理，增加其他工资项目，并单击【上移】或【下移】按钮，将设好的项目调整到对应的排列顺序。操作完成后，单击【确定】按钮。

提示：

在打开工资类别的状态下，执行工资项目设置时，与图 3 - 33 的不同点在于：

1) 包含“工资项目设置”和“公式设置”两个页签，其作用在于对某个工资类别需要用到的工资项目进行专项设置。

2) 工资项目只能参照增加，不能手动输入增加。如需修改工资项目，需要先关闭工资类别，进入如图 3 - 33 所示的界面进行操作。

2) 计算公式。执行【业务工作】\【人力资源】\【薪资管理】\【设置】\【工资项目】命令，进入“工资项目设置”对话框，在“公式设置”页签中，以“交通补贴”和“计税工资”为例，作如下操作说明：

① 交通补贴公式定义。

首先，单击【增加】按钮，在“工资项目”下拉列表选择“交通补贴”，在右侧“交通补贴公式定义”编辑区中，单击【函数公式向导输入】按钮。在“函数向导—步骤之 1”窗口中，选择“函数名”为“iff”，界面右侧显示了该函数的说明及范例。

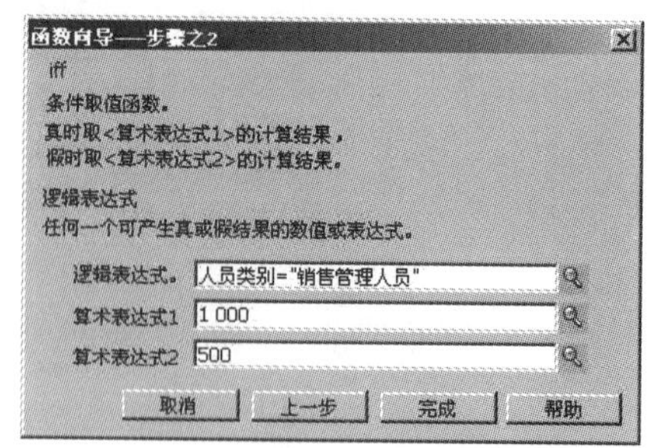

图 3－36 iff 函数向导

其次，单击【下一步】按钮，在“函数向导—步骤之 2”窗口中，单击“逻辑表达式”栏目末尾的形似放大镜状的【参照】按钮，选择“人员类别”为“销售管理人员”，单击【确定】按钮后返回，在“算术表达式 1”和“算术表达式 2”中分别输入“1 000”和“500”，如图 3－36 所示。

最后，单击【完成】按钮，返回“公式设置”页签，可以在“交通补贴公式定义”编辑区看到设好的“交通补贴”的公式，如图 3－37 所示。单击【公式确认】按钮，保存设好的公式。

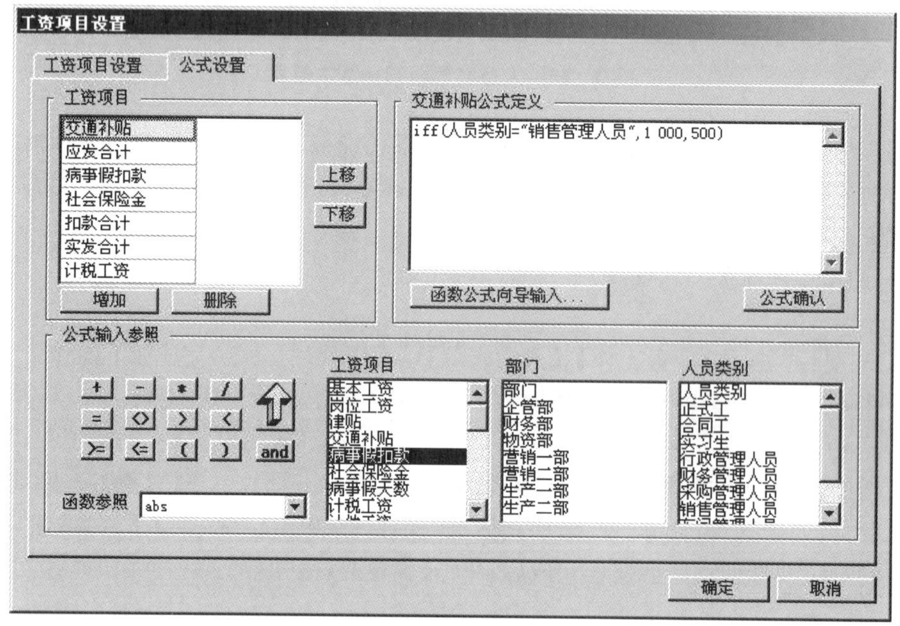

图 3－37 公式设置—交通补贴公式定义

② 计税工资公式定义。单击【增加】按钮，在“工资项目”下拉列表选择“计税工资”，在右侧“计税工资公式定义”编辑区中，运算符号和工资项目均从下方“公式输入参照”中单击选取，直至公式编辑区显示为“基本工资＋岗位工资＋津贴＋交通补贴－病事假扣款－社会保险金”。输入完成后，单击【公式确认】按钮，保存设好的公式。

③ 其他工资项目公式定义。以同样的方法，完成其他工资项目的公式定义。

④ 工资项目公式排序。所有公式设置完成后，点击【上移】或【下移】按钮，按照薪资数据计算的前后顺序，调整对应的排列顺序。

提示：

在公式输入时，建议工资项目参照选择输入，数字和运算符号使用键盘输入，注意数字和运算符号必须是半角和英文标点。

(2) 临时人员

1) 工资项目：计件工资。执行【业务工作】\【人力资源】\【薪资管理】命令，完成如下操作：

① 执行【工资类别】\【打开工资类别】命令，打开“临时人员”工资类别。

② 执行【设置】\【工资项目】命令，在“工资项目设置”对话框的“工资项目设置”页签，单击【增加】按钮，参照正式人员的工资项目设置方法，将“计件工资”设为临时人员的工资项目，并单击【置顶】按钮，将“计件工资”调整到项目列表的首行。操作完成后，单击【确定】按钮。

③ 单击“公式设置”页签，参照正式人员的公式设置方法，完成临时人员的公式设置。

④ 所有公式设置完成后，点击【上移】或【下移】按钮，按照薪资数据计算的前后顺序，调整对应的排列顺序。操作完成后，单击【确定】按钮。

2) 计件要素。执行【业务工作】\【人力资源】\【计件工资】\【设置】\【计件要素设置】命令，进入“计件要素设置”对话框，查看“名称”为“工序”的计件要素是否为启用状态。如未启用，单击【编辑】按钮，将“启用”下拉列表选择为“是”，再单击【确定】按钮。

3) 工序档案。执行【基础设置】\【基础档案】\【生产制造】\【标准工序资料维护】命令，进入“标准工序资料维护”标签页，单击【增加】按钮，输入“工序代号”为“01”，“工序说明”为“工作日里程”，单击【保存】按钮，在界面左侧即可显示一行记录。以同样的方法，输入“02 非工作日里程”。依次完成操作后，如图 3－38 所示。

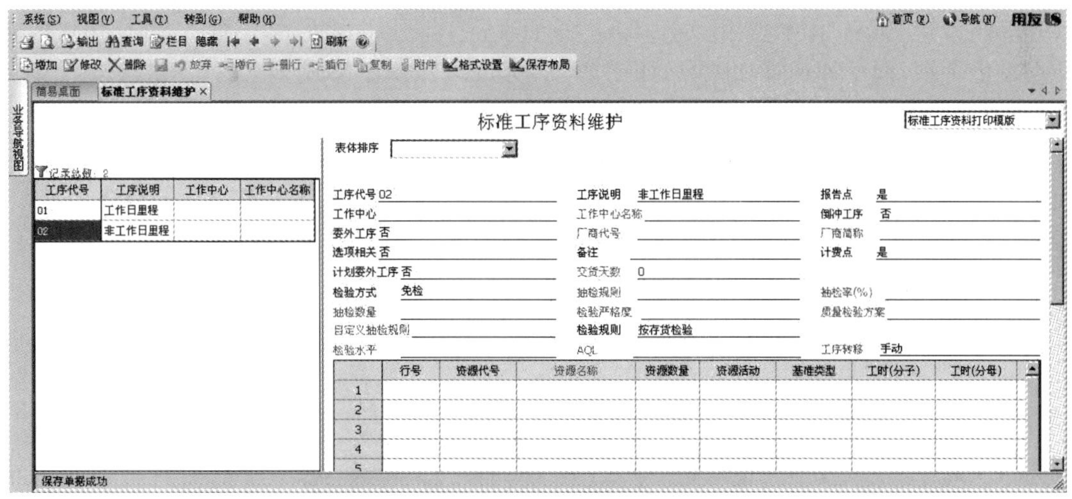

图 3－38　标准工序资料维护

4）计件工价。执行【业务工作】\【人力资源】\【计件工资】\【设置】\【计件工价设置】命令，进入“计件工价设置”标签页，单击【增加】按钮，系统给出一个空白行，对相关栏目内容进行选择或输入：“工序”为“工作日里程”，“工价”为“1.5”，系统自动保存。单击【增加】按钮，继续完成“非工作日里程”的工价操作，如图 3－39 所示。

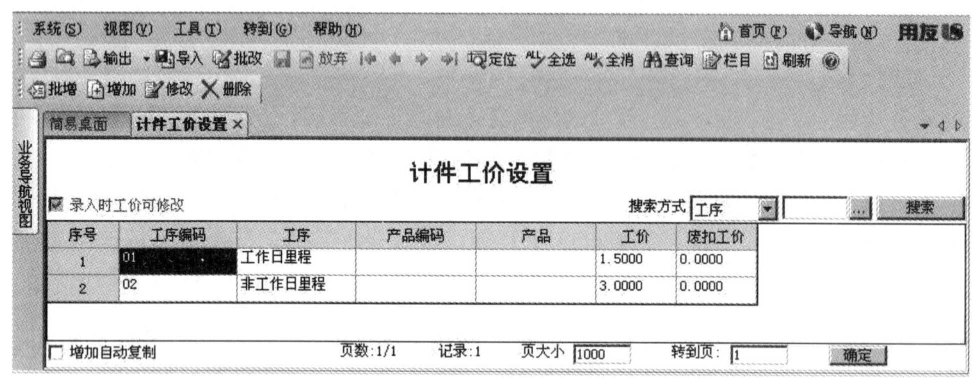

图 3－39 计件工价设置

6. 代扣个人所得税设置

（1）正式人员

执行【业务工作】\【人力资源】\【计件工资】命令，完成如下操作：

1）执行【工资类别】\【打开工资类别】命令，打开“正式人员”工资类别。

2）双击【设置】\【选项】命令，进入“扣税设置”页签，单击【编辑】按钮，从工资项目下拉列表中选择“计税工资”。

3）单击【税率设置】按钮，进入“个人所得税申报表—税率表”对话框，在“代扣税”页签，调整“基数”为“5 000”，“附加费用”为“1 300”，按照现行个人所得税税率，设置各个级次的应纳税所得额上下限、税率和速算扣除数，如图 3－40 所示。级次不够或多出的，单击【增加】或【删除】按钮进行操作。操作完成后，单击【确定】按钮。

级次	应纳税所得额下限	应纳税所得额上限	税率(%)	速算扣除数
1	0.00	3 000.00	3.00	0.00
2	3 000.00	12 000.00	10.00	210.00
3	12 000.00	25 000.00	20.00	1 410.00
4	25 000.00	35 000.00	25.00	2 660.00
5	35 000.00	55 000.00	30.00	4 410.00
6	55 000.00	80 000.00	35.00	7 160.00
7	80 000.00		45.00	15 160.00

图 3－40 个人所得税申报表—税率表

4）返回到“选项”界面，单击【确定】按钮，保存对选项的编辑。

（2）临时人员

执行【业务工作】\【人力资源】\【计件工资】命令，完成如下操作：

1）执行【工资类别】\【打开工资类别】命令，打开“临时人员”工资类别。

2）执行【设置】\【选项】命令，进入“扣税设置”页签，单击【编辑】按钮，从工资项目下拉列表中选择“计件工资”。

3）参照正式人员的操作方法，完成“个人所得税申报表—税率表”的设置。

项目3.5 供应链及收付款系统初始设置

【项目目标】

- ◆ 掌握存货及业务相关的基础档案的主要门类和设置。
- ◆ 掌握应付款管理、应收款管理和存货核算生成凭证的相关科目设置。
- ◆ 掌握供应链管理、应付款管理和应收款管理期初数据的录入。
- ◆ 理解采购管理、存货核算的期初记账。
- ◆ 熟悉应付款管理和应收款管理的期初对账。
- ◆ 了解供应链管理、应付款管理和应收款管理的功能分布及流程关联。

【知识要点】

本项目主要包括以下内容。

☑ 3.5.1 存货及业务基础档案设置

☑ 3.5.2 采购与供应商管理初始设置

☑ 3.5.3 销售与客户管理初始设置

☑ 3.5.4 库存及存货核算初始设置

下面对本项目内容的知识要点进行介绍。

一、供应链及收付款管理系统认知

在企业经营过程中，大部分业务由各业务部门负责办理，这些业务部门每日经手大量证明该业务已经发生或完成的原始凭证。如不及时传递或传递有误，必将使财务部门的关联处理出现迟滞，整个信息流环节责任也会模糊不清或推诿。解决这一问题的有效途径就是开展财务与供应链及收付款管理一体化应用，由负责办理业务的部门及其人员在业务系统中进行信息登记和流程处理，并将处理结果实时或及时传递到财务系统，实现不同部门工作间的轨迹性、协调性和交互性。

供应链及收付款管理包括供应链的采购管理、销售管理、库存管理和存货核算，以及财务会计的应收款管理、应付款管理。通过上述系统的集成使用或有选择性地组合使用，构成了业务财务一体化应用的标准化模块体系，有助于对企业的采购、销售、库存等业务环节的管控，提高库存资金周转效率，并完成对存货成本的准确核算。其中，采购管理对应于采购业务流程；销售管理对应于销售业务流程；库存管理从数量角度对存货收发存业务流程进行管理；存货核算围绕成本要素，从货币量角度对存货收发存的资金情况进行核算和监督；应收款管理主要针对与客户之间的应收及预收款项；应付款管理主要针对与供应商之间的应付及预付款项。采购管理、销售管理系统的业务处理结果会传递到库存管理、存货核算系统，并通过存货核算形成对应的凭证，而采购管理系统的付款信息、销售管理系统的收款信息也会使应付款管理、应收款管理系统与之紧密关联，进而生成对应的凭证。所有这些凭证最终都会传递到总账系统中进行审核和记账处理。

二、存货及业务基础档案设置

在本单元之前的相关内容中，已有若干项目涉及基础档案的设置，诸如机构人员、客商信息、财务、收付结算等，基本上都是与财务会计密切相关的信息。采用业务财务一体化应用模式后，将财务工作前移至业务起点，确有需要增加业务、存货等方面的基本信息。

1. 存货基础档案

(1) 存货分类

如果企业存货种类较多，可以根据特定的管理要求对存货进行分类管理，以便对业务数据进行统计和分析。以工业企业为例，存货通常可以分为材料、产成品、应税劳务三大类，而商业企业的存货分类通常可以将商品和应税劳务作为一级，并在此基础上继续划分下一级类别。之所以单独设置“应税劳务”，主要目的在于能够对存货购销过程中的各项劳务费用进行准确核算。系统允许存货分类到最多8级明细，且可以自行定义每级级长。在操作存货分类时，主要设置存货分类编码、名称及对应条形码。

(2) 计量单位

不同种类的存货必然有着不同的计量单位。计量单位设置包括计量单位组和计量单位。用户必须先增加计量单位组，再在各组下增加具体的计量单位，每个计量单位组中可以有多个计量单位，且相互进行换算；系统允许设置采购、销售和库存的默认计量单位，在发生购销存业务时，只要明确存货，系统自动带入默认计量单位信息。通过“计量单位”功能，既可以满足既有金额，又有数量的核算要求，也可以解决采购、销售和库存管理系统之间及其与总账系统之间计量单位使用不一致的要求。

(3) 存货档案

它主要用于设置企业的各种存货信息，完成对存货目录的设立，以便于进行存货资料管理、实物管理以及业务数据的统计、处理和分析。“存货档案”功能包括“基本”“成本”“控制”“其他”“计划”“MPS/MRP”“图片”和“附件”共8个页签。其中，“基本”主要记录存货编码、名称、计量单位、进销项税率、属性(诸如自制、外购、内销、外销、生产耗用)等方面的基本情况；“成本”主要为存货成本核算提供价格计算的基础依据；“控制”主要设置库存上下限、安全库存，订发货和出入库的超额上限，ABC分类、盘点周期、限额领料等库存管理参数。存货有分类核算要求的，必须先增加存货分类，再在各类下增加具体的存货。

2. 业务基础档案

(1) 仓库档案

存货通常在仓库中存放，存货的收发存业务需要建立仓库档案。通过“仓库档案”功能主要设置“仓库编码”“名称”“负责人”“计价方法”“属性”等内容。每个仓库必须选择一种计价方式，存货的出入库都必需提供仓库信息，存货核算的期末处理也必须按仓库操作，因此，仓库设置属于业务财务一体化应用的一项重要的基础准备工作。

(2) 货位档案

对存货进行货位管理的企业，必须先对仓库所使用的货位进行定义，以便在实物出入库时确定存货的货位。“货位档案”功能只针对仓库档案中需要货位管理的仓库，主要设置“货位编码”“货位名称”“所属仓库”等内容。

(3) 收发类别

它反映存货的出入库类型，主要用于企业对存货的出入库情况进行分类汇总统计。系统允许设置的收发标志只有“收”和“发”两种，最多可分3级明细。

(4) 采购类型

企业在采购管理中处理采购入库单等单据时，会涉及采购类型栏目。如需按采购类型进行统计和分析，应当先建立采购类型项目。采购类型不分级次，用户可以根据实际需要自行设立，但只能与收发类别中的“收”相对应。系统允许设置默认采购类型，在发生采购业务时，系统自动带入默认值。

(5) 销售类型

企业在销售管理中处理销售出库单等单据时，会涉及销售类型栏目。可以先自定义销售类型，以便于按销售类型对销售业务数据进行统计和分析。销售类型不分级次，但只能与收发类别中的“发”相对应。系统允许设置默认销售类型，在发生销售业务时，系统自动带入默认值。

(6) 费用项目

包括费用项目分类和费用项目。费用项目分类是将同类型的费用进行归集，以便于在业务数据中进行分析汇总。企业应当先将所使用的费用进行划分，诸如销售业务的代垫费用、销售支出费用等，先增加费用项目分类，再在各类下增加具体的费用项目。通过“费用项目”功能，主要设置“费用项目编码”“名称”“所属费用项目分类”“销项税率”“费用科目”等内容。

三、供应链及收付款业务科目设置

如前所述，在业务财务一体化应用过程中，应付款管理、应收款管理和存货核算都有生成凭证功能，可以将本系统内部业务或是供应链上其他系统关联来的各类单据进行制单。由于这些外部系统的业务单据类型相对较为固定，所生成的凭证分录也有较为固定的格式可循，为了避免同类型业务重复进行制单设置，简化外部系统的凭证处理过程，可以预先设置好业务科目，作为生成凭证的科目模板。这些科目预设后并非不可变更，在后续制单使用时，仍可根据业务的实际情况进行修改。

1. 应付款管理业务科目

主要包括基础科目设置、控制科目设置、产品科目设置和结算方式科目设置。核算采购业务及其应付款项时的应付账款、预付账款、在途物资或材料采购、应交税费——应交增值税(进项税额)等可以分别设为应付科目、预付科目、采购科目、税金科目；应付票据业务可以对应到商业承兑科目、银行承兑科目、票据利息科目、票据费用科目，其他还有诸如现金折扣科目、汇兑损益科目等预置种类。通过控制科目设置，区分不同的供应商，分别设置应付科目和预付科目，以便于对赊购业务款项进行供应商辅助核算和管理。通过产品科目设置，区分不同的存货，分别设置采购科目、采购税金科目和税率。结算方式科目与基础档案的收付结算相关联，设置付款结算常用方式的科目。

2. 应收款管理业务科目

它主要包括基础科目设置、控制科目设置、产品科目设置和结算方式科目设置。核算销售业务及其应收款项时的应收账款、预收账款、主营业务收入、应交税费——应交增值税(销项税额)等可以分别设为应收科目、预收科目、销售收入科目、销售退回科目、税金科目；应收票据业务可以对应到商业承兑科目、银行承兑科目、票据利息科目、票据费用科目，其他还有诸如现金折扣科目、汇兑损益科目、坏账入账科目、代垫费用科目、运费科目等预置种类。通过控制科目设置，区分不同的客户，分别设置应收科目和预收科目，以便于对赊销业务款项进行客户辅助核算和管理。通过产品科目设置，区分不同的存货，分别设置销售收入科目、应交增值税科目、销售退回科目和税率。结算方式科目与基础档案的收付结算相关联，设置收款结算常用方式的科目。

3. 存货核算业务科目

所涉科目均与存货的出入库业务有关，以存货科目、对方科目、税金科目较为常用。存货科目是按仓库或按存货档案设置存货科目、差异科目、分期收款发出商品科目、委托代销发出商品科目等。对方科目是按收发类别或按存货档案设置存货科目的对方科目、暂估科目等。税金科目是按存货档案设置进项税额转出科目和出口退税科目。其他的诸如运费科目、结算科目、应付科目等与应付款管理业务科目的原理类似。此外，系统还提供了针对不同单据类型，设置凭证摘要的功能。

四、供应链及收付款管理期初数据

为了确保业务财务一体化数据的连续性，以及业务系统与财务系统数据的一致性，在如前所述的在总账系统中输入会计科目期初数据的同时，供应链及收付款管理系统也有各自的期初数据需要录入系统中，具体见表3-47所示。

表3-47 供应链及收付款管理期初数据

系统名称	单据名称	数据内容
采购管理	期初采购入库单	货物已经入库，发票尚未收到的期初暂估入账
	期初采购发票	发票已经收到，货物尚未入库的期初在途物资
销售管理	期初发货单	货物已经发出，发票尚未出具的普通销售期初
	期初委托代销发货单	货物已经发出，尚未结算的委托代销期初
	期初分期收款发货单	货物已经发出，尚未结算的分期收款期初
应付款管理	期初采购发票	反映在普通采购发票和专用采购发票中的应付账款期初
	期初应付单	除采购发票外的应付账款期初
	期初付款单	预付账款期初
应收款管理	期初销售发票	反映在销售普通发票和销售专用发票中的应收账款期初
	期初其他应收单	除销售发票外的应收账款期初
	期初收款单	预收账款期初

（续表）

系统名称	单据名称	数据内容
库存管理	期初结存	库存期初余额,通过取数的方式,与存货期初余额共用数据
	期初不合格品单	不合格品期初
存货核算	期初余额	存货期初余额,通过取数的方式,与库存期初余额共用数据
	期初差异	存货成本差异期初
	期初分期收款发出商品	分期收款发出商品的发货、已估算及未估算的期初
	期初委托代销发出商品	委托代销发出商品的发货、已估算及未估算的期初

【项目准备】

☞ 系统启用:应付款管理、应收款管理、采购管理、销售管理、库存管理、存货核算,启用日期为“2019-01-01”。

☞ 系统登录:以 U02 学生姓名(账套主管)身份注册并登录【企业应用平台】模块,操作日期为“2019-01-01”。

3.5.1　存货及业务基础档案设置

【问题引入】

1. 存货及业务需要设置哪些方面的基础档案?
2. 不同方面的基础档案存在哪些共通的设置技巧?
3. 存货及业务基础档案在为哪些系统的后续操作奠定基础?
4. 付款条件针对哪种购销业务?如何理解付款条件的表达式?

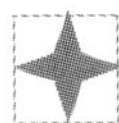

【项目实训】

⊙ **实务案例**

1. 存货分类(见表 3-48)

表 3-48　存货分类

编　码	类别名称
01	材料
0101	主要材料
0102	其他材料
02	周转材料
0201	低值易耗品
0202	包装物

（续表）

编　码	类别名称
03	产成品
04	劳务

2. 计量单位组及计量单位(见表 3－49)

表 3－49　计量单位组及计量单位

计量单位组编码	计量单位组名称	计量单位组类别	计量单位编码	计量单位名称
1	实物量组	无换算率	01	吨
			02	套
			03	盒
			04	升
			05	平方
			06	卷
			07	个
2	劳务量组	固定换算率	08	公里
			09	千米

注:在劳务量组中,公里为主计量单位,千米与公里的换算率为 1。

3. 存货档案(存货代码为空,见表 3－50)

表 3－50　存货档案

分类编码	存货编码	存货名称	计量单位	属　性	税率/%
0101	010101	钢材	吨	外购、生产耗用、销售	13
	010102	标准件	套	外购、生产耗用、销售	13
	010103	配件	盒	外购、生产耗用、销售	13
	010104	辅料	吨	外购、生产耗用、自制	13
	010105	燃料	升	外购、生产耗用	13
0201	020101	专用工具	套	外购、生产耗用	13
0202	020201	胶带	卷	外购、生产耗用	13
0202	020202	纸板箱	平方	外购、生产耗用	13
03	0301	轴承	个	自制、销售	13
	0302	齿轮轴	个	自制、销售	13
	0303	套筒	个	自制、销售	13
	0304	前叉组件	套	自制、销售	13
04	0401	运输劳务	公里	外购、销售、应税劳务	9

4. 仓库档案(见表 3－51)

表 3－51　仓库档案

仓库编码	仓库名称	计价方法
01	材料库	全月平均法
02	产成品库	全月平均法

5. 收发类别(见表 3－52)

表 3－52　收发类别

收发标志	编　码	名　称	收发标志	编　码	名　称
收	1	入库	发	2	出库
	11	采购入库		21	销售出库
	12	产成品入库		22	生产耗用出库
	13	其他入库		23	其他出库

6. 采购类型(见表 3－53)

表 3－53　采购类型

编　码	名　称	入库类别	是否默认值
1	原材料采购	采购入库	是
2	商品采购	采购入库	否
3	其他采购	采购入库	否

7. 销售类型(见表 3－54)

表 3－54　销售类型

编　码	名　称	出库类别	是否默认值
1	实体销售	销售出库	是
2	电商销售	销售出库	否

8. 单据设置

将采购普通发票、采购专用发票、销售普通发票、销售专用发票的单据编号方式均设置为完全手工编号。

9. 企业开户银行(见表 3－55)

表 3－55　企业开户银行

编码	账户名称	账　号	开户银行	所属银行编码
501	交行人民币户	135698210274	交通银行学鉴路支行	05 交通银行
101	工行美元户	115964112312	工商银行高新园分行	01 中国工商银行
301	建行英镑户	441532568951	建行银行学鉴路支行	03 中国建设银行

10. 付款条件(见表 3－56)

表 3－56　付款条件

编码	表示	信用天数/天	优惠天数 1	优惠率 1	优惠天数 2	优惠率 2
01	4/5,2/15,*n*/30	30	5	4	15	2
02	4/10,2/30,*n*/60	60	10	4	30	2

⊙ 任务分解及技能要点(表 3－57 所示)

表 3－57　任务分解及技能要点

任务名称	系统导航	菜单路径	技能要点
存货分类设置	【基础设置】\【基础档案】	【存货】\【存货分类】	存货类别的增加、修改和删除等操作
计量单位组及计量单位设置		【存货】\【计量单位】	计量单位分组和具体计量单位的增加、修改和删除等操作
存货档案设置		【存货】\【存货档案】	区分不同分类,具体存货的增加、修改和删除等操作
仓库档案设置		【业务】\【仓库档案】	仓库档案的增加、修改和删除等操作
收发类别设置		【业务】\【收发类别】	入库和出库类别的增加、修改和删除等操作
采购类型设置		【业务】\【采购类型】	区分入库类别,采购类型的增加、修改和删除等操作
销售类型设置		【业务】\【销售类型】	区分出库类别,销售类型的增加、修改和删除等操作
单据设置	【基础设置】\【单据设置】	【单据编号设置】	各类单据的编号方案设计
企业开户银行维护	【基础设置】\【基础档案】	【收付结算】\【本单位开户银行】	本单位开户银行所辖信息的增加、修改和删除等操作
付款条件设置		【收付结算】\【付款条件】	针对现金折扣,折旧条件的增加、修改和删除等操作

⊙ 应用向导

执行【基础设置】\【基础档案】命令,完成以下操作。

1. 存货分类设置

执行【存货】\【存货分类】命令,打开“存货分类”窗口,单击【增加】按钮,对相关栏目进行选择或输入:“分类编码”为“01”,“分类名称”为“材料”,单击【保存】按钮。同理,完成其他存货分类的操作。

提示：

(1) 存货分类最多可分 8 级，编码总长不能超过 30 位，每级级长可由用户自行定义，存货分类编码必须符合编码规则。

(2) 增加时，先上级，后下级，每增加一个存货类别，就要单击【保存】按钮；通过【修改】或【删除】按钮，可以进行修改或删除操作。删除时，先下级，后上级。

2. 计量单位组及计量单位设置

1) 计量单位组。执行【存货】\【计量单位】命令，打开“计量单位”窗口，单击【分组】按钮，在“计量单位组”对话框中，单击【增加】按钮，对相关栏目进行选择或输入：“计量单位组编码”为“1”，“计量单位组名称”为“实物量组”，“计量单位组类别”为“无换算率”，单击【保存】按钮。同理，完成其他计量单位组的操作。

2) 计量单位。退出分组后，单击【单位】按钮，在“计量单位”对话框中，单击【增加】按钮，对相关栏目进行选择或输入：“计量单位编码”为“01”，“计量单位名称”为“吨”，“计量单位组编码”为“1”，单击【保存】按钮。依次完成操作后，单击【退出】按钮，如图 3-41 所示。

计量单位-计量单位组

文件(F)　操作(O)　帮助(H)

设置　输出　分组　单位　定位　刷新　退出

计量单位

计量单位组
- (1) 实物量组<无换算率>
- (2) 劳务量组<固定换算率>

序号	计量单位编码	计量单位名称	计量单位组编码	计量单位组名称	计量单位组类别	英文名称单数	英文名称复数	对应条形码	主计量单位标志	换算率
1	01	吨	1	实物量组	无换算率					
2	02	套	1	实物量组	无换算率					
3	03	盒	1	实物量组	无换算率					
4	04	升	1	实物量组	无换算率					
5	05	平方	1	实物量组	无换算率					
6	06	卷	1	实物量组	无换算率					
7	07	个	1	实物量组	无换算率					
8	08	公里	2	劳务量组	固定换算率				是	1.00
9	09	千米	2	劳务量组	固定换算率				否	1.00

账套：[001]江苏天成　操作员：学生姓名　当前记录数：9 条　【UFIDA用友】

图 3-41　计量单位

提示：

1) 计量单位组类别，可供选择的有 3 种，即无换算率、固定换算率、浮动换算率。

2) 浮动换算率组只能包含两个计量单位，固定换算率组可以包含两个以上计量单位，其中必须且只能存在一个主计量单位。主计量单位不可修改为辅计量单位，也不可删除。辅计量单位可以修改为主计量单位，也可以删除。当后一个计量单位被定为主计量单位时，系统会自动将前一个主计量单位改为辅计量单位。

3) 固定换算率组的每一个辅计量单位对主计量单位的换算率均不可为空。

3. 存货档案设置

1) 执行【存货】\【存货档案】命令，打开“存货档案”标签页，单击【增加】按钮，打开“增加存货档案”标签页，对相关栏目内容进行选择或输入：“存货编码”为“010101”，“存货名称”为“钢材”,“存货分类”为“主要材料”,“计量单位组”为“1 -实物量组”,“主计量单位”为“01 -吨”,“销项税率%”“进项税率%”均为“13”,“存货属性”为“内销”“外销”“外购”“生产耗用”,如图 3 - 42 所示。

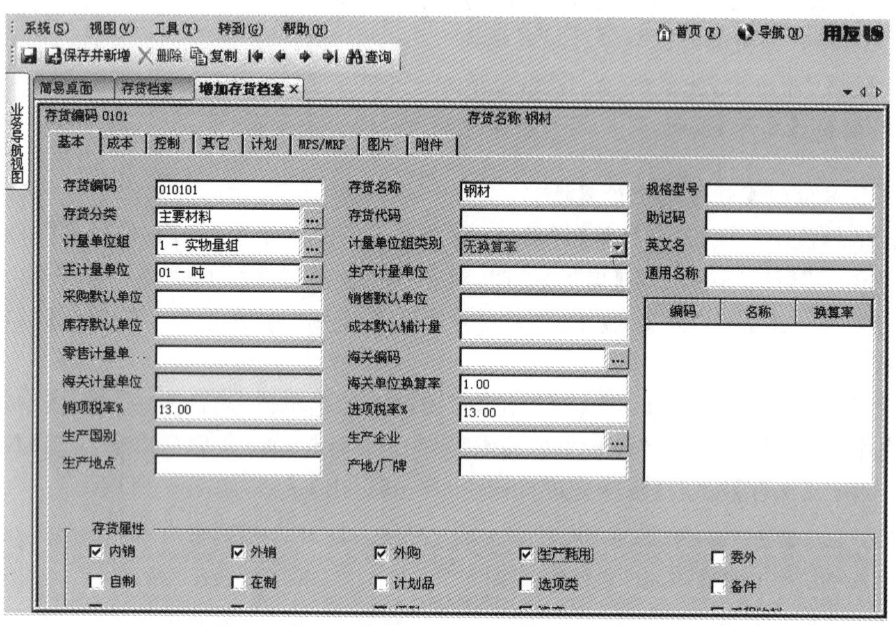

图 3 - 42　存货档案—增加

2）单击【保存并新增】按钮,保存当前存货档案,并在系统给出的新增界面继续编辑,依次完成其他存货档案的操作。

提示:

1）在“增加存货档案”标签页,【保存】按钮只有保存作用,【保存并新增】按钮具有保存和新增的双重作用。

2）存货属性与供应链系统填制购销单据时参照的存货相关联。

① 只有“外购”的存货,才能在采购管理的采购入库、采购发票业务中被参照选用。

② 只有“内销”或“外销”的存货,才能在销售管理的发货、销售出库和销售开票业务中被参照选用。

③ 只有“生产耗用”的存货,才能在库存管理的材料出库业务中被参照选用;“生产耗用”和“应税劳务”两个属性是互斥的,不能同时勾选。

④ 只有“自制”的存货,才能在库存管理的产成品入库业务中被参照选用。

4. 仓库档案设置

执行【业务】\【仓库档案】命令，打开“仓库档案”标签页，单击【增加】按钮，对相关栏目内容进行选择或输入：“仓库编码”为“01”，“仓库名称”为“材料库”，“计价方法”为“全月平均法”，单击【保存】按钮。同理，完成其他仓库档案的操作。

提示：

1）在“仓库档案”标签页，实施“货位管理”的仓库需要通过执行【业务】\【货位档案】命令，进行货位信息维护。

2）发出存货的计价方法与仓库对应，而不是与存货对应。在本例中，材料库和产成品库的“计价方法”均为“全月平均法”，因此，在供应链系统中，上述仓库的出库业务需要生成发出存货成本结转凭证的，必须等到存货核算系统的月末处理完成后才能制单，而不是在业务发生日制单。

5. 收发类别设置

执行【业务】\【收发类别】命令，打开“收发类别”窗口，单击【增加】按钮，对相关栏目内容进行选择或输入：“收发类别编码”为“1”，“收发类别名称”为“入库”，“收发标志”为“收”，单击【保存】按钮。同理，完成其他收发类别的操作。

提示：

1）在“收发类别”标签页，最多可分3级，最多可输入5个字符，必须逐级定义。

2）类别名称最多可输入12个字符。处于同级且所属上级相同的类别名称不可以相同。

6. 采购类型设置

执行【业务】\【采购类型】命令，进入“采购类型”窗口，单击【增加】按钮，对相关栏目内容进行选择或输入：“采购类型编码”为“1”，“采购类型名称”为“原材料采购”，“入库类别”为“采购入库”，“是否默认值”为“是”，“是否委外默认值”为“否”，“是否列入MPS/MRP计划”为“是”，单击【保存】按钮。依次完成操作后，如图3－43所示。

采购类型

文件(F)　操作(O)　帮助(H)

设置　输出　增加　修改　删除　放弃　查询　定位　刷新　退出

采购类型

序号	采购类型编码	采购类型名称	入库类别	是否默认值	是否委外默认值	是否列入MPS/MRP计划
1	1	原材料采购	采购入库	是	否	是
2	2	商品采购	采购入库	否	否	是
3	3	其他采购	采购入库	否	否	是

图3－43　采购类型

7. 销售类型设置

执行【业务】\【销售类型】命令，进入“销售类型”窗口，单击【增加】按钮，对相关栏目内容进行选择或输入：“销售类型编码”为“1”，“销售类型名称”为“实体销售”，“出库类别”为“销售出库”，“是否默认值”为“是”，单击【保存】按钮。同理，完成其他销售类型的操作。

提示：

在“采购类型”（或“销售类型”）标签页：

1）编码：最多可输入 2 个字符。

2）默认值：必须且只能有一个。当后一个采购类型（或销售类型）设为默认值时，系统会自动将前一个采购类型（或销售类型）的默认值改为“否”。

3）入库类别：仅对应于“收发类别”中“收发标志”为“收”的项目；出库类别：仅对应于“收发类别”中“收发标志”为“发”的项目。

8. 单据设置

执行【单据编号设置】命令，在“单据编号设置”对话框中，单击左侧“采购管理”前面的【+】按钮，将所含下级账表展开，选中“采购普通发票”，单击【修改】按钮（“详细信息”上方从左向右的第一个按钮），勾选“完全手工编号”，单击【保存】按钮，完成对该单据的编码方案设置。同理，完成其他单据的操作。

9. 企业开户银行维护

执行【收付结算】\【本单位开户银行】命令，进入“本单位开户银行”窗口，单击【增加】按钮，对相关栏目内容进行选择或输入：“编码”为“501”，“银行账号”为“135698210274”，“账户名称”为“交行人民币户”，“币种”为“人民币”，“开户银行”“所属银行编码”均为“交通银行学鉴路支行”，单击【保存】按钮。同理，完成其他开户银行的操作。

提示：

在“本单位开户银行”窗口：

1）编码：手工输入且唯一或由系统自动给定；最多可输入 3 个字符，以数字0～9或字符 A～Z 表示，但不能使用 &、引号、分号、短横线和空格。

2）开户银行：必须手工输入，可重复；最多可输入 30 个字符或 15 个汉字。

3）账号：必须手工输入且唯一；最多可输入 20 个字符。

4）所属银行：开户银行所属的总行名称可通过执行【收付结算】\【银行档案】命令进行信息维护。当所属银行为中国建设银行时，“客户编号”“机构号”“联行号”必须输入，可输入任意值。

10. 付款条件设置

执行【收付结算】\【付款条件】命令，进入“付款条件”窗口，单击【增加】按钮，对相关栏目内容进行选择或输入后，单击【保存】按钮，依次完成操作后，如图 3-44 所示。

付款条件

序号	付款条件编码	付款条件名称	信用天数	优惠天数1	优惠率1	优惠天数2	优惠率2	优惠天数3	优惠率3
1	01	4/5, 2/15, n/30	30	5	4.0000	15	2.0000	0	0.0000
2	02	4/10, 2/30, n/60	60	10	4.0000	30	2.0000	0	0.0000

图 3-44　付款条件

提示：

1) 付款条件即现金折扣，是企业为了鼓励客户尽早偿还款项，承诺客户在一定期限内还款给予一定比例优惠的条件。

2) 通过单击【修改】按钮，可以对已有的付款条件进行修改操作，但付款条件编码和名称不可修改。

3) 付款条件一旦被引用，不能进行修改和删除操作。

3.5.2　采购与供应商管理初始设置

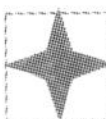

【问题引入】

1. 在应付款管理系统中，通常需要设置哪些初始科目？
2. 在采购管理系统中，期初采购入库单、期初采购发票分别代表哪种性质的数据？
3. 在供应链系统初始化中，采购期初记账有什么作用？
4. 期初采购数据的录入、修改与采购期初记账具有怎样的前后流程？
5. 供应商往来期初与总账系统的哪些科目相关联？它们通过哪些单据传递数据？

【项目实训】

⊙ **实务案例**

1. 应付款管理相关科目

1) 基本科目。“应付科目”为“应付账款”，“预付科目”为“预付账款”，“税金科目”为“应交税费——应交增值税(进项税额)”，“商业承兑科目”“银行承兑科目”均为“应付票据”，“票据利息科目”为“财务费用——利息”，“票据费用”科目为“财务费用——手续费”。

2) 结算方式科目。“现金支票”为“银行存款——交通银行”，“转账支票”为“银行存款——交通银行”，“本单位账号”为“135698210274”。

2. 采购系统期初数据

1) 期初采购入库单。2018 年 12 月 26 日，物资部收到从杭宁设备有限公司购入的标准件

120 套，暂估价为每套 50 元，标准件已验收入材料库，采购发票尚未收到。

2）期初采购发票。2018 年 12 月 20 日，物资部向华城工贸有限公司购买钢材 100 吨，收到该公司开具的增值税专用发票（票号为 77938171）1 张，注明价款为 400 000 元，增值税税额为 52 000 元，钢材尚未验收入库。

3）采购期初记账。

3. 供应商往来期初数据

供应商往来的科目为“应付账款”“预付账款”。“应付账款”科目的期初余额为 558 500.00 元，分别反映在期初采购普通发票、期初采购专用发票中；“预付账款”科目的期初余额为 180 000.00元，在期初付款单中录入。

1）期初采购发票（见表 3－58、表 3－59）。

表 3－58 期初采购普通发票

日 期	票 号	供应商简称	部门/业务员	科 目	物资名称	数量	单 价	金额/元
2018－10－19	79312001	青山机械	物资部/秦奋	2202	标准件	280	43.50	14 000.00
2018－11－12	58119323	华城工贸	物资部/秦奋	2202	钢材	115	3 480.00	460 000.00

表 3－59 期初采购专用发票

日 期	票 号	供应商简称	部门/业务员	科 目	物资名称	数量	单价	价税合计/元
2018－08－10	01957401	杭宁设备	物资部/秦奋	2202	标准件	1 500	44.25	75 000.00
2018－12－03	21876621	天山科技	物资部/秦奋	2202	配件	950	8.85	9 500.00

2）期初付款单（见表 3－60）。

表 3－60 期初付款单

日 期	供应商简称	部门/业务员	科 目	金 额/元	票据号	摘 要
2018－12－09	杭宁设备	物资部/秦奋	1123	65 000.00	906521	预付购货款
2018－12－17	天山科技	物资部/秦奋	1123	105 000.00	906533	预付购货款
2018－12－25	青山机械	物资部/秦奋	1123	10 000.00	906547	预付购货款

注：“结算方式”均为“转账支票”，“结算科目”均为“银行存款——交通银行”。

3）应付款管理的期初对账。

⊙ 任务分解及技能要点（见表 3－61）

表 3－61 任务分解及技能要点

任务名称	系统导航	菜单路径	技能要点
应付款管理相关科目设置	【业务工作】\【财务会计】\【应付款管理】	【设置】\【初始设置】	区分不同种类，科目的增加、修改和删除等操作

（续表）

任务名称	系统导航	菜单路径	技能要点
采购系统期初数据录入	【业务工作】\【供应链】\【采购管理】	【采购入库】\【采购入库单】	期初采购入库单的增加、修改和删除等操作
		【采购发票】\【专用采购发票】【普通采购发票】	期初专用发票的增加、修改和删除等操作；期初普通发票的增加、修改和删除等操作
		【设置】\【采购期初记账】	采购管理的期初记账
供应商往来期初数据录入	【业务工作】\【财务会计】\【应付款管理】	【设置】\【期初余额】	针对以供应商核算的应付受控科目，期初采购发票、期初应付单、期初付款单等单据的增加、修改和删除等操作；应付款管理的期初对账

⊙ **系统调整**

☞ 将“应收票据”“应收账款”“预收账款”改为应收受控科目。

☞ 将“应付票据”“应付账款”“预付账款”改为应付受控科目。

⊙ **应用向导**

1. 应付款管理相关科目设置

1）基本科目。执行【设置】\【初始设置】命令，进入“初始设置”标签页，单击左侧“设置科目”所含的下级“基本科目设置”，单击【增加】按钮，对相关栏目内容进行选择：“基础科目种类”为“应付科目”，“科目”为“2202（应付账款）”，系统自动保存，依次完成操作后，如图 3 - 45 所示。

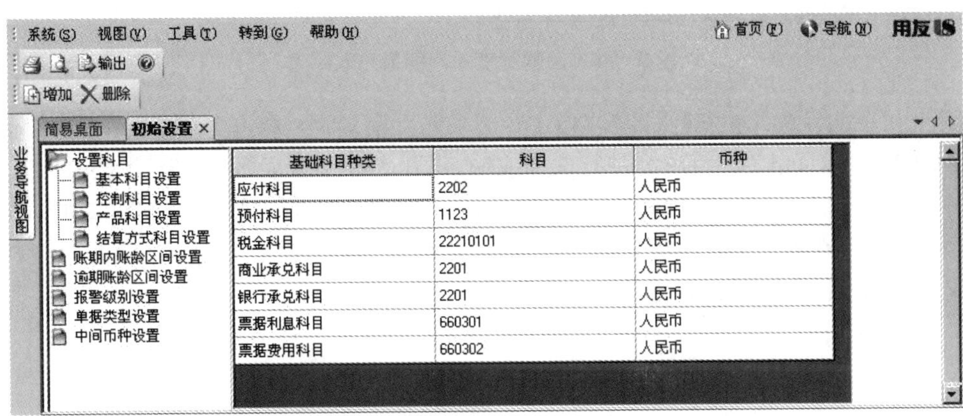

图 3 - 45　应付款管理—初始设置（基本科目）

2）结算方式科目。基础科目设完后，继续单击左侧“设置科目”所含的下级“结算方式科目设置”，单击【增加】按钮，对相关栏目内容进行选择后，系统自动保存。

2. 采购系统期初数据录入

1）期初采购入库单。执行【采购入库】\【采购入库单】命令，打开“期初采购入库单”标签页，单击【增加】按钮，对相关栏目内容进行选择或输入：在表头中，“入库日期”为“2018－12－26”，“仓库”为“材料库”，“供货单位”为“杭宁设备”，“部门”为“物资部”，“业务员”为“秦奋”，“入库类别”为“采购入库”；在表体中，“存货名称”为“标准件”，“数量”为“120”，“本币单价”为“50”。操作完成后，单击【保存】按钮，如图 3－46 所示。

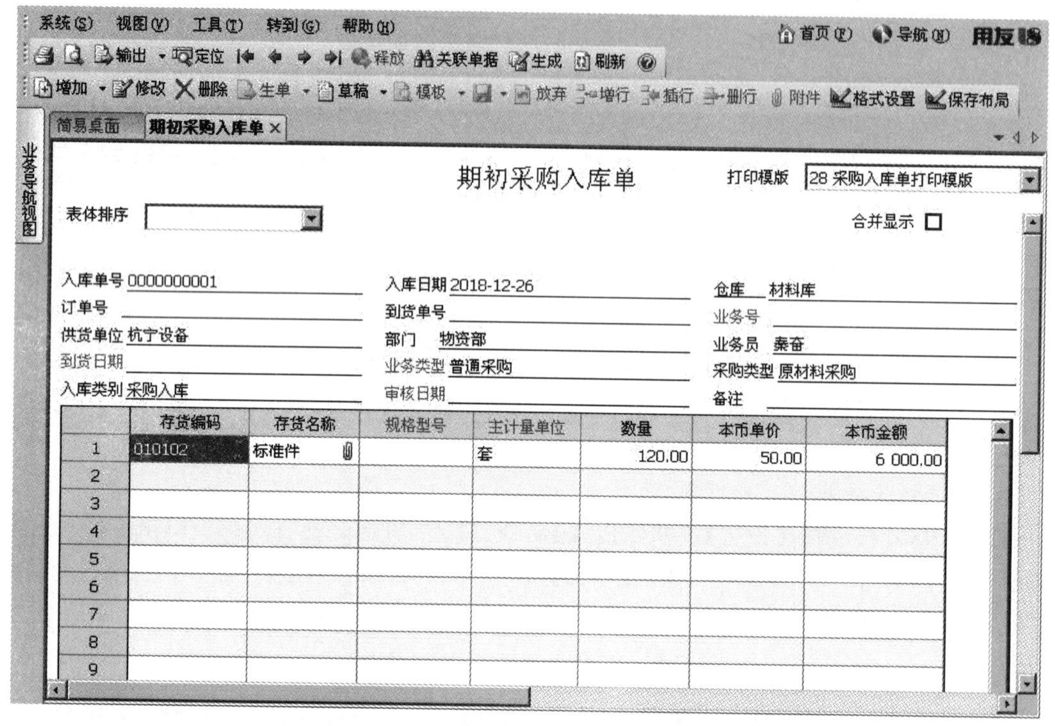

图 3－46 采购管理—期初采购入库单

2）期初采购发票。执行【采购发票】\【专用采购发票】命令，打开“期初专用发票”标签页，单击【增加】按钮，对相关栏目内容进行选择或输入：在表头中，“发票号”为“77938171”，“开票日期”为“2018－12－20”，“供货商”为“华城工贸”，“税率”为“13”，“部门名称”为“物资部”，“业务员”为“秦奋”；在表体中，“存货名称”为“钢材”，“数量”为“100”，“原币单价”为“4 000”。操作完成后，单击【保存】按钮，如图 3－47 所示。

期初专用发票

打印模版 8164 专用发票打印模版

表体排序

合并显示 □

业务类型 普通采购　发票类型 专用发票　发票号 77938171

开票日期 2018-12-20　供应商 华城工贸　代垫单位 华城工贸

采购类型 原材料采购　税率 13.00　部门名称 物资部

业务员 秦奋　币种 人民币　汇率 1

发票日期　付款条件　备注

	存货编码	存货名称	规格型号	主计量	数量	原币单价	原币金额	原币税额	原币价税合计
1	010101	钢材		吨	100.00	4 000.00	400 000.00	52 000.00	452 000.00
2									
3									
4									
5									
6									
7									
8									
9									

图 3－47　采购管理—期初专用发票

提示：

在采购管理中，期初单据主要包括两种：

1）期初采购入库单反映尚未取得供货单位采购发票的期初暂估入库存货信息。

2）期初采购发票反映已取得供货单位采购发票，但尚未入库的期初在途存货信息。

3）采购期初记账。执行【设置】\【采购期初记账】命令，在“期初记账”对话框中，单击【记账】按钮，完成期初记账。

提示：

采购期初记账的目的在于将期初数据记入相关采购账表。

1）采购期初记账前，只能处理期初的相关单据；采购期初记账后，才能处理启用月份及以后月份的相关单据。因此，即使没有采购期初数据，仍要进行期初记账。

2）采购期初记账后，必须取消记账，才能对期初数据进行增加、修改和删除操作。

3. 供应商往来期初数据录入

1）期初采购发票。

① 执行【设置】\【期初余额】命令，在“期初余额—查询”对话框中，单击【确定】按钮，进入“期初余额”标签页，单击【增加】按钮，在“单据查询”对话框中，“单据名称”为“采购发票”，“单据类型”为“采购普通发票”，“方向”为“正向”，单击【确定】按钮，打开“采购发票”标签页。

② 单击【增加】按钮，对相关栏目内容进行选择或输入：在表头中，“发票号”为“79312001”，“开票日期”为“2018－10－19”，“供货商”为“青山机械”，“部门”为“物资部”，“业务员”为“秦奋”，“税率”为“13”；在表体中，“存货名称”为“标准件”，“数量”为“280”，“原币单价”为“43.5”。操作完成后，单击【保存】按钮，如图 3－48 所示。依次完成期初采购普通发票、期初采购专用发票的录入。

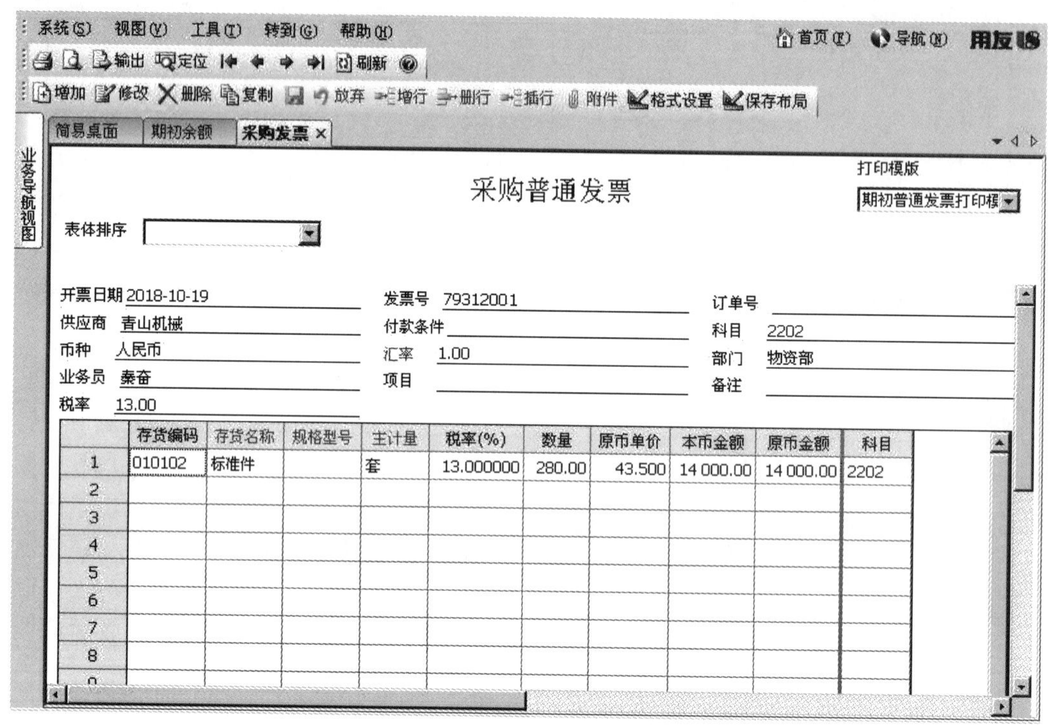

图 3－48　应付款管理—期初采购普通发票

2）期初付款单。

① 执行【设置】\【期初余额】命令，在“期初余额—查询”对话框中，单击【确定】按钮，进入“期初余额”标签页，单击【增加】按钮，在“单据查询”对话框中，“单据名称”为“预付款”，“单据类型”为“付款单”，单击【确定】按钮，打开“期初单据录入”标签页，单击【增加】按钮，对相关栏目内容进行选择或输入后，单击【保存】按钮，如图 3－49 所示。

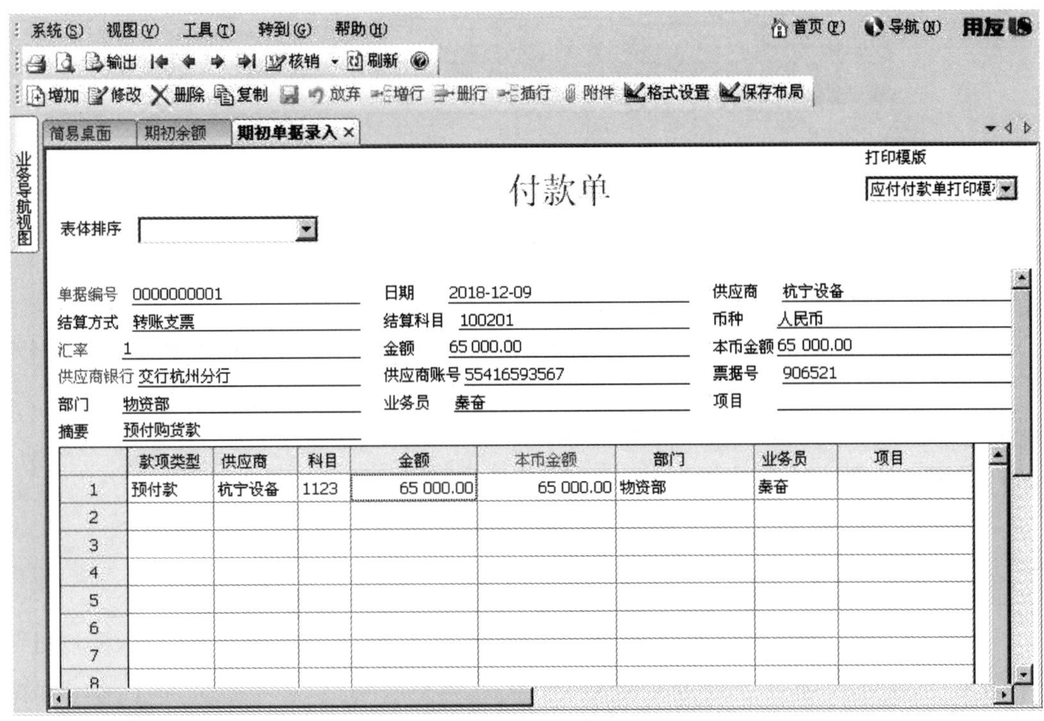

图 3－49　应付款管理—期初付款单

② 依次完成操作后，退出“期初单据录入”标签页，单击【刷新】按钮，显示“期初余额明细表”。

提示：

1）单据名称与单据类别存在对应关系，采购发票可选“正向”或“负向”(负向表示红字发票)，其他单据默认“正向”。

2）采购普通发票的单价为含税价，金额为价税合计，税额不单独列出；采购专用发票的单价为不含税价，金额按照不含税、价税合计分列，税额单独列出。

3）期初采购发票录入时，考虑到单价和金额之间可能存在不能整除的情况，在【设置】\【选项】菜单中设有“单行容差”“合计容差”参数，可以先输入数量和金额，由系统自动倒算单价。

4）付款单录入时，表体的科目必须为应付受控科目，款项类型有两种：应付款为“应付账款”科目，预付款为“预付账款”科目；表头的结算科目为应付受控科目的对方科目，通常为“银行存款”或“库存现金”科目。

3）应付款管理的期初对账。

在“期初余额”标签页，单击【对账】按钮，打开“期初对账”标签页，系统自动显示应付期初与总账期初的对账结果。

3.5.3 销售与客户管理初始设置

【问题引入】

1. 在应收款管理系统中，通常需要设置哪些初始科目？

2. 在销售管理系统中，期初销售出库单代表哪种性质的数据？

3. 在应收款管理系统中，期初销售发票、期初其他应收款、期初收款单分别代表什么数据？

4. 客户往来期初与总账系统的哪些科目相关联？它们通过哪些单据传递数据？

【项目实训】

⊙ 实务案例

1. 应收款管理的相关科目

1）基本科目。“应收科目”为“应收账款”，“预收科目”为“预收账款”，“坏账入账科目”为“坏账准备”，“商业承兑科目”“银行承兑科目”均为“应收票据”，“票据利息科目”为“财务费用——利息”，“票据费用科目”为“财务费用——手续费”，“税金科目”为“应交税费——应交增值税（销项税额）”，“销售收入科目”“销售退回科目”均为“主营业务收入”。

2）结算方式科目。“现金支票”为“银行存款——交通银行”，“转账支票”为“银行存款——交通银行”，“商业承兑汇票”“银行承兑汇票”均为“应收票据”，“本单位账号”为“135698210274”。

2. 客户往来期初数据

客户往来的科目为“应收账款”“预收账款”。“应收账款”科目的期初余额为 742 200.00 元，分别反映在期初销售普通发票、期初销售专用发票中（代垫运费在期初其他应收单中录入）；“预收账款”科目的期初余额为 50 000.00 元，在期初收款单中录入。

1）期初销售发票（见表 3－62、表 3－63）。

表 3－62　期初销售普通发票

日　期	票　号	客户简称	销售部门/业务员	物资名称	数　量	含税单价	价税合计/元
2018－09－07	69347023	河北机电	营销一部/李丽	套筒	447	300.00	134 100.00
2018－10－16	45930481	北京福林	营销一部/李丽	轴承	51	2 500.00	127 500.00
2018－11－01	23006802	茂名飞达	营销二部/王立华	前叉组件	200	293.00	58 600.00

表 3 - 63　期初销售专用发票

日　期	票　号	客户简称	销售部门/业务员	物资名称	数量	含税单价	价税合计/元
2018 - 11 - 08	00560101	南元科技	营销一部/李丽	轴承	151	2 000.00	302 000.00
2018 - 12 - 10	33514202	向海建工	营销二部/王立华	齿轮轴	200	599.00	119 800.00

2）期初其他应收单(见表 3 - 64)。

表 3 - 64　期初其他应收单

日　期	客　户	销售部门/业务员	科　目	金额/元	摘　要
2018 - 11 - 08	南元科技	营销一部/李丽	1122	200.00	代垫运费

3）期初收款单(见表 3 - 65)。

表 3 - 65　期初收款单

日　期	客户简称	部门/业务员	科目	金额/元	结算方式	票据号	摘　要
2018 - 11 - 06	北京福林	营销一部/李丽	2203	20 000.00	转账支票	759368	预收销货款
2018 - 12 - 14	向海建工	营销二部/王立华	2202	25 920.00	转账支票	025670	预收销货款
2018 - 12 - 30	南元科技	营销一部/李丽	2203	4 080.00	现金支票	307264	预收销货款

注:“结算方式”均为“转账支票”,“结算科目”均为“银行存款——交通银行”。

4）应收款管理的期初对账

⊙ 任务分解及技能要点(见表 3 - 66)

表 3 - 66　任务分解及技能要点

任务名称	系统导航	菜单路径	技能要点
应收款管理相关科目设置	【业务工作】\【财务会计】\【应收款管理】	【设置】\【初始设置】	区分不同种类,科目的增加、修改和删除等操作
客户往来期初数据录入		【设置】\【期初余额】	针对以客户核算的应收受控科目,期初销售发票、期初应收单、期初收款单等单据的增加、修改和删除等操作;应收款管理的期初对账

⊙ 应用向导

1. 应收款管理相关科目设置

1）基本科目。执行【设置】\【初始设置】命令,进入“初始设置”标签页,单击左侧“设置科目”所含的下级“基本科目设置”,单击【增加】按钮,对相关栏目内容进行选择:“基础科目种类”为“应收科目”,“科目”为“应收账款”,系统自动保存。同理,依次完成相关科目的操作。

2）结算方式科目。基本科目设好后,继续单击左侧“设置科目”所含的下级“结算方式科目设置”,单击【增加】按钮,对相关栏目内容进行选择后,系统自动保存。

2. 客户往来期初数据录入

1）期初销售发票。

① 执行【设置】\【期初余额】命令，在“期初余额—查询”对话框中，单击【确定】按钮，进入“期初余额”标签页，单击【增加】按钮，在“单据查询”对话框中，“单据名称”为“销售发票”，“单据类型”为“销售普通发票”，“方向”为“正向”，单击【确定】按钮，打开“销售发票”标签页。

② 单击【增加】按钮，对相关栏目内容进行选择或输入：在表头中，“发票号”为“69347023”，“开票日期”为“2018－09－07”，“客户名称”为“河北机电”，“销售部门”为“营销一部”，“业务员”为“李丽”，“税率(%)”为“13”；在表体中，“货物名称”为“套筒”，“数量”为“447”，“含税单价”为“300”。操作完成后，单击【保存】按钮，如图 3－50 所示。依次完成期初销售普通发票、期初销售专用发票的录入。

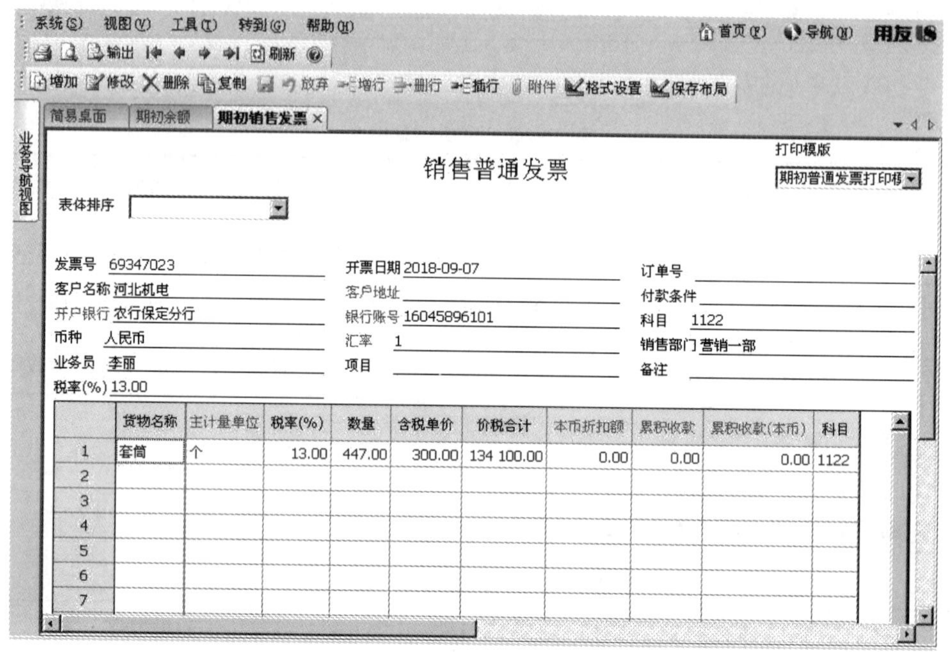

图 3－50　应收款管理—期初销售普通发票

2）期初其他应收单。执行【设置】\【期初余额】命令，在“期初余额—查询”对话框中，单击【确定】按钮，进入“期初余额”标签页，单击【增加】按钮，在“单据查询”对话框中，“单据名称”为“应收单”，“单据类型”为“其他应收单”，“方向”为“正向”，单击【确定】按钮，打开“单据录入”标签页，单击【增加】按钮，对相关栏目内容进行选择或输入后，单击【保存】按钮，如图 3－51 所示。

3）期初收款单。

① 执行【设置】\【期初余额】命令，在“期初余额—查询”对话框中，单击【确定】按钮，进入“期初余额”标签页，单击【增加】按钮，在“单据查询”对话框中，“单据名称”为“预收款”，“单据类型”为“收款单”，单击【确定】按钮，打开“期初单据录入”标签页，单击【增加】按钮，对相关栏目内容进行选择或输入后，单击【保存】按钮，如图 3－52 所示。

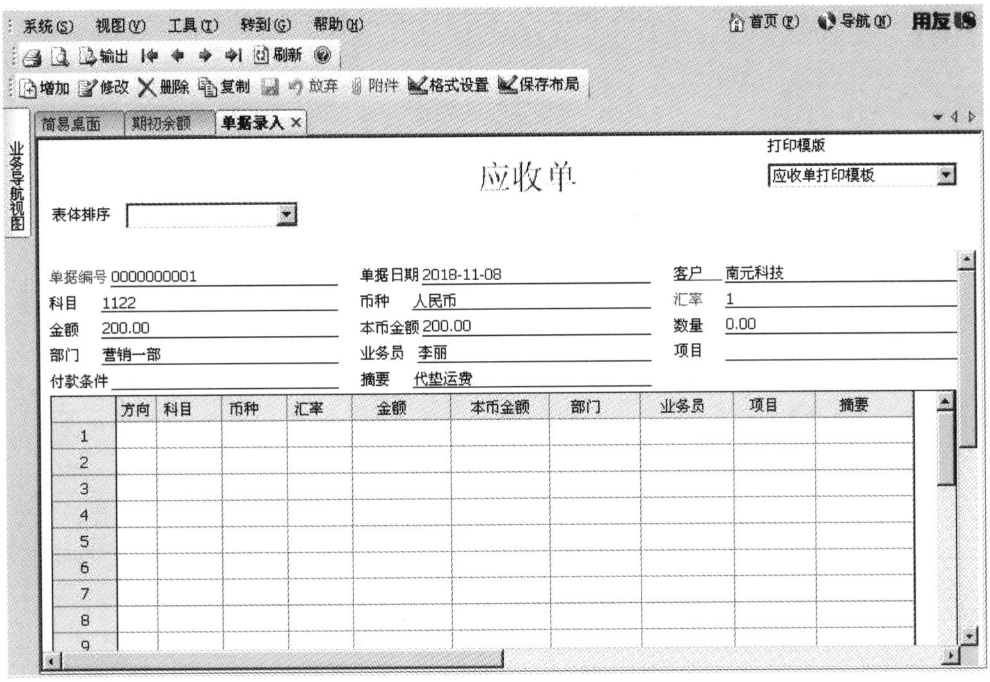

系统(S)　视图(V)　工具(T)　转到(G)　帮助(H)　首页(F)　导航(N)　用友U8

输出　刷新

增加　修改　删除　复制　放弃　附件　格式设置　保存布局

简易桌面　期初余额　单据录入

业务导航视图

打印模版　应收单打印模板

应收单

表体排序

单据编号 0000000001　单据日期 2018-11-08　客户 南元科技

科目 1122　币种 人民币　汇率 1

金额 200.00　本币金额 200.00　数量 0.00

部门 营销一部　业务员 李丽　项目

付款条件　摘要 代垫运费

	方向	科目	币种	汇率	金额	本币金额	部门	业务员	项目	摘要
1										
2										
3										
4										
5										
6										
7										
8										
9										

图 3－51　应收款管理—期初应收单

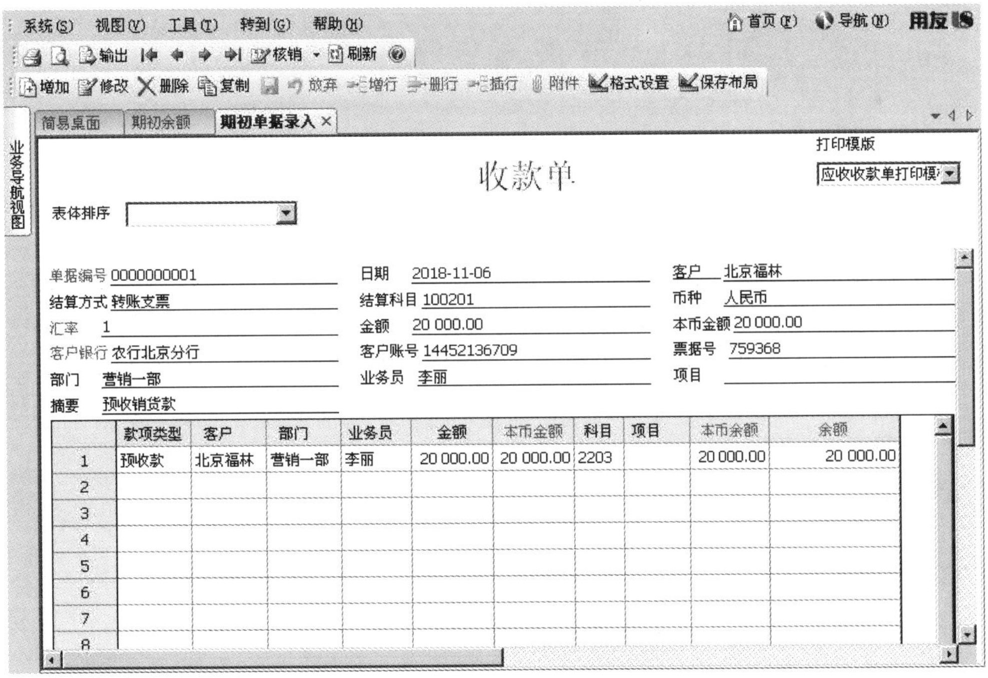

系统(S)　视图(V)　工具(T)　转到(G)　帮助(H)　首页(F)　导航(N)　用友U8

输出　核销　刷新

增加　修改　删除　复制　放弃　增行　删行　插行　附件　格式设置　保存布局

简易桌面　期初余额　期初单据录入

业务导航视图

打印模版　应收收款单打印模板

收款单

表体排序

单据编号 0000000001　日期 2018-11-06　客户 北京福林

结算方式 转账支票　结算科目 100201　币种 人民币

汇率 1　金额 20 000.00　本币金额 20 000.00

客户银行 农行北京分行　客户账号 14452136709　票据号 759368

部门 营销一部　业务员 李丽　项目

摘要 预收销货款

	款项类型	客户	部门	业务员	金额	本币金额	科目	项目	本币余额	余额
1	预收款	北京福林	营销一部	李丽	20 000.00	20 000.00	2203		20 000.00	20 000.00
2										
3										
4										
5										
6										
7										
8										

图 3－52　应收款管理—期初收款单

② 依次完成操作后，退出“期初单据录入”标签页，单击【刷新】按钮，显示“期初余额明细表”。

提示：

1）单据名称与单据类别存在对应关系，销售发票、其他应收单均可选“正向”或“负向”，预收款的收款单默认“正向”，预收款的付款单默认“负向”。

2）销售普通发票的单价为含税价，金额为价税合计，税额不单独列出；销售专用发票的单价、金额均按照无税、含税分列，税额单独列出。

3）期初销售发票录入时，考虑到单价和金额之间可能存在不能整除的情况，在【设置】\【选项】菜单中设有“单行容差”“合计容差”参数，可以先输入数量和金额，由系统自动倒算单价。

4）收款单录入时，表体的科目必须为应收受控科目，款项类型有两种：应收款为“应收账款”科目，预收款为“预收账款”科目；表头的结算科目为应收受控科目的对方科目，通常为“银行存款”或“库存现金”科目。

4）应收款管理的期初对账。在“期初余额”标签页，单击【对账】按钮，打开“期初对账”标签页，系统自动显示应付期初与总账期初的对账结果。

3.5.4 库存及存货核算初始设置

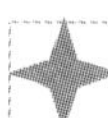

【问题引入】

1. 存货核算科目的设置有什么作用？
2. 如何正确界定不同存货的适用科目？
3. 库存管理和存货核算之间如何确保期初相符？
4. 在供应链系统初始化中，存货核算期初记账有什么作用？

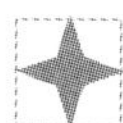

【项目实训】

⊙ **实务案例**

1. 存货核算科目

1）存货科目(见表 3－67)。

表 3－67　存货科目

仓库编码及名称	存货编码	存货名称	存货科目编码	存货科目名称
01 材料库	010101	钢材	140301	原材料——钢材
	010102	标准件	140302	原材料——标准件
	010103	配件	140303	原材料——配件

（续表）

仓库编码及名称	存货编码	存货名称	存货科目编码	存货科目名称
	010104	辅料	140304	原材料——辅料
	010105	燃料	140305	原材料——燃料
	020101	专用工具	141101	周转材料——低值易耗品
	020201	胶带	141102	周转材料——低值易耗品
	020202	纸板箱	141102	周转材料——包装物
02 产成品库	0301	轴承	1405	库存商品
	0302	齿轮轴	1405	库存商品
	0303	套筒	1405	库存商品
	0304	前叉组件	1405	库存商品

2）存货对方科目（见表 3－68）。

表 3－68　存货对方科目

入库类别编码及名称	存货编码	存货名称	对方科目编码	对方科目名称
11 采购入库	010101	钢材	140201	在途物资——钢材
	010102	标准件	140202	在途物资——标准件
	010103	配件	140203	在途物资——配件
	010104	辅料	140204	在途物资——辅料
	010105	燃料	140205	在途物资——燃料
21 销售出库			6401	主营业务成本
22 生产耗用出库			500101	生产成本——直接材料

2. 存货核算期初数据

1）存货期初结存。

原材料、周转材料存放于材料库，“原材料”科目的期初余额为 1 434 546.00 元，“周转材料”科目的期初余额为 96 640.00 元。库存商品存放于产成品库，“库存商品”科目的期初余额为 221 830.00 元，存货期初结存见表 3－69。

表 3－69　存货期初结存

仓库名称	存货编码	存货名称	结存数量	结存单价	结存金额/元
材料库	010101	钢材	315（吨）	3 990.00	1 256 850.00
	010102	标准件	2 800（套）	50.00	140 000.00
	010103	配件	253（盒）	25.00	6 325.00
	010104	辅料	55.07（吨）	300.00	16 521.00

(续表)

仓库名称	存货编码	存货名称	结存数量	结存单价	结存金额/元
材料库	010105	燃料	2475(升)	6.00	14 850.00
	020101	专用工具	466(套)	100.00	46 600.00
	020201	胶带	404(卷)	10.00	4 040.00
	020202	纸板箱	9 200(平方)	5.00	46 000.00
产成品库	0301	轴承	107(个)	940.00	100 580.00
	0302	齿轮轴	135(个)	420.00	56 700.00
	0303	套筒	400(个)	102.00	40 800.00
	0304	前叉组件	250(套)	95.00	23 750.00

2）库存管理期初数据。以取数的方式从存货核算系统中获取库存期初结余，并进行审核和对账。

3）存货核算的期初记账。

⊙ 任务分解及技能要点(见表 3－70)

表 3－70　任务分解及技能要点

任务名称	系统导航	菜单路径	技能要点
存货核算科目设置	【业务工作】\【供应链】\【存货核算】	【初始设置】\【科目设置】\【存货科目】	区分不同存货，科目的增加、修改和删除等操作
		【初始设置】\【科目设置】\【对方科目】	区分不同存货，对方科目的增加、修改和删除等操作
存货核算期初数据录入	【业务工作】\【供应链】\【存货核算】	【初始设置】\【期初数据】\【期初余额】	区分不同仓库，存货数量、单价和金额的录入操作；区分不同仓库，存货核算的期初记账
	【业务工作】\【供应链】\【库存管理】	【初始设置】\【期初结存】	区分不同仓库，期初余额的取数、批审等操作；库存与存货的期初对账

⊙ 应用向导

1. 存货核算科目设置

1）存货科目。执行【业务工作】\【供应链】\【存货核算】\【初始设置】\【科目设置】\【存货科目】命令，进入“存货科目”窗口，单击【增加】按钮，对相关栏目内容进行选择：“仓库编码”为“01(材料库)”，“存货编码”为“010101(钢材)”，“存货科目编码”为“140301(原材料——钢材)”，单击【保存】按钮。依次完成操作后，如图 3－53 所示。

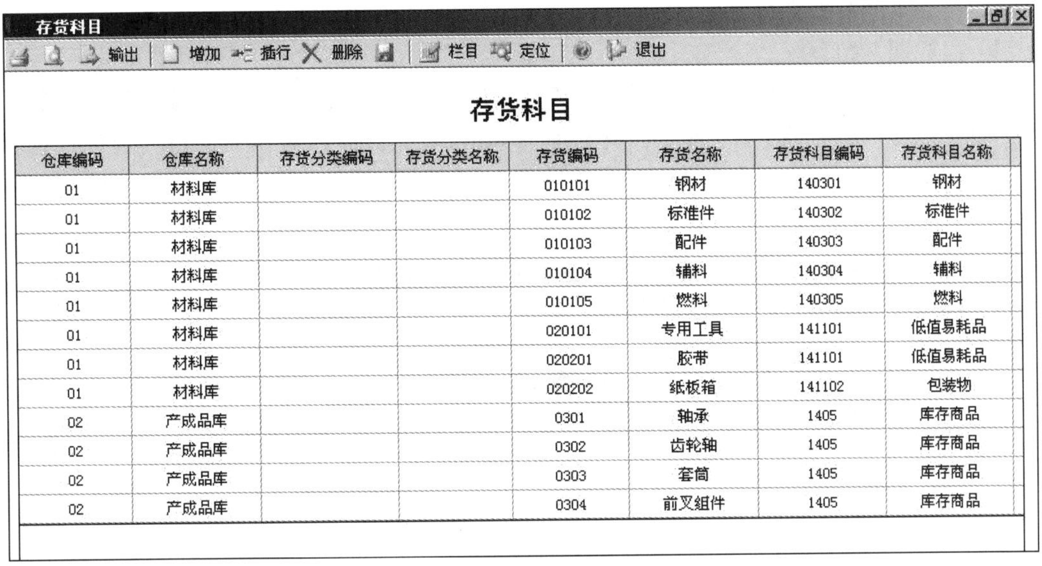
存货科目

输出　增加　插行　删除　栏目　定位　退出

存货科目

仓库编码	仓库名称	存货分类编码	存货分类名称	存货编码	存货名称	存货科目编码	存货科目名称
01	材料库			010101	钢材	140301	钢材
01	材料库			010102	标准件	140302	标准件
01	材料库			010103	配件	140303	配件
01	材料库			010104	辅料	140304	辅料
01	材料库			010105	燃料	140305	燃料
01	材料库			020101	专用工具	141101	低值易耗品
01	材料库			020201	胶带	141101	低值易耗品
01	材料库			020202	纸板箱	141102	包装物
02	产成品库			0301	轴承	1405	库存商品
02	产成品库			0302	齿轮轴	1405	库存商品
02	产成品库			0303	套筒	1405	库存商品
02	产成品库			0304	前叉组件	1405	库存商品

图 3－53　存货核算—科目设置(存货科目)

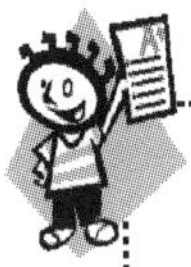

提示：

存货科目可以按照存货类别或存货档案进行设置，但是存货和存货分类不能同时存在。

2）存货对方科目。执行【初始设置】\【科目设置】\【对方科目】命令，进入“对方科目”窗口，单击【增加】按钮，对相关栏目内容进行选择：“收发类别编码”为“11(采购入库)”，“存货编码”为“010101(钢材)”，“对方科目编码”为“140201(在途物资——钢材)”，单击【保存】按钮。依次完成操作后，如图 3－54 所示。

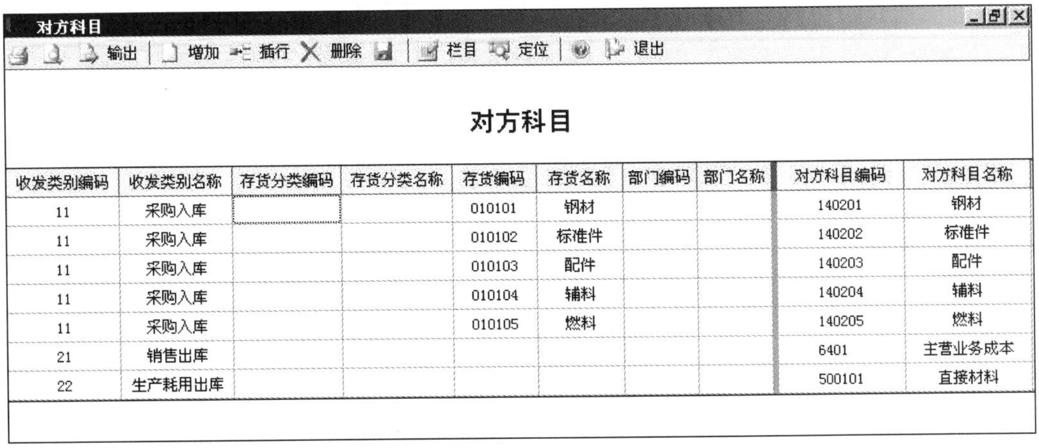
对方科目

输出　增加　插行　删除　栏目　定位　退出

对方科目

收发类别编码	收发类别名称	存货分类编码	存货分类名称	存货编码	存货名称	部门编码	部门名称	对方科目编码	对方科目名称
11	采购入库			010101	钢材			140201	钢材
11	采购入库			010102	标准件			140202	标准件
11	采购入库			010103	配件			140203	配件
11	采购入库			010104	辅料			140204	辅料
11	采购入库			010105	燃料			140205	燃料
21	销售出库							6401	主营业务成本
22	生产耗用出库							500101	直接材料

图 3－54　存货核算—科目设置(对方科目)

2. 存货核算期初数据录入

1）存货期初结存。

① 执行【业务工作】\【供应链】\【存货核算】\【初始设置】\【期初数据】\【期初余额】命令，进入“期初余额”窗口，选择“仓库”为“材料库”，单击【增加】按钮，对相关栏目内容进行选择或输入：“存货编码”为“010101 钢材”，“数量”为“315”，“单价”为“3 990”，存货科目信息由系统自动带出。依次完成操作后，如图 3－55 所示。

期初余额

年度 2019　仓库 01 材料库　计价方式：全月平均法　存货分类　排列方式

存货编码	存货名称	规格型号	计量单位	数量	单价	金额	计划价	计划金额	存货科目编码
010101	钢材		吨	315.00	3 990.00	1 256 850.00			140301
010102	标准件		套	2 800.00	50.00	140 000.00			140302
010103	配件		盒	253.00	25.00	6 325.00			140303
010104	辅料		吨	55.07	300.00	16 521.00			140304
010105	燃料		升	2 475.00	6.00	14 850.00			140305
020101	专用工具		套	466.00	100.00	46 600.00			141101
020201	胶带		卷	404.00	10.00	4 040.00			141101
020202	纸板箱		平方	9 200.00	5.00	46 000.00			141102
合计：				15 968.07		1 531 186.00			

图 3－55　存货核算—期初余额（材料库）

② 选择“仓库”为“产成品库”，单击【增加】按钮，参照“材料库”期初余额的录入方法，完成对“产成品库”期初余额的操作。

2）库存管理期初数据。

① 执行【业务工作】\【供应链】\【库存管理】\【初始设置】\【期初结存】命令，进入“库存数据期初录入”标签页，选择“仓库”为“材料库”，单击【修改】按钮，单击【取数】按钮，系统自动从存货核算系统获取期初余额信息，单击【保存】按钮。

② 保存后，单击【批审】按钮，完成对库存管理系统期初的成批审核，如图 3－56 所示。

库存期初　仓库 (01)材料库

	仓库	仓库编码	存货编码	存货名称	规格型号	主计量单位	数量	单价	金额
1	材料库	01	010101	钢材		吨	315.00	3 990.00	1 256 850.00
2	材料库	01	010102	标准件		套	2 800.00	50.00	140 000.00
3	材料库	01	010103	配件		盒	253.00	25.00	6 325.00
4	材料库	01	010104	辅料		吨	55.07	300.00	16 521.00
5	材料库	01	010105	燃料		升	2 475.00	6.00	14 850.00
6	材料库	01	020101	专用工具		套	466.00	100.00	46 600.00
7	材料库	01	020201	胶带		卷	404.00	10.00	4 040.00
8	材料库	01	020202	纸板箱		平方	9 200.00	5.00	46 000.00
9									

图 3－56　库存管理—（材料库）期初结余（已审核）

③ 选择“仓库”为“产成品库”，参照“材料库”期初结存的做法，完成“产成品库”期初结余的取数和审核。

提示：

在“库存数据期初录入”标签页中：

(1) 可以手工逐行录入库存期初数据。为了避免因录入错误而造成库存管理系统与存货核算系统的对账不相符，建议采用取数方式。

(2)库存管理系统的重复取数问题。如果仓库已有库存期初数据，当再次执行【取数】操作时，系统不会自动覆盖已有相同数据。确有需要修改的，应当先将已有数据全部删除。

(3) 已审核的库存期初数据不能进行修改或删除。通过单击【弃审】或【批弃】按钮，可以对选定记录取消审核或者成批取消审核。

④ 单击【对账】按钮，在“库存与存货期初对账查询条件”对话框中，勾选“材料库”“产成品库”，单击【对账】按钮，系统显示提示“对账成功”，说明库存管理与存货核算系统的期初数据核对相符；否则，系统会通过“库存与存货期初对账表”列示差异结果。

3) 存货核算的期初记账。

① 执行【业务工作】\【供应链】\【存货核算】\【初始设置】\【期初数据】\【期初余额】命令，进入“期初余额”窗口，选择“仓库”为“材料库”，单击【记账】按钮，完成对材料库的记账。

② 选择“仓库”为“产成品库”，单击【记账】按钮，完成对产成品库的记账。

提示：

在“期初余额”窗口中：

1) 如果仓库已有期初余额，当再次执行【取数】命令操作时，系统弹出提示“该仓库已存在期初数据，您要覆盖原来的数据吗?”，如果单击【是】按钮，将不会出现重复取数问题。

2) 通过单击【汇总】按钮，设定条件后，生成期初数据汇总表。

3) 通过单击【对账】按钮，同样能进行库存与存货期初的对账操作。

4) 存货核算的期初记账是以仓库为单位的，已记账的仓库不能进行期初数据的修改或删除。如确需修改或删除的，可以通过单击【恢复】按钮，先取消期初记账。

5) 采购管理如未进行期初记账，存货核算也不能记账。

第4单元　业务财务一体化系统日常处理

单元概要

在业务财务一体化系统中，企业通常采用多个系统的集成应用方案。在系统初始化完成后，企业可以根据实际业务情况，优化配置业务和财务流程，设置系统控制参数，相关岗位人员按照自身的权限范围，开展业务和进行财务系统的各项处理，总账管理系统与固定资产管理、薪资管理、供应链管理系统之间的关联性也得以充分体现。本单元包括以下4个项目。

- 4.1　总账系统日常业务处理
- 4.2　固定资产系统日常业务处理
- 4.3　薪资系统日常业务处理
- 4.4　供应链系统日常业务处理

项目4.1　总账系统日常业务处理

【项目目标】

◆ 掌握凭证的日常业务处理方法。
◆ 理解总账系统在整个会计信息系统中的核心地位。
◆ 理解总账系统与其他系统间的数据关系。
◆ 理解总账管理系统日常业务的处理流程及操作方法。
◆ 熟悉总账各类账表的查询方法。

【知识要点】

本项目主要包括以下内容。

☑ 4.1.1　凭证日常管理
☑ 4.1.2　总账账表管理

下面对本项目内容的知识要点进行介绍。

初始化设置完成后，可以开始进行日常账务处理。日常业务包括填制凭证、修改凭证、审核凭证、凭证汇总、凭证记账、账表查询等。总账系统日常业务处理流程如图4-1所示。

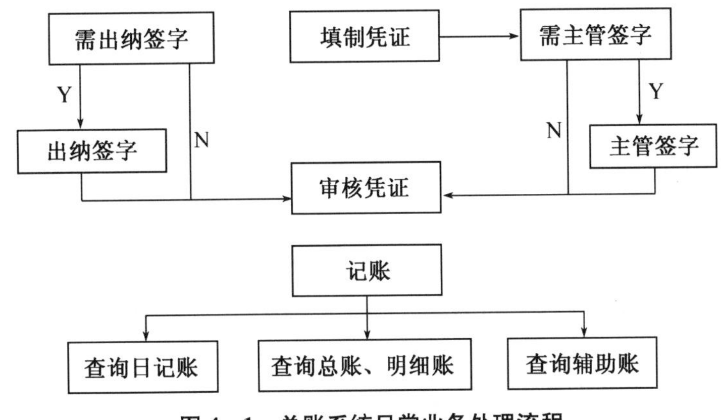

图 4－1 总账系统日常业务处理流程

一、凭证日常管理

记账凭证是登记账簿的依据，是总账管理系统的唯一数据源。凭证管理的内容包括填制凭证、凭证审核、凭证汇总、凭证记账等功能。

1．填制凭证

记账凭证的内容一般包括两部分：其一，凭证头部分，包括凭证类别、编号、凭证日期和附件张数等；其二，凭证体部分，包括摘要、会计分录和金额等。如果输入的会计科目有辅助核算要求，则应输入辅助核算内容；如果一个科目同时兼有多种辅助核算，则同时要求输入各种辅助核算的有关内容。

（1）凭证头的填制

1）凭证类别。在这里可以输入凭证类别字，也可以点击凭证类别的参照按钮，选择相应的类别。

2）凭证编号。一般情况下，由系统分类按月自动编制，即每类凭证每月都从 0001 号开始。

3）制单日期。即填制凭证的日期。系统自动以进入账套前输入的业务日期为记账凭证填制的日期，如果日期不对，可进行修改或参照输入。

4）附单据数。即输入原始单据张数。

5）凭证自定义项。它是由用户自定义的凭证补充信息。用户根据需要自行定义和输入，系统对这些信息不进行校验，只进行保存。

（2）凭证体的填制

1）摘要。输入分录的业务说明，要求简洁明了，不能为空。凭证中的每个分录行都必须有摘要，各行摘要可以不同。可以利用系统提供的“常用摘要”功能预先设置常用摘要，以规范业务，加快凭证录入速度。

2）会计科目。必须输入末级科目。科目可以参照输入或按【F2】键。

3）辅助信息。当科目具有辅助核算时，系统提示输入相应的辅助信息。如果需要对所有录入的辅助项进行修改时，可双击所要修改的项，系统显示辅助信息录入窗，可进行修改。

4）金额。即该笔分录的借方或贷方本币发生额，金额不能为 0，但可以是红字。凭证上的借方金额合计应该与贷方金额合计相等，否则不能保存。

凭证填制完成后，在未审核前可以直接修改。如果凭证的金额方向错误，直接按空格键可以改变余额方向。

2. 生成和调用常用凭证

可以将某张凭证作为常用凭证存入常用凭证库中，以后可按所存代号调用这张常用凭证。在填制一张与“常用凭证”相类似或完全相同的凭证时，可调用此常用凭证，这样会加快凭证的录入速度。

3. 修改凭证

在填制凭证过程中，通过按【首页】、【上页】、【下页】、【末页】按钮翻页查找或按【查询】按钮输入查询条件，找到要修改的凭证，将光标移到需修改的地方进行修改。可修改的内容包括摘要、科目、辅助项、金额及方向、增删分录等，凭证类别不能修改。

有些项目的修改受到【选项】菜单中设置的限制，若某笔涉及银行科目的分录已录入支票信息，并对该支票做过报销处理，修改该分录，将不影响“支票登记簿”中的内容。修改完毕后，单击【保存】按钮保存当前修改，单击【放弃】按钮则放弃当前凭证的修改。

外部系统传过来的凭证不能在总账系统中进行修改，只能在生成该凭证的系统中进行修改。修改辅助核算信息时，需要将光标定位在凭证中带辅助核算信息的科目上，移动鼠标到凭证上的辅助核算区，待鼠标变形为笔形时双击，出现辅助核算对话框，按要求修改。

4. 作废/恢复凭证

如果出现凭证重复录入或凭证上出现不便修改的错误时，可以利用系统提供的“作废/恢复”功能将错误凭证作废。

作废凭证的操作方法是，在“填制凭证”窗口，找到要作废的凭证，执行【制单】、【作废/恢复】命令，凭证上显示“作废”字样，表示已将该凭证作废，作废凭证仍保留凭证内容及凭证编号。作废凭证不能修改，不能审核。在记账时，已作废的凭证应参与记账，否则月末无法结账，但不对作废凭证作数据处理，相当于一张空凭证。在账簿查询时，也查不到作废凭证的数据。若当前凭证已作废，还可执行【制单】\【作废/恢复】命令，取消“作废”标志，并将当前凭证恢复为有效凭证。如果无须保留作废凭证，通过系统提供的“整理凭证”功能可将标注有“作废”字样的凭证彻底删除，并对未记账凭证进行重新编号，以保证凭证编号的连续性。

5. 整理凭证

整理凭证就是删除作废凭证，并对未记账凭证重新编号。若本月已有凭证记账，那么，本月最后一张已记账凭证之前的凭证将不能作凭证整理，只能对其后面的未记账凭证作凭证整理。若想作凭证整理，应先利用“恢复记账前状态”功能，恢复到本月月初的记账前状态，再作凭证整理。

6. 红字冲销凭证

对于已记账的凭证，如果发现有错误，可以制作一张红字冲销凭证进行冲销。冲销某张已记账凭证时，在“填制凭证”窗口，选择要冲销的凭证，执行【制单】\【冲销凭证】命令即可。红字冲销法增加的凭证视同为正常凭证进行保存管理。

7. 查询凭证

总账系统的“填制凭证”功能不仅是各账簿数据的输入口，同时也提供了强大的信息查询功能，以便随时了解经济业务发生的情况，保证填制凭证的正确性。

通过“填制凭证”界面的【查询】功能，可以查询符合条件的凭证信息；通过【查看】菜单可以查看到当前科目最新余额、外部系统制单信息、联查明细账等。

8. 审核凭证

为确保登记到账簿的每一笔经济业务的准确性和可靠性，制单员填制的每一张凭证都必须经过审核员的审核。审核凭证主要包括审核凭证和出纳签字两方面工作，根据会计制度规定，审核与制单不能为同一人，且只有具有审核权的人才能进行审核操作。

（1）审核凭证

审核是指由具有审核权限的操作员按照会计制度规定，对制单人填制的凭证进行合法性、合规性检查。审核无误的凭证可以进入下一步记账过程；审核中如果发现错误，可以利用系统提供的“标错”功能为凭证标注有错标记，便于制单人快速查询和更正，待修正后再重新审核。根据会计制度规定，审核与制单不能为同一人。系统提供了两种审核方式，即单张审核和成批审核。对审核后的凭证，系统提供“取消审核”的功能。

1）单张审核。在总账管理系统，执行【凭证】\【审核凭证】命令，打开“凭证审核”窗口，光标会自动显示在第 1 张凭证上，单击【确定】按钮，系统会打开待审核的第 1 张凭证。单击工具栏的【审核】按钮，此张凭证被审核并自动跳转到第 2 张需审核的凭证，再单击【审核】按钮，直至将所有凭证审核完毕。如果想取消审核，单击工具栏的【取消】按钮即可。

2）成批审核。在“审核凭证”窗口，执行【批处理】\【成批审核】命令，即可对所有凭证进行成批审核。执行【批处理】\【成批取消】命令，则可成批取消对所有凭证的审核。

（2）出纳签字

出纳凭证由于涉及企业现金的收入与支出，应加强对出纳凭证的管理。出纳人员可通过“出纳签字”功能对制单员填制的带有现金、银行科目的凭证进行检查核对，主要核对出纳凭证的出纳科目的金额是否正确，审查认为错误或有异议的凭证，应交与填制人员修改后再核对。出纳签字之前首先要更换操作员。只有出纳确认无误后，才能进行记账处理。系统提供了两种出纳签字方式，即单张签字和成批签字。

1）单张签字。在总账管理系统，执行【凭证】\【出纳签字】命令，打开“出纳签字列表”窗口，单击【确定】按钮，进入待签字的凭证，单击工具栏的【签字】按钮，凭证下方的“出纳”处自动签上出纳人姓名。可单击【首张】、【上张】、【下张】、【末张】按钮翻页连续签字。若想对已签字的凭证取消签字，可单击【取消】按钮。

2）成批签字。在“出纳签字”窗口，执行【批处理】\【成批签字】命令，即可对所有凭证进行成批签字。执行【批处理】\【成批取消】命令，也可将当前范围内的所有凭证取消签字。

出纳签字可以在凭证审核后进行，也可以在凭证审核前进行。凭证一经签字，就不能被修改、删除，只有被取消签字后才可以进行修改或删除。取消签字只能由出纳人员自己进行。

9. 科目汇总

科目汇总是按条件对记账凭证进行汇总并生成一张凭证汇总表。进行汇总的凭证可以是已记账凭证，也可以是未记账凭证。因此财务人员可在凭证未全部记账前，随时查看企业目前的经营状况及其他财务信息。

10. 记账

凭证经审核、签字后，即可用来登记总账和明细账、日记账、部门账、往来账、项目账以及备查账等。

1）选择本次记账范围。即确定本次需要记账的凭证范围，包括期间、类别、记账范围。确定记账范围时可以单击【全选】按钮选择所有未记账凭证；也可以输入连续编号范围如“1～9”，表示对该类别第 1～9 号凭证进行记账；还可以输入不连续的编号如“3,7”，表示仅对第 3 张和第 7 张凭证进行记账。

2）记账报告。如果是第一次记账，需要检查输入的期初余额是否平衡，期初余额不平，不允许记账；上月未记账或结账，本月不能记账；未审核凭证不能记账；作废凭证不需要审核可直接记账；记账过程不得中断，一旦因断电或其他原因造成中断后，系统将自动调用“恢复记账前状态”功能恢复数据，然后重新记账。

3）记账。记账一般采用向导方式，使记账过程更加明确，记账过程由系统自动完成，无须人工干预。执行【凭证】\【记账】命令，在向导的指引下，输入记账范围、查看记账报告、单击【记账】按钮，系统会跳出“期初试算平衡表”窗口，单击【确定】按钮，完成记账工作。

二、总账账表管理

1. 基本账簿查询

1）总账。总账查询不但可以查询各总账科目的年初余额、各月发生额合计数和月末余额，而且可以查询所有 2～6 级明细科目的年初余额、各月发生额合计数和月末余额。

2）余额表。传统的总账是按照总账科目分页设账，如果查询一定范围或全部科目的发生额及余额就略显不便。余额表用于查询、统计各级科目的本月发生额、累计发生额和余额等，可输出某月或某几个月的所有总账科目或明细科目的期初余额、本期发生额、累计发生额、期末余额。

3）明细账。它用于平时查询各账户的明细发生情况及按任意条件组合查询明细账。在查询过程中可以包含未记账凭证。明细账包括三种账簿查询类型，即普通明细账、按科目排序明细账和月份综合明细账。

4）序时账。实际上它就是以流水账的形式反映单位的经济业务，查询打印比较简单，此处不作详述。

5）多栏账。它用于查询多栏明细账。在查询多栏账之前，必须先定义查询格式。进行多栏账栏目定义有两种方式，即自动编制栏目和手动编制栏目。一般情况下，先进行自动编制，再手动调整，可以提高录入效率。

2. 辅助核算账簿查询

辅助核算账簿查询主要包括个人往来辅助账和部门辅助账，查询方法简单，此处不作详述。

【项目准备】

☞ 总账管理选项修改：勾选“可以使用应收受控科目”“可以使用应付受控科目”（说明：在业务财务一体化集成应用中一般不建议勾选上述选项，以免造成应收款系统、应付款系统与总账系统对账不平衡）。

4.1.1　凭证日常处理

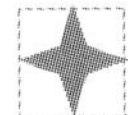

【问题引入】

1. 凭证录入完毕，在记账前发生错误，如何修改？
2. 记账后发现凭证错误有哪几种修改方法？
3. 出纳签字需满足哪几个条件？如出纳签字时，无法查询到需签字的凭证，如何修改？
4. 总账系统日常业务包括哪些环节？各环节应分别注意什么？

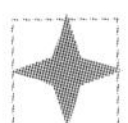

【项目实训】

⊙ 实务案例

1. 凭证输入(凭证字采用“收”“付”“转”字凭证号)

业务 1：1 月 2 日，收到 G&S Co.，Ltd. 投资，金额为 80 000 美元，对方以转账支票(票号为 495327)划款，款项已存入工商银行美元户。结算日期为当日，附单据 3 张。

业务 2：1 月 4 日，营销二部王立华将出差到武汉的差旅费 2 430 元到财务部办理报销手续，原从财务部预借现金 2 000 元，余款用现金支付，附单据 3 张。

业务 3：1 月 4 日，由物资部秦奋经办，用交通银行现金支票(票号为 648312)从文具公司购入办公用品，取得的增值税专用发票上注明价款为 8 000 元，税额为 1 040 元。办公用品当日发放至各部门，其中，企管部 1 800 元、财务部 1 200 元、物资部 1 300 元、营销一部 700 元、营销二部 700 元、生产一部 1 150 元、生产二部 1 150 元。结算日期为当日，附单据 2 张。

业务 4：1 月 9 日，生产一部因工作需要，由物资部秦奋经办购入辅料 18 吨，取得的增值税专用发票上注明价款为 5 400 元，税额为 702 元，已验收并立即交付使用。由出纳丁成功开出交通银行转账支票(票号为 912783)进行款项结算。结算日期为当日，附单据 6 张。

业务 5：1 月 15 日，物资部秦奋因采购工作需要，申请办理金额为 60 000 元银行汇票带往杭州。出纳丁成功根据相关资料向交通银行提交银行汇票申请书，银行签发银行汇票(票号为 146321)。结算日期为当日，附单据 2 张。

业务 6：1 月 19 日，由物资部秦奋经办，从杭宁设备有限公司购入标准件 1 000 套，单价 47.5 元，取得的增值税专用发票上注明价款为 47 500 元，税额为 6 175 元；向货运公司支付运费，取得的增值税专用发票上注明运费为 900 元，税额为 81 元。款项由银行汇票(票号为 146321)支付，该汇票多余款项已划入交通银行人民币账户。结算日期为当日，附单据 9 张。

业务 7：1 月 20 日，19 日购入的标准件经验收全部合格，按实际采购成本入库，秦奋将验收合格手续相关单据交到财务部，附单据 9 张。

业务 8：1 月 20 日，收到河北机电集团出具的转账支票(票号为 661053)，用于偿还 2018 年 9 月所欠的货款 100 000 元。支票由出纳丁成功送交通银行入账，结算日期为当日，附单据 3 张。

业务 9：1 月 21 日，由营销一部李丽负责，销售套筒给向海建工有限公司，数量 73 个，单价 310 元，增值税税率为 13%，以 2018 年 12 月取得的预收款 25 920 元结算，不足部分收取现金。附单据 9 张。

业务 10：1 月 23 日，由营销二部王立华负责，销售齿轮轴给茂名飞达有限公司，数量 25 个，单价 609 元，增值税税率为 13%，未收到款项，附单据 4 张。

业务 11：1 月 25 日，生产部领用材料用于车间一般耗用，其中，生产一部领用钢材 15 吨，单价 3 990 元，配件 1 000 元；生产二部领用标准件 100 套，单价 50 元，辅料 660 元。附单据 5 张。

业务 12：1 月 25 日，出纳丁成功通过转账支票(票号为 912785)支付前欠华城工贸有限公司的货款 360 000 元。结算日期为当日，附单据 3 张。

业务 13：1 月 26 日，为响应市精准扶贫捐款的号召，由出纳丁成功开出交通银行转账支票(票号为 912786)，捐款人民币 30 000 元。结算日期为当日，附单据 3 张。

业务 14：1 月 26 日，出纳丁成功根据营销一部李丽提供的单据，开出交通银行现金支票(票号为 648313)，用来支付广告费 3 300 元。结算日期为当日，附单据 11 张。

2. 出纳管理

1) 对本月所有的出纳凭证(仅指收款凭证和付款凭证，包括后面录入的出纳凭证)进行签字，并练习取消出纳签字的操作。

2) 查询现金日记账、银行存款日记账和资金日报表。

① 查询 2019 年 1 月的“包含未记账凭证”的现金日记账，且联查凭证。

② 查询 2019 年 1 月的“包含未记账凭证”的银行存款日记账，且联查总账(说明：当前用户权限不足的，需要先授予相应权限)。

③ 查询 2019 年 1 月 4 日的“包含未记账凭证”的资金日报表。

3) 登记支票登记簿。

① 2019 年 1 月 30 日，营销一部李丽为产品展销会事宜，领用交通银行现金支票(票号为 648314)，使用限额为 50 000 元，预计转账日期为 2020 年 1 月 5 日。

② 2019 年 1 月 31 日，出纳丁成功为缴纳相关税费，开出交通银行转账支票(票号为 912787)，使用限额为 150 000 元，预计转账日期为 2020 年 1 月 10 日。

3. 凭证审核

对本月所有的凭证(包括后面录入的凭证)审核完毕，并练习取消审核的操作。

4. 凭证记账

1) 将本月所有的凭证(包括后面录入的凭证)进行记账。

2) 取消记账。

5. 凭证修改

1) 凭证审核前修改(如有需要，自行完成修改)。

2) 凭证记账前修改(如有需要，自行完成修改)。

3) 凭证记账后修改。1 月 31 日，对账时发现已审核且已记账的 2 张凭证存在以下错误，采用正确的方法进行凭证更正。

① 1 月 4 日，营销二部王立华报销差旅费凭证的金额误写为 2 430 元，正确金额为 2 480 元。财务部根据此情况进行更正，附单据 1 张。

② 1 月 26 日，支付广告费凭证的金额误写为 3 300 元，正确金额为 3 030 元。财务部根据此情况进行更正，附单据 1 张。

⊙ 任务分解及技能要点(见表4-1)

表4-1　任务分解及技能要点

<table>
<tr><th>任务名称</th><th>系统导航</th><th>菜单路径</th><th>技能要点</th></tr>
<tr><td>凭证录入</td><td rowspan="6">【业务工作】\【财务会计】\【总账】</td><td>【凭证】\【填制凭证】</td><td>凭证的填制、修改、作废、删除等操作</td></tr>
<tr><td rowspan="2">出纳管理</td><td>【凭证】\【出纳签字】</td><td>收付款凭证的出纳签字及取消出纳签字操作</td></tr>
<tr><td>【出纳】</td><td>查询现金日记账、银行存款日记账、资金日报表等;登记支票登记簿</td></tr>
<tr><td>凭证审核</td><td>【凭证】\【凭证审核】</td><td>凭证审核及取消审核操作</td></tr>
<tr><td rowspan="2">凭证记账</td><td>【凭证】\【记账】</td><td>凭证记账操作</td></tr>
<tr><td>【凭证】\【期末】\【对账】;【凭证】\【恢复记账前状态】</td><td>凭证取消记账操作</td></tr>
</table>

⊙ 岗位分工

☞ 以U03姚家友身份注册并登录【企业应用平台】模块,完成凭证的填制、修改和删除等操作,涉及支票结算的,填制凭证时立即进行支票登记。

☞ 以U04丁成功身份注册并登录【企业应用平台】模块,完成总账的出纳签字和出纳管理操作。

☞ 以U02学生姓名(账套主管)身份注册并登录【企业应用平台】模块,完成凭证审核、记账、账簿管理等操作。

⊙ 应用向导

执行【业务工作】\【财务会计】\【总账】命令,完成如下操作。

1. 总账管理选项修改

执行【设置】\【选项】命令,单击【编辑】按钮,勾选“可以使用应收受控科目”“可以使用应付受控科目”。

2. 凭证录入(以部分业务为例)

□业务1:辅助核算——外币科目、支票控制的银行科目

1) 执行【凭证】\【填制凭证】命令,进入“填制凭证”标签页。

2) 单击【增加】按钮,跳出一张空白凭证,对相关栏目内容进行选择或输入:在凭证头,“凭证类型”为“收款凭证”,“制单日期”为“2019-01-02”,“附单据数”为“3”;在凭证体,“摘要”为“收到沃派公司投资”,“科目名称”为“100202 银行存款——中国工商银行”,“外币”为“80 000”,系统会根据预设的美元记账汇率自动折算为以人民币表示的“借方金额”。单击回车键后,系统弹出“辅助项”对话框,“结算方式”为“202 转账支票”,“票号”为“495327”,“发生日期”为“2019-01-02”,如图4-2所示,单击【确定】按钮。

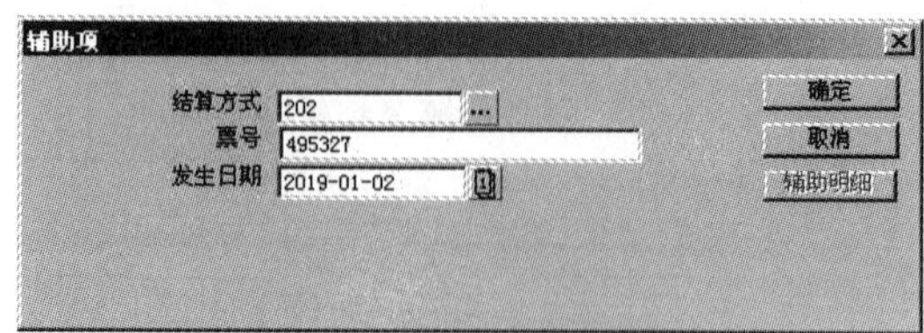

图 4-2　银行账辅助项

3）第 1 行完成后，第 2 行的“科目名称”为“4001 股本”；“贷方金额”为“548 000 元”，单击【保存】按钮，如图 4-3 所示。

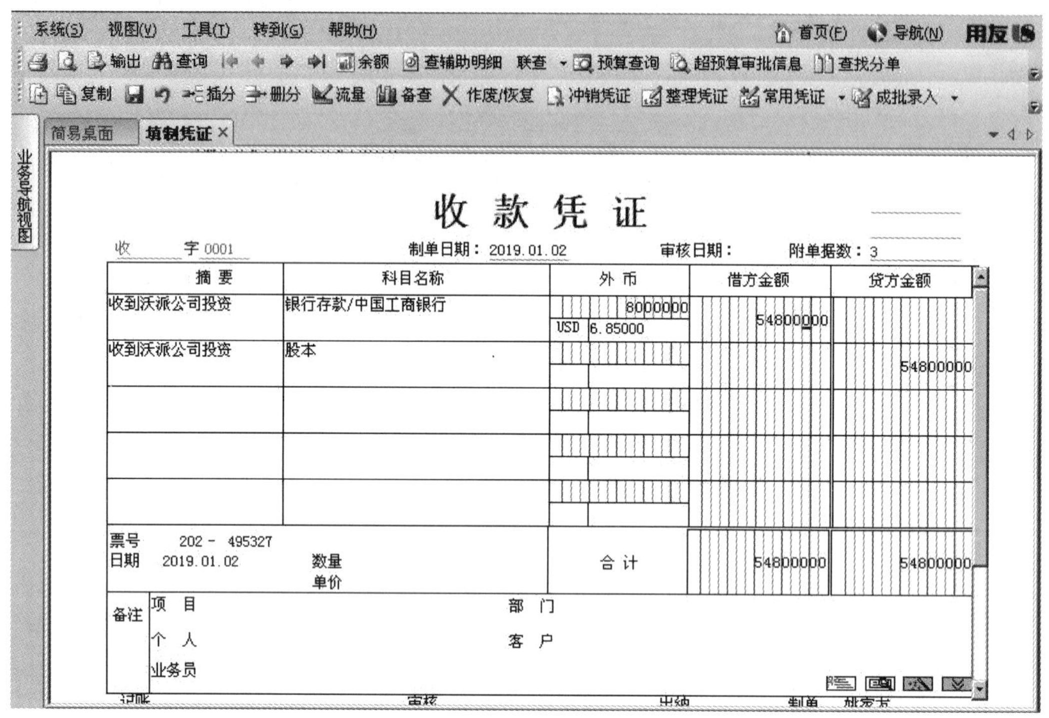

图 4-3　填制凭证（业务 1）

提示：

1）系统自动编号时，系统规定每页凭证有 5 条记录，当某号凭证不只一页时，系统将自动在凭证号后标上分单号，如收－0001 号 0002/0003，表示为收款凭证第 0001 号凭证共有 3 张分单，当前光标所在分录在第 2 张分单上。

2）填制凭证会受到总账系统选项设置的影响。诸如：设置凭证编号方式为“手工编号”的，用户可以在此处手工录入凭证编号。勾选“支票控制”，且设为“银行账”的银行存款科目，需要输入结算方式、票号、结算日期等信息，其中，“结算方式”输入银行往来结算方式，“票号”输入结算号或支票号，“票据日期”输入该笔业务发生的日期，主要用于银行对账。

□业务 2:辅助核算——部门核算、个人往来核算

1）在填制凭证的过程中，输入第 1 行的“科目名称”为“660104 销售费用——差旅费”后，系统弹出“辅助项”对话框，“部门”为“营销二部”，如图 4－4 所示，单击【确定】按钮。同理，只要预设了“部门核算”的科目，都需要补充“部门”的辅助项信息。

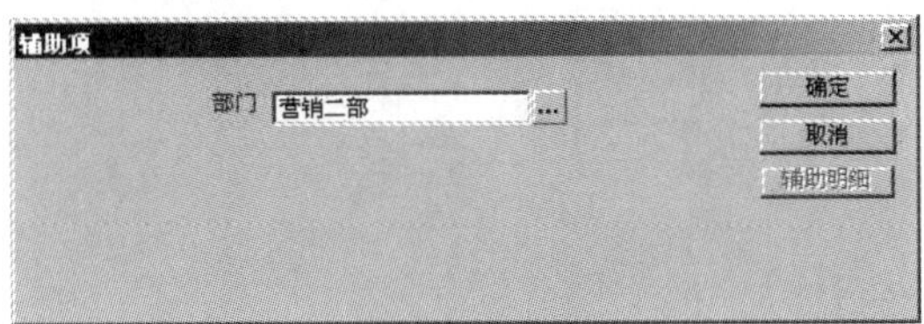

图 4－4　部门核算辅助项

2）输入第 2 行的“科目名称”为“122101 其他应收款——个人往来”后，系统弹出“辅助项”对话框，“部门”为“营销二部”，“个人”为“王立华”，“发生日期”为“2019－01－04”，如图 4－5 所示，单击【确定】按钮。同理，只要预设了“个人往来”的科目，至少需要补充“部门”“个人”的辅助项信息。

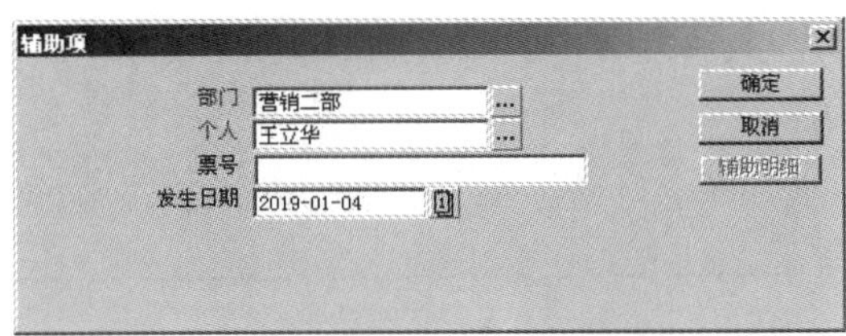

图 4－5　个人往来辅助项

3）填制凭证完毕，单击【保存】按钮，如图 4－6 所示。

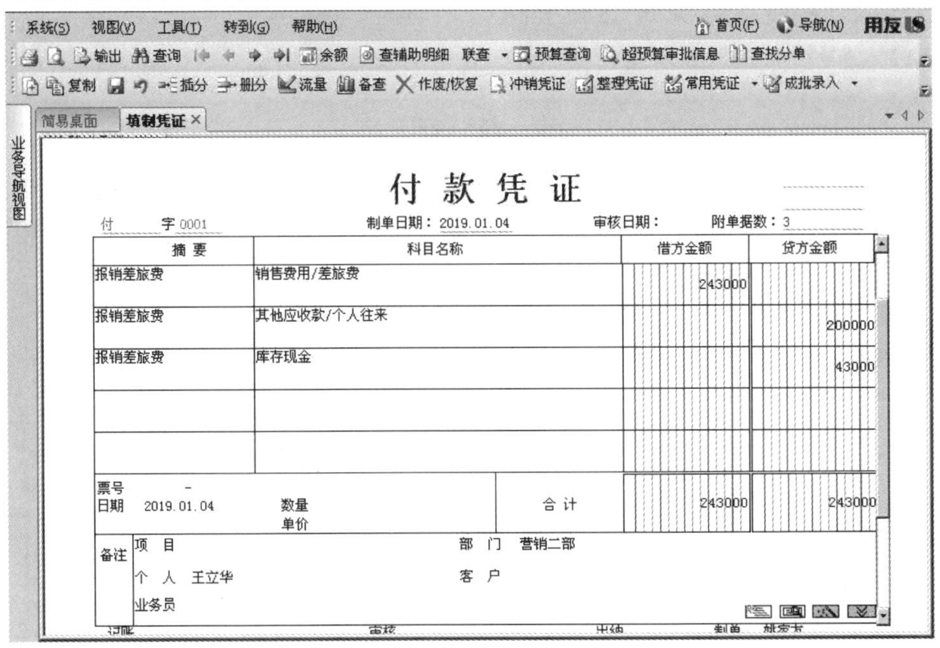

图 4－6　填制凭证(业务 2)

□业务 6:辅助核算——数量核算、银行科目

1) 在填制凭证的过程中,在"科目名称"为"140202 在途物资——标准件"的所在行,系统弹出"辅助项"对话框,"数量"为"1 000";"单价"为"48.4",如图 4-7 所示,单击【确定】按钮。同理,只要预设了"数量核算"的科目,需要补充"数量""单价"的辅助项信息。

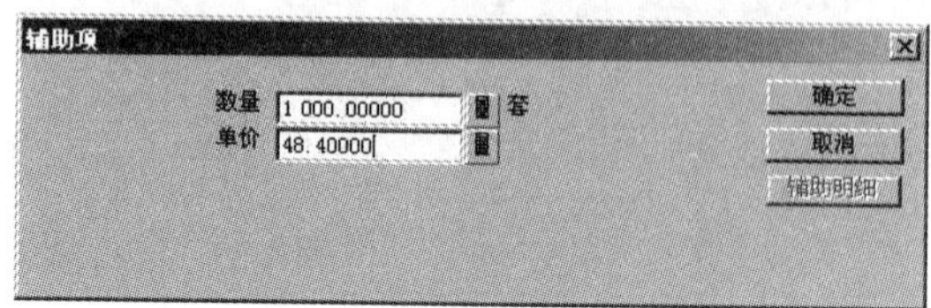

图 4-7 数量核算辅助项

提示:

1) 对于要进行数量核算的科目,屏幕提示用户输入"数量"和"单价"。系统根据数量×单价自动计算出金额,并将金额先放在借方,如果方向不符,可按空格键调整金额方向。

2) 本例中,采购运费需要计入采购成本中,因此,标准件的单价不是"47.5",而是"48.4"。

2) 填制凭证完毕,单击【保存】按钮,如图 4-8 所示。

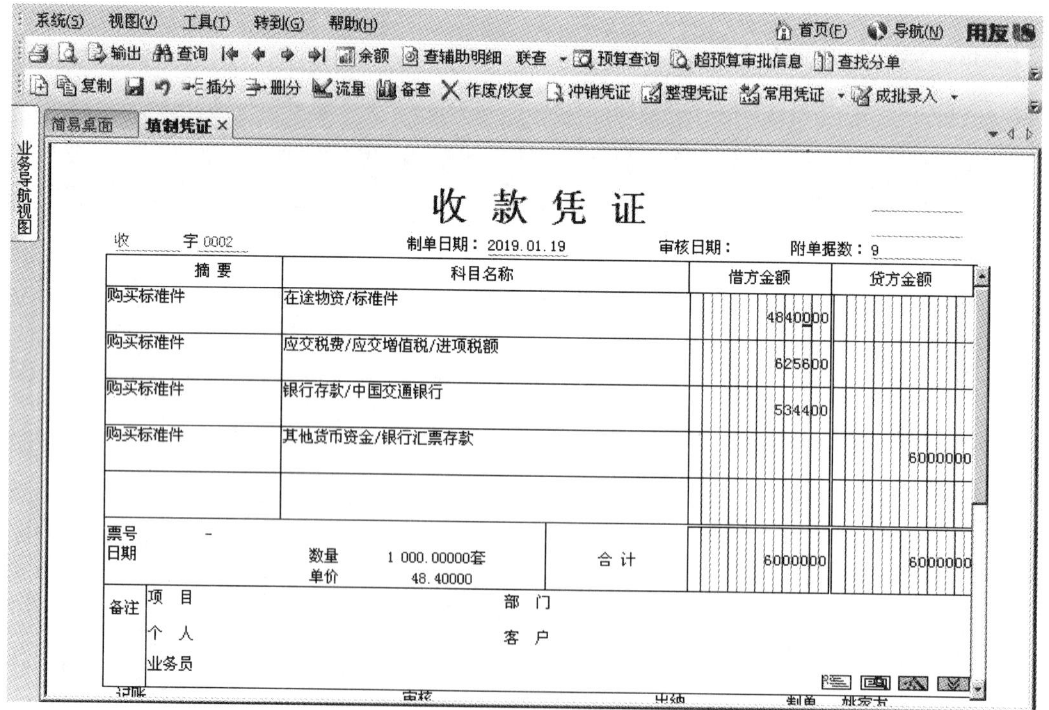

图 4-8 填制凭证(业务 6)

□**业务 8:辅助核算——客户往来核算、支票控制的银行科目**

1）在填制凭证的过程中，在“科目名称”为“1122 应收账款”的所在行，系统弹出“辅助项”对话框，选择“客户”为“河北机电”，如图 4－9 所示，单击【确定】按钮。同理，只要预设了“客户往来”的科目，至少需要补充“客户”的辅助项信息。

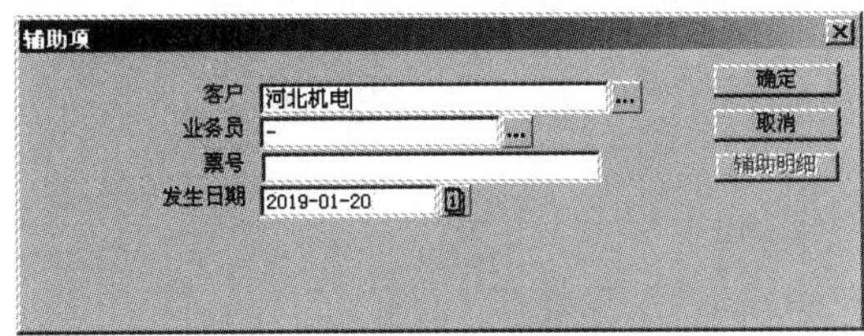

图 4－9　客户往来辅助项

2）填制凭证完毕，单击【保存】按钮，如图 4－10 所示。

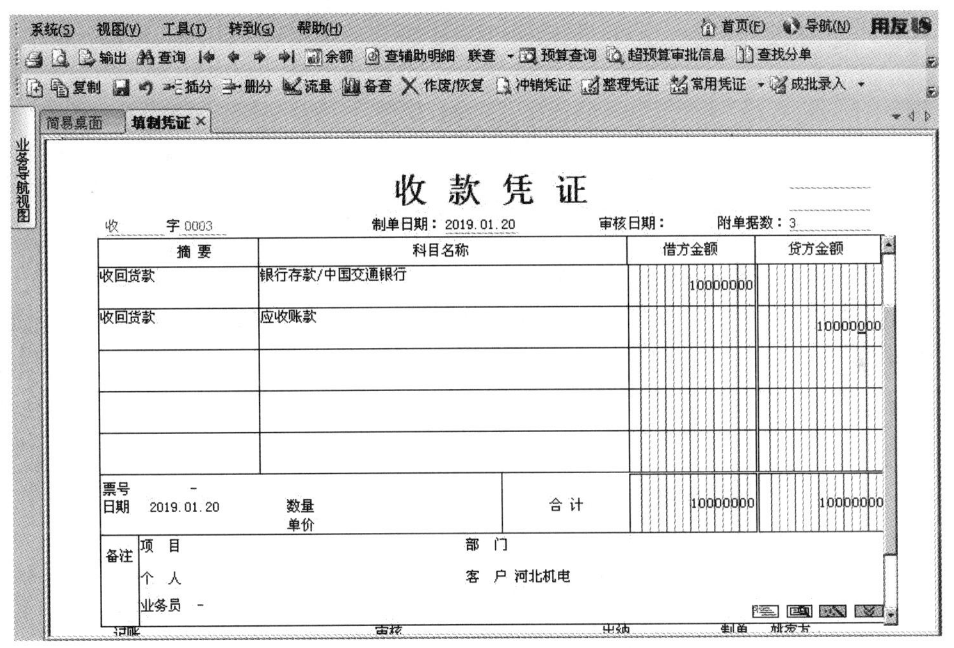

图 4－10　填制凭证(业务 8)

□**业务 9:辅助核算——项目核算、客户往来核算**

1）在填制凭证的过程中，在“科目名称”为“6001 主营业务收入”的所在行，系统弹出“辅助项”对话框，“项目名称”为“套筒”，如图 4－11 所示，单击【确定】按钮。同理，只要预设了“项目核算”的科目，需要补充“项目名称”的辅助项信息。

图 4－11　项目核算辅助项

2）填制凭证完毕，单击【保存】按钮，如图 4－12 所示。

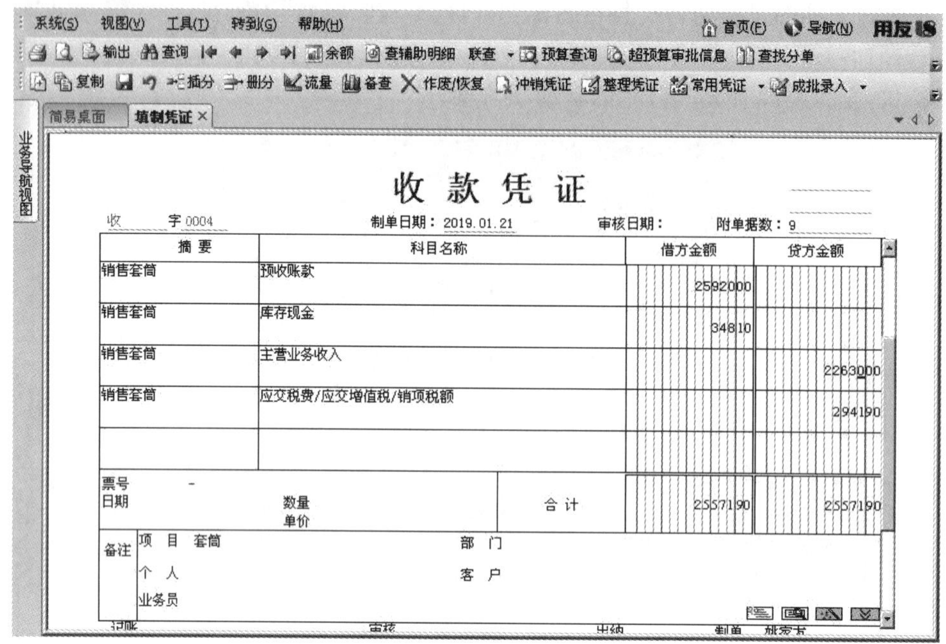

图 4－12　填制凭证（业务 9）

□业务 12：辅助核算——供应商往来核算

1）在填制凭证的过程中，在“科目名称”为“2202 应付账款”的所在行，系统弹出“辅助项”对话框，“供应商”为“华城工贸”，“发生日期”为“2019－01－25”，如图 4－13 所示，单击【确定】按钮。同理，只要预设了“供应商往来”的科目，至少需要补充“供应商”的辅助项信息。

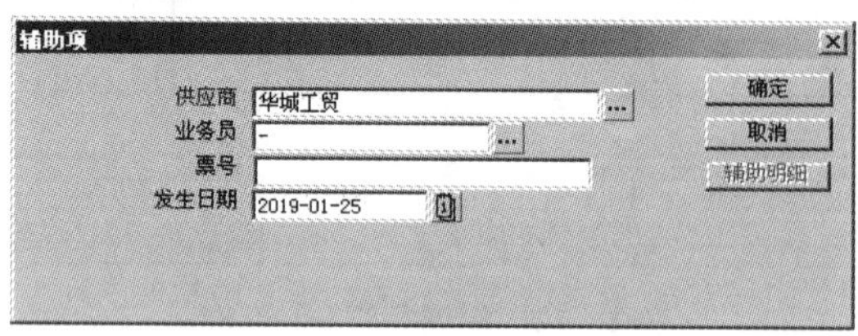

图 4－13　供应商往来辅助项

2）填制凭证完毕，单击【保存】按钮，如图 4－14 所示。

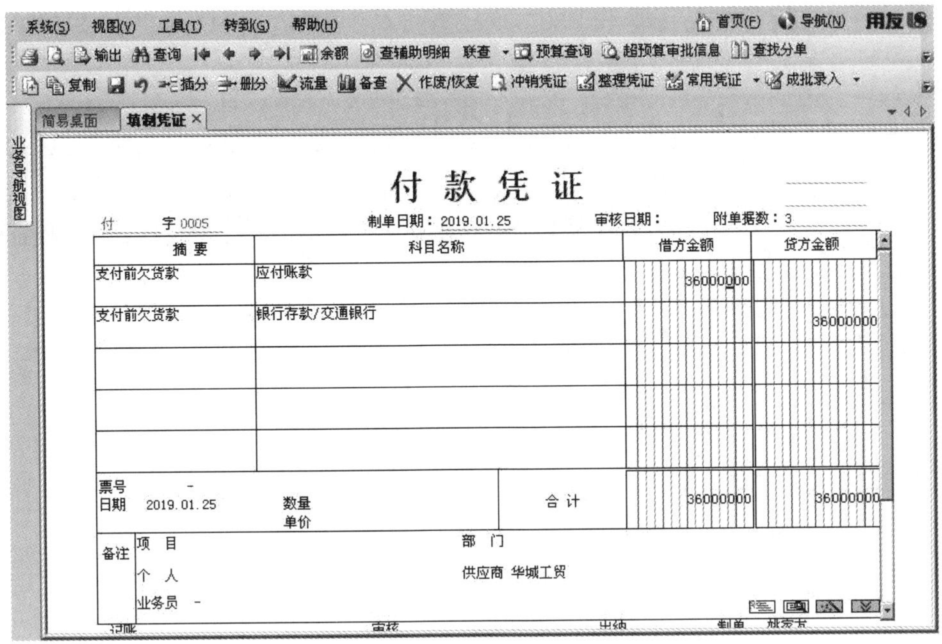

图 4-14　填制凭证(业务 12)

提示:

1) 红字金额以负数形式输入。

2) 借方录完金额后,在贷方金额处直接按"="即可出数。

3. 出纳签字

1) 单击工具栏的【重注册】按钮,以 U04 丁成功的身份重新注册并登录【企业应用平台】模块,再次进入【总账】模块。

2) 执行【凭证】\【出纳签字】命令,在"出纳签字"窗口,单击【确定】按钮,进入"出纳签字列表"标签页,如图 4-15 所示。

3) 双击需签字的凭证,进入"出纳签字"标签页,单击【签字】按钮,凭证底部的出纳位置会自动签上出纳姓名"丁成功"。单击【下张】按钮,对其他凭证进行签字。

提示:

1) 进行出纳签字应满足 3 个条件:首先,在总账系统的"选项"中已经设置了"出纳凭证必须经由出纳签字";其次,已经在会计科目中进行了"指定科目"即"现金科目"或"银行存款科目"的操作;最后,凭证中所使用的会计科目是已经在总账系统中设置为"日记账"辅助核算内容的会计科目。

2) 除了单张执行出纳签字外,也可以执行【批处理】\【成批签字】命令,对凭证进行成批出纳签字。

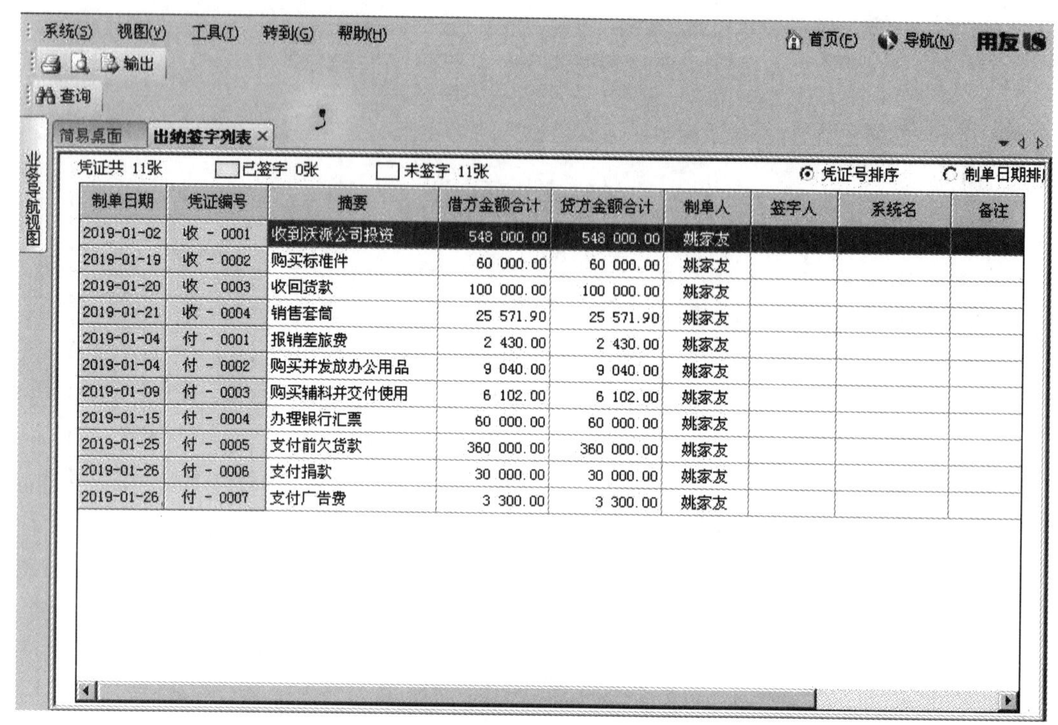

制单日期	凭证编号	摘要	借方金额合计	贷方金额合计	制单人	签字人	系统名	备注
2019-01-02	收 - 0001	收到沃派公司投资	548 000.00	548 000.00	姚家友			
2019-01-19	收 - 0002	购买标准件	60 000.00	60 000.00	姚家友			
2019-01-20	收 - 0003	收回贷款	100 000.00	100 000.00	姚家友			
2019-01-21	收 - 0004	销售套筒	25 571.90	25 571.90	姚家友			
2019-01-04	付 - 0001	报销差旅费	2 430.00	2 430.00	姚家友			
2019-01-04	付 - 0002	购买并发放办公用品	9 040.00	9 040.00	姚家友			
2019-01-09	付 - 0003	购买辅料并交付使用	6 102.00	6 102.00	姚家友			
2019-01-15	付 - 0004	办理银行汇票	60 000.00	60 000.00	姚家友			
2019-01-25	付 - 0005	支付前欠货款	360 000.00	360 000.00	姚家友			
2019-01-26	付 - 0006	支付捐款	30 000.00	30 000.00	姚家友			
2019-01-26	付 - 0007	支付广告费	3 300.00	3 300.00	姚家友			

图 4-15 出纳签字列表

4. 出纳管理的其他操作

1) 执行【出纳】\【现金日记账】命令,打开“现金日记账查询条件”对话框,选择“科目名称”为“1001 库存现金”,默认月份为“2019-01”,勾选“包含未记账凭证”,单击【确定】按钮,进入“现金日记账”标签页,可以查看包含“1001 库存现金”科目的凭证发生额及其余额等信息。双击某行或将光标置于某行,单击【凭证】按钮,可查看对应的记账凭证。

2) 执行【出纳】\【银行日记账】命令,可以查看包含“1002 银行存款”科目的凭证发生额及其余额等信息,也可以查询银行存款所设明细科目的日记账数据。同理,还可以联查具体的某张凭证。

3) 执行【出纳】\【资金日报】命令,进入“资金日报表查询条件”窗口,输入“日期”为“2019-01-04”,勾选“包含未记账凭证”,单击【确定】按钮,进入“资金日报表”标签页,可以查看包含“库存现金”“银行存款”科目的凭证的当日借方金额及其笔数、贷方金额及其笔数、当日余额等信息。

4) 执行【出纳】\【支票登记簿】命令,打开“银行科目选择”窗口,选择“科目”为“100201 银行存款——交通银行”,单击【确定】按钮,进入“支票登记簿”标签页。单击【增加】按钮,输入“领用日期”为“2019-01-30”,“领用部门”为“营销一部”,“领用人”为“李丽”,“支票号”为“648314”,“预计金额”为“50 000”,“用途”为“产品展销会”等信息后保存。同理,登记其他支票信息后保存,如图 4-16 所示。

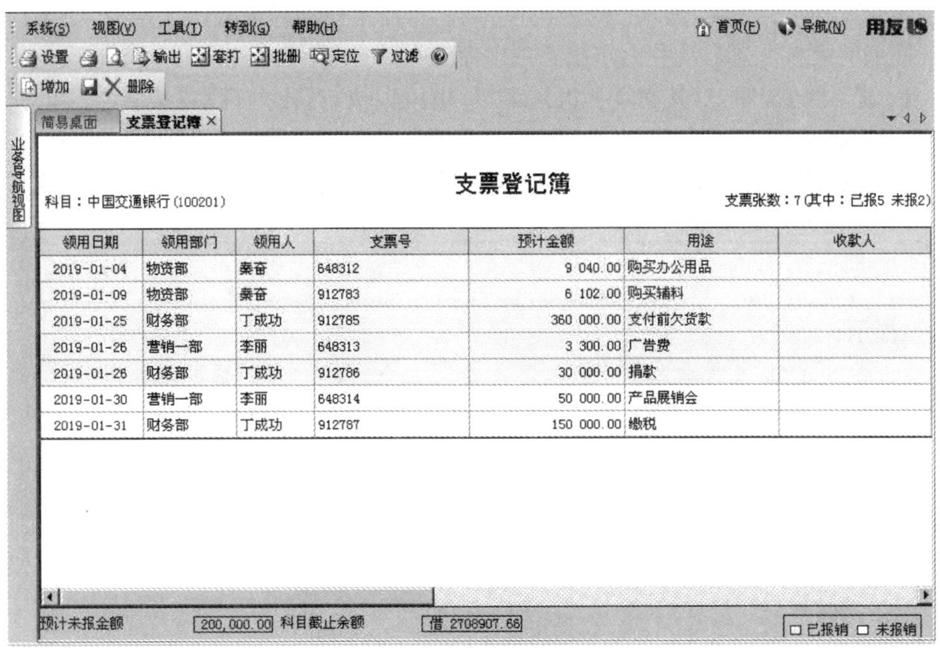

支票登记簿

科目：中国交通银行(100201)　　支票张数：7(其中：已报5 未报2)

领用日期	领用部门	领用人	支票号	预计金额	用途	收款人
2019-01-04	物资部	秦奋	648312	9 040.00	购买办公用品	
2019-01-09	物资部	秦奋	912783	6 102.00	购买辅料	
2019-01-25	财务部	丁成功	912785	360 000.00	支付前欠货款	
2019-01-26	营销一部	李丽	648313	3 300.00	广告费	
2019-01-26	财务部	丁成功	912786	30 000.00	捐款	
2019-01-30	营销一部	李丽	648314	50 000.00	产品展销会	
2019-01-31	财务部	丁成功	912787	150 000.00	缴税	

预计未报金额 200,000.00　科目截止余额 借 2708907.68

图 4－16　支票登记簿

5. 凭证审核

1）以 U02 学生姓名(账套主管)的身份重新注册进入【企业应用平台】模块。

2）执行【凭证】\【审核凭证】命令，在“凭证审核查询条件”对话框，单击【确定】按钮，进入“凭证审核列表”标签页，如图 4－17 所示。

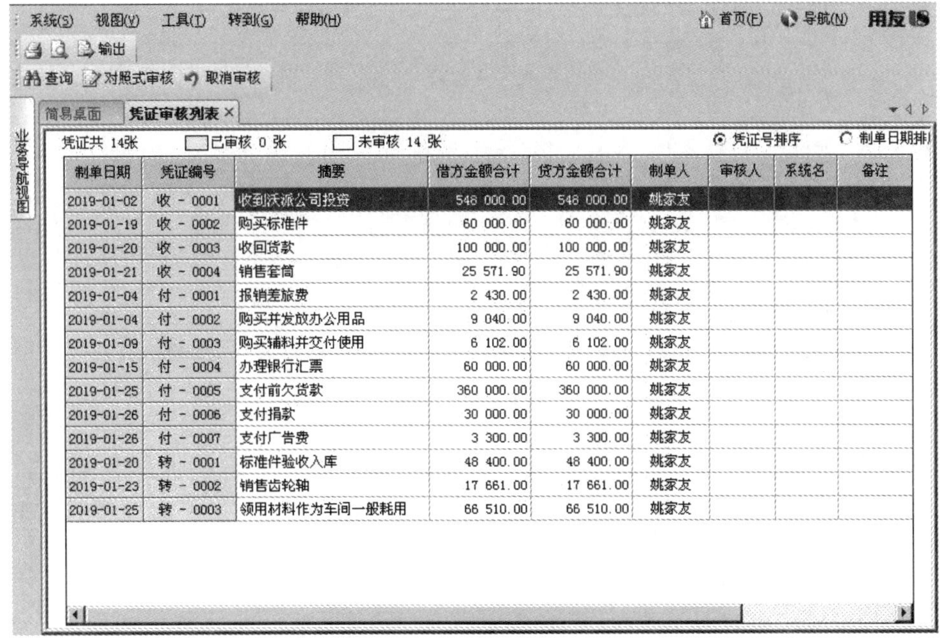

凭证共 14张　已审核 0 张　未审核 14 张

制单日期	凭证编号	摘要	借方金额合计	贷方金额合计	制单人	审核人	系统名	备注
2019-01-02	收 - 0001	收到沃派公司投资	548 000.00	548 000.00	姚家友			
2019-01-19	收 - 0002	购买标准件	60 000.00	60 000.00	姚家友			
2019-01-20	收 - 0003	收回货款	100 000.00	100 000.00	姚家友			
2019-01-21	收 - 0004	销售套筒	25 571.90	25 571.90	姚家友			
2019-01-04	付 - 0001	报销差旅费	2 430.00	2 430.00	姚家友			
2019-01-04	付 - 0002	购买并发放办公用品	9 040.00	9 040.00	姚家友			
2019-01-09	付 - 0003	购买辅料并交付使用	6 102.00	6 102.00	姚家友			
2019-01-15	付 - 0004	办理银行汇票	60 000.00	60 000.00	姚家友			
2019-01-25	付 - 0005	支付前欠货款	360 000.00	360 000.00	姚家友			
2019-01-26	付 - 0006	支付捐款	30 000.00	30 000.00	姚家友			
2019-01-26	付 - 0007	支付广告费	3 300.00	3 300.00	姚家友			
2019-01-20	转 - 0001	标准件验收入库	48 400.00	48 400.00	姚家友			
2019-01-23	转 - 0002	销售齿轮轴	17 661.00	17 661.00	姚家友			
2019-01-25	转 - 0003	领用材料作为车间一般耗用	66 510.00	66 510.00	姚家友			

图 4－17　凭证审核列表

3）双击需审核的凭证，进入“审核凭证”标签页，需审核的凭证检查无误后，单击【审核】按钮，凭证底部的审核位置自动签上审核人的名字。

4）单击【下张】按钮，对其他凭证进行审核，也可以执行【批处理】\【成批审核】命令，对凭证进行成批审核。

5）如需取消审核，选择对应的凭证后，单击【取消】按钮，也可以执行【批处理】\【成批取消】命令，对凭证进行成批取消审核。

提示：

1）系统要求制单人和审核人不能是同一个人，若是，则要更换操作员。

2）已审核的凭证不能直接修改、删除，只有在取消审核后才能在“填制凭证”标签页进行修改、删除。

3）作废凭证不能被审核，也不能被标错，已标错的凭证不能被审核，若想审核，需先取消标错后才能审核。

6. 凭证记账

1）执行【凭证】\【记账】命令，进入“记账”窗口，选择需记账的凭证范围，本例单击【全选】按钮，如图 4－18 所示。

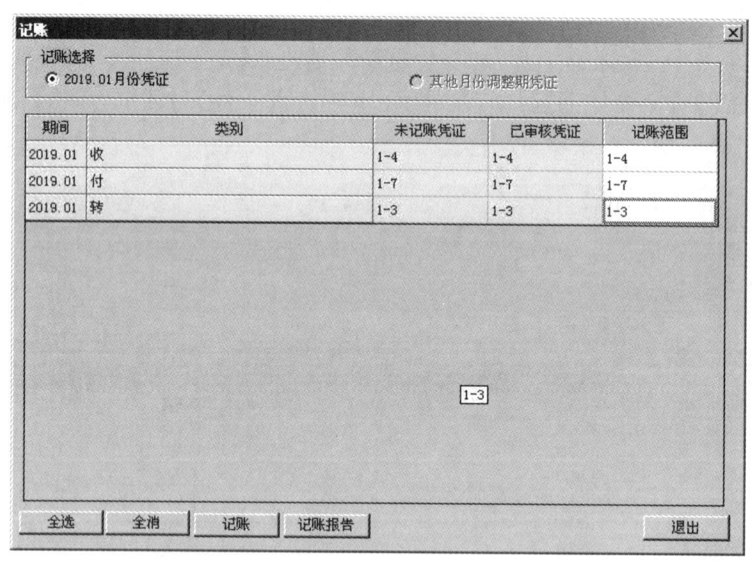

图 4－18　记账

2）单击【记账】按钮，进入期初试算平衡表，查看是否平衡。只有期初试算平衡后，才可以记账。如显示“试算结果平衡”，单击【确定】按钮，系统自动进行记账。记账完毕后退出。

提示：

记账后发现凭证错误，有两种修改方式(由账套主管完成)。

1) 采用补充更正法或红字冲销法。

2) 采用反记账的方式将凭证反记账、反审核后，回到未过账、未审核、未签字的状态进行修改。反记账：执行【凭证】\【恢复记账前状态】命令，即可恢复到未记账状态。

7. 取消记账

1) 执行【期末】\【对账】命令，进入"对账"对话框。

2) 按下"Ctrl+H"键，系统弹出提示"恢复记账前状态已被激活"，如图 4－19 所示。单击【确定】按钮，在【凭证】菜单下会显示"恢复记账前状态"功能。

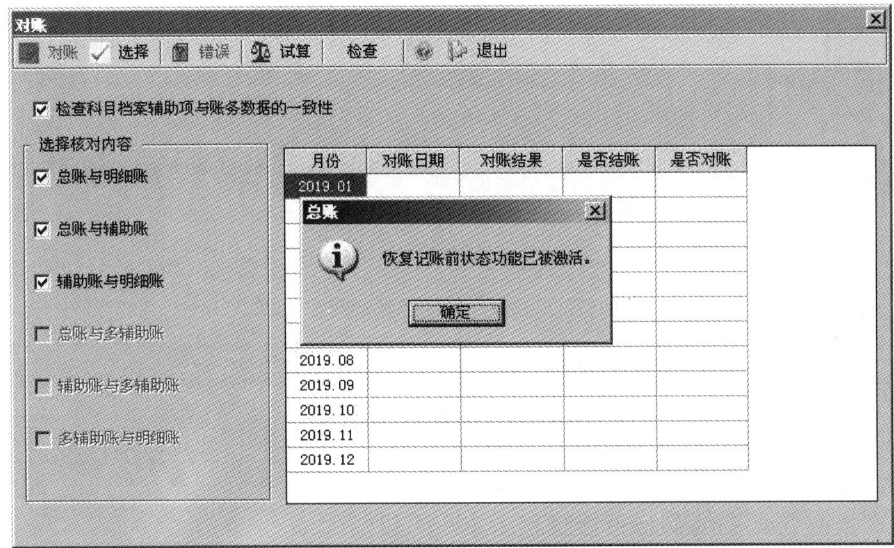

图 4－19　对账(激活"恢复记账前状态"功能)

3) 执行【凭证】\【恢复记账前状态】命令，打开"恢复记账前状态"对话框，选择"最近一次记账前状态"，如图 4－20 所示，单击【确定】按钮。系统弹出提示"请输入主管口令"，此处无口令，单击【确认】按钮，系统弹出提示"恢复记账完毕"，单击【确定】按钮。

8. 凭证修改

1) 填制凭证完成后，当凭证处于未审核、未出纳签字、未记账的状态下，执行【凭证】\【填制凭证】命令，在"填制凭证"标签页，通过【首页】、【上页】、【下页】、【末页】按钮翻页查找或单击【查询】按钮输入查询条件，找到需修改的凭证，将光标移到需修改的地方可以直接修改并保存。可修改的内容包括摘要、科目名称、辅助项、金额及方向、增删分录等，但凭证类别不能修改。

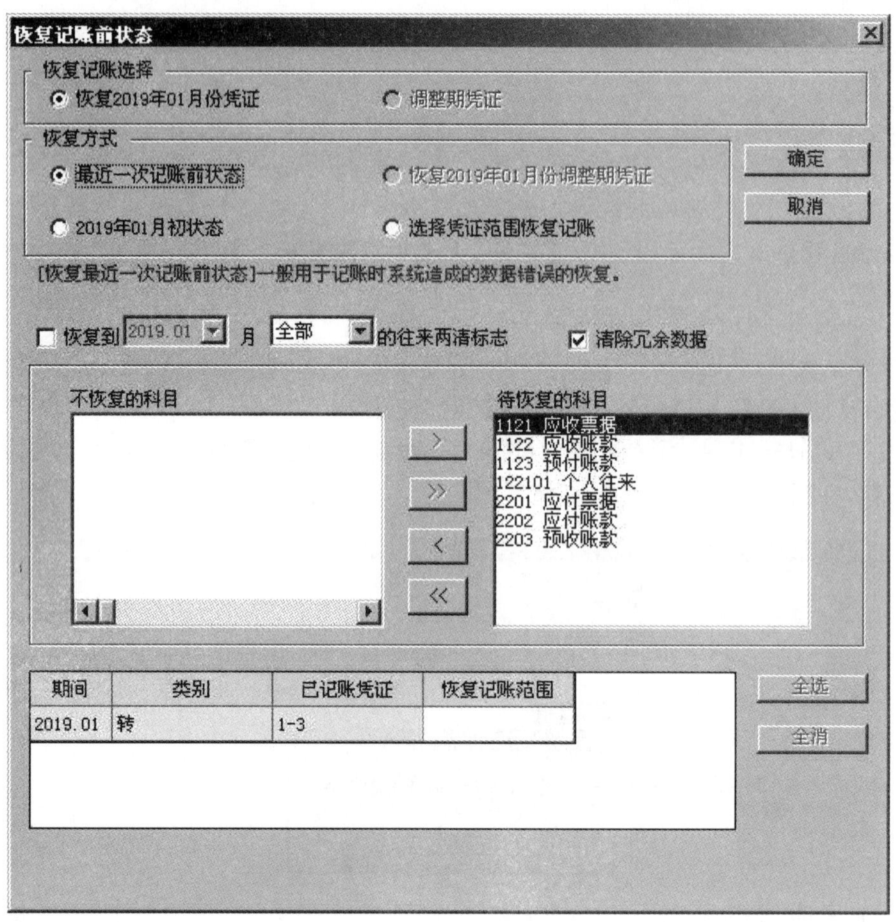

图 4－20 恢复记账前状态

2）当凭证处于已出纳签字、已审核、未记账的状态下，只有先取消出纳签字和取消审核后，才能在“填制凭证”标签页进行修改。

3）当凭证处于已审核、已出纳签字、已记账的状态下，可以先取消记账，再取消出纳签字和取消审核，然后在“填制凭证”标签页进行修改。

4）当凭证处于已审核、已出纳签字、已记账的状态下，如不取消记账、取消出纳签字和取消审核，保留原错误凭证的同时，可以通过红字冲销法或补充更正法进行修改。

① 如发现科目名称正确，凭证金额少计时，采用补充更正法修改。在“填制凭证”标签页，通过单击【增加】按钮，直接根据需要补充的金额编制一张新凭证，如图 4－21 所示。填制完成后，再进行审核、记账。

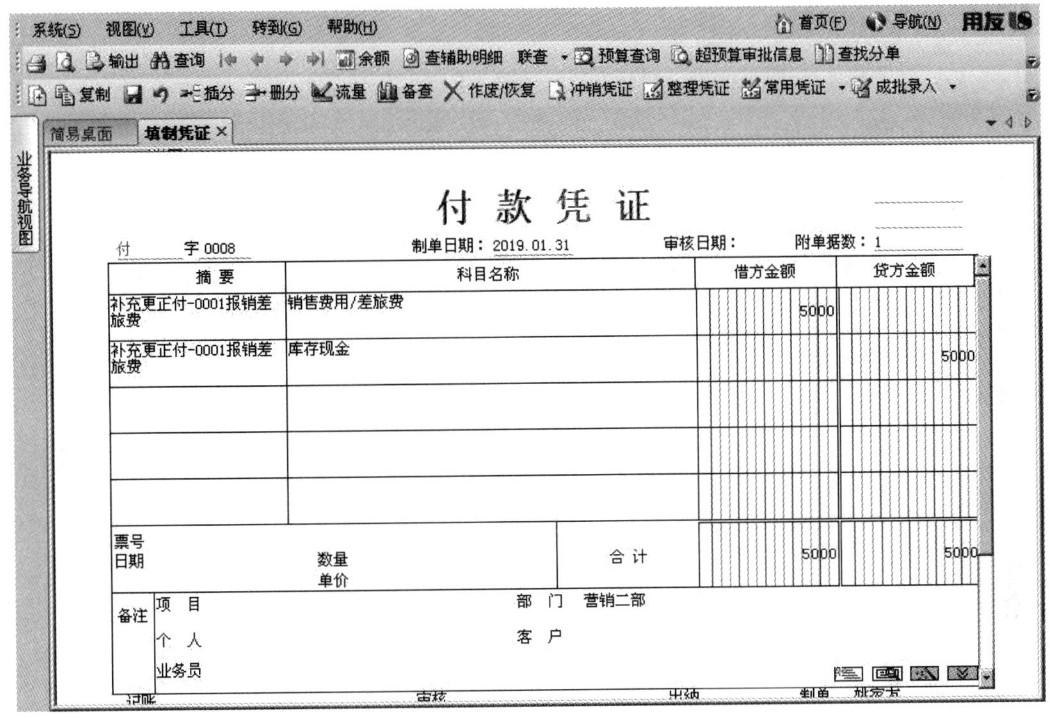

图 4 - 21　凭证修改—补充更正

提示：

补充更正法是在原错误凭证基础上进行金额或会计科目的补填，因此，除了直接手动填制外，也可以先查找到原错误凭证，通过点击【复制】按钮，生成一张与原错误凭证完全相同的新凭证，再在此新凭证上进行相应的修改。

② 如发现凭证金额多计或科目名称错误时，采用红字冲销法修改。在“填制凭证”标签页，点击【冲销凭证】按钮，打开“冲销凭证”对话框，选择需冲销的凭证，单击【确定】按钮，系统自动生成一张红字金额的冲销凭证。如只需冲销部分金额，可修改借方金额或贷方金额后保存，如图 4 - 22 所示。

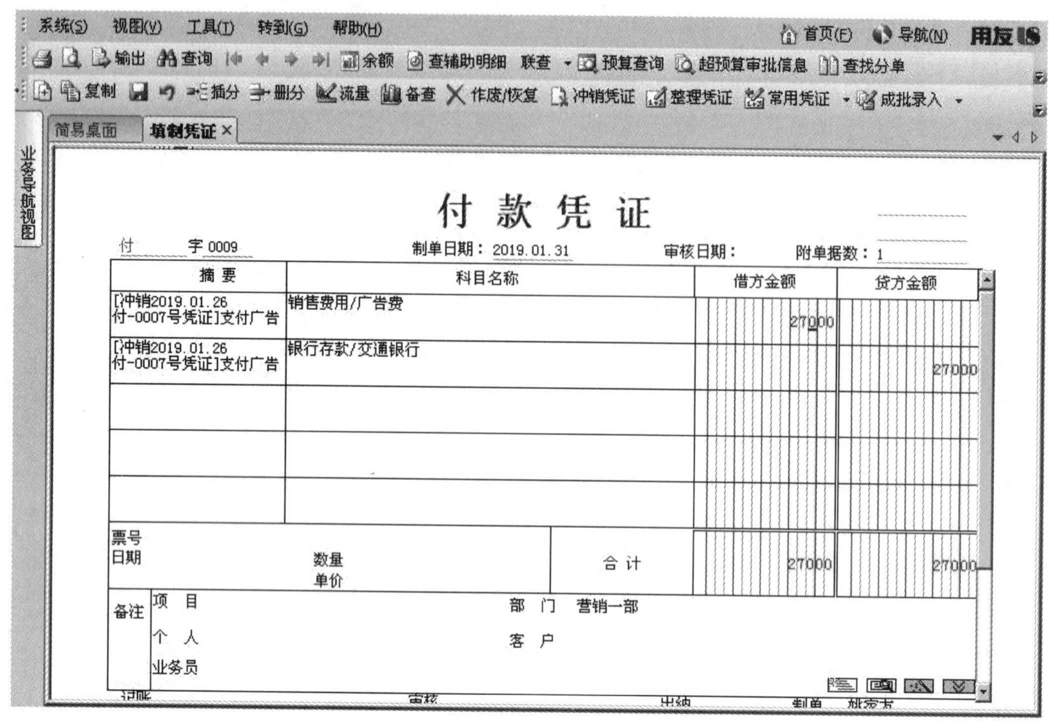

图 4－22　凭证修改—红字冲销

4.1.2　总账账表管理

【问题引入】

1. 记账凭证是否需要记账后才能查询账表?
2. 总账系统的账表是否可以单独保存成 Excel 电子表格文件?
3. 在总账系统的账表界面,可以查看到记账凭证吗?

【项目实训】

⊙ 实务案例

1. 总账

1）查询 2019 年 1 月“1002”科目的包含末级科目的总分类账。

2）查询 2019 年 1 月所有一级会计科目的总分类账。

3）查询 2019 年 1 月包含未记账凭证的所有二级会计科目的总分类账。

2. 余额表

1）查询 2019 年 1 月包含未记账凭证的所有资产类一级科目的余额表。

2）查询 2019 年 1 月包含未记账凭证、币别为“美元”的末级科目的余额表。

3）查询 2019 年 1 月,不包含未记账凭证,本期无发生额、无余额不显示的所有一级科目的余额表。

3. 明细账

1）查询 2019 年 1 月明细科目范围为“1012”至“6901”，按对方一级科目展开，包含未记账凭证的明细账。

2）查询 2019 年 1 月明细科目范围为“1012”至“6901”，按科目排序，包含未记账凭证的明细账。

3）查询 2019 年 1 月“1403 原材料”科目的数量金额明细账，按对方末级科目展开且按科目排序。

4. 多栏账

1）编制 2019 年 1 月制造费用多栏账。

2）编制 2019 年 1 月其他多栏账（管理费用多栏账、销售费用多栏账等）。

5. 往来账查询

1）查询 2019 年 1 月营销二部王立华的个人明细账。

2）查询 2019 年 1 月“茂名飞达有限公司”的客户明细账。

3）查询 2019 年 1 月“华城工贸有限公司”的供应商明细账。

4）查询 2019 年 1 月“1122 应收账款”科目的客户往来账龄分析表。

6. 项目账查询

查询“齿轮轴”的项目明细账。

⊙ 任务分解及技能要点（见表 4－2）

表 4－2　任务分解及技能要点

任务名称	系统导航	菜单路径	技能点
账表管理	【业务工作】\【财务会计】\【总账】	【账表】	总账账表的查询条件设置；账表的输出；账簿与凭证的联查

⊙ 岗位分工

☞ 系统登录：以 U02 学生姓名（账套主管）身份注册并登录【企业应用平台】模块，操作日期为“2019－01－31”。

⊙ 应用向导

执行【业务工作】\【财务会计】\【总账】命令，完成如下操作：

1）双击【账表】\【科目账】\【总账】命令，可以查询总账。

2）双击【账表】\【科目账】\【余额表】命令，可以查询发生额及余额表。

3）双击【账表】\【科目账】\【明细账】命令，可以查询各类明细账。

4）双击【账表】\【科目账】\【多栏账】命令，进入“多栏账”窗口，单击【增加】按钮，选择“核算科目”为“5101 制造费用”，“多栏账名称”为“制造费用多栏账”，单击【自动编排】按钮，如图 4－23 所示。单击【确定】按钮，即生成制造费用多栏账。单击【查询】按钮，即可查询多栏账。

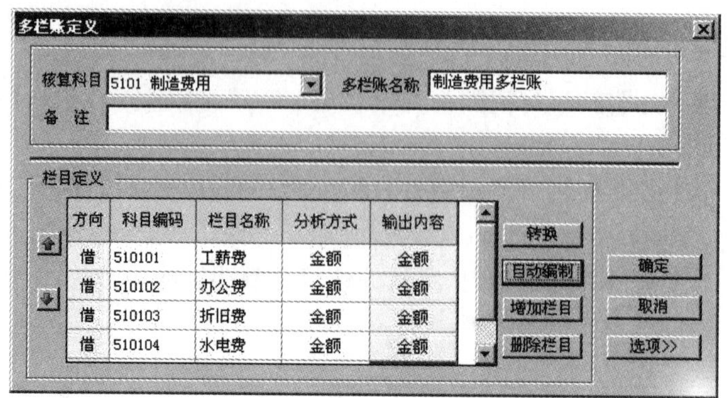

图 4-23　制造费用多栏账定义

5）在【账表】的下拉菜单中，还可以查询各类往来账、项目账等。

项目 4.2　固定资产系统日常业务处理

【项目目标】

- ◆ 掌握固定资产卡片的录入和修改。
- ◆ 掌握固定资产折旧和减值准备的计提。
- ◆ 掌握固定资产各类业务的制单操作。
- ◆ 理解系统参数设置对固定资产系统运行过程的控制。
- ◆ 理解固定资产系统与总账系统之间的数据传递关系。
- ◆ 了解固定资产系统的功能分布及业务流程。

【知识要点】

本项目主要包括以下内容。

☑ 4.2.1　固定资产增加业务处理
☑ 4.2.2　固定资产其他变动业务处理
☑ 4.2.3　固定资产折旧业务处理
☑ 4.2.4　固定资产减少业务处理
☑ 4.2.5　固定资产减值业务处理
☑ 4.2.6　固定资产凭证批量处理

下面对本项目内容的知识要点进行介绍。

固定资产管理系统的日常业务主要包括资产增加业务、其他变动业务、折旧业务、资产减少业务、资产减值业务和固定资产业务的凭证处理等。

一、固定资产增加业务

在企业经营过程中，通常会以购入、接受投资、自行建造等多种方式增加固定资产。对于新增的固定资产，需要在区分固定资产类别的基础上，以卡片的形式将其详细资料通过“资产增加”功能添加到固定资产管理系统中。在“资产增加”的固定资产卡片界面，需要录入固定资产名称、增加方式、使用部门、存放地点、使用状况、使用年限、开始使用日期、折旧方法、原值、增值税等项目内容，还可以在“附属设备”界面录入附属设备名称、规格型号、数量、价值、使用日期等项目内容。通过增加固定资产卡片，为后续填制固定资产增加业务凭证和登记固定资产总账及明细账提供必要而准确的依据。

二、固定资产其他变动业务处理

固定资产其他变动是指固定资产在使用过程中，除资产增减之外的其他信息变动，具体包括原值增加、原值减少、部门转移、使用状况变动、折旧方法调整、累计折旧调整、使用年限调整、工作总量调整、净残值（率）调整、类别调整、增值税调整等。对于发生上述变动的固定资产，不是直接修改某些固定资产卡片的项目资料，而是将变动信息通过“变动单”功能添加到固定资产模板中。除了按某项固定资产录入变动信息外，还可以通过“条件筛选”功能，过滤出符合条件的多个固定资产进行批量变动。

三、固定资产折旧业务处理

1. 折旧计提

自动计提折旧是固定资产管理系统的基本功能之一。系统允许企业在一个会计期间内多次执行计提折旧操作，但是只保留最后一次的操作结果，因此，通常在月末进行折旧计提。固定资产管理系统遵循新增资产当月不提折旧，年限平均法以净值为折旧基础，以剩余使用年限为计提年限等折旧计提原则。对于当期发生原值调整、累计折旧调整、净残值（率）调整等变动的，可以选择是否当期生效，如果不选择当期生效，则当期计提的折旧额不变，下期按照变化后的数据计算折旧；对于当期发生折旧方法调整、使用年限调整、工作总量调整等变动的，均按照变动后的数据计提当期折旧。固定资产管理系统根据已录入的固定资产卡片或变动单资料，按照原值、净残值（率）、折旧方法、使用年限、开始使用日期等要素，自动计算出各项固定资产的当期应提折旧额，并将当期的折旧额自动累加到“累计折旧”项目中。

2. 折旧分配表

在完成折旧计提后，固定资产管理系统会按照初始化或系统参数选项中设定的折旧分配汇总周期，自动生成折旧分配表。折旧分配表可以作为后续填制计提折旧业务凭证的辅助工具。该系统在“折旧分配表”界面提供了“制单”功能，通过参照初始设置的资产对应折旧科目，可以将本月计提的折旧费用分别计入相关资产成本或当期损益，并生成对应的记账凭证。如果在当期最后一次计提折旧之后，企业单位对账套数据进行过修改，可能会造成折旧分配表数据不正确，从而需要重新分配折旧。

四、固定资产减少业务处理

在企业经营过程中，可能会发生固定资产的出售、报废、毁损、投资或抵债转出等交易或事项，从而对所涉固定资产终止确认。对于减少的固定资产，需要先完成折旧计提，再以卡片的形式将其减少信息通过“资产减少”功能添加到固定资产管理系统中。在“资产减少”界面，需要录入减少日期、减少方式、清理收入、增值税、清理费用、清理原因等项目内容。除了按某项固定资产录入减少信息外，还可以通过“条件筛选”功能，过滤出符合条件的多个固定资产进行批量减少。

五、固定资产减值业务处理

企业应当至少在每年年度终了，对各项固定资产进行检查，判断其是否存在减值迹象。如果固定资产出现陈旧过时或发生实体损坏、预计使用方式发生重大不利变化、市价大幅度持续性下跌等现象，应当在可收回金额低于账面价值的时候，计提固定资产减值准备。固定资产管理系统提供了以变动单的形式计提减值准备的功能。上述变动单是后续生成相应的记账凭证的原始单据。同时，通过选项中的系统参数默认设置为不允许转回减值准备。

六、固定资产凭证批量处理

固定资产管理系统提供生成记账凭证的功能，可以将业务处理形成的卡片或变动单通过“制单”功能传递到总账管理系统。固定资产管理系统制单包括业务发生后立即制单和月末批量制单这两种方式。业务发生后立即制单是在卡片的资产增加、资产减少或变动单的原值增加、原值减少，以及累计折旧调整等单据操作完成后，并且在计提折旧完成后，随即进行该笔业务的凭证填制工作；月末批量制单是指月末将一批需要制单的业务集中起来填制凭证。在批量制单中，需要对选中的业务进行制单设置，也可以将多笔业务进行合并制单。

**【项目准备】**

☞ 以 U03 姚家友身份注册并登录【企业应用平台】模块，对本期固定资产业务填制卡片或变动单，生成记账凭证。

☞ 以 U04 丁成功身份注册并登录【企业应用平台】模块，完成总账的出纳签字和出纳管理等操作。

☞ 以 U02 学生姓名(账套主管)身份注册并登录【企业应用平台】模块，完成凭证审核、记账、账簿管理等操作。

4.2.1 固定资产增加业务处理

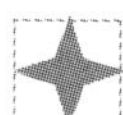**【问题引入】**

1. 固定资产增加的主要途径有哪些？不同途径的固定资产入账价值如何确定？

2. 固定资产管理系统哪些控制参数会对增加业务的处理产生影响？

3. 固定资产增加卡片上的哪些内容与相关凭证的填制存在关联？

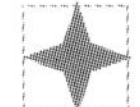【项目实训】

⊙ 实务案例

本月发生的固定资产增加业务如下：

业务 1：1 月 28 日，收到新股东赵东投入的价值 114 500 元的技术研发设施，属于本单位注册资本的部分为 100 000 元，已验收并交由生产一部使用，属于电子设备类，预计尚可使用 10 年，附单据 5 张。

业务 2：1 月 29 日，因工作需要，从山东机械设备厂购入磨床 1 部，价值 100 000 元，增值税税率为 13%。由物资部的秦奋经办，出纳丁成功出具交通银行转账支票(票号为 912788)付款，结算日期为当日。此设备由生产二部使用，属于通用设备类，预计使用 15 年，附单据 2 张。

业务 3：1 月 30 日，购入客车 1 辆，价值 213 800 元，增值税税率为 13%，以交通银行转账支票(票号为 912789)付款。结算日期为当日。由营销一部和营销二部共同使用(使用比例为 1∶1)，属于交通运输设备类，预计使用 10 年，折旧方法为平均年限法(一)，附单据 11 张。

⊙ 任务分解及技能要点(见表 4 - 3)

表 4 - 3　任务分解及技能要点

任务名称	系统导航	菜单路径	技能要点
固定资产卡片新增	【业务工作】\【财务会计】\【固定资产】	【卡片】\【资产增加】	新增固定资产的卡片的填制、修改、删除等操作
固定资产增加凭证制单			固定资产增加卡片的立即制单，生成转账凭证、付款凭证
固定资产卡片管理		【卡片】\【卡片管理】	固定资产增加卡片的查询、修改、删除等操作

⊙ 应用向导

执行【业务工作】\【财务会计】\【固定资产】命令，完成如下操作。

1. 固定资产卡片新增

执行【卡片】\【资产增加】命令，在“固定资产类别档案”对话框中，选择“电子设备类”，单击【确定】按钮，打开“固定资产卡片”标签页，对相关栏目内容进行选择或输入：“固定资产名称”为“技术研发设施”，“使用部门”为“生产一部”，“增加方式”为“投资者投入”，“使用状况”为“在用”，“使用年限(月)”为“120”，“开始使用日期”为“2019 - 01 - 28”，“原值”为“114 500”，其他栏目内容按照固定资产的初始设置，由系统自动带出。操作完成后，单击【保存】按钮，固定资产编号由系统自动生成，如图 4 - 24 所示。

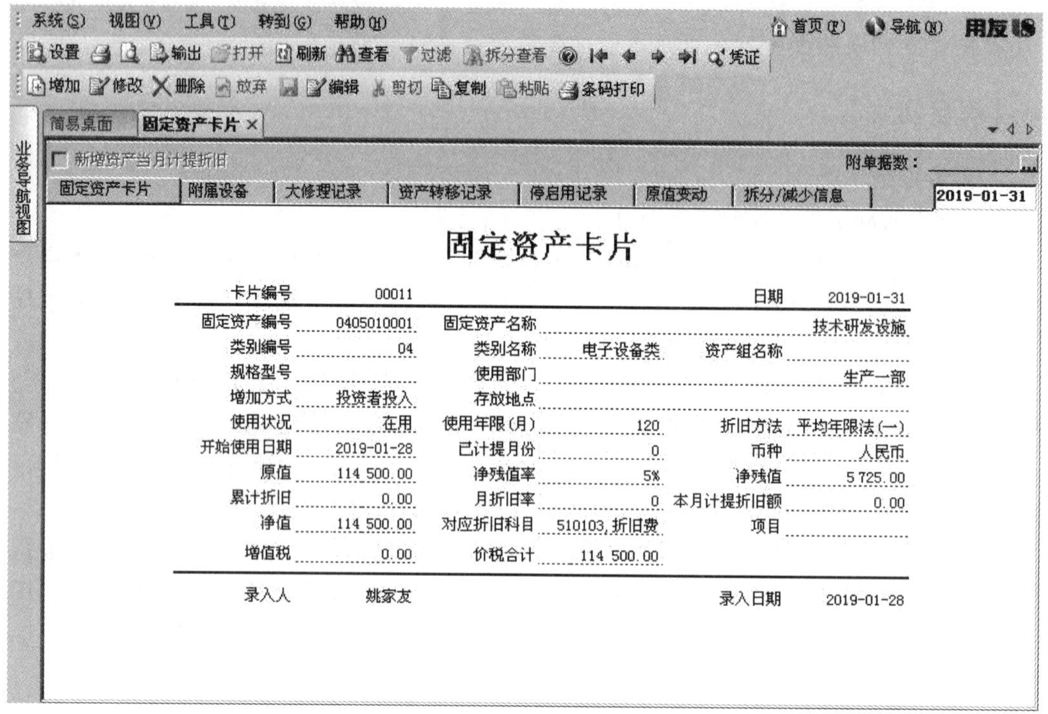

图 4-24　固定资产增加卡片录入

提示：

1）“原始卡片录入”与“资产增加”在卡片内容的填制方式上相同，区别在于：原始卡片只能录入开始使用日期在固定资产管理系统启用日期之前的固定资产，资产增加只能录入开始使用日期在固定资产管理系统启用日期之后的固定资产。

2）在资产增加的“固定资产卡片”窗口：

① 若固定资产编码方式已设定为“自动编码”，则固定资产编号不能手工输入。

② 资产可以是单一部门或多个部门使用，如为多个部门共同使用的，需要在“使用部门”中设置使用比例。

③ 在初始化时，折旧方法和净残值率已设定的，资产增加时可以进行个别修改。

④ 由于当月增加的固定资产当月不提折旧，因此，折旧率和折旧额栏目均为空。

⑤ 当固定资产卡片已设定为“含税卡片样式”，涉及增值税的，应当在“增值税”栏目中输入税额。

⑥ 点击【|←】、【←】、【→】、【→|】按钮，可以查看已保存的固定资产卡片；点击【修改】或【删除】按钮可以对尚未制单的固定资产卡片进行修改或删除。通过执行【卡片】\【卡片管理】命令，也可以进行上述操作。

⑦ 点击【凭证】按钮，可以进入“填制凭证”界面。

2. 固定资产增加凭证制单

在固定资产新增的卡片保存后，系统立即弹出“填制凭证”标签页，修改部分栏目内容：在凭证头，“凭证类别”为“转账凭证”，“制单日期”为“2019－01－28”，“附单据数”为“5”；在凭证体，“股本”科目的贷方金额为“100 000”，“资本公积——股本溢价”科目的贷方金额为“14 500”。操作完成后，单击【保存】按钮，生成对应的转账凭证，如图 4－25 所示。

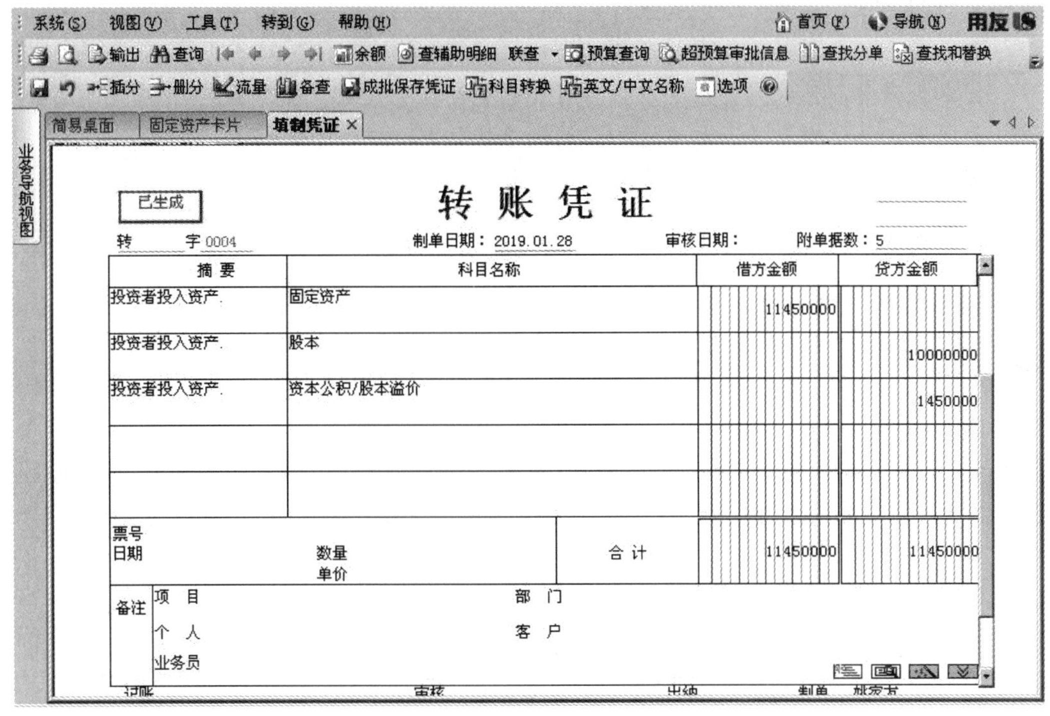

图 4－25　固定资产增加制单

以同样的方法，依次完成固定资产增加的卡片的填制和制单操作。

3. 固定资产卡片管理

执行【卡片】\【卡片管理】命令，打开“卡片管理”标签页，可以查看到固定资产增加业务的卡片列表，如图 4－26 所示。

图 4－26　固定资产卡片管理(增加业务)

4.2.2 固定资产其他变动业务处理

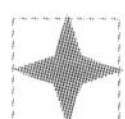

【问题引入】

1. 固定资产其他变动包括哪些业务类型?
2. 固定资产管理系统哪些控制参数会对其他变动业务处理产生影响?
3. 固定资产其他变动是否都要进行后续制单操作?
4. 固定资产变动单管理与卡片管理有什么异同点?

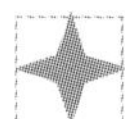

【项目实训】

⊙ **实务案例**

本月发生的固定资产其他变动业务如下:

业务 4:1 月 30 日,经批准,将分体式空调(编号为 02020001)由原先的财务部调拨到物资部使用,附单据 1 张。

业务 5:1 月 31 日,企管部的办公一体机(编号为 04010001)原值增加 800 元,变动原因为更换零部件。该零部件于当日购入,并以交通银行现金支票(票号为 648314)付款,结算日期为当日,附单据 2 张。

⊙ **任务分解及技能要点(见表 4-4)**

表 4-4 任务分解及技能要点

任务名称	系统导航	菜单路径	技能要点
固定资产使用部门变动	【业务工作】\【财务会计】\【固定资产】	【卡片】\【变动单】\【部门转移】	部门转移的变动单的填制
固定资产原值增加		【卡片】\【变动单】\【原值增加】	原值增加的变动单的填制;变动单制单,并生成付款凭证
固定资产其他变动业务的变动单管理		【卡片】\【变动单】\【变动单管理】	固定资产变动单的查询、修改、删除等操作

⊙ **应用向导**

执行【业务工作】\【财务会计】\【固定资产】命令,完成如下操作。

1. 固定资产使用部门变动

执行【卡片】\【变动单】\【部门转移】命令,打开"固定资产变动单"标签页,单击【卡片编号】按钮,选择需变动的固定资产项目,单击【确定】按钮,该项资产信息由系统自动带入,单击【变动后部门】按钮,选择"物资部",单击【确定】按钮,"变动原因"为"调拨"。操作完成后,单击【保存】按钮,如图 4-27 所示。

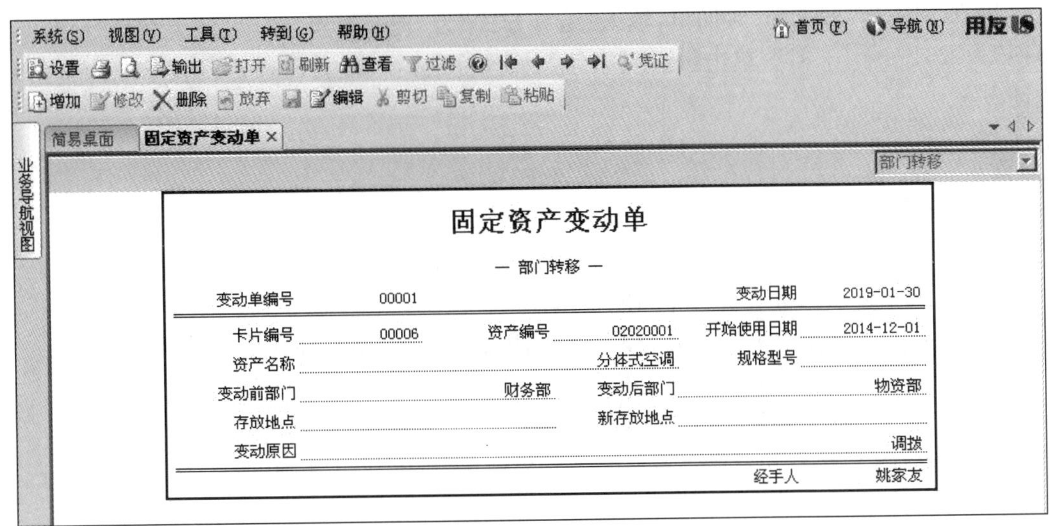

图 4－27　固定资产变动单(部门转移)

2. 固定资产原值增加

1）执行【卡片】\【变动单】\【原值增加】命令，打开“固定资产变动单”标签页，单击【卡片编号】按钮，选择需变动的固定资产项目，单击【确定】按钮，该项资产信息由系统自动带入，输入“增加金额”为“800”，“变动原因”为“更换零部件”。操作完成后，单击【保存】按钮，如图 4－28 所示。

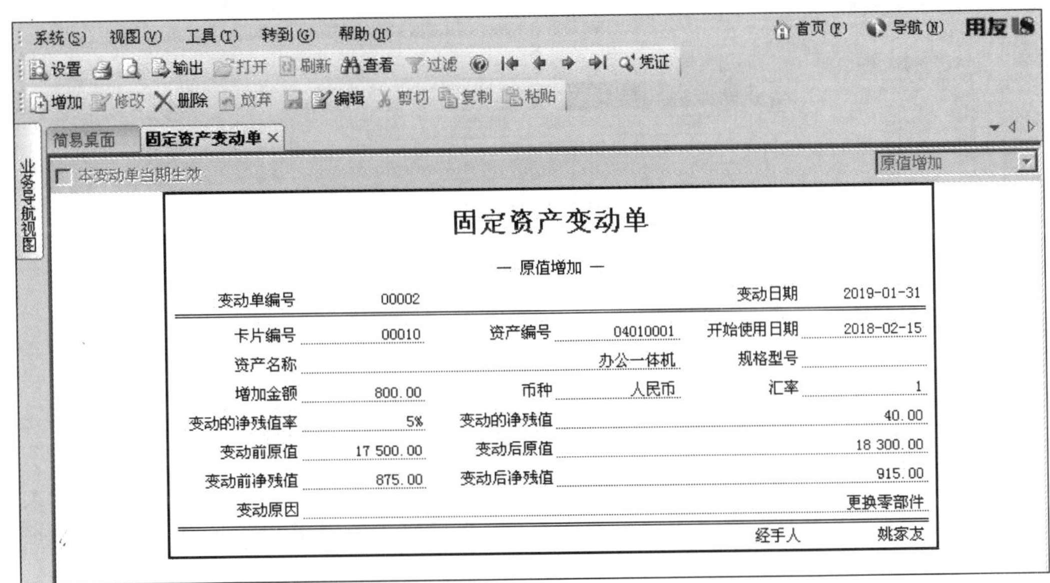

图 4－28　固定资产变动单(原值增加)

2）保存后，系统弹出“填制凭证”标签页，修改部分栏目内容：在凭证头，“凭证类别”为“付款凭证”，“制单日期”为“2019－01－31”，“附单据数”为“2”；在凭证体，先单击“银行存款/交通银行”所在科目栏，再将鼠标光标移至左下方“票号日期”位置，待光标由“箭头”变换为“笔头”

的形状，双击弹出“辅助项”对话框，填入“结算方式”为“现金支票”，“票号”为“648314”，“发生日期”为“2019-01-31”，单击【确定】按钮。操作完成后，单击【保存】按钮，生成对应的付款凭证。

提示：

1）当月新增资产不允许作为资产变动业务。

2）在“固定资产变动单”标签页：

① 点击【|←】、【←】、【→】、【→|】按钮，可以查看已保存的变动单。

② 点击【删除】按钮，可以删除已保存的固定资产变动单，但不得修改。

③ 点击【凭证】按钮，可以进入“填制凭证”界面。

④ 部门转移的资产不涉及原值金额的变化，无须制单，但需要检查该资产对应折旧科目是否正确。

3. 固定资产其他变动业务的变动单管理

执行【卡片】\【变动单】\【变动单管理】命令，打开“变动单管理”标签页，可以查看到固定资产其他变动业务的变动单列表，如图 4-29 所示。

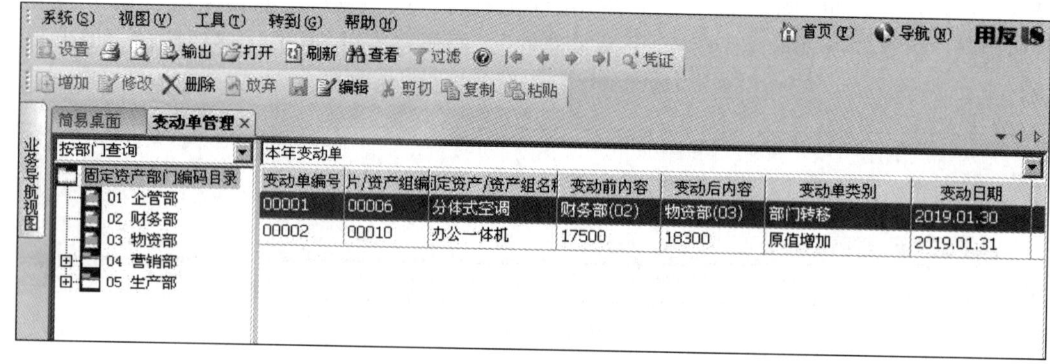

图 4-29　变动单管理(其他变动业务)

提示：

1）变动单的删除应当按照序号从后向前操作。

2）已制单的变动单不能修改和删除。如需修改已制单的变动单，应先删除对应的凭证。如需修改变动单对应的卡片，只有将变动单及其对应的凭证一并删除，才能修改。

4.2.3　固定资产折旧业务处理

【问题引入】

1. 固定资产管理系统哪些控制参数会对折旧业务处理产生影响?
2. 相较于其他方法,工作量法计提折旧有什么特殊操作步骤?
3. 固定资产折旧计提完成后,如进行立即制单将会如何影响后续业务处理?
4. 查阅折旧清单和折旧分配表,分别能看到什么信息?

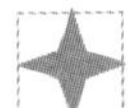

【项目实训】

⊙ **实务案例**

本月发生的固定资产折旧业务如下:

业务 6:1 月 31 日,根据固定资产相关信息,计提本月固定资产折旧,查看折旧清单,并生成折旧分配表。

⊙ **任务分解及技能要点(见表 4-5)**

表 4-5　任务分解及技能要点

任务名称	系统导航	菜单路径	技能要点
固定资产折旧计提	【业务工作】\【财务会计】\【固定资产】	【处理】\【计提本月折旧】	进行折旧的计提(注:折旧计提的凭证暂不立即制单)
折旧清单管理		【处理】\【折旧清单】	进行折旧清单的查询、输出等操作
折旧分配表管理		【处理】\【折旧分配表】	进行折旧分配表的查询、修改、凭证等操作

⊙ **应用向导**

执行【业务工作】\【财务会计】\【固定资产】命令,完成如下操作:

1) 执行【处理】\【计提本月折旧】命令,系统弹出提示"是否要查看折旧清单",单击【是】按钮,系统提示"本操作将计提本月折旧,并花费一定时间,是否要继续",单击【是】按钮,系统自动开始计提折旧。

2) 折旧计提后,系统显示折旧清单,如图 4-30 所示。

3) 退出折旧清单后,系统生成折旧分配表,如图 4-31 所示。

卡片编号	资产编号	资产名称	原值	计提原值	本月计提折旧额	累计折旧	本年计提折旧
00001	010105010001	厂房A	1,800,000.00	1,800,000.00	4,500.00	85,500.00	4,500.00
00002	010105020001	厂房B	1,600,000.00	1,600,000.00	4,000.00	272,000.00	4,000.00
00003	0102010001	行政楼	1,293,000.00	1,293,000.00	3,232.50	74,347.50	3,232.50
00004	010204010001	展销中心	450,000.00	450,000.00	1,125.00	76,900.00	1,125.00
00005	0205010001	车床	78,000.00	78,000.00	390.00	25,350.00	390.00
00006	02020001	分体式空调	60,000.00	60,000.00	450.00	22,050.00	450.00
00007	03010001	商务车	300,000.00	300,000.00	1,590.00	50,673.00	1,590.00
00008	03030001	货车	50,000.00	50,000.00	265.00	793.00	265.00
00009	04020001	笔记本电脑	38,000.00	38,000.00	300.20	12,935.20	300.20
00010	04010001	办公一体机	18,300.00	17,500.00	138.25	1,523.25	138.25
合计			5,687,300.00	5,686,500.00	15,990.95	622,071.95	15,990.95

图 4-30　折旧清单

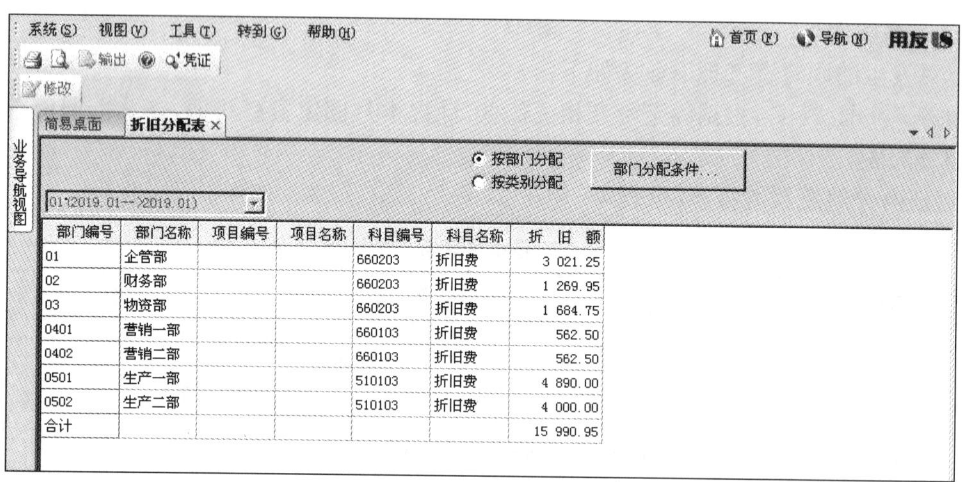

部门编号	部门名称	项目编号	项目名称	科目编号	科目名称	折旧额
01	企管部			660203	折旧费	3 021.25
02	财务部			660203	折旧费	1 269.95
03	物资部			660203	折旧费	1 684.75
0401	营销一部			660103	折旧费	562.50
0402	营销二部			660103	折旧费	562.50
0501	生产一部			510103	折旧费	4 890.00
0502	生产二部			510103	折旧费	4 000.00
合计						15 990.95

图 4-31　折旧分配表

提示：

1）以工作量法计提折旧的固定资产，在计提折旧前，必须先执行【处理】\【工作量输入】命令，输入工作总量、本期工作量等信息。

2）同一会计期间可多次计提折旧，后一次会自动覆盖前一次的数据，不会重复累计。

3）在本月最新一次计提折旧后，重新修改了账套数据或折旧选项的，可能会导致折旧分配表不准确，需要重新计提折旧。

4）如前一次计提折旧已制单，必须先删除对应的凭证后才能重新计提。

5）折旧清单提供了按部门查询、按类别查询两种方式，折旧分配表提供了按类别分配、按部门分配两种方式。通过执行【处理】\【折旧清单】或【折旧分配表】命令，也可以查询上述表单；通过点击【输出】按钮，可以将上述表单以.rep、.dbf、.xls、.html、.txt 等某一种文件类型，单独保存到电脑的指定路径下。

4.2.4　固定资产减少业务处理

【问题引入】

1. 固定资产减少的主要原因有哪些？不同原因的固定资产处置净损益如何结转？
2. 固定资产管理系统哪些控制参数会对减少业务处理产生影响？
3. 固定资产减少卡片上的各项内容与相关凭证的填制有什么关联？
4. 如何撤销已完成的固定资产减少业务？

【项目实训】

⊙ **实务案例**

本月发生的固定资产减少业务如下：

业务 7：1 月 31 日，因涉及合同问题，企管部将使用的商务车（编号为 03010001）出售，取得出售款项 198 000 元，增值税税率为 13%，收到转账支票（票号为 458931），款项已于当日转入本单位银行账户；发生清理费用 300 元，以现金支付；同时将固定资产注销。结算日期为当日。

⊙ **任务分解及技能要点（见表 4－6）**

表 4－6　任务分解及技能要点

任务名称	系统导航	菜单路径	技能要点
固定资产卡片减少	【业务工作】\【财务会计】\【固定资产】	【卡片】\【资产减少】	减少固定资产的卡片填制、修改、删除等操作（注：固定资产减少的凭证暂不立即制单）
固定资产卡片管理		【卡片】\【卡片管理】	固定资产减少卡片的查询、修改、撤销减少等操作

⊙ **应用向导**

执行【业务工作】\【财务会计】\【固定资产】\【卡片】\【资产减少】命令，打开“资产减少”标签页，选择需减少的固定资产，单击【增加】按钮，形成一条资产减少记录，对相关栏目内容进行选择或输入，如图 4－32 所示。操作完成后，单击【确定】按钮，完成资产减少操作。

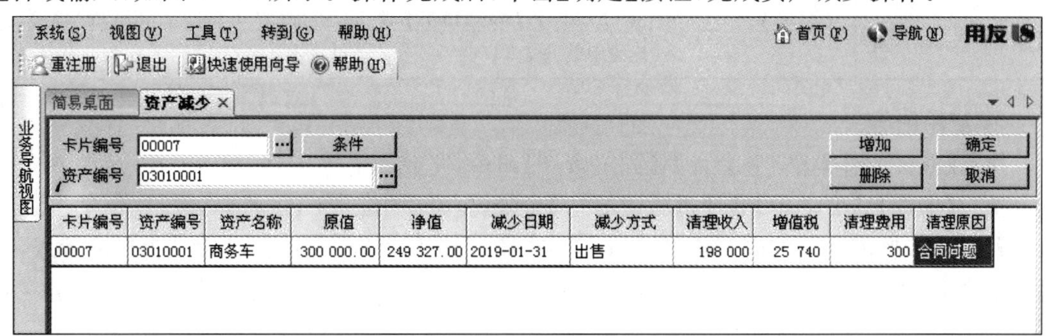

图 4－32　固定资产减少

提示：

1）固定资产管理系统预设为“当月减少的固定资产，当月照提折旧”，因此，当月计提折旧后，才能减少固定资产。

2）如对固定资产减少进行了误操作，则通过执行【卡片】\【卡片管理】命令，在“卡片管理”标签页，将“在役资产”栏末尾的下拉按钮切换为“已减少资产”，点击【撤销减少】按钮，可以恢复已减少的资产。该操作仅限于当月减少且尚未制单的资产。

4.2.5 固定资产减值业务处理

【问题引入】

1. 当哪些情况出现时，需要对固定资产进行减值测试？
2. 相较于坏账准备，固定资产减值准备计提的核算科目有什么不同？
3. 如何撤销已计提的固定资产减值准备？

【项目实训】

⊙ 实务案例

本月发生的固定资产减值业务如下：

业务 8：1 月 31 日，经核查对 2015 年购入的笔记本电脑（编号为 04020001）计提 1 200 元的减值准备。

⊙ 任务分解及技能要点（见表 4－7）

表 4－7　任务分解及技能要点

任务名称	系统导航	菜单路径	技能要点
固定资产减值准备计提	【业务工作】\【财务会计】\【固定资产】	【卡片】\【变动单】\【计提减值准备】	计提减值准备的变动单的填制（注：减值准备计提的凭证暂不立即制单）
固定资产减值业务的变动单管理		【卡片】\【变动单】\【变动单管理】	固定资产变动单的查询、修改、删除等操作

⊙ 应用向导

执行【业务工作】\【财务会计】\【固定资产】命令，完成如下操作：

执行【卡片】\【变动单】\【计提减值准备】命令，打开“固定资产变动单”标签页，单击【卡片编号】按钮，选择需变动的固定资产项目，单击【确定】按钮，该项资产信息由系统自动带入，“减值准备金额”为“1 200”，“变动原因”为“计提减值准备”。操作完成后，单击【保存】按钮，如图 4－33 所示。

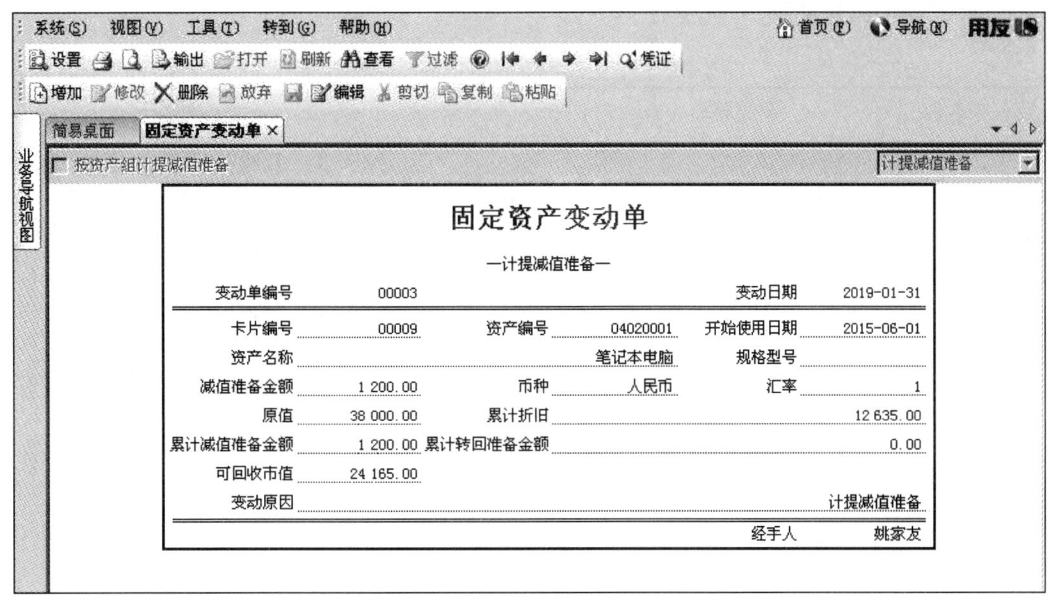

图 4－33　固定资产变动单(计提减值准备)

4.2.6　固定资产凭证批量处理

【问题引入】

1. 在批量制单设置时,如选择合并分录会产生怎样的效果?

2. 相较于源自总账管理系统的凭证,固定资产管理系统的凭证在后续环节上有什么不同?

3. 固定资产管理系统与总账管理系统之间有什么数据传递关系?

4. UFO 报表提供哪些与固定资产管理系统相关联的用友固定资产函数?

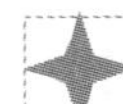

【项目实训】

⊙ **实务案例**

本月涉及固定资产凭证批量处理的业务如下:

业务 9:1 月 31 日,通过批量制单,依次完成业务 6、业务 7、业务 8 所涉凭证的制单操作,附单据分别为 1 张、4 张、1 张。

业务 10:1 月 31 日,经批准,按相关规定本月结转出售商务车(编号为 03010001)的净损益,附单据 2 张。

⊙ 任务分解及技能要点(见表 4-8)

表 4-8 任务分解及技能要点

任务名称	系统导航	菜单路径	技能要点
固定资产业务凭证制单	【业务工作】\【财务会计】\【固定资产】	【处理】\【批量制单】	计提折旧制单,并生成转账凭证;固定资产减少制单,并生成付款凭证;计提减值准备制单,并生成转账凭证
	【业务工作】\【财务会计】\【总账】	【凭证】\【填制凭证】	出售固定资产净损益结转的制单,并生成转账凭证
固定资产业务凭证的后续操作	【业务工作】\【财务会计】\【固定资产】	【处理】\【凭证查询】	固定资产凭证的查询、修改、删除、冲销等操作
	【业务工作】\【财务会计】\【总账】	【凭证】\【填制凭证】;【审核凭证】;【出纳签字】;【记账】	固定资产凭证的整理、审核、出纳签字、记账等操作

⊙ 应用向导

1. 固定资产业务凭证制单

1) 执行【业务工作】\【财务会计】\【固定资产】\【处理】\【批量制单】命令,在"查询条件选择—批量制单"对话框中,单击【确定】按钮,打开"批量制单"标签页,如图 4-34 所示。

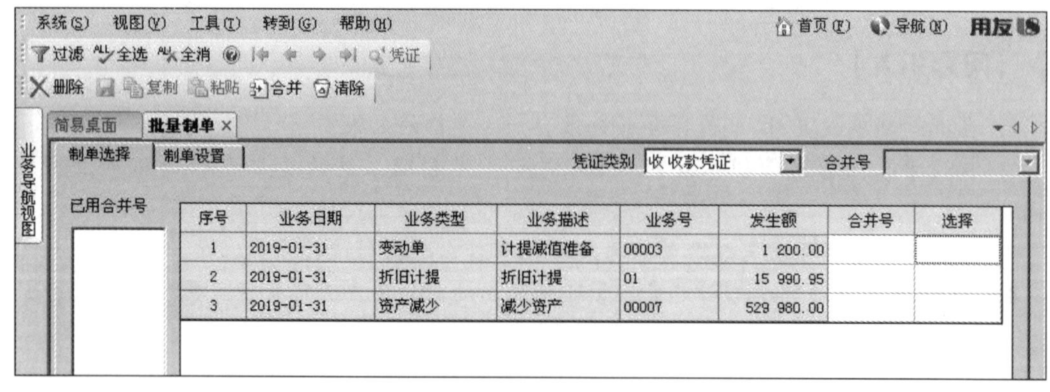

图 4-34 批量制单

2) 双击"折旧计提"业务记录所在行,"选择"显示为"Y",进入"制单设置"界面,"凭证类别"为"转账凭证",取消勾选"方向相反时合同分录",单击【凭证】按钮,进入"填制凭证"界面,修改部分栏目内容后,单击【保存】按钮,生成对应的转账凭证,如图 4-35 所示,凭证左上角显示红字的"已生成"标记。

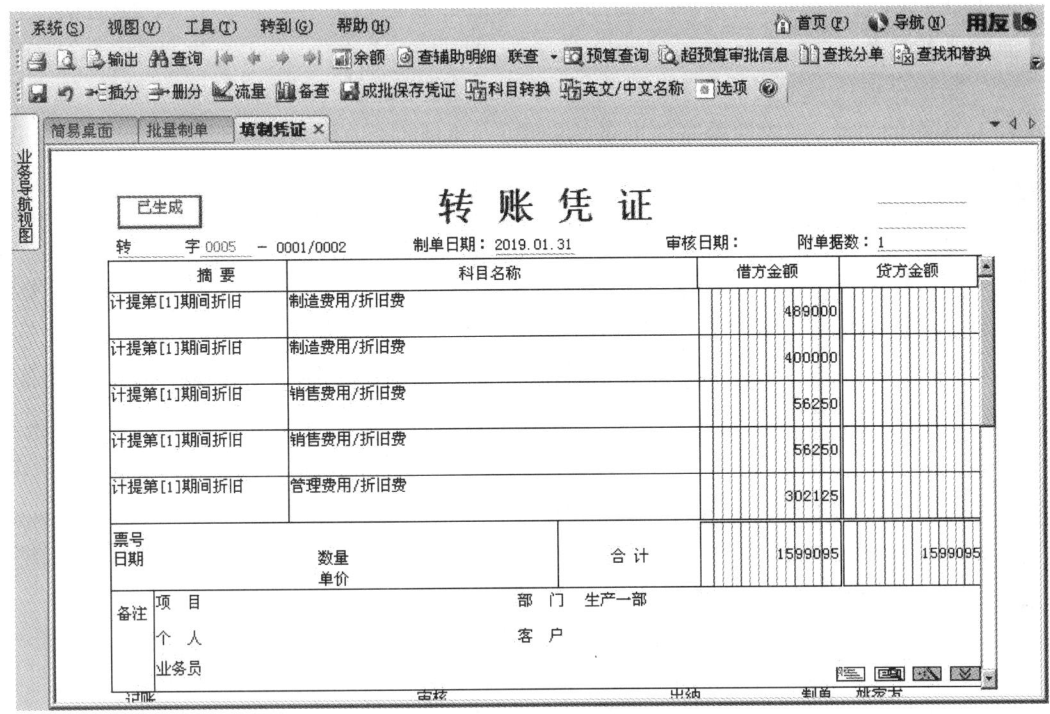

图 4 - 35　计提折旧制单

3）双击“资产减少”业务记录所在行，“选择”显示为“Y”，进入“制单设置”界面，“凭证类别”为“付款凭证”，取消勾选“方向相同时合并分录”“方向相反时合同分录”，补充填入序号为“4”“7”“9”所在行的“科目”，修改序号为“8”所在行的“科目”，如图 4 - 36 所示。

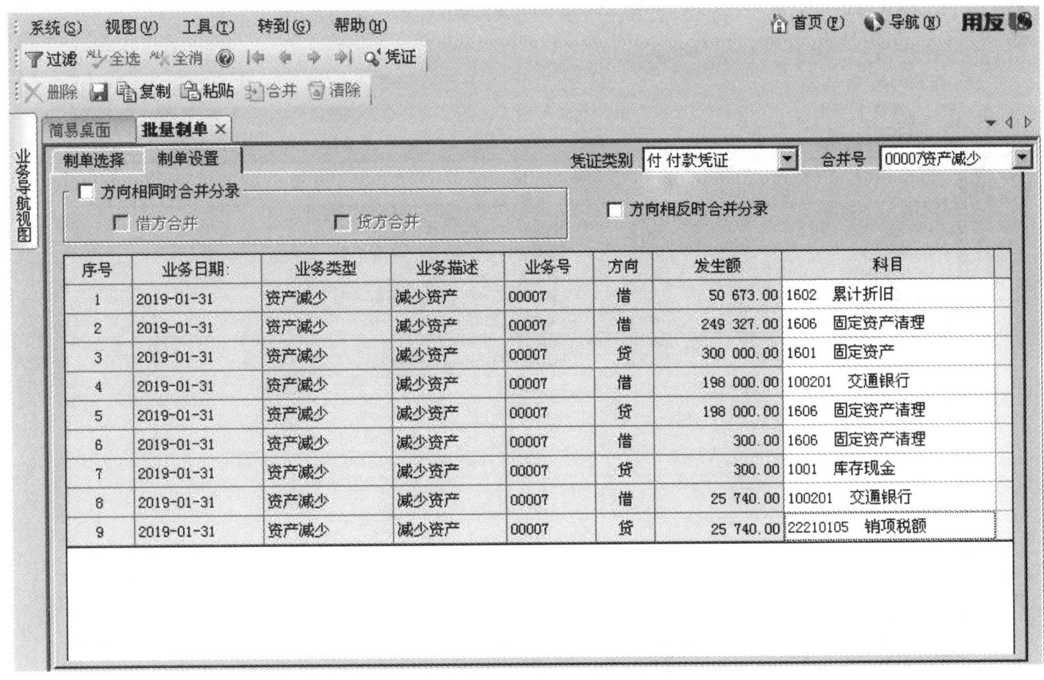

图 4 - 36　减少资产制单设置

4）单击【凭证】按钮，进入“填制凭证”界面，修改部分栏目内容，“银行存款/交通银行”科目的辅助项需要补充“结算方式”为“转账支票”，“票号”为“458931”，“发生日期”为“2019-01-31”。操作完成后，单击【保存】按钮，生成对应的转账凭证。

5）以同样的方法，完成计提减值准备的制单，并生成对应的转账凭证。

提示：

（1）在总账管理系统中填制完成的凭证保存后，不会出现“已生成”标记，只有在非总账的外部系统中填制完成的凭证才会在保存后出现“已生成”标记。

（2）固定资产卡片或变动单保存后立即进入“填制凭证”界面的前提是在【设置】\【选项】菜单中已勾选“业务发生后立即制单”。

（3）在“批量制单”标签页中：

① 只有业务处理当时没有立即制单的业务才会显示出来。

② 制单日期可根据业务实际日期手动修改，但不得滞后于系统操作日期。

③ 标注“已生成”字样的凭证不能直接修改。

（4）固定资产管理系统生成的凭证，必须在总账管理系统中进行审核和记账，否则会造成两个系统数据不一致。

6）执行【业务工作】\【财务会计】\【总账】\【凭证】\【填制凭证】命令，完成对出售固定资产净损益进行凭证填制，生成对应的转账凭证。

2. 固定资产业务凭证的后续操作

1）执行【业务工作】\【财务会计】\【固定资产】\【处理】\【凭证查询】命令，打开“凭证查询”标签页，可以查看到固定资产各类业务的凭证列表，如图 4-37 所示。

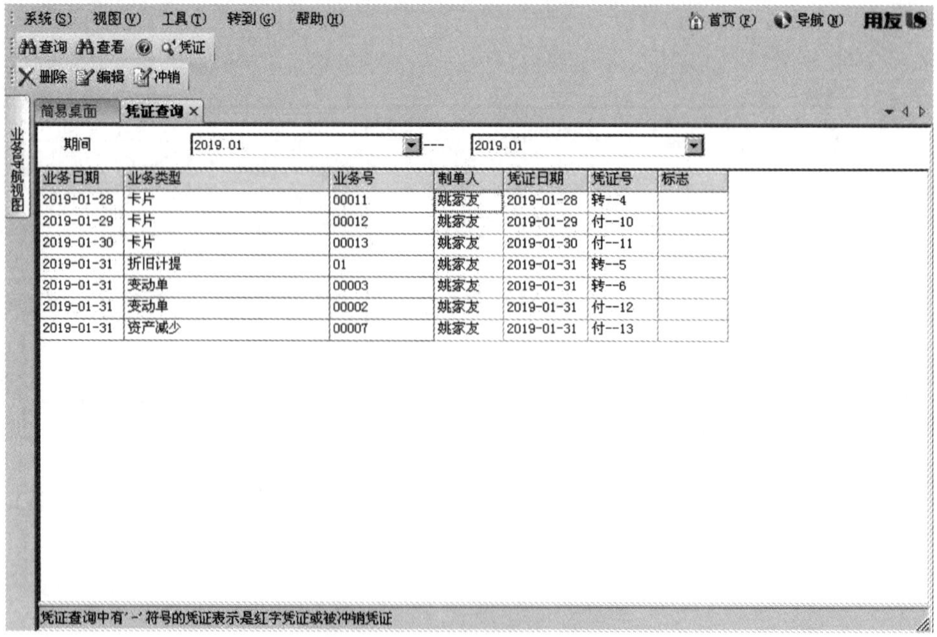

业务日期	业务类型	业务号	制单人	凭证日期	凭证号	标志
2019-01-28	卡片	00011	姚家友	2019-01-28	转--4	
2019-01-29	卡片	00012	姚家友	2019-01-29	付--10	
2019-01-30	卡片	00013	姚家友	2019-01-30	付--11	
2019-01-31	折旧计提	01	姚家友	2019-01-31	转--5	
2019-01-31	变动单	00003	姚家友	2019-01-31	转--6	
2019-01-31	变动单	00002	姚家友	2019-01-31	付--12	
2019-01-31	资产减少	00007	姚家友	2019-01-31	付--13	

图 4-37　固定资产凭证查询

提示：

1）固定资产管理系统生成的凭证在总账管理系统中不得修改和作废。

2）在固定资产的“凭证查询”标签页，选择某一行凭证记录：

① 点击【编辑】、【冲销】按钮，可以进行修改、冲销操作。修改固定资产管理系统生成的凭证时，凭证类型、由卡片或变动单带入凭证的分录金额不得修改；未记账凭证不得冲销。

② 点击【删除】按钮，可以从固定资产管理系统中删除此凭证，但仍列示于总账管理系统的凭证列表中，标注为“作废”，且这类作废凭证是不可恢复的。如需彻底删除，可以通过“整理凭证”功能来完成。

③ 点击【凭证】按钮，或者双击某一行凭证记录，可以查看该凭证的详细内容。

上述按钮对于由薪资管理、供应链管理、应收应付款管理等外部系统生成的凭证也具有类似作用。

3）已制单的固定资产卡片或变动单，如需修改卡片或变动单信息，需要先彻底删除对应的凭证。

2）执行【业务工作】\【财务会计】\【总账】【凭证】\【填制凭证】（或【审核凭证】或【出纳签字】或【记账】命令，完成对固定资产凭证的审核、出纳签字和记账。

项目 4.3　薪资系统日常业务处理

【项目目标】

- 掌握薪资变动数据的录入、计算和汇总。
- 掌握薪资费用的分摊设置及凭证制单操作。
- 理解薪资管理与总账管理系统之间的数据传递关系。
- 了解薪资管理系统的功能分布及业务流程。

【知识要点】

本项目主要包括以下内容。

☑ 4.3.1　薪资变动数据处理

☑ 4.3.2　薪资费用核算

下面对本项目内容的知识要点进行介绍。

一、薪资变动数据处理

薪资变动数据处理包括工资变动数据的录入、计算和汇总等操作，主要用于日常工资数据的调整变动以及工资项目的增减等。比如，扣发房租或水电费、扣发社保和住房公积金个人缴款、扣发病事假工资等，发放绩效奖金、加班费、出差补助或其他特殊补贴等。在薪资管理的初始化流程中，我们已事先设好了工资类别、人员档案、工资项目及公式等资料，因此，进入【工资变动】菜单后，系统会列出需要核算薪资的人员名单和相关工资项目，企业可以根据当月工资统计表录入工资数据，也可以直接在工资变动列表中修改数据。在实际工作中，基本工资、岗位工资等这类工资数据可能在若干个月甚至若干年内均不发生变化，因此，企业可以使用锁定功能，将当期固定不变的工资项目进行锁定。一经锁定的工资项目不得编辑，从而减少录入差错。

同时，用友 U8 系统提供了过滤、定位、替换、筛选、取数等功能，以便于提高查询效率，实现薪资数据的快速录入。

1）如果只需对某些项目进行录入，使用“过滤”功能。通过设定要过滤查询的工资项目条件，选择某些工资项目（诸如扣水电费、扣房租等），进行数据录入，也可以将该项目过滤器加以保存，方便进行反复调用。

2）如果需录入某个指定部门或人员的数据，使用“定位”功能。通过设定部门、人员的定位查询条件，从某一部门所有人员中选出要查询的人员进行数据录入。

3）如果需按某个具体条件统一调整某个工资项目数据，例如，研发部门人员的奖金统一上调 200 元，使用“替换”功能。

4）如果需按某些条件选出符合条件的人员进行录入，例如，选择 2016 年 1 月 1 日以后入职的人员进行录入，使用“筛选”功能。通过设定筛选条件，从部门、人员编号、人员类别、人员姓名、账号、入职或离职日期、是否计税、中方人员、是否核算计件工资等诸多项目中进行选择，按照某个项目的某个数据等于、大于或小于的值进行数据处理。

5）使用“取数”功能，系统自动将在工资项目中设置了对应关系的项目数据填充为人事薪资数据中的对应信息。

此外，用友 U8 系统还提供了个人所得税计算功能。企业可以在录入薪资变动数据后执行“计算”“汇总”等功能，系统会根据企业预先设定好的个人所得税计税项目、税率及扣除基数等，自动计算出代扣代缴的个人所得税金额，并列示在工资变动表的代扣税或代付税的相应项目中。需要注意的是，在修改了某些薪资数据、重新设置了工资项目计算公式、进行了数据替换，或是在个人所得税中执行了自动扣税等操作后，最好使用“计算”“汇总”功能对薪资数据重新计算，以保证数据的正确性。

二、薪资费用核算

在薪资变动数据生成后，用友 U8 系统提供了“工资分摊”功能。财务部门根据本单位的工资费用分配方案，通过此功能，能够查询到部门工资数据，设计符合需要的薪资费用计提类型，设定好计提基数、计提比例和对应科目等，选定参与核算的部门，将工资费用根据用途进行分配，编制相应的记账凭证，并将薪资业务凭证传递到总账系统执行审核、记账等处理。

【项目准备】

☞ 以U02学生姓名(账套主管)身份注册并登录【企业应用平台】模块,对本期人力资源业务进行操作,生成记账凭证。

☞ 以U01学号末3位(账套主管)身份注册并登录【企业应用平台】模块,完成凭证审核、记账、账簿管理。

4.3.1　薪资变动数据处理

【问题引入】

1. 如果企业计薪人员规模较大,如何能够快速录入变动数据?
2. 如果某个工资项目的数据需要批量等额变化,如何进行操作?
3. 工资项目的计算公式发生变化后,已录入的工资数据如何更新?
4. 薪资项目个人所得税的计算方法是什么?

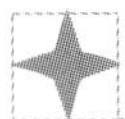

【项目实训】

⊙ **实务案例**

本月薪资管理的工资变动数据如下:

1月31日,根据"2019年1月工资数据表"输入工资数据,进行工资的计算和汇总。

1. 正式人员薪资(见表4-9)

表4-9　正式人员的工资　　元

职员编号	职员姓名	基本工资	岗位工资	津贴	病事假天数	备注
1001	学号末3位	5 000.00	6 500.00	500.00		
1002	学生姓名	4 000.00	6 000.00	500.00		
1003	姚家友	3 500.00	3 500.00	400.00	0.5	
1004	丁成功	4 000.00	3 000.00	400.00		
1005	秦奋	3 000.00	3 000.00	400.00		
1006	李丽	5 500.00	4 500.00	450.00		
1007	王立华	4 100.00	4 000.00	400.00	1.0	
1008	赵方平	3 150.00	4 000.00	400.00		
1009	董文	2 500.00	4 000.00	450.00		
1010	周海	2 500.00	4 000.00	300.00		新进人员

注:

1) 周海(男,编号1010)为本月营销二部的新进人员,人员类别为销售管理人员,是业务员,不核算计件工资,其代发薪资的银行账号为62226001010,学历为本科。

2) 本月生产一部和生产二部均投产了全新生产线,加班较多,每位人员的津贴都增加500元。

2. 临时人员薪资(见表 4－10)

表 4－10 临时人员薪资

千米

职员编号	职员姓名	工作日里程	非工作日里程
990001	王芳琴	3 500	630
990002	李勇	2 880	570

⊙ 任务分解及技能要点(见表 4－11)

表 4－11 任务分解及技能要点

任务名称	系统导航	菜单路径	技能要点
正式人员薪资变动处理	【业务工作】\【人力资源】\【薪资管理】	【业务处理】\【工资变动】	工资变动数据的录入、计算和汇总等操作
临时人员薪资变动处理	【业务工作】\【人力资源】\【计件工资】	【个人计件】\【计件工资录入】;【计件工资汇总】	计件工资数据的录入、修改、删除和审核等操作;计件工资的汇总

⊙ 应用向导

1. 正式人员薪资变动处理

执行【业务工作】\【人力资源】\【薪资管理】命令,完成如下操作:

1) 执行【工资类别】\【打开工资类别】命令,打开“正式人员”工资类别。

2) 执行【业务处理】\【工资变动】命令,进入“工资变动”标签页,在工资变动列表中,依次输入每个人员的“基本工资”“岗位工资”“津贴”“病事假天数”这些没有进行公式定义的项目。录入完成后,单击【计算】按钮,再单击【汇总】按钮,其余工资项目的数据由系统根据事先设定的公式自动生成,如图 4－38 所示。

如果工资变动后,没有执行数据的计算和汇总,在退出“工资变动”窗口时,系统会提示“数据发生变动后请进行工资计算和汇总,否则工资数据可能不正确!是否进行工资计算和汇总”,单击【是】按钮,并退出“工资变动”标签页。

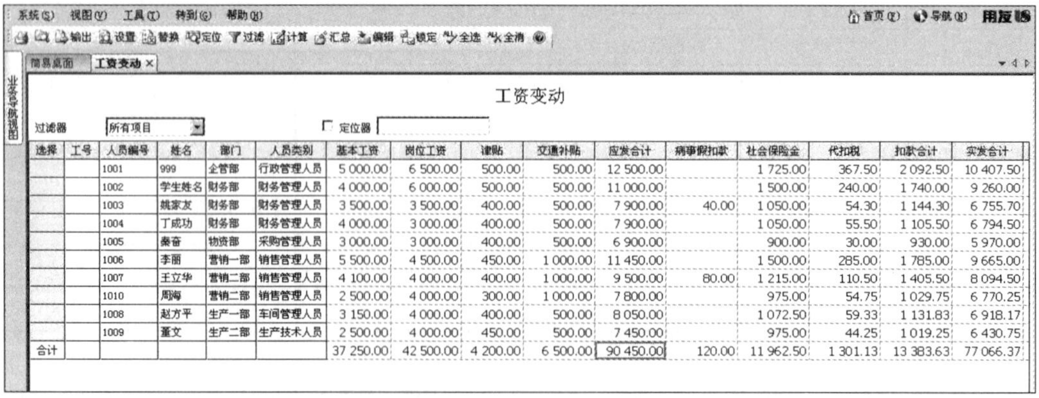

工资变动

过滤器 所有项目　　定位器

选择	工号	人员编号	姓名	部门	人员类别	基本工资	岗位工资	津贴	交通补贴	应发合计	病事假扣款	社会保险金	代扣税	扣款合计	实发合计
		1001	999	企管部	行政管理人员	5 000.00	6 500.00	500.00	500.00	12 500.00		1 725.00	367.50	2 092.50	10 407.50
		1002	学生姓名	财务部	财务管理人员	4 000.00	6 000.00	500.00	500.00	11 000.00		1 500.00	240.00	1 740.00	9 260.00
		1003	姚家友	财务部	财务管理人员	3 500.00	3 500.00	400.00	500.00	7 900.00	40.00	1 050.00	54.30	1 144.30	6 755.70
		1004	丁成功	财务部	财务管理人员	4 000.00	3 000.00	400.00	500.00	7 900.00		1 050.00	55.50	1 105.50	6 794.50
		1005	秦奋	物资部	采购管理人员	3 000.00	3 000.00	400.00	500.00	6 900.00		900.00	30.00	930.00	5 970.00
		1006	李丽	营销一部	销售管理人员	5 500.00	4 500.00	450.00	1 000.00	11 450.00		1 500.00	285.00	1 785.00	9 665.00
		1007	王立华	营销二部	销售管理人员	4 100.00	4 000.00	400.00	1 000.00	9 500.00	80.00	1 215.00	110.50	1 405.50	8 094.50
		1010	周海	营销二部	销售管理人员	2 500.00	4 000.00	300.00	1 000.00	7 800.00		975.00	54.75	1 029.75	6 770.25
		1008	赵方平	生产一部	车间管理人员	3 150.00	4 000.00	400.00	500.00	8 050.00		1 072.50	59.33	1 131.83	6 918.17
		1009	董文	生产二部	生产技术人员	2 500.00	4 000.00	450.00	500.00	7 450.00		975.00	44.25	1 019.25	6 430.75
合计						37 250.00	42 500.00	4 200.00	6 500.00	90 450.00	120.00	11 962.50	1 301.13	13 383.63	77 066.37

图 4－38 正式人员—工资变动

3）如果当期有新进人员，且需要核算工资的，首先，执行【基础设置】\【基础档案】\【机构人员】\【人员档案】命令，增加新进人员档案；其次，执行【业务工作】\【人力资源】\【薪资管理】命令，打开“正式人员”工资类别后，执行【设置】\【人员档案】命令，导入新进人员档案，并补充人员信息；最后，执行【业务处理】\【工资变动】命令，参照原有人员的操作方法，录入新进人员的工资数据。

4）如果要对某个工资项目进行统一数据调整，点击工具栏的【替换】按钮，进入“工资项数据替换”对话框，在“工资项目”下拉列表中选择“津贴”，在“替换成”的编辑区输入“津贴＋500”，设置替换条件后，如图 4－39 所示，单击【确定】按钮。系统提示“2 条记录被替换，是否重新计算”，单击【是】按钮。

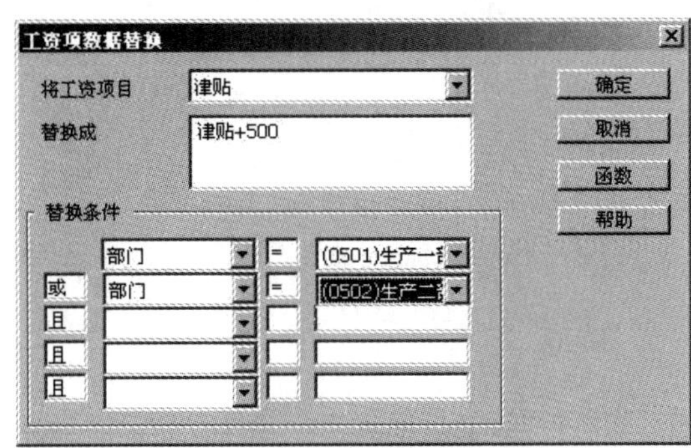

图 4－39　工资项数据替换

5）操作完成后，返回“工资变动”标签页，可以查看到工资数据的新变化。

2. 临时人员薪资变动处理

1）计件工资录入和审核。执行【业务工作】\【人力资源】\【计件工资】命令，完成如下操作。

① 执行【个人计价】\【计件工资录入】命令，进入“计件工资录入”标签页，在“工资类别”下拉列表中选择“临时人员”，“部门”下拉列表中选择“物资部”。

② 单击【批增】按钮，打开“计件数据录入”对话框，对相关栏目内容进行选择或输入：在表头中，“姓名”为“王芳琴”，“部门”为“物资部”，“计件日期”为“2019－01－31”；在表体中，单击【增行】按钮，系统给出“序号”为“1”的空白行，“工序”为“工作日里程”，“数量”为“3 500”，单击【增行】按钮，系统给出“序号”为“2”的空白行，“工序”为“非工作日里程”，“数量”为“630”，录入计件数量后，单击【计算】按钮，系统自动计算计件工金额，如图 4－40 所示，单击【确定】按钮，返回“计件工资录入”标签页。

③ 以同样的方法，完成所有临时人员的计件工资录入。

④ 单击【审核】按钮，对计件工资数据进行审核，如图 4－41 所示，单击【确定】按钮。

2）计件工资汇总

① 执行【业务工作】\【人力资源】\【计件工资】\【计件工资汇总】命令，进入“计件工资汇总”标签页，在“工资类别”下拉列表中选择“临时人员”，单击【汇总】按钮，生成计件工资汇总表，如图 4－42 所示。

计件数据录入

批量增加计件工资(人员)

人员编码 9001　　姓名 王芳琴　　部门 物资部

计件日期 2019-01-31

序号	工序编码	工序	产品编码	产品	工价	废扣工价	数量	废品数	计件工资
1	01	工作日里程			1.5000	0.0000	3 500.00	0.00	5 250.00
2	02	非工作日里程			3.0000	0.0000	630.00	0.00	1 890.00

增行　删行

连续增加　增加自动复制　实时计算　按工价设置过滤　计算　确定　取消

图 4-40　临时人员—计件数据录入

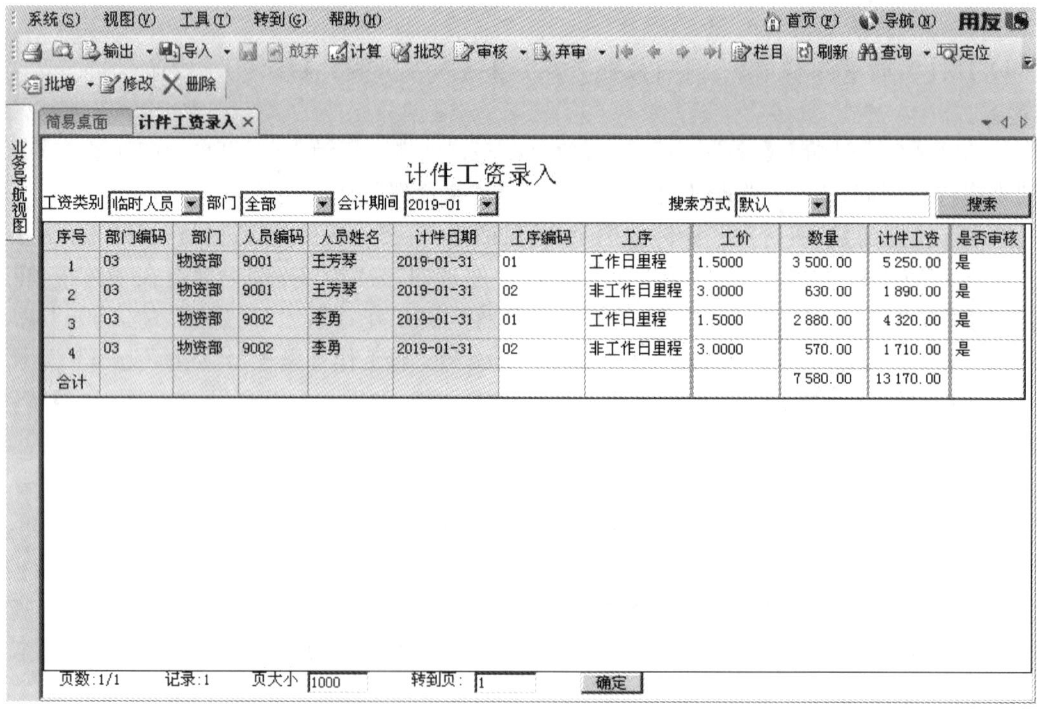

计件工资录入

工资类别 临时人员　部门 全部　会计期间 2019-01　搜索方式 默认　搜索

序号	部门编码	部门	人员编码	人员姓名	计件日期	工序编码	工序	工价	数量	计件工资	是否审核
1	03	物资部	9001	王芳琴	2019-01-31	01	工作日里程	1.5000	3 500.00	5 250.00	是
2	03	物资部	9001	王芳琴	2019-01-31	02	非工作日里程	3.0000	630.00	1 890.00	是
3	03	物资部	9002	李勇	2019-01-31	01	工作日里程	1.5000	2 880.00	4 320.00	是
4	03	物资部	9002	李勇	2019-01-31	02	非工作日里程	3.0000	570.00	1 710.00	是
合计									7 580.00	13 170.00	

页数:1/1　记录:1　页大小 1000　转到页: 1　确定

图 4-41　临时人员—计件工资录入

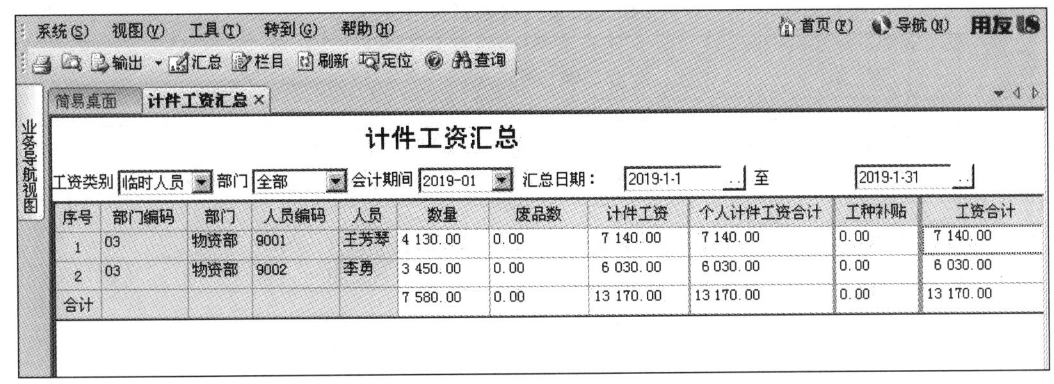

序号	部门编码	部门	人员编码	人员	数量	废品数	计件工资	个人计件工资合计	工种补贴	工资合计
1	03	物资部	9001	王芳琴	4 130.00	0.00	7 140.00	7 140.00	0.00	7 140.00
2	03	物资部	9002	李勇	3 450.00	0.00	6 030.00	6 030.00	0.00	6 030.00
合计					7 580.00	0.00	13 170.00	13 170.00	0.00	13 170.00

图4-42　临时人员—计件工资汇总

② 执行【业务工作】\【人力资源】\【薪资管理】命令，打开“临时人员”工资类别后，再执行【业务处理】\【工资变动】命令，进入“工资变动”标签页，单击【计算】按钮，再单击【汇总】按钮，即可生成临时人员的工资变动数据。

4.3.2　薪资费用核算

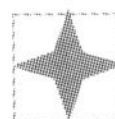

【问题引入】

1. 薪资费用核算对应的工资项目主要是哪些？
2. 薪资费用分摊设置与自定义转账存在哪些相似之处？
3. 薪资费用的分摊比例是否每个企业相同？
4. 薪资费用分配的会计分录如何编制？
5. 薪资费用核算的记账凭证是否需要传递到总账管理系统？

【项目实训】

⊙ **实务案例**

本月发生的薪资费用核算业务如下。

1. 正式人员薪资费用分摊

1) 定义薪资转账关系。在“正式人员”工资类别下，定义工资转账关系(结算本月应付工资，并按应发合计的2%计提工会经费、8%计提职工教育经费)，见表4-12。

表 4-12 正式人员薪资费用分摊

<table>
<tr><th>计提类型名称</th><th>部　门</th><th>人员类别</th><th>借方科目</th><th>贷方科目</th></tr>
<tr><td rowspan="4">应付工资</td><td>企管部、财务部、物资部</td><td>行政管理人员、财务管理人员、采购管理人员</td><td>660201
管理费用——工资</td><td rowspan="4">221101
应付职工薪酬——工资</td></tr>
<tr><td>营销一部、营销二部</td><td>销售管理人员</td><td>660101
销售费用——工资</td></tr>
<tr><td>生产一部</td><td>车间管理人员</td><td>510101
制造费用——工资</td></tr>
<tr><td>生产二部</td><td>生产技术人员</td><td>500102
生产成本——直接人工（产品项目为齿轮轴）</td></tr>
<tr><td rowspan="4">工会经费</td><td>企管部、财务部、物资部</td><td>行政管理人员、财务管理人员、采购管理人员</td><td>660201
管理费用——工资</td><td rowspan="4">221103
应付职工薪酬——工会经费</td></tr>
<tr><td>营销一部、营销二部</td><td>销售管理人员</td><td>660101
销售费用——工资</td></tr>
<tr><td>生产一部</td><td>车间管理人员</td><td>510101
制造费用——工资</td></tr>
<tr><td>生产二部</td><td>生产技术人员</td><td>500102
生产成本——直接人工（产品项目为齿轮轴）</td></tr>
<tr><td rowspan="4">职工教育经费</td><td>企管部、财务部、物资部</td><td>行政管理人员、财务管理人员、采购管理人员</td><td>660201
管理费用——工资</td><td rowspan="4">221104
应付职工薪酬——职工教育经费</td></tr>
<tr><td>营销一部、营销二部</td><td>销售管理人员</td><td>660101
销售费用——工资</td></tr>
<tr><td>生产一部</td><td>车间管理人员</td><td>510101
制造费用——工资</td></tr>
<tr><td>生产二部</td><td>生产技术人员</td><td>500102
生产成本——直接人工（产品项目为齿轮轴）</td></tr>
</table>

2）薪资费用分配：生成转账凭证（要求：明细到工资项目，合并科目相同、辅助项相同的分录）。

业务 1：1 月 31 日，生成本月应付职工工资的凭证，附单据 10 张。

业务 2：1 月 31 日，生成本月计提工会经费的凭证，附单据 2 张。

业务 3：1 月 31 日，生成本月计提职工教育经费的凭证，附单据 2 张。

2. 临时人员薪资费用分摊

业务 4：1 月 31 日，完成结算本月临时人员应付工资的相关操作，附单据 3 张。

3. 薪资扣款项目的凭证处理

业务 5：1 月 31 日，查询本月应代扣代缴个人所得税、应扣社会保险金的相关数据，生成凭证(分别进行正式人员和临时人员的相关操作,附单据均为 5 张)。

⊙ **任务分解及技能要点(见表 4 - 13)**

表 4 - 13　任务分解及技能要点

任务名称	系统导航	菜单路径	技能要点
薪资费用分摊设置	【业务工作】\【人力资源】\【薪资管理】	【业务处理】\【工资分摊】	工资分摊的类型、比例及构成设置
薪资费用分摊凭证生成			工资分摊凭证的制单,并生成转账凭证
薪资扣款项目的凭证处理	【业务工作】\【人力资源】\【薪资管理】	【业务处理】\【工资变动】或【统计分析】\【账表】	区分工资类别,薪资扣款项目汇总数据的查询
	【业务工作】\【财务会计】\【总账】	【凭证】\【填制凭证】	代扣代缴个人所得税及其他扣款项目的凭证制单,并生成转账凭证
薪资业务凭证的总账处理	【业务工作】\【财务会计】\【总账】	【凭证】\【填制凭证】;【审核凭证】;【记账】	薪资业务凭证的整理、审核、记账等操作

⊙ **应用向导**

1. *正式人员薪资费用分摊*

1) 定义薪资转账关系。执行【业务工作】\【人力资源】\【薪资管理】命令,完成如下操作:

① 执行【工资类别】\【打开工资类别】命令,打开“正式人员”工资类别。

② 执行【业务处理】\【工资分摊】命令,进入“工资分摊”对话框。

③ 单击【工资分摊设置】按钮,进入“分摊类型设置”对话框,单击【增加】按钮,进入“分摊计提比例设置”对话框,输入“计提类型名称”为“应付工资”,“分摊计提比例”为“100%”。

④ 单击【下一步】按钮,进入“分摊构成设置”窗口,进行第 1 行栏目内容的选择或输入:“部门名称”为“企管部”,“人员类别”为“行政管理人员”,“工资项目”为“应发合计”,“借方科目”为“660201 管理费用——工资”,“贷方科目”为“221101 应付职工薪酬——工资”。接下来,继续对其他部门的人员进行工资分摊设置。全部完成后,如图 4 - 43 所示。

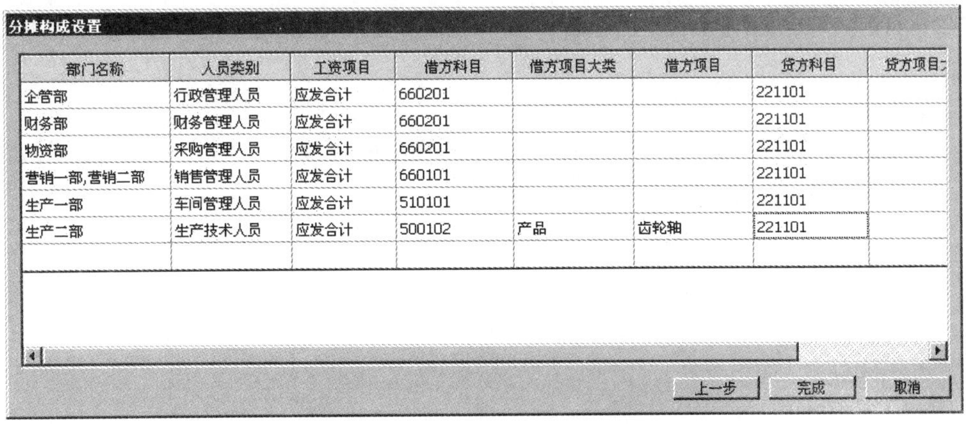

分摊构成设置

部门名称	人员类别	工资项目	借方科目	借方项目大类	借方项目	贷方科目	贷方项目大
企管部	行政管理人员	应发合计	660201			221101	
财务部	财务管理人员	应发合计	660201			221101	
物资部	采购管理人员	应发合计	660201			221101	
营销一部,营销二部	销售管理人员	应发合计	660101			221101	
生产一部	车间管理人员	应发合计	510101			221101	
生产二部	生产技术人员	应发合计	500102	产品	齿轮轴	221101	

上一步　完成　取消

图 4 - 43　正式人员—分摊构成设置

⑤ 点击【完成】按钮后，返回“分摊类型设置”对话框，可以查看到增加的分摊类型已显示在界面列表中。

提示：

1) 分摊构成设置相当于编写薪资费用分配凭证的框架。

① 部门名称与人员类别之间必须保持原有的对应关系。

② 必须有借有贷，借方科目和贷方科目必须选择最末级科目。

③ 如果科目设有辅助核算，必须给出辅助核算的具体项目档案。

④ 即便当期存在没有薪资数据的部门、人员，仍然需要完整设置某个工资类别对应的所有部门。

2) 在“分摊类型设置”对话框中，通过单击【修改】或【删除】按钮，可以对现有分摊方案进行修改或删除操作。

⑥ 同理，完成“工会经费”和“职工教育经费”的工资分摊设置。操作完成后，在“工资分摊”对话框的左侧，可以看到已增加的计提费用类型，如图 4-44 所示。

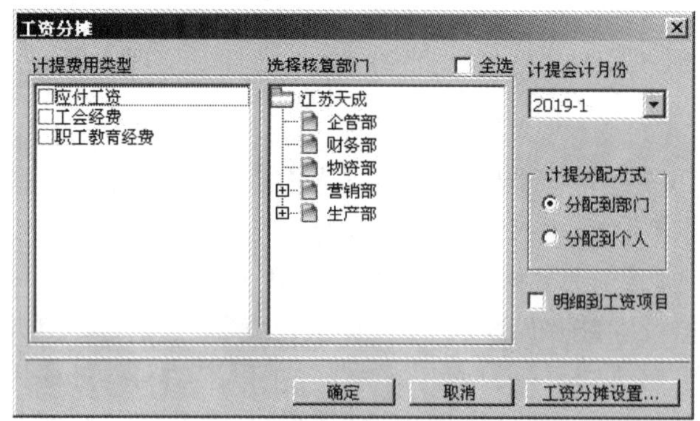

图 4-44　正式人员—工资分摊

2) 薪资费用分配。执行【业务工作】\【人力资源】\【薪资管理】命令，完成如下操作：

① 执行【工资类别】\【打开工资类别】命令，打开“正式人员”工资类别。

② 执行【业务处理】\【工资分摊】命令，进入“工资分摊”对话框，在“计提费用类型”中，勾选“应付工资”；在“选择核算部门”中，勾选“全部”；“计提分配方式”为“分配到部门”，勾选“明细到工资项目”。

③ 单击【确定】按钮，进入“工资分摊明细”标签页，界面显示“应付工资一览表”，勾选“合并科目相同、辅助项相同的分录”，如图 4-45 所示。

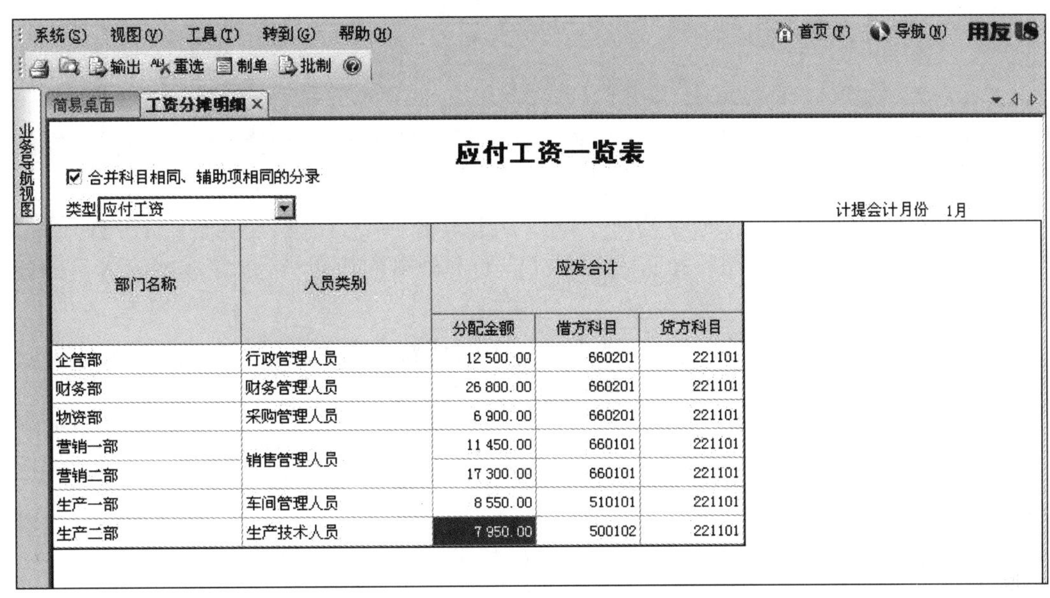

应付工资一览表

☑ 合并科目相同、辅助项相同的分录

类型 应付工资　　　　计提会计月份 1月

部门名称	人员类别	应发合计		
		分配金额	借方科目	贷方科目
企管部	行政管理人员	12 500.00	660201	221101
财务部	财务管理人员	26 800.00	660201	221101
物资部	采购管理人员	6 900.00	660201	221101
营销一部	销售管理人员	11 450.00	660101	221101
营销二部		17 300.00	660101	221101
生产一部	车间管理人员	8 550.00	510101	221101
生产二部	生产技术人员	7 950.00	500102	221101

图 4－45　正式人员—工资分摊明细

④ 点击【制单】按钮，进入“填制凭证”标签页，修改凭证信息：“凭证类别”为“转账凭证”，“制单日期”为“2019－01－31”，“附单据数”为“10”，单击【保存】按钮，完成对正式人员应付工资凭证的制单，生成对应的转账凭证，如图 4－46 所示。

转 账 凭 证

已生成

转　字 0008 － 0001/0002　　制单日期：2019.01.31　　审核日期：　　附单据数：10

摘 要	科目名称	借方金额	贷方金额
应付工资	生产成本/直接人工	795000	
应付工资	管理费用/工薪费	1250000	
应付工资	管理费用/工薪费	2680000	
应付工资	管理费用/工薪费	690000	
应付工资	销售费用/工薪费	1145000	
票号 日期	数量 单价　合 计	9145000	9145000

备注　项 目 齿轮轴　部 门　个 人　客 户　业务员

图 4－46　正式人员—应付工资凭证

⑤ 同理,完成正式人员工会经费凭证、职工教育经费凭证的制单,分别生成对应的转账凭证。

2. 临时人员薪资费用分摊

1) 定义薪资转账关系。执行【业务工作】\【人力资源】\【薪资管理】命令,完成如下操作。

① 执行【工资类别】\【打开工资类别】命令,打开"临时人员"工资类别。

② 执行【业务处理】\【工资分摊】命令,进入"工资分摊"对话框,单击【工资分摊设置】按钮,进入"分摊类型设置"对话框,参照"正式人员"工资分摊的设置方法,完成临时人员的相关操作。

2) 薪资费用分配。执行【业务工作】\【人力资源】\【薪资管理】命令,完成如下操作。

① 执行【工资类别】\【打开工资类别】命令,打开"临时人员"工资类别。

② 执行【业务处理】\【工资分摊】命令,进入"工资分摊"对话框,在"计提费用类型"中,勾选"应付工资";在"选择核算部门"中,勾选"物资部";"计提分配方式"为"分配到部门",勾选"明细到工资项目"。

③ 单击【确定】按钮,进入"工资分摊明细"标签页,界面显示"应付工资一览表",勾选"合并科目相同、辅助项相同的分录",如图 4-47 所示。

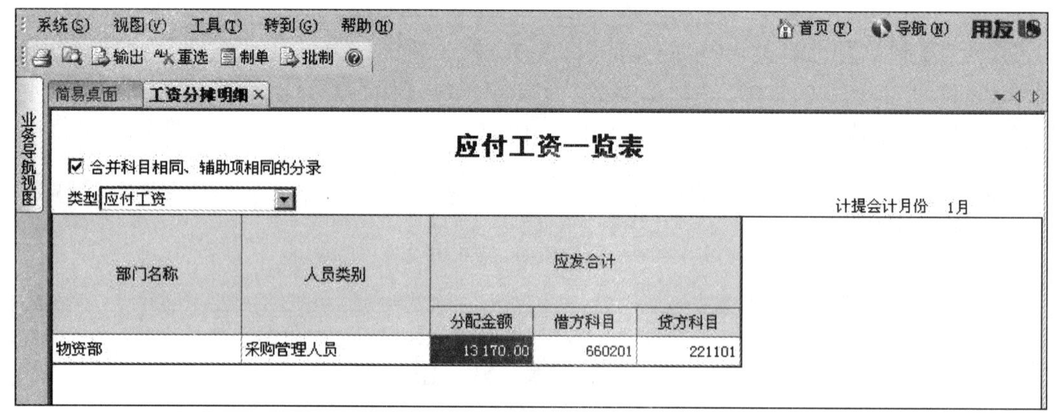

应付工资一览表

部门名称	人员类别	应发合计		
		分配金额	借方科目	贷方科目
物资部	采购管理人员	13 170.00	660201	221101

图 4-47 临时人员—工资分摊明细

④ 点击【制单】按钮,进入"填制凭证"标签页,修改凭证信息后,单击【保存】按钮,完成对临时人员应付工资凭证的制单,生成对应的转账凭证。

3. 薪资扣款项目的凭证处理

1) 正式人员。

① 执行【业务工作】\【人力资源】\【薪资管理】\【业务处理】\【工资变动】命令,打开"工资变动"标签页,分别查询"社会保险金""代扣税"项目的合计金额。

② 执行【业务工作】\【财务会计】\【总账】\【凭证】\【填制凭证】命令,进入"填制凭证"标签页,完成对正式人员薪资扣款凭证的制单,生成对应的转账凭证。

2) 临时人员。同理,完成对临时人员薪资扣款凭证的制单,生成对应的转账凭证。

4. 薪资业务凭证的总账处理

执行【业务工作】\【财务会计】\【总账】命令,完成对薪资业务凭证的审核、出纳签字和记账。

项目 4.4　供应链及收付款系统日常业务处理

【项目目标】

- ◆ 掌握供应链管理、应收款管理和应付款管理系统各类单据的填制、审核和结算操作。
- ◆ 掌握存货核算、应收款管理和应付款管理系统业务凭证的制单操作。
- ◆ 理解系统参数设置对供应链管理、应收款管理和应付款管理系统运行过程的控制。
- ◆ 理解供应链管理、应收款管理和应付款管理系统之间的数据传递关系。
- ◆ 理解供应链管理、应收款管理和应付款管理系统与总账管理系统之间的数据传递关系。
- ◆ 了解供应链管理、应收款管理和应付款管理系统的功能分布及业务流程。

【知识要点】

本项目主要包括以下内容。

☑ 4.4.1　采购及应付日常业务处理

☑ 4.4.2　销售及应收日常业务处理

☑ 4.4.3　库存及存货核算日常业务处理

下面对本项目内容的知识要点进行介绍。

一、采购及应付日常业务处理

1. 采购管理日常业务

采购管理的日常业务主要围绕普通采购、现付采购、受托代销、暂估处理等多种业务类型，开展从请购、采购订货、采购到货、采购入库、采购发票到采购结算等的全流程处理。现以支持一般工商企业的普通采购业务为例，作出简要说明。

1）请购：企业采购部门接受各职能部门采购申请，提出采购需求，形成请购单的过程，通常是手动新增。

2）采购订货：采购部门与供应商就采购意向进行磋商后达成协议或签订合同，形成采购订单的过程，可以手动新增，也可由请购单、其他采购订单、销售订单等生单。

3）采购到货：采购部门根据收到的货物配送通知，与供应商确认所购货物数量、价格等信息，形成到货单的过程，可以手动新增，也可由采购订单、其他到货单生单。

4）采购入库：所购货物到达企业，进行验收后移入仓库，形成采购入库单的过程，可以手动新增，也可由采购订单、到货单生单。当采购管理和库存管理同步启用时，采购入库单在库存管理中操作。

5）采购发票：将取得的普通或专用采购发票的详细信息录入系统，据以确定采购成本和登记应付账款的过程，可以手动新增，也可由采购订单、其他采购发票、采购入库单生单。

6）采购结算：采购部门将已审核的采购发票和已审核的采购入库单交于财务部门，据以确定采购成本，形成采购结算单的过程。采购结算分为自动结算和手工结算及费用折扣结算三种方式。自动结算主要用于供应商相同、存货名称和数量相同的发票和入库单，由系统自动完成；手工结算可由用户对需结算单据进行多对多选择；费用折扣结算类似于手工结算，可以按数量或按金额进行分摊，适用于需要分摊计入采购成本的费用发票。

企业可以根据自身的实际业务情况，通过系统参数选项设置，对采购管理流程进行选择性设置，诸如请购、采购询价、采购订货和采购到货均可以缺省。如果选用必有订单的采购业务模式，订单则为必需单据，是整个采购业务的起点和核心。此外，在采购管理中，还可以进行资格审批、供货审批、供货信息、供应商分析等供应商管理。

2. 应付款管理日常业务

企业通常会因采购材料、商品或接受劳务而发生一些应付款项的形成及其偿还、预付款项的形成及其结算的业务，可以通过应付款管理进行处理。应付款管理的日常业务主要包括应付单据处理、付款单据处理、核销处理、票据管理、转账、制单处理等项目。

1）应付单据处理：涉及应付单据录入和应付单据审核两个功能，主要处理应付账款增加业务。如果同步启用采购管理，则采购发票在采购管理中录入，并传递到应付款管理，无须手动新增应付单据，因此，应付单据录入仅针对其他应付单据。

2）付款单据处理：涉及付款单据录入和付款单据审核两个功能，主要处理与供应商之间的冲销应付账款、增加预付账款和支付其他费用的业务类型，通过付款单的款项类型加以区分。无论是应付单据或是付款单据，都需要通过审核才能进行凭证制单。

3）核销处理：目的在于对应付往来业务中已支付项目进行删除，说明与供应商的此笔应付款业务已结清，主要是在付款单与应付单、采购发票之间操作，可以自动或手工核销，可以部分核销或全额核销。

4）票据管理：适用于应付票据业务，包括银行承兑汇票和商业承兑汇票，可以记录签发并承兑的商业汇票的详细信息，也可记录对该商业汇票所作的转出、结算等处理情况。转出和结算的处理结点都是在票据到期时，所不同的是转出代表票据不能如期支付，需要重新调整为应付账款；结算代表票据如期支付，上述处理使该应付票据从账面上注销。

5）转账：作用在于处理应付账款的调整情况，通常涉及企业与一家或多家公司之间，包括应付冲应付、预付冲应付、应付冲应收。应付冲应付是将一家供应商的应付款转给另一家供应商，也可以是将一个部门的应付款转给另一个部门，或是将一个业务员经办的应付款转给另一个业务员。预付冲应付是将一家供应商的预付款冲抵该供应商的应付款，同时减少预付款和应付款。应付冲应收是针对一家对方公司既是供应商又是客户的情况，可以将该家公司的应付款冲抵该家公司的应收款，同时减少应付款和应收款。

6）制单处理：将应付款管理的各类单据生成凭证，并传递到总账系统的过程，具体涉及发票、应付单、付款单、核销、票据处理、应付冲应付、预付冲应付、应付冲应收、现结等业务单据，可以一对一制单，也可以多对一合并制单。

二、销售及应收日常业务处理

1. 销售管理日常业务

销售管理的日常业务主要围绕普通销售、现结销售、委托代销、分期收款销售等多种业务类型，开展从销售报价、销售订货、销售发货、销售开票、销售出库、委托代销、代垫费用、费用支出等的全流程处理。现以支持一般工商企业的普通销售业务为例，作出简要说明。

1）销售报价：企业营销部门向客户提供货品、价格、付款条件、折扣率等信息，形成销售报价单的过程，通常是手动新增。

2）销售订货：营销部门与客户之间确认要货需求，将货物的明细内容录入销售管理系统，形成销售订单的过程，可以手动新增，也可由报价单、预订单生单。用户根据销售订单组织货源，并对销售订单的执行情况进行跟踪和管控。

3）销售发货：企业执行与客户所签订的销售合同或销售订单，将货物发送给客户，形成发货单的过程。在销售管理中，发货单属于核心单据，系统默认参照销售订单生单，也可以手动新增。当销售管理和库存管理同步启用，且以“销售生成出库单”作为业务控制参数时，已审核的销售发货单在库存管理中自动生成销售出库单。

4）销售开票：企业向客户出具普通或专用销售发票及其销货清单，据以确定销售收入、应交税费和登记应收账款的过程，属于销售管理的必需单据，可以手动新增，也可由销售订单、发货单生单，或者批量生成发票。

5）销售出库：所售货物点验清楚后移出仓库，进入物流程序，形成销售出库单的过程，属于销售管理的必需单据，系统默认参照销售发货单生单，也可以手动新增。在销售管理和库存管理中均可填制销售出库单，如果涉及一次销售分批出库的业务只能在库存管理中操作，销售管理仅适用于一次销售全部出库的业务。

企业可以根据自身的实际业务情况，通过系统参数选项设置，对销售管理流程进行选择性设置，诸如销售报价和销售订货均可以缺省。如果选用必有订单的销售业务模式，订单则为必需单据，是整个销售业务的起点和核心。此外，在销售管理中，还可以进行存货价格、客户价格、大类折扣、批量折扣等价格管理，以及进行客户全貌、业务员全貌、活动管理等客户管理。

2. 应收款管理日常业务

企业通常会因销售商品或提供劳务而发生一些应收款项的形成及其收回、预收款项的形成及其结算的业务，可以通过应收款管理进行处理。应收款管理的日常业务主要包括应收单据处理、收款单据处理、核销处理、票据管理、转账、坏账处理、制单处理等项目。

1）应收单据处理：涉及应收单据录入和应收单据审核两个功能，主要处理应收账款增加业务。如果同步启用销售管理，则销售发票在销售管理中开具，并传递到应收款管理，无须手动新增应收单据，因此，应收单据录入仅针对其他应收单据。

2）收款单据处理：涉及收款单据录入和收款单据审核两个功能，主要处理与客户之间的收回应收账款、增加预收账款、收取其他费用和现款结算的业务类型，通过收款单的款项类型加以区分。无论是应收单据或是收款单据，都需要通过审核才能进行凭证制单。

3）核销处理：目的在于对应收往来业务中已收回项目进行删除，说明与客户的此笔应收款业务已结清，主要是在收款单与应收单、销售发票之间操作，可以自动或手工核销，可以部分核销或全额核销。

4）票据管理：适用于应收票据业务，包括银行承兑汇票和商业承兑汇票，可以记录客户出具的商业汇票的详细信息，也可记录对该商业汇票所作的贴现、背书、转出、结算等处理情况，并终止确认该应收票据。其中，贴现和背书是在票据尚未到期前，以该票据权利获取现款或其他财产物资的行为；转出和结算的处理结点都是在票据到期时，所不同的是转出代表票据不能如期支付，需要重新调整为应收账款；结算代表票据如期支付。

5）转账：作用在于处理应收账款的调整情况，通常涉及企业与一家或多家公司之间，包括应收冲应收、预收冲应收、应收冲应付。应收冲应收是将一家客户的应收款转给另一家客户，也可以是将一个部门的应收款转给另一个部门，或是将一个业务员经办的应收款转给另一个业务员。预收冲应收是将一家客户的预收款冲抵该客户的应收款，同时减少预收款和应收款。应收冲应付是针对一家对方公司既是客户又是供应商的情况，可以将该家公司的应收款冲抵该公司的应付款，同时减少应收款和应付款。

6）坏账处理：主要包括计提坏账准备、坏账发生、坏账收回等操作。系统根据初始化设置的坏账处理方法、提取比率、坏账准备期初余额，自动计算当期应计提的坏账准备。在直接转销法下，不得进行计提坏账准备的处理。坏账发生是对客户当期确实无法收回而形成坏账的应收账款进行处理。坏账收回是以收款单为基础，处理客户已确认为坏账的应收账款收回的过程。

7）制单处理：将应收款管理的各类单据生成凭证，并传递到总账系统的过程，具体涉及发票、应收单、收款单、核销、票据处理、应收冲应收、预收冲应收、应收冲应付、现结、坏账处理等业务单据，可以单张制单，也可以合并制单。

三、库存及存货核算日常业务处理

1. 库存管理日常业务

库存管理的日常业务主要包括入库、出库、调拨、盘点等项目，主要功能在于对销售管理、采购管理、库存管理等业务单据进行审核，管理各类存货的出入库数量，以及存货在仓库之间存放调整的处理和存货盘点情况的处理。企业可以根据自身的实际业务情况，选择单独启用库存管理，或者与采购管理、销售管理、存货核算同步启用。

1）入库业务：对各类入库业务单据进行填制和审核，具体包括采购入库单、产成品入库单和其他入库单。如果同步启用供应链的 4 个系统，库存管理的采购入库单可以参照采购管理的上游单据生单，再交由库存管理进行审核。产成品入库单是针对产品制造完工验收入库或退回业务所填制的单据，该单据仅适用于工业企业。其他原因导致库存增加的通过其他入库单处理。

2）出库业务：对各类出库业务单据进行填制和审核，具体包括销售出库单、材料出库单和其他出库单。如果同步启用供应链的 4 个系统，库存管理的销售出库单可以参照销售管理的上游单据生单，再交由库存管理进行审核。材料出库单是针对领用材料所填制的单据，可以手动新增，也可以由领料申请单生单。其他原因导致库存减少的通过其他出库单处理。

3）调拨业务：主要涉及存货从一个仓库转移到另一个仓库，或从一个部门转移到另一个部门，并形成调拨单的过程。调拨后的存货总量不会发生变化，转出和转入的仓库相同而部门不同的，代表了部门之间的调拨；转出和转入的部门相同而仓库不同的，代表了仓库之间的调拨。

4）盘点业务：为了确保存货的安全和完整，企业需要开展定期或不定期的存货清查，并将清查情况反馈到库存管理中，形成盘点单，并进一步查明存货账实不符的原因，作出相应的处理。盘点时，系统提供了按仓库盘点或按批次盘点，并根据盘盈、盘亏的结果分别由盘点单自动生成其他入库单、其他出库单。

无论发生何种业务类型，库存管理的存货数量管理尤为重要，诸如现存量、可用量、预计入库量、预计出库量等。通过系统参数选项设置，可以控制和预警库存量变化，使企业的采购管理、销售管理和库存之间形成一个有机的购销存体系，并为进一步准确核算出入库存货成本提供实物量数据支持。

2. 存货核算日常业务

存货核算的日常业务主要围绕出入库、出入库调整、暂估入库、发出商品等业务单据，将各类存货成本归集并分配到各成本项目或成本对象上，准确核算采购成本、发出商品成本、销售成本等成本指标，并进行存货的期末计量。存货核算可以单独启用，或与库存管理同步启用，或与供应链的其他系统集成在一起使用。

1）出入库处理：当单独启用存货核算时，可以进行各类出入库单据的增加、修改或删除，操作方法类似于库存管理的出入库业务处理。如果同步启用供应链的 4 个系统，存货核算侧重于成本，主要是对由库存管理生成的采购入库单、其他入库单的入库单价或金额进行修改；对由库存管理生成的销售出库单、其他出库单的出库单价或金额进行修改；在产成品入库单上填入单价与金额，或是通过产成品成本分配的功能，由系统自动计算填入。上述单据的增加、数量修改和删除只能在库存管理中进行。

2）单据记账：对各类出入库单据进行记账，具体包括正常单据记账、特殊单据记账、发出商品记账、直运销售记账等。正常单据记账是对出入库单、出入库调整单进行记账，特殊单据记账的对象是调拨单，发出商品记账的对象为委托代销、分期收款的发货单和销售发票，直运销售记账的对象为直运销售的采购发票、销售发票。通过记账，可以完成存货及其成本差异所涉各类明细账的自动登记，也才能进行业务制单处理。

3）暂估处理：存货的暂估是尚未取得外购存货的采购发票，期末暂时按照估计入账，下月月初回冲估价，并以取得的发票金额重新入账的业务。通过存货核算，可以对暂估入账的发生及其结转情况进行处理。对于没有成本的采购入库单进行暂估成本录入，系统提供了计划成本、上次入库成本、上次出库成本、结存成本等作为暂估金额的依据。对于已暂估的存货，系统提供了月初回冲、单到回冲、单到补差三种暂估报销方法，企业可以自行选择，相同操作在于采购管理的采购发票填制和采购结算，以及存货核算的结算成本处理，不同的是回冲意味着会将上月末暂估入账单据以回冲单形式进行冲销。

4）制单处理：存货核算可以将涉及存货增减金额变化的各类业务单据生成凭证，对已生成的凭证进行查询显示，并传递到总账系统。系统可以将初始化设置中的存货及其对方科目自动带入凭证，企业可以选择单据生成凭证的条件，进行单张制单或合并制单。

5）跌价准备处理：主要包括计提跌价准备、跌价准备制单等操作。用户可以录入可变现金额，系统根据初始化设置的跌价准备科目、计提费用科目和跌价准备期初等信息，自动计算当期应计提或转回的跌价准备，并通过“跌价准备制单”功能，将相关科目自动带入凭证，生成跌价准备凭证。

【项目准备】

由于企业人员岗位进行重新聘任，需要调整下列人员的系统权限：

1）将 U03 姚家友的权限修改为“账套主管”。

2）将公共单据的请购、入库单和入库单列表的权限补充授予 U05 秦奋。

3）将公共单据的出库单和出库单列表的权限补充授予 U06 李丽、U07 王立华。

4）将公共单据的入库单和入库单列表、出库单和出库单列表的权限授予 U08 赵方平。

4.4.1 采购及应付日常业务处理

【问题引入】

1. 哪些操作功能属于采购管理的可选环节？
2. 在采购发票环节，普通采购和现付采购的做法有什么不同？
3. 采购结算通常采用哪种模式？它起到哪种作用？
4. 应付款核销操作的目的是什么？已核销的应付款为什么要进行合并制单？
5. 供应链管理、应付款管理的哪些控制参数会对采购及应付业务处理产生影响？

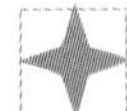

【项目实训】

⊙ **实务案例**

本月发生的采购及应付款业务如下。

1. 普通采购业务

1）1 月 1 日，物资部想要购买标准件 70 套，由秦奋向青山机械有限公司进行询价，对方公司报价 55 元/套，物资部认为价格基本可以接受，向公司分管领导提出请购要求，请购数量为 70 套。

2）1 月 2 日，公司分管领导同意向青山机械有限公司订购标准件 70 套，单价为 55 元，要求 2019 年 1 月 5 日内到货。

3）1 月 4 日，收到所订购的标准件 70 套。同时，收到青山机械有限公司开具的专用发票（票号为 17542201）1 张。

4）1 月 5 日，所收到的标准件经验收无误，放入材料库。

5）1 月 5 日，物资部将取得的专用发票（票号为 17542201）交给财务部姚家友办理相关手续，该业务所涉及的款项尚未支付。

6）1 月 7 日，出纳丁成功开出交通银行转账支票（票号为 912780）1 张，付清该业务所涉及的应付款项。

2. 现付采购业务

1）1 月 8 日，物资部向华城工贸有限公司购买配件 50 盒，单价为 28.5 元，收到的配件经验收无误，放入材料库。

2）1 月 8 日，同时，收到华城工贸有限公司开具的专用发票（票号为 25193302）1 张。

3）1 月 8 日，物资部随即将取得的专用发票交到财务部办理相关手续，出纳丁成功立即开出交通银行转账支票（票号为 912781）1 张，支付所涉及的款项。

3. 采购运费处理

1）1 月 8 日，物资部收到 1 月 5 日从青山机械有限公司购买标准件的运费专用发票（票号为 31406602）1 张，注明运费为 140 元，增值税税率为 9%。

2）1 月 8 日，物资部随即将取得的运费发票交到财务部办理相关手续，财务部立即以现金支付所涉及的款项，并将该笔运费计入所购标准件的采购成本。

4. 暂估入库结转

1）1月10日，物资部收到杭宁设备有限公司提供的2018年12月26日已验收入库且交由财务部暂估入账的120套标准件的专用发票（票号为46538801）1张，发票单价为52元。

2）1月10日，物资部随即将取得的专用发票交到财务部办理暂估入库的报销。

5. 采购退货业务

1）1月11日，物资部收到从杭宁设备有限公司购入的标准件80套，单价为53元，已放入材料库。

2）1月11日，材料库反映其中有3套存在质量问题，向杭宁设备有限公司办理退货。

3）1月11日，物资部收到杭宁设备有限公司开具的专用发票（票号为46541101）1张，物资部进行采购结算，并将取得的专用发票交到财务部办理相关手续，该业务所涉及的款项尚未支付。

4）1月14日，材料库又发现本月11日从杭宁设备有限公司购入的标准件存在质量问题，经协商后退回2套，单价为53元，同时收到对方公司开具的红字专用发票（票号为46558802）1张，进行采购结算后的退货处理。

6. 应付业务处理

1）1月15日，财务部向天山科技集团公司签发并承兑商业承兑汇票（票号为851104）1张，面值为9 500元，到期日为2019年1月31日。

2）1月16日，物资部向华城工贸有限公司预付购买钢材的定金，由财务部开出交通银行转账支票（票号为912782）1张，金额为20 000元。

3）1月16日，财务部将期初结余的杭宁设备有限公司的75 000元应付购货款转到青山机械有限公司。

4）1月17日，财务部将期初结余的支付给青山机械有限公司的10 000元定金冲抵14 000中的部分应付款。

5）1月18日，财务部开出交通银行转账支票（票号为912784）1张，金额为10 000元，用于支付所欠的本月10日杭宁设备有限公司购货款7 051.20元，多余部分转作为预付款项。

6）1月31日，由财务部开出交通银行转账支票（票号为912787）1张，将本月15日向天山科技集团公司签发并承兑的商业承兑汇票（票号为851104）办理结算。

⊙ 任务分解及技能要点（见表4-14）

表4-14　任务分解及技能要点

任务名称	业务类型	系统导航	菜单路径	技能要点
普通采购业务	采购请购	【业务工作】\【供应链】\【采购管理】	【请购】\【请购单】	请购单的填制和审核
	采购订货		【采购订货】\【采购订单】	采购订单的填制和审核
	采购到货		【采购到货】\【到货单】； 【采购发票】\【专用采购发票】	到货单的填制和审核；采购发票的填制

（续表）

任务名称	业务类型	系统导航	菜单路径	技能要点
	采购入库与结算	【业务工作】\【供应链】\【库存管理】	【入库业务】\【采购入库单】	采购入库单的填制与审核
		【业务工作】\【供应链】\【采购管理】	【采购结算】\【自动结算】	以入库单和发票模式进行采购结算
	采购发票处理与采购入库成本核算	【业务工作】\【财务会计】\【应付款管理】	【应付单据处理】\【应付单据审核】;【制单处理】	应付单据（发票）的审核;发票制单，生成转账凭证，附单据2张
		【业务工作】\【供应链】\【存货核算】	【业务核算】\【正常单据记账】;【财务核算】\【生成凭证】	正常单据（采购入库单）的记账;采购入库单（报销记账）制单，生成转账凭证，附单据2张
	采购应付款处理	【业务工作】\【财务会计】\【应付款管理】	【付款单据处理】\【付款单据录入】;【核销处理】\【手工核销】;【制单处理】	付款单的填制和审核;付款单和采购发票的手工核销;付款单和核销的合并制单，生成付款凭证，结算日期为当日，附单据2张
现付采购业务	采购入库	【业务工作】\【供应链】\【库存管理】	【入库业务】\【采购入库单】	采购入库单的填制和审核
	采购发票处理	【业务工作】\【供应链】\【采购管理】	【采购发票】\【专用采购发票】	采购发票的填制;采购发票的现付和结算
	采购现付款处理	【业务工作】\【财务会计】\【应付款管理】	【应付单据处理】\【应付单据审核】;【制单处理】	应付单据（发票）的审核;现结制单，生成付款凭证，结算日期为当日，附单据2张
	采购入库成本核算	【业务工作】\【供应链】\【存货核算】	【业务核算】\【正常单据记账】;【财务核算】\【生成凭证】	正常单据（采购入库单）的记账;采购入库单（报销记账）制单，生成转账凭证，附单据1张
采购运费处理	采购发票处理	【业务工作】\【供应链】\【采购管理】	【采购发票】\【专用采购发票】	采购发票的填制;采购发票的现付
			【采购结算】\【费用折扣结算】	费用折扣结算（按数量分摊）
	运费现付款处理	【业务工作】\【财务会计】\【应付款管理】	【应付单据处理】\【应付单据审核】;【制单处理】	应付单据（发票）的审核;现结制单，生成付款凭证，结算日期为当日，附单据2张
	采购运费成本核算	【业务工作】\【供应链】\【存货核算】	【业务核算】\【结算成本处理】;【财务核算】\【生成凭证】	结算成本处理（按数量分摊）;入库调整单制单，生成转账凭证，附单据1张

（续表）

任务名称	业务类型	系统导航	菜单路径	技能要点
暂估入库结转	暂估发票处理与采购入库成本核算	【业务工作】\【供应链】\【采购管理】	【采购发票】\【专用采购发票】;【采购结算】\【手工结算】	采购发票的填制;进行采购结算
		【业务工作】\【供应链】\【存货核算】	【业务核算】\【结算成本处理】;【财务核算】\【生成凭证】	结算成本处理(按金额分摊);红字回冲单和蓝字回冲单(报销)制单,生成 2 张转账凭证,附单据均为 1 张
	采购应付款处理	【业务工作】\【财务会计】\【应付款管理】	【应付单据处理】\【应付单据审核】;【制单处理】	应付单据(发票)的审核;发票制单,生成转账凭证,附单据 2 张
采购退货业务	采购入库	【业务工作】\【供应链】\【库存管理】	【入库业务】\【采购入库单】	采购入库单的填制和审核
	结算前采购退货			(采购退货前)采购入库单的取消审核和修改;(采购退货后)采购入库单的审核
	采购发票、入库成本与应付款处理	【业务工作】\【供应链】\【采购管理】	【采购发票】\【专用采购发票】	采购发票的填制和结算
		【业务工作】\【供应链】\【存货核算】	【业务核算】\【正常单据记账】;【财务核算】\【生成凭证】	正常单据(采购入库单)的记账;采购入库单(报销记账)制单,生成转账凭证,附单据 1 张
		【业务工作】\【财务会计】\【应付款管理】	【应付单据处理】\【应付单据审核】;【制单处理】	应付单据(发票)的审核;发票制单,生成转账凭证,附单据 2 张
	结算后采购退货	【业务工作】\【供应链】\【库存管理】	【入库业务】\【采购入库单】	红字采购入库单的填制和审核
		【业务工作】\【供应链】\【采购管理】	【采购发票】\【红字专用采购发票】	红字采购发票的填制和结算
		【业务工作】\【供应链】\【存货核算】	【业务核算】\【正常单据记账】;【财务核算】\【生成凭证】	正常单据(红字采购入库单)的记账;采购入库单(报销记账)制单,生成转账凭证,附单据 1 张
		【业务工作】\【财务会计】\【应付款管理】	【应付单据处理】\【应付单据审核】;【制单处理】功能	应付单据(红字发票)的审核;发票制单,生成转账凭证,附单据 2 张
应付业务处理	签发并承兑商业汇票		【票据管理】;【付款单据处理】\【付款单据审核】;【制单处理】	进行票据管理;付款单据的审核;付款单制单,生成转账凭证,附单据 1 张
	预付采购定金		【付款单据处理】\【付款单据录入】(填制、审核、制单)	付款单(款项类型为预付款)的填制和审核;付款单制单,生成付款凭证,附单据 2 张

（续表）

任务名称	业务类型	系统导航	菜单路径	技能要点
	应付冲应付	【业务工作】\【财务会计】\【应付款管理】	【转账】\【应付冲应付】（并账、制单）	转账（应付冲应付）的操作；应付冲应付制单，生成转账凭证，附单据 1 张
	预付冲应付		【转账】\【预付冲应付】（转账、制单）	转账（预付冲应付）的操作；预付冲应付制单，生成转账凭证，附单据 1 张
	部分核销应付款，部分作为预付款		【付款单据处理】\【付款单据录入】；【核销处理】\【手工核销】；【制单处理】	付款单的填制和审核；付款单和采购发票的手工核销；付款单和核销的合并制单，生成付款凭证，结算日期为当日，附单据 2 张
	应付票据结算		【票据管理】（结算、制单）	进行票据结算；付款单制单，生成付款凭证，结算日期为当日，附单据 2 张

⊙ **岗位分工**

☞ 以 U05 秦奋身份注册并登录【企业应用平台】模块，对本期采购管理、库存管理和存货核算系统进行操作，生成记账凭证。

☞ 以 U03 姚家友（账套主管）身份注册并登录【企业应用平台】模块，对本期应付款管理系统进行操作，生成记账凭证。

☞ 以 U04 丁成功身份注册并登录【企业应用平台】模块，完成总账系统的出纳签字和出纳管理。

☞ 以 U02 学生姓名（账套主管）身份注册并登录【企业应用平台】模块，完成凭证审核、记账、账簿管理。

⊙ **应用向导**

1. 普通采购业务

（1）采购请购

执行【业务工作】\【供应链】\【采购管理】命令，完成如下操作：

1）执行【请购】\【请购单】命令，打开“采购请购单”标签页，单击【增加】按钮，对相关栏目内容进行选择或输入：在表头中，“日期”为“2019－01－01”，“请购部门”为“物资部”，“请购人员”为“秦奋”；在表体中，“存货名称”为“标准件”，“数量”为“70”，“本币单价”为“55”，“需求日期”为“2019－01－01”。操作完成后，单击【保存】按钮，如图 4－48 所示。

2）保存后，单击【审核】按钮，完成对该请购单的审核。

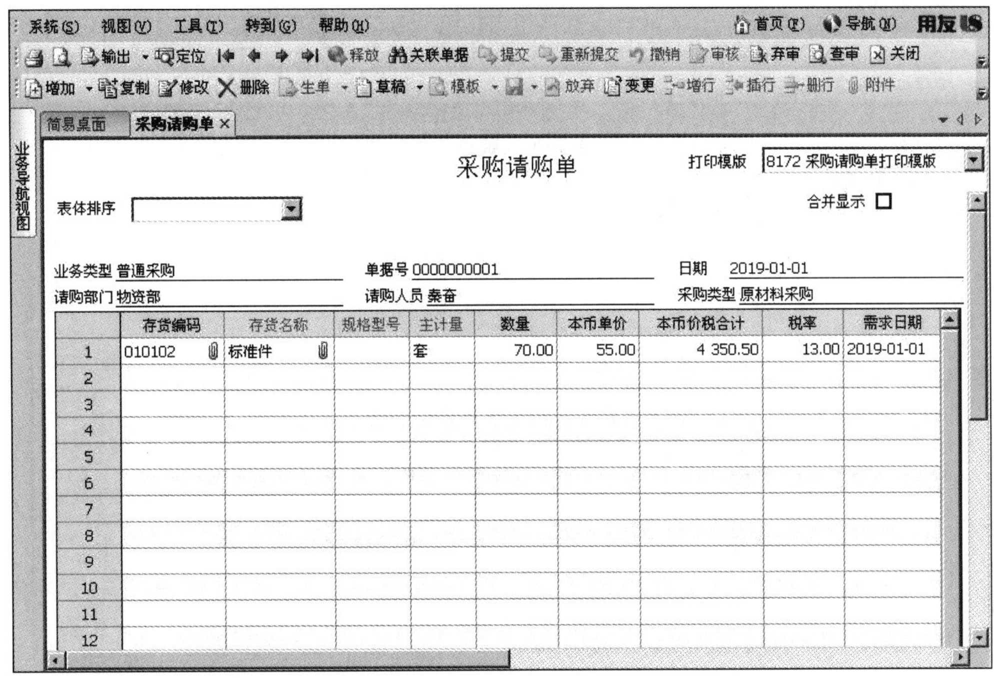

图 4－48　采购请购单(已审核)

提示：

1) 在采购管理中，请购单是可选环节。

2) 在"采购请购单"标签页：

① 已保存的请购单，单击【修改】或【删除】按钮，可以修改或删除。

② 已审核的请购单，必须取消审核才能修改或删除。通过单击【弃审】按钮，可以取消审核。

③ 已审核且未关闭的请购单，才能被后续单据参照生单。已关闭的请购单，通过单击【打开】按钮，可以取消关闭。

3) 执行【请购】\【请购单列表】命令，在"查询条件选择—采购请购单"对话框中，单击【确定】按钮，打开"请购单列表"标签页，双击某一行记录，可以查看某一张请购单的详细内容；单击【批审】或【批弃】按钮，可以进行成批审核或成批取消审核；单击【批关】或【批开】按钮，可以进行成批关闭或成批打开。

(2) 采购订货

执行【业务工作】\【供应链】\【采购管理】命令，完成如下操作：

1) 执行【采购订货】\【采购订单】功能，打开"采购订单"标签页，单击【增加】按钮，单击"生单"右侧边的【▼】按钮，下拉并选择"请购单"，在"查询条件选择—采购请购单列表过滤"对话框中，单击【OK 确定】按钮，进入"参照生单"界面，从上方窗口中双击被参照的请购单记录，"选择"显示为"Y"，如图 4－49 所示。

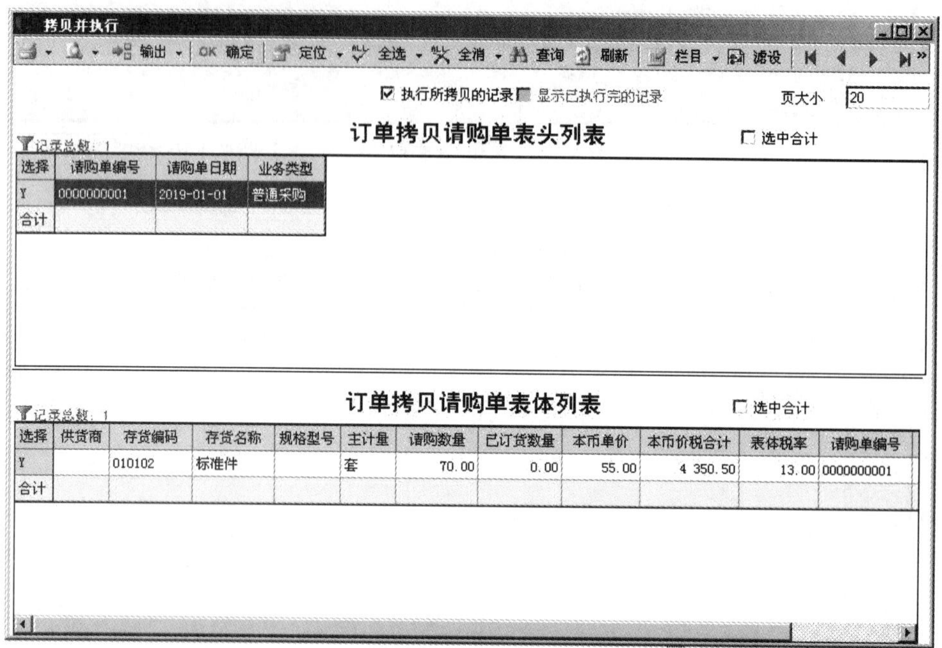

图 4-49 采购订单参照请购单

2）单击【OK 确定】按钮，被参照的请购单信息自动带入采购订单，修改部分栏目内容：在表头中，“订单日期”为“2019-01-02”，“供应商”为“青山机械”，“部门”为“物资部”，“业务员”为“秦奋”，“税率”为“13”；在表体第 1 行末尾处的“计划到货日期”为“2019-01-05”。操作完成后，单击【保存】按钮。

3）保存后，单击【审核】按钮，完成对该采购订单的审核，如图 4-50 所示。

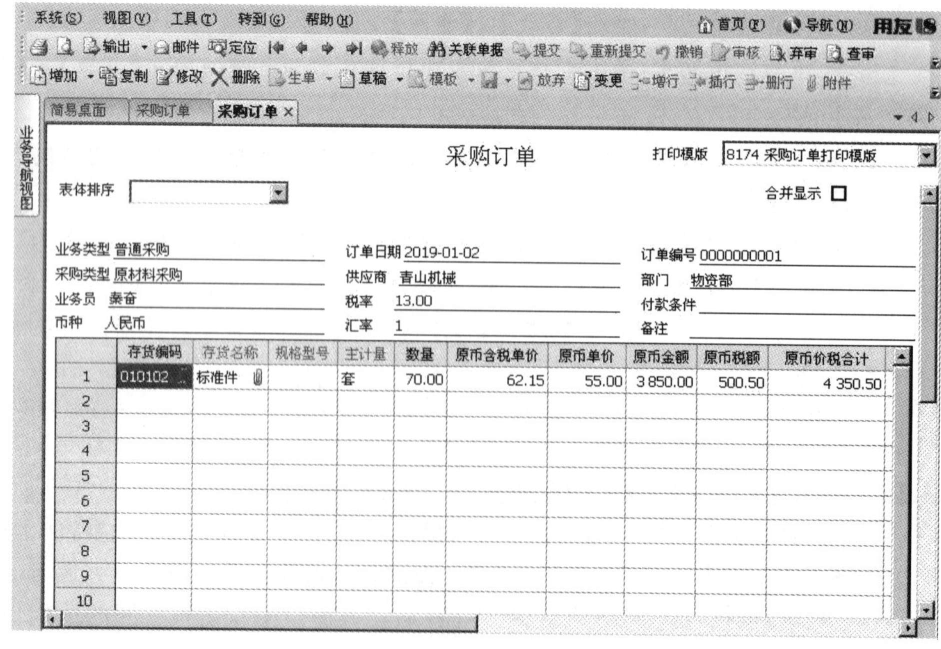

图 4-50 采购订单(已审核)

提示：

1) 采购订单为可选环节，通过执行【设置】\【采购选项】命令，可以进行"……必有订单"的勾选。

2) 在"采购订单"标签页：

① 已保存的采购订单，单击【修改】或【删除】按钮，可以修改或删除。

② 已审核的采购订单，必须取消审核才能进行修改或删除。通过单击【弃审】按钮，可以取消审核。

③ 已审核且未关闭的采购订单，才能被后续单据参照生单。已关闭的采购订单，通过单击【打开】按钮，可以取消关闭。

3) 执行【采购订货】\【采购订单列表】命令，在"查询条件选择—采购订单列表"对话框中，单击【确定】按钮，打开"订单列表"标签页，单击【批审】或【批弃】按钮，可以进行成批审核或成批取消审核；单击【批关】或【批开】按钮，可以进行成批关闭或成批打开；双击某一行记录，可以查看某一张采购订单的详细内容。

(3) 采购到货

执行【业务工作】\【供应链】\【采购管理】命令，完成如下操作：

1) 执行【采购到货】\【到货单】命令，打开"到货单"标签页，单击【增加】按钮，再单击"生单"右侧边的【▼】按钮，下拉选择"采购订单"，在"查询条件选择—采购订单列表过滤"对话框中，单击【OK 确定】按钮，进入"参照生单"界面，从上方窗口中双击被参照的采购订单记录，"选择"显示为"Y"。

2) 单击【OK 确定】按钮，被参照的采购订单信息自动带入到货单，修改部分栏目内容：在表头中，"日期"为"2019－01－04"。操作完成后，单击【保存】按钮。

3) 保存后，单击【审核】按钮，完成对该到货单的审核，如图 4－51 所示。

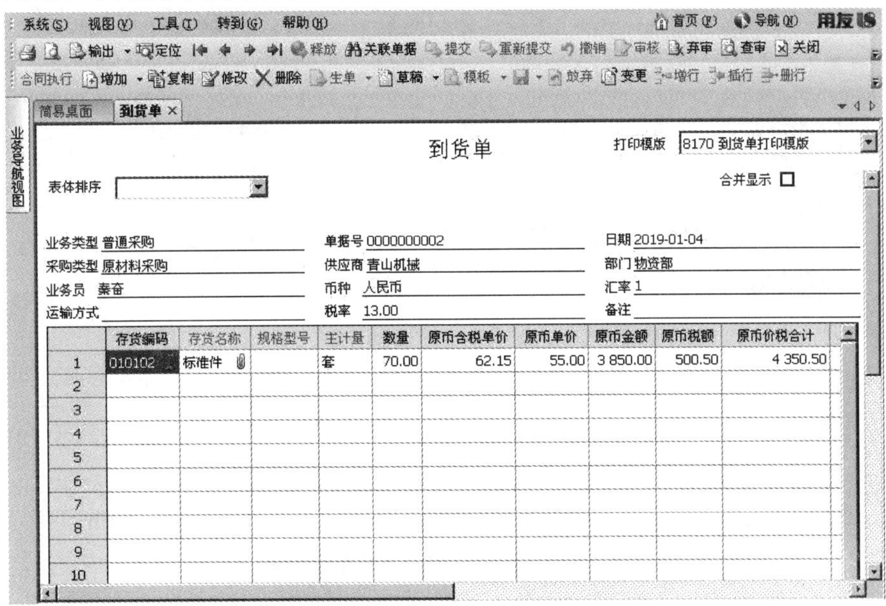

图 4－51　到货单(已审核)

提示：

1) 在采购管理中，到货单是可选环节。

2) 在“到货单”标签页：

① 未经审核的到货单方可进行修改或删除。已审核的到货单，通过单击【弃审】按钮，可以取消审核。

② 已审核且未关闭的到货单，才能被后续单据参照生单。已关闭的到货单，通过单击【打开】按钮，可以取消关闭。

3) 执行【采购到货】\【到货单列表】命令，在“查询条件选择”对话框中，单击【确定】按钮，打开“到货单列表”标签页，单击【批审】或【批弃】按钮，可以进行成批审核或成批取消审核；单击【批关】或【批开】按钮，可以进行成批关闭或成批打开；双击某一行记录，可以查看某一张到货单的详细内容。

4) 执行【采购发票】\【专用采购发票】命令，打开“专用发票”标签页，单击【增加】按钮，再单击“生单”右侧边的【▼】按钮，下拉选择“采购订单”，在“查询条件选择—采购订单列表过滤”对话框中，单击【确定】按钮，进入“参照生单”界面，从上方窗口中双击被参照的采购订单记录，“选择”显示为“Y”。

5) 单击【OK 确定】按钮，被参照的采购订单信息自动带入专用采购发票，修改部分栏目内容：在表头中，“发票号”为“17542201”，“开票日期”为“2019－01－04”，“税率”为“13”。操作完成后，单击【保存】按钮，如图 4－52 所示。

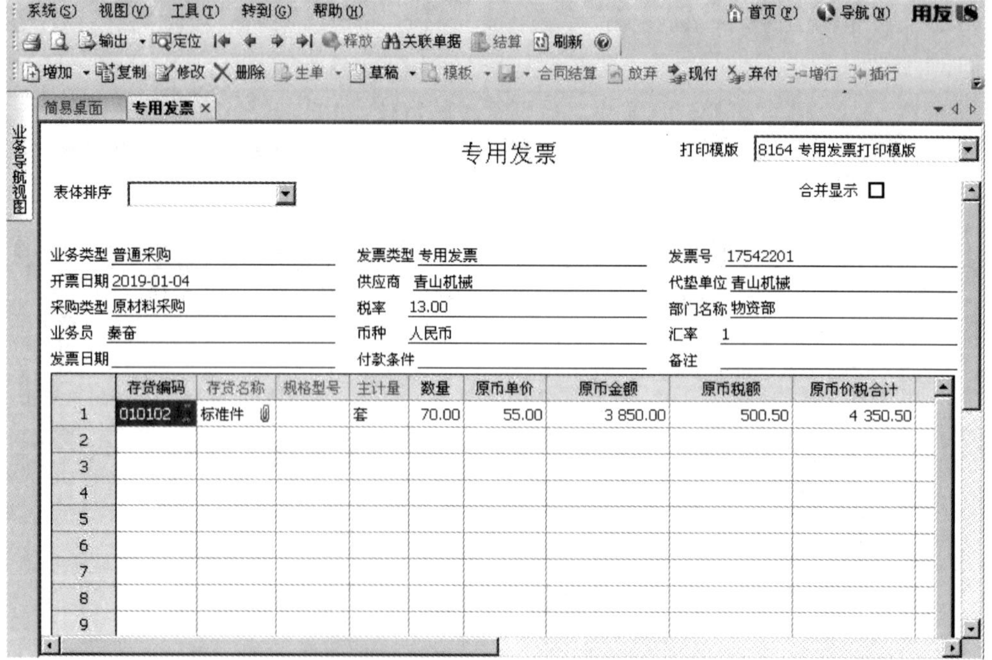

图 4－52　普通采购—采购专用发票

（4）采购入库与结算：涉及 2 个系统

1）采购验收入库。执行【业务工作】\【供应链】\【库存管理】命令，完成如下操作。

① 执行【入库业务】\【采购入库单】命令，打开“采购入库单”标签页，单击“生单”右侧边的【▼】按钮，下拉选择“采购到货单（蓝字）”，在“查询条件选择—采购到货单列表”对话框中，单击【确定】按钮，进入“参照生单”界面，从上方窗口中双击被参照的采购到货单记录，“选择”显示为“Y”。

② 单击【OK 确定】按钮，被参照的采购到货单信息自动带入采购入库单，修改部分栏目内容：在表头中，“入库日期”为“2019－01－05”，“仓库”为“材料库”。操作完成后，单击【保存】按钮。

③ 单击【审核】按钮，完成对该采购入库单的审核，如图 4－53 所示。

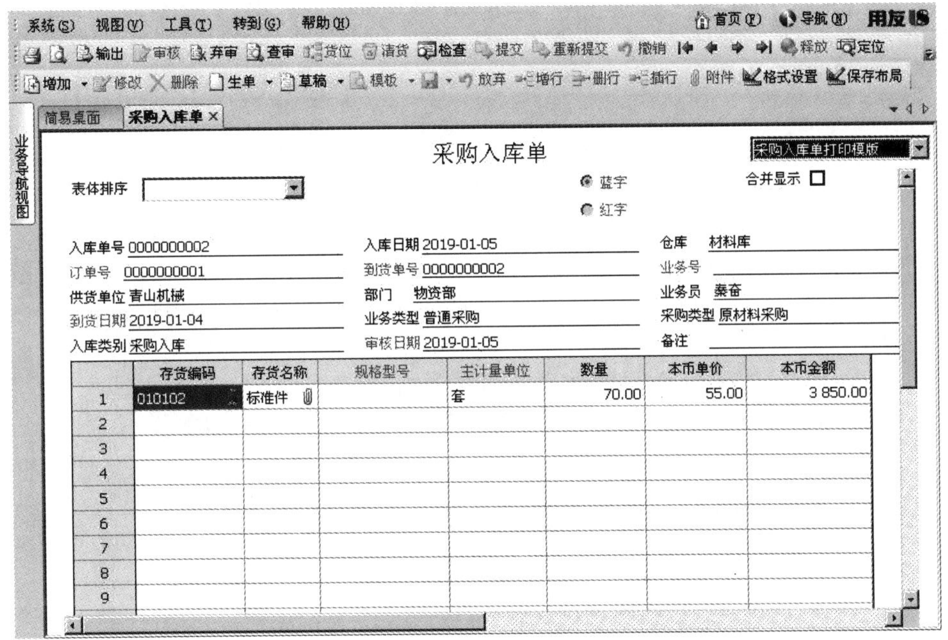

图 4－53　普通采购—采购入库单（已审核）

提示：

1）在采购管理中，采购入库单为必经环节。

2）同时启用【采购管理】和【库存管理】模块的情况下，采购入库单在【库存管理】模块中处理。

3）在“采购入库单”标签页，已审核的采购入库单，通过单击【弃审】按钮，可以取消审核。

4）执行【单据列表】\【采购入库单列表】命令，在“查询条件选择—采购入库单列表”对话框中，单击【确定】按钮，打开“采购入库单列表”标签页，单击【审核】或【弃审】按钮，可以进行审核或取消审核；单击【删除】按钮，可以删除未被审核的采购入库单；单击【联查】按钮，可以查看某一张采购入库单的详细内容。

2）采购结算。执行【业务工作】\【供应链】\【采购管理】命令，完成如下操作。

① 执行【采购结算】\【自动结算】命令，在“查询条件选择—采购自动结算”对话框中，打开“采购入库单”标签页，选择“结算模式”为“入库单和发票”，单击【确定】按钮，系统自动进行采购结算。

② 执行【采购结算】\【结算单列表】命令，在“查询条件选择—采购结算单”对话框中，单击【确定】按钮，打开“结算单列表”标签页，可以查看到结算单记录，如图 4-54 所示。

结算单列表

记录总数：1

选择	结算单号	结算日期	供应商	入库单号/...	发票号	存货编码	存货名称	规格型号	主计量	结算数量	结算单价
	000000000000001	2019-01-05	青山机械	0000000002	17542201	010102	标准件		套	70.00	55.00
合计										70.00	

图 4-54 采购结算单列表

提示：

1）已结算的采购入库单，才能进行记账处理。

2）确需修改或删除采购入库单或发票的，必须先取消采购结算。

3）取消采购结算的做法是，在“结算单列表”标签页中，选择需取消结算的结算单记录，“选择”栏显示为“Y”，单击【删除】按钮，即可取消结算，此结算单也从“结算单列表”界面消失。

（5）采购发票处理与采购入库成本核算：涉及 2 个系统

1）采购发票审核和制单。执行【业务工作】\【财务会计】\【应付款管理】命令，完成如下操作。

① 执行【应付单据处理】\【应付单据审核】命令，在“应付单查询条件”对话框中，单击【确定】按钮，打开“单据处理”标签页，在“应付单据列表”中显示出尚未审核的采购发票记录。双击需审核单据所在行，“选择”显示为“Y”，单击【审核】按钮，完成对该采购专用发票的审核。

② 双击【制单处理】菜单，在“制单查询”对话框中，勾选“发票制单”，单击【确定】按钮，打开“制单”标签页，在“采购发票制单”中显示出尚未制单的采购发票记录。双击选中需制单的采购专用发票记录，“选择标志”显示为“1”，单击【制单】按钮，进入“填制凭证”界面。在凭证头中，“凭证类型”为“转账凭证”，“制单日期”为“2019-01-05”，“附单据数”为“2”；在凭证体中，分录第 1 行的“会计科目”为“在途物资——标准件”，在“辅助项”对话框中，填入“数量”为“70”、“单价”为“55”，单击【确定】按钮。操作完成后，单击【保存】按钮，生成对应的转账凭证，如图 4-55 所示。

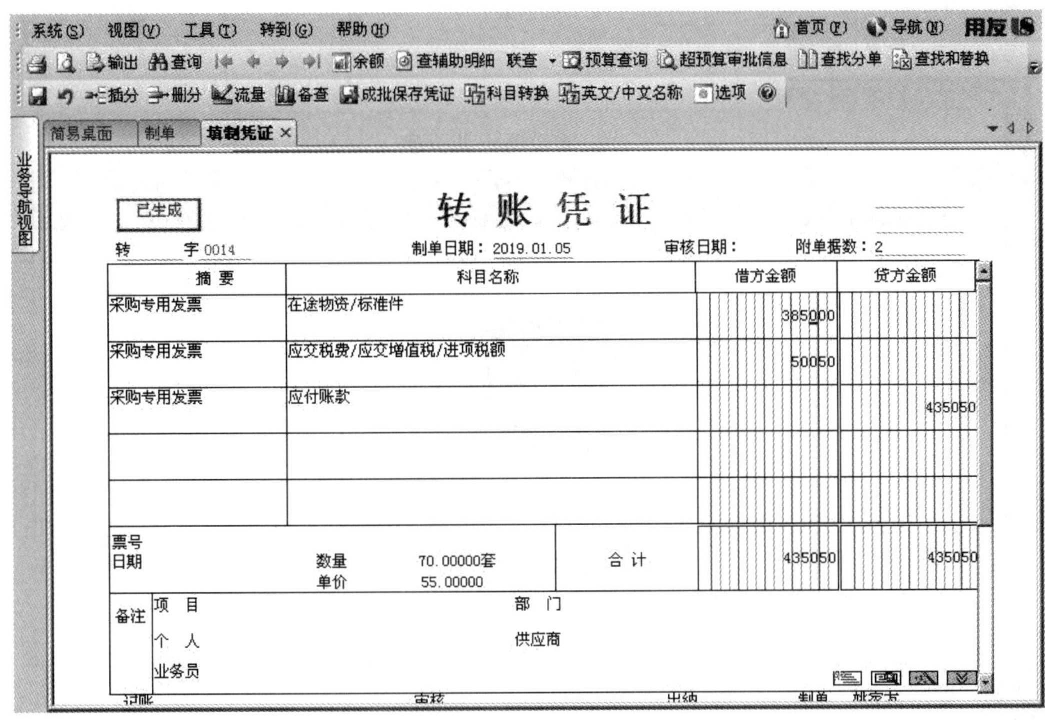

图 4 - 55　采购专用发票制单

提示:

1) 在存货核算中,执行【财务核算】\【凭证列表】命令,可以查询该系统已生成的记账凭证。

2) 在存货核算的"凭证列表"标签页,选择某一条凭证记录:

① 单击【修改】或【冲销】按钮,可以进行修改或冲销操作。

② 单击【删除】按钮,可以从存货核算系统中删除此凭证,但仍列示于总账系统的凭证列表中,标注为"作废",且这类作废凭证是不可恢复的。如需彻底删除,可以通过"整理凭证"功能完成。

③ 单击【凭证】按钮,可以查看该凭证的详细内容。

④ 单击【单据】按钮,可以查看该凭证的关联单据。

3) 上述按钮的使用同样适用于应付款管理、应收款管理等外部系统生成的凭证。

2) 采购入库成本记账和制单。执行【业务工作】\【供应链】\【存货核算】命令,完成如下操作:

① 执行【业务核算】\【正常单据记账】命令,在"查询条件选择"对话框中,单击【确定】按钮,打开"未记账单据一览表"标签页,双击选中需记账的采购入库单记录,"选择"显示为"Y",单击【记账】按钮,如图 4 - 56 所示。记账后,单击【确定】按钮,系统会自动将已记账的采购入库单从该标签页中移除,不再显示。

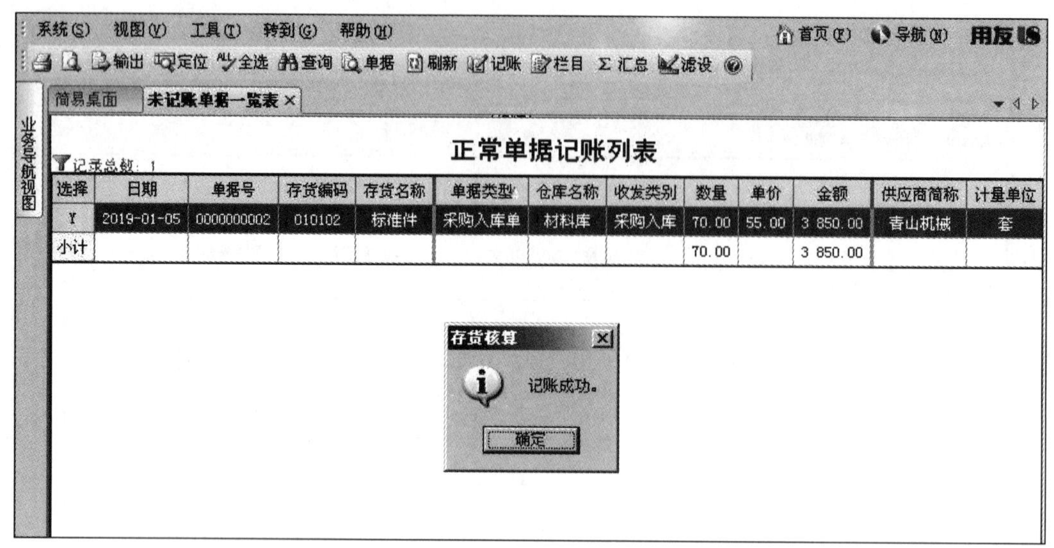

图 4-56　正常单据记账

提示：

1）采购入库单只有完成记账，才能进行入库材料结转采购成本的制单处理。

2）执行【业务核算】\【恢复记账】命令，在“查询条件选择”对话框中，单击【确定】按钮，打开“恢复记账”标签页，双击需恢复记账单据所在行，“选择”为“Y”，单击【恢复】按钮，可以取消记账。

② 执行【财务核算】\【生成凭证】命令，打开“生成凭证”标签页，单击【选择】按钮，在“查询条件”对话框中，勾选“采购入库单(报销记账)”，单击【确定】按钮，在“生成凭证单据一览表”界面，双击“选择”栏，单击【确定】按钮，如图 4-57 所示。

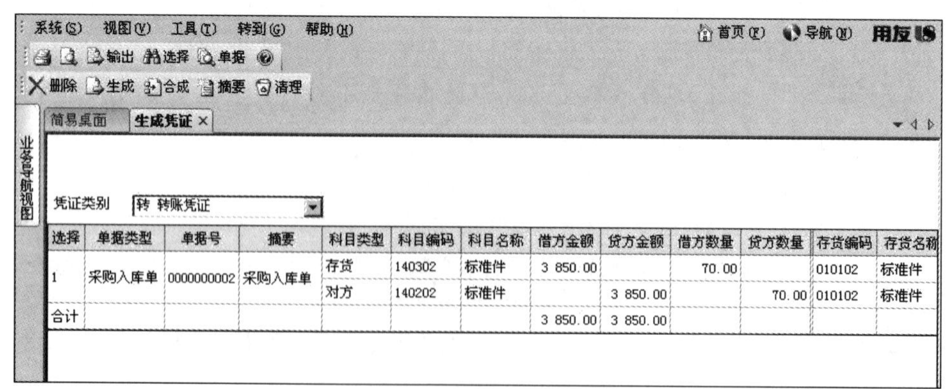

图 4-57　采购入库单制单(1)

③ 单击【生成】按钮，进入“填制凭证”界面。在凭证头中，“凭证类型”为“转账凭证”，“制单日期”为“2019-01-05”，“附单据数”为“2”。操作完成后，单击【保存】按钮，生成对应的转

账凭证，如图 4－58 所示。

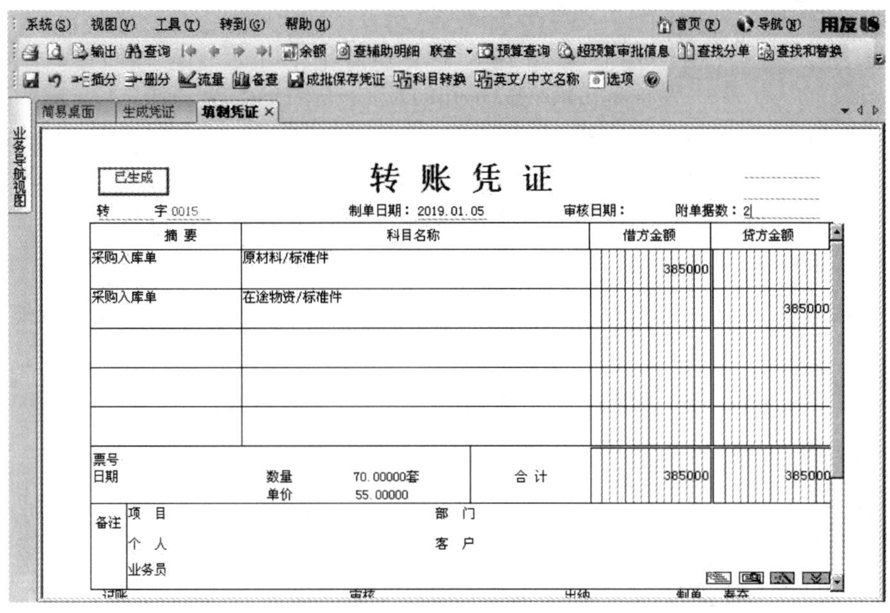

图 4－58　采购入库单制单(2)

(6) 采购应付款处理

执行【业务工作】\【财务会计】\【应付款管理】命令，完成如下操作：

1) 执行【付款单据处理】\【付款单据录入】命令，打开“收付款单录入”标签页，单击【增加】按钮，对相关栏目内容进行选择或输入：在表头中，“日期”为“2019－01－07”，“供应商”为“青山机械”，“结算方式”为“转账支票”，“金额”为“4 350.50”，“票据号”为“912780”，“摘要”为“应付购货款”；在表体的第 1 行中，“款项类型”为“应付款”。操作完成后，单击【保存】按钮，如图 4－59 所示。

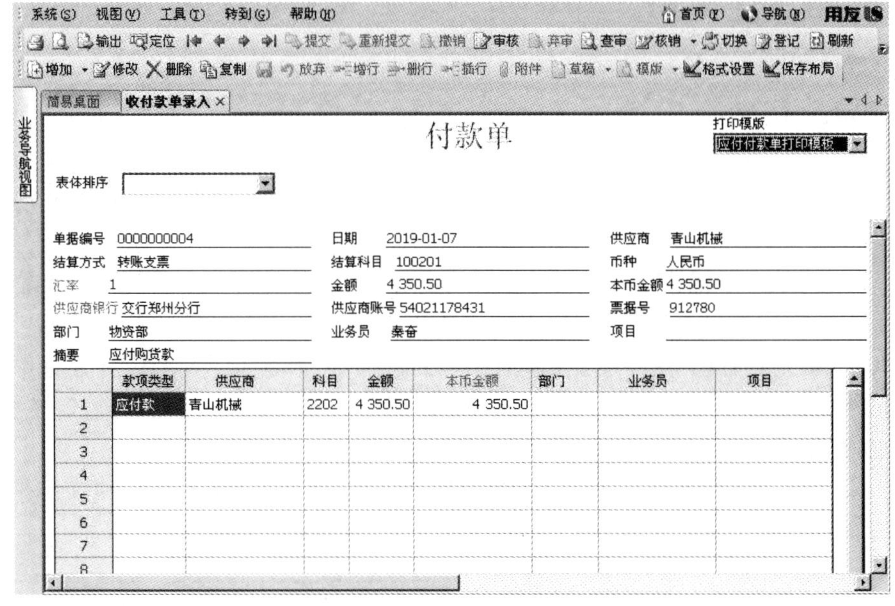

图 4－59　付款单据录入

2）保存后，单击【审核】按钮，完成对该付款单的审核。审核后，系统弹出“是否立即制单”对话框，单击【否】按钮，退出“收付款单录入”标签页。

3）执行【核销处理】\【手工核销】命令，在“核销条件”对话框中，“供应商”为“青山机械”，“计算日期”为“2019－01－07”，单击【确定】按钮，打开“单据核销”标签页，上方显示出截止到设定日期的供应商“青山机械”的付款单列表，下方显示该供应商的采购发票列表，即需核销单据。在下方“原币金额”为“4 350.50”的采购专用发票所在行末尾处的“本次结算”栏内填入“4 350.50”，如图4－60所示。单击【保存】按钮，完成对已结清应付业务的核销，已核销的付款单和采购发票也从“单据核销”界面消失。

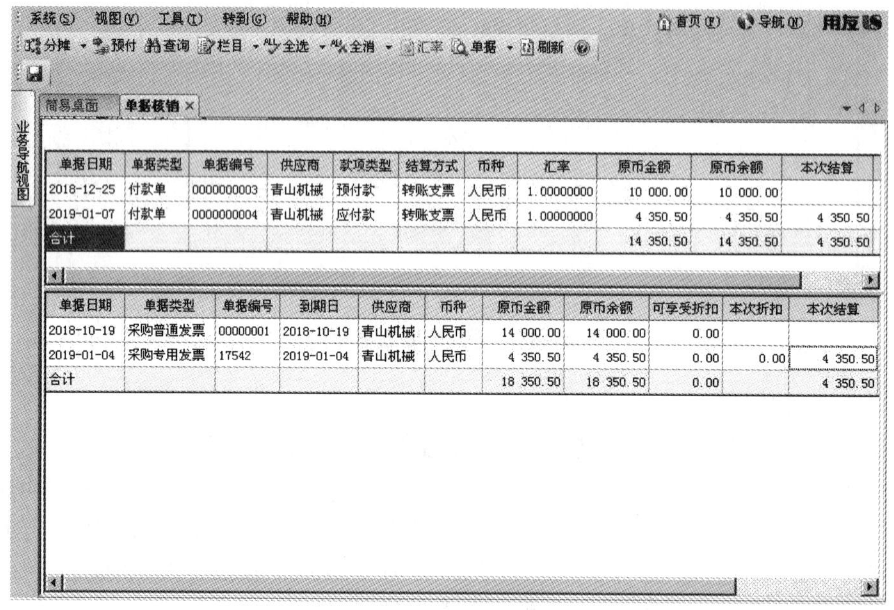

单据日期	单据类型	单据编号	供应商	款项类型	结算方式	币种	汇率	原币金额	原币余额	本次结算
2018-12-25	付款单	0000000003	青山机械	预付款	转账支票	人民币	1.00000000	10 000.00	10 000.00	
2019-01-07	付款单	0000000004	青山机械	应付款	转账支票	人民币	1.00000000	4 350.50	4 350.50	4 350.50
合计								14 350.50	14 350.50	4 350.50

单据日期	单据类型	单据编号	到期日	供应商	币种	原币金额	原币余额	可享受折扣	本次折扣	本次结算
2018-10-19	采购普通发票	00000001	2018-10-19	青山机械	人民币	14 000.00	14 000.00	0.00		
2019-01-04	采购专用发票	17542	2019-01-04	青山机械	人民币	4 350.50	4 350.50	0.00	0.00	4 350.50
合计						18 350.50	18 350.50	0.00		4 350.50

图4－60　单据核销

提示：

1）被核销单据的“本次结算”栏所输金额<付款单（或收款单）的“本次结算”金额的，系统将提示“结算单本次结算金额不等于被核销单据本次结算金额，不能保存”。

2）被核销单据的“本次结算”栏所输金额>付款单（或收款单）的“本次结算”金额的，系统将提示“严格核销方式下，结算单金额不足，请重新输入”。

3）通过执行【其他处理】\【取消操作】命令，在“取消操作条件”对话框中，选择“操作类型”为“核销”，并选择需取消核销的记录，单击【OK确认】按钮，即可撤回所作的核销操作。

4）在【应付款管理】或【应收款管理】模块，执行【设置】\【选项】命令，打开“核销设置”标签页，可以对核销方式、规则控制方式、核销规则等进行自定义。

4）执行【制单处理】命令，在“制单查询”对话框中，勾选“收付款单制单”“核销制单”，单击【确定】按钮，打开“制单”标签页，选择“凭证类别”为“付款凭证”，“制单日期”为“2019－01－07”，双击选中需制单的第 1 行单据，“选择”栏显示为“1”，再双击选中需制单的第 2 行单据，“选择”栏显示为“2”，单击【合并】按钮后，需制单的第 2 行单据的“选择”栏也变为“1”，如图 4－61 所示。

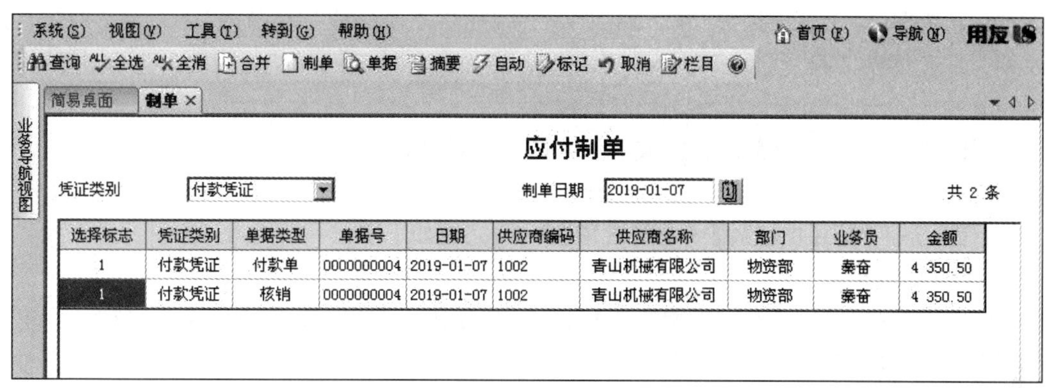

选择标志	凭证类别	单据类型	单据号	日期	供应商编码	供应商名称	部门	业务员	金额
1	付款凭证	付款单	0000000004	2019-01-07	1002	青山机械有限公司	物资部	秦奋	4 350.50
1	付款凭证	核销	0000000004	2019-01-07	1002	青山机械有限公司	物资部	秦奋	4 350.50

图 4－61　付款单和核销合并制单(1)

5）单击【制单】按钮，进入“填制凭证”界面。在凭证头中，“凭证类型”为“付款凭证”，“制单日期”为“2019－01－07”，“附单据数”为“2”；在凭证体中，先单击“应付账款”所在科目栏，再将鼠标光标移至左下方“票号日期”位置，待光标由“箭头”变换为“笔”的形状，双击弹出“辅助项”对话框，填入“票号”为“17542201”，单击【确定】按钮；同理，“银行存款/交通银行”的辅助项“票号”为“912780”。操作完成后，单击【保存】按钮，生成对应的付款凭证，如图 4－62 所示。

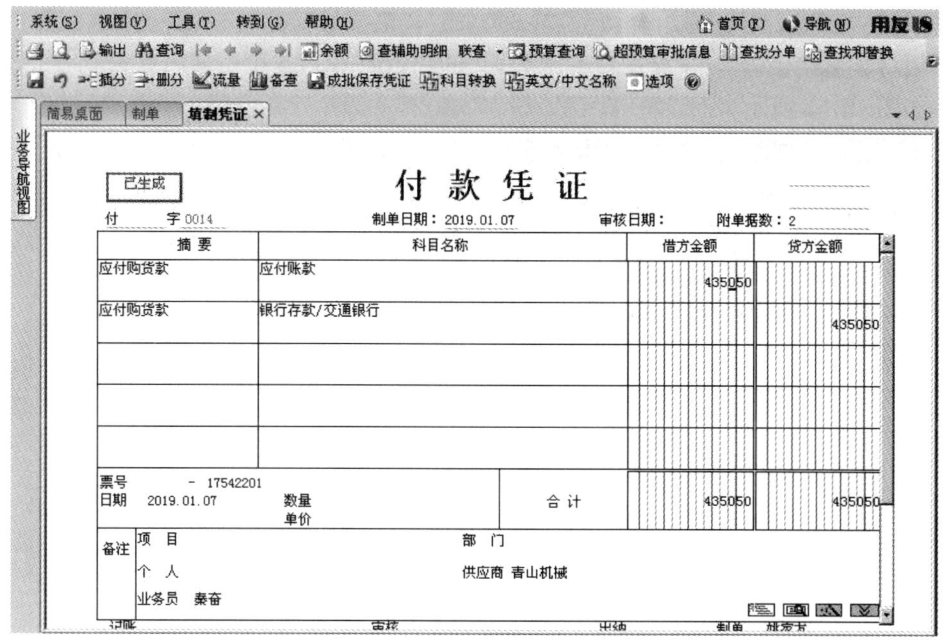

摘要	科目名称	借方金额	贷方金额
应付购货款	应付账款	435050	
应付购货款	银行存款/交通银行		435050
票号 - 17542201 日期 2019.01.07	数量 单价　　合计	435050	435050

图 4－62　付款单和核销合并制单(2)

2. 现付采购业务

(1) 采购入库

执行【业务工作】\【供应链】\【库存管理】命令，完成如下操作：

1) 执行【入库业务】\【采购入库单】命令，打开“采购入库单”标签页，单击【增加】按钮，对相关栏目内容进行选择或输入：在表头中，“入库日期”为“2019－01－08”，“仓库”为“材料库”，“供货单位”为“华城工贸有限公司”，“部门”为“物资部”，“业务员”为“秦奋”，“入库类别”为“采购入库”；在表体中，“存货名称”为“配件”，“数量”为“50”，“本币单价”为“28.50”，单击【保存】按钮。

2) 保存后，单击【审核】按钮，完成对该采购入库单的审核。

(2) 采购发票处理

执行【业务工作】\【供应链】\【采购管理】命令，完成如下操作：

1) 采购发票录入。

① 执行【采购发票】\【专用采购发票】命令，在“专用发票”标签页，单击【增加】按钮，单击“生单”右侧边的【▼】按钮，下拉选择“入库单”，在“查询条件选择—采购入库单列表过滤”对话框中，单击【确定】按钮，进入“参照生单”界面，从上方窗口中双击被参照的采购入库单记录，“选择”显示为“Y”。

② 单击【OK 确定】按钮，被参照的入库单信息自动带入专用采购发票，修改部分栏目内容：在表头中，“发票号”为“25193302”，“开票日期”为“2019－01－08”，“税率”为“13”。操作完成后，单击【保存】按钮。

2) 采购发票现付和结算。

① 采购发票保存后，无须退出，单击【现付】按钮，对相关栏目内容进行选择或输入：“结算方式”为“202－转账支票”，“原币金额”为“1 610.25”，“票据号”为“912781”，“本单位开户银行”为“交通银行学鉴路支行”，“华城工贸有限公司”的银行账号和本单位银行账号信息由系统自动带出，如图 4－63 所示。

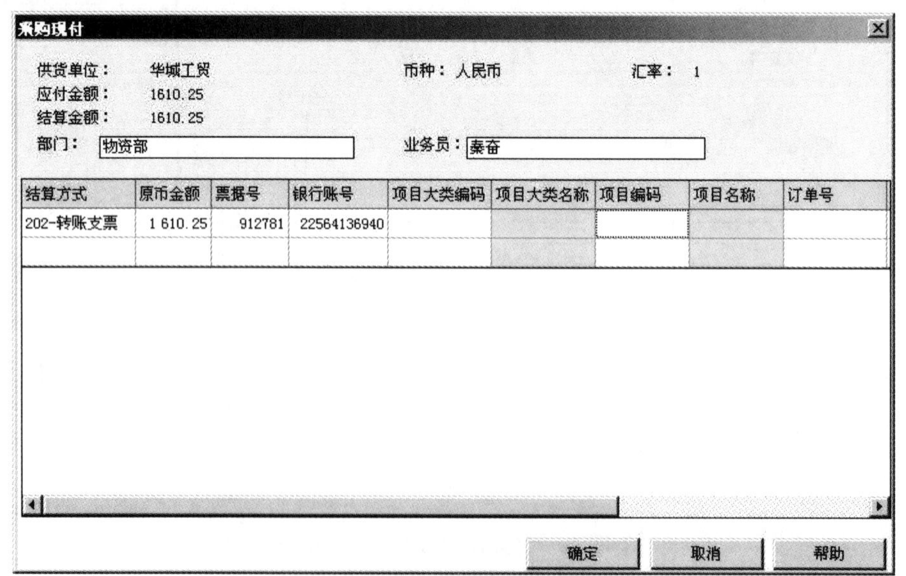

图 4－63 采购现付

② 操作完成后，单击【确定】按钮，在“专用发票”界面的左上角出现红字“已现付”标记，表示该张采购专用发票已完成现付。

③ 现付后，单击【结算】按钮，在“专用发票”界面的左上角出现红字“已结算”标记，表示对该张采购专用发票已完成自动结算。

提示：

在“专用发票”界面，已现付的采购专用发票，通过单击【弃付】按钮，可以取消现付。“弃付”功能只对未结算的采购发票有效，需弃付的采购发票如果已结算，必须先删除采购结算单才能取消现付。

(3) 采购现付款处理

执行【业务工作】\【财务会计】\【应付款管理】命令，完成如下操作：

1) 执行【应付单据处理】\【应付单据审核】命令，在“应付单查询条件”对话框中，勾选“包含已现结发票”，单击【确定】按钮，打开“单据处理”标签页，在“应付单据列表”中显示出尚未审核的已现付的采购发票记录。双击选中需审核的采购专用发票记录，“选择”显示为“Y”，单击【审核】按钮，完成对该采购专用发票的审核。

2) 双击【制单处理】菜单，在“制单查询”对话框中，勾选“现结制单”，单击【确定】按钮，打开“制单”标签页，在“现结制单”中显示出尚未制单的已现结的采购发票记录。双击选中需制单的采购专用发票记录，“选择标志”显示为“1”，单击【制单】按钮，进入“填制凭证”界面。在凭证头中，“凭证类型”为“付款凭证”，“制单日期”为“2019－01－08”，“附单据数”为“2”；在凭证体中，分录第 1 行的“会计科目”为“在途物资——配件”，“银行存款——交通银行”科目的辅助项信息根据已现结的发票信息由系统自动带出。操作完成后，单击【保存】按钮，生成对应的付款凭证，如图 4－64 所示。

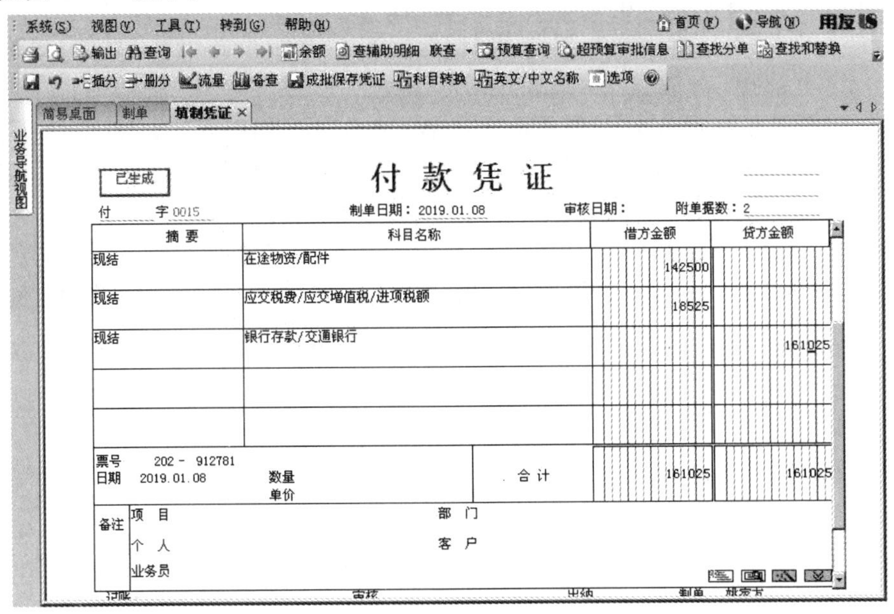

图 4－64　现结制单

（4）采购入库成本核算

执行【业务工作】\【供应链】\【存货核算】命令，完成如下操作：

1）执行【业务核算】\【正常单据记账】命令，在“查询条件选择”对话框中，单击【确定】按钮，打开“未记账单据一览表”标签页，双击需记账单据所在行，“选择”显示为“Y”，单击【记账】按钮，完成记账操作。

2）执行【财务核算】\【生成凭证】命令，打开“生成凭证”标签页，单击【选择】按钮，在“查询条件”对话框中，勾选“采购入库单(报销记账)”，单击【确定】按钮，在“生成凭证单据一览表”界面，双击“选择”栏，单击【确定】按钮；再单击【生成】按钮，进入“填制凭证”界面。在凭证头中，“凭证类型”为“转账凭证”，“制单日期”为“2019－01－08”，“附单据数”为“1”。操作完成后，单击【保存】按钮，生成对应的转账凭证。

3. 采购运费处理

（1）采购发票处理

执行【业务工作】\【供应链】\【采购管理】命令，完成如下操作：

1）采购发票录入。执行【采购发票】\【专用采购发票】命令，在“专用发票”标签页，单击【增加】按钮，对相关栏目内容进行选择或输入：在表头中，“发票号”为“31406602”，“开票日期”为“2019－01－08”，“供应商”为“青山机械”，“税率”为“9”，“部门名称”为“物资部”，“业务员”为“秦奋”；在表体中，“存货名称”为“运输劳务”，“原币金额”为“140”。操作完成后，单击【保存】按钮。

2）采购发票现付和结算。

① 采购发票保存后，无须退出，单击【现付】按钮，对相关栏目内容进行选择或输入：“结算方式”为“现金结算”，“原币金额”为“152.60”，“本单位开户银行”为“交通银行学鉴路支行”，银行账号和本单位银行账号信息由系统自动带出。操作完成后，单击【确定】按钮，在“专用发票”界面的左上角出现红字“已现付”标记，表示该张采购专用发票已完成现付。

② 执行【采购结算】\【费用折扣结算】命令，打开“费用折扣结算”标签页，单击【查询】按钮，在“条件输入”对话框中，单击【确定】按钮，进入“费用折扣结算”界面；单击【入库】按钮，在“入库单选择”对话框中，双击需结算单据所在行，“选择”显示为“Y”，单击【确定】按钮，此单据显示在上方的入库单汇总区域；单击【发票】按钮，在“发票选择”对话框中，双击需结算单据所在行，“选择”显示为“Y”，单击【确定】按钮，此单据显示在下方的发票汇总区域。

③ 选定后，需结算入库单所在行的“结算金额”为“140”，需结算发票区域的“费用分摊方式”为“按数量”，如图 4－65 所示。操作完成后，单击【分摊】按钮，再单击【结算】按钮，完成运费分摊及结算操作。

提示：

在费用折扣结算时，需要手工输入结算金额，且结算金额合计与发票金额合计必须相等，才能结算。

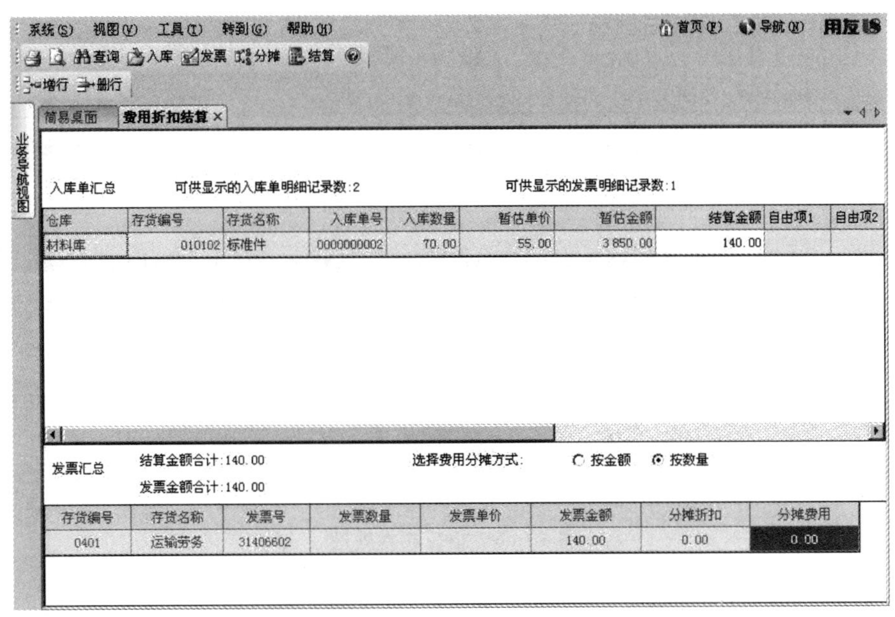

图 4－65　费用折扣结算

(2) 运费现付款处理

执行【业务工作】\【财务会计】\【应付款管理】命令，完成如下操作：

1) 执行【应付单据处理】\【应付单据审核】命令，在"应付单查询条件"对话框中，勾选"包含已现结发票"，单击【确定】按钮，双击选中需审核单据所在行，单击【审核】按钮，完成对该采购专用发票的审核。

2) 双击【制单处理】菜单，在"制单查询"对话框中，勾选"现结制单"，双击选中需制单单据所在行，单击【制单】按钮，进入"填制凭证"界面。在凭证头中，"凭证类型"为"付款凭证"，"制单日期"为"2019－01－08"，"附单据数"为"2"；在凭证体中，分录第 1 行的"会计科目"为"在途物资——标准件"，在"辅助项"对话框中，填入"数量"为"70"，"单价"为"2"，单击【确定】按钮，分录第 3 行为"库存现金"。操作完成后，单击【保存】按钮，生成对应的付款凭证。

(3) 采购运费成本核算

执行【业务工作】\【供应链】\【存货核算】命令，完成如下操作：

1) 执行【业务核算】\【结算成本处理】命令，在"暂估处理查询"对话框中，勾选"材料库"，单击【确定】按钮，打开"结算成本处理"标签页，双击选中需处理单据所在行，选择"按数量分摊"，单击【暂估】按钮，完成暂估处理操作，如图 4－66 所示。已处理的入库调整单也从"结算成本处理"界面消失。

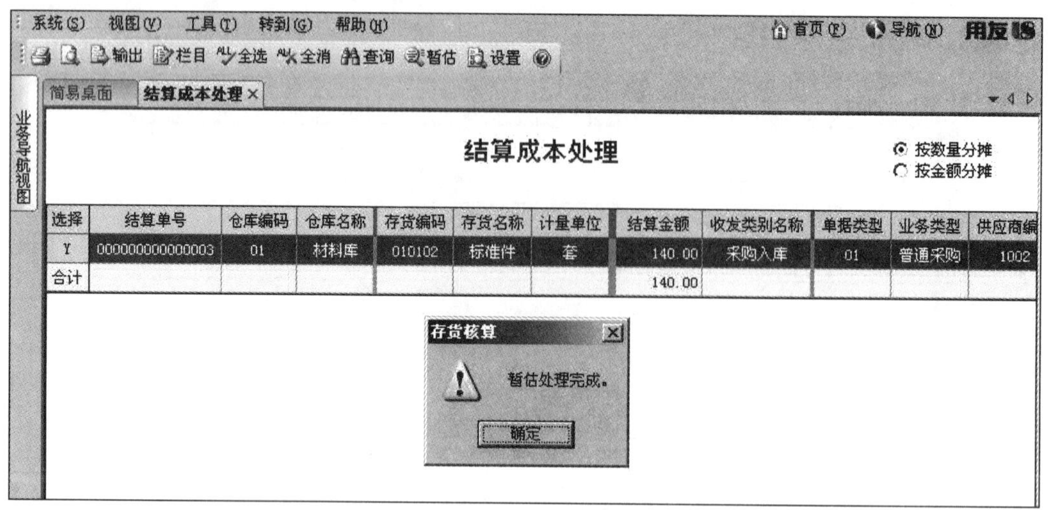

图 4-66　结算成本处理

提示：

采购运费业务在存货核算的结算成本处理后，通过执行【日常业务】\【入库调整单】命令，可以查看到与之对应的一张入库调整单。此张入库调整单是由系统自动生成，处于已记账状态，不能直接对其进行修改。如需修改，可以通过执行【业务核算】\【恢复记账】命令进行取消记账操作。

2）执行【财务核算】\【生成凭证】命令，打开“生成凭证”标签页，单击【选择】按钮，在“查询条件”对话框中，勾选“入库调整单”，单击【确定】按钮，在“生成凭证单据一览表”界面，双击选中需制单单据所在行，单击【确定】按钮；再单击【生成】按钮，进入“填制凭证”界面。在凭证头中，“凭证类型”为“转账凭证”，“制单日期”为“2019－01－08”，“附单据数”为“1”；在凭证体中，分录第 1 行和第 2 行会计科目“辅助项”的“数量”均为“70”，“单价”均为“2”，单击【确定】按钮。操作完成后，单击【保存】按钮，生成对应的转账凭证。

4. 暂估入库结转

（1）暂估发票处理与采购入库成本核算：涉及 2 个系统

1）暂估发票录入和结算。执行【业务工作】\【供应链】\【采购管理】命令，完成如下操作：

① 执行【采购发票】\【专用采购发票】命令，在“专用发票”标签页，单击【增加】按钮，再单击“生单”右侧边的【▼】按钮，下拉选择“入库单”，双击选中被参照单据所在行，单击【OK 确定】按钮，修改部分栏目内容：“开票日期”为“2019－01－10”，“发票号”为“46538801”，“原币单价”为“52”等信息，单击【保存】按钮。

提示：

暂估入库存货的发票单价与参照生单的入库单单价不一致时，发票界面需要手动修改单价。

② 执行【采购结算】\【手工结算】命令，打开“手工结算”标签页，单击【选单】按钮，在“结算选单”对话框中，单击【查询】按钮，在“查询条件选择—采购手工结算”对话框中，单击【确定】按钮，从上方的结算选发票列表和下方的结算选入库单列表中，分别双击选中需结算单据所在行。

③ 选定后，单击【OK 确定】按钮，进入“结算汇总”界面，如图 4－67 所示，单击【结算】按钮，完成采购手工结算操作。

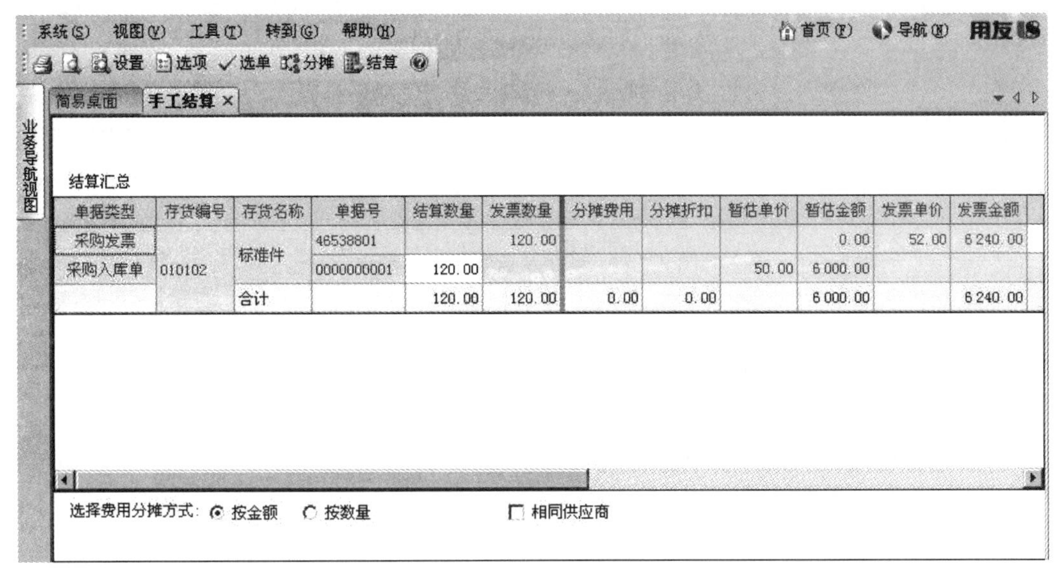

图 4－67　手工结算

2）采购暂估成本分摊和制单。

执行【业务工作】\【供应链】\【存货核算】命令，完成如下操作：

① 执行【业务核算】\【结算成本处理】命令，在“暂估处理查询”对话框中，勾选“材料库”，单击【确定】按钮，打开“结算成本处理”标签页，双击选中需处理单据所在行，选择“按金额分摊”，单击【暂估】按钮，完成暂估处理操作。已处理的蓝字回冲单从“结算成本处理”界面消失。

提示：

暂估入库结转业务在存货核算的结算成本处理后，通过执行【日常业务】\【单据列表】\【蓝字回冲单列表】命令，可以查看到与之对应的一张蓝字回冲单。此张蓝字回冲单由系统自动生成，处于已记账状态，不能直接对其进行修改。如需修改，可以通过执行【业务核算】\【恢复记账】命令，进行取消记账操作。

② 执行【财务核算】\【生成凭证】命令，打开“生成凭证”标签页，单击【选择】按钮，在“查询条件”对话框中，勾选“红字回冲单”“蓝字回冲单(报销)”，单击【确定】按钮，在“生成凭证单据一览表”界面，双击选中需制单单据所在行，单击【确定】按钮，“凭证类别”为“转账凭证”，红字回冲单第 2 行分录的“科目编码”为“140202 在途物资——标准件”，如图 4－68 所示。

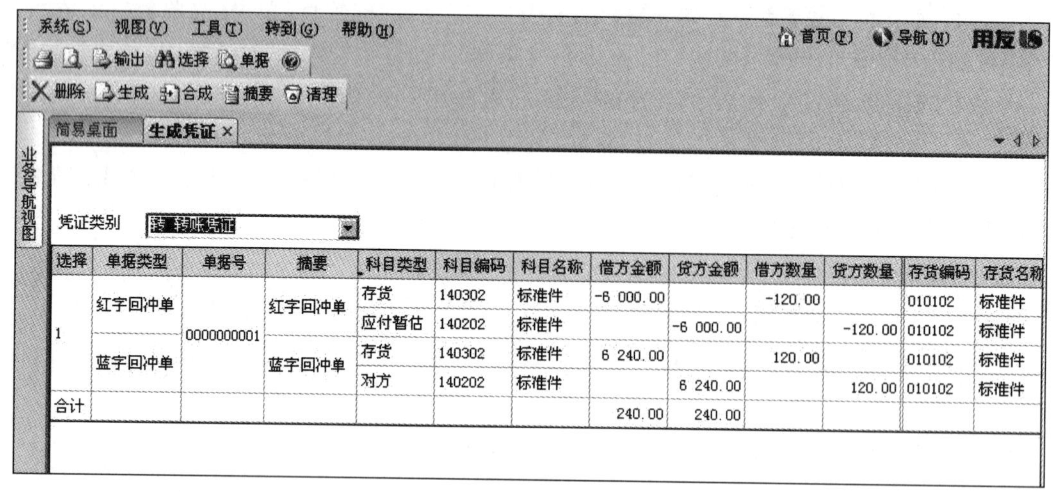

图 4－68　红字及蓝字回冲单制单

③ 单击【生成】按钮，进入“填制凭证”界面，系统显示红字回冲单的凭证：在凭证头中，“凭证类型”为“转账凭证”，“制单日期”为“2019－01－10”，“附单据数”为“1”；在凭证体中，借、贷方均为红字金额“6 000”，单击【保存】按钮。

④ 单击【→】(下张)按钮，系统显示蓝字回冲单的凭证，凭证头的内容与第 1 张凭证相同，借、贷方均为蓝字金额“6 240”，单击【保存】按钮。由此，生成对应的 2 张转账凭证。

(2) 采购应付款处理

执行【业务工作】\【财务会计】\【应付款管理】命令，完成如下操作：

1) 执行【应付单据处理】\【应付单据审核】命令，在“应付单查询条件”对话框中，单击【确定】按钮，双击选中需审核单据所在行，单击【审核】按钮，完成对该采购专用发票的审核。

2) 双击【制单处理】菜单，在“制单查询”对话框中，勾选“发票制单”，双击选中需制单单据所在行，单击【制单】按钮，进入“填制凭证”界面，修改部分栏目内容后，单击【保存】按钮，生成对应的转账凭证。

5. 采购退货业务

(1) 采购入库

执行【业务工作】\【供应链】\【库存管理】命令，完成如下操作：

1) 执行【入库业务】\【采购入库单】命令，打开“采购入库单”标签页，单击【增加】按钮，对相关栏目内容进行选择或输入后，单击【保存】按钮，完成填制操作。

2) 保存后，单击【审核】按钮，完成对该采购入库单的审核。

(2) 结算前采购退货

执行【业务工作】\【供应链】\【库存管理】命令，完成如下操作：

1) 执行【入库业务】\【采购入库单】命令，打开“采购入库单”标签页，单击【→｜】(末张)按钮，或者双击系统右侧“助手视图”的“历史单据”中的【采购入库单】菜单，可以查找到已审核的采购入库单。单击【弃审】按钮，完成取消审核操作。

2) 弃审后，单击【修改】按钮，“数量”改为“77”，单击【保存】按钮，完成修改操作。

3) 修改后，单击【审核】按钮，完成对该采购入库单的重新审核。

(3) 采购发票、入库成本与应付款处理:涉及 3 个系统

1) 采购发票录入和结算。执行【业务工作】\【供应链】\【采购管理】命令,完成如下操作:

① 执行【采购发票】\【专用采购发票】命令,在“专用发票”标签页,单击【增加】按钮,单击“生单”右侧边的【▼】按钮,下拉选择“入库单”,双击需参照单据所在行,单击【OK 确定】按钮,修改部分栏目内容后,单击【保存】按钮,完成填制操作。

② 保存后,单击【结算】按钮,完成对该采购专用发票的自动结算,在“专用发票”界面的左上角出现红字“已结算”标记。

2) 采购入库成本记账和制单。执行【业务工作】\【供应链】\【存货核算】命令,完成如下操作:

① 执行【业务核算】\【正常单据记账】命令,双击需记账单据所在行,单击【记账】按钮,完成记账操作。

② 执行【财务核算】\【生成凭证】命令,打开“生成凭证”标签页,单击【选择】按钮,勾选“采购入库单(报销记账)”,单击【确定】按钮,在“生成凭证单据一览表”界面,双击需制单单据所在行,单击【确定】按钮,“凭证类型”为“转账凭证”,单击【生成】按钮,进入“填制凭证”界面,修改部分栏目内容后,单击【保存】按钮,生成对应的转账凭证。

3) 采购发票审核和制单。执行【业务工作】\【财务会计】\【应付款管理】命令,完成如下操作:

① 执行【应付单据处理】\【应付单据审核】命令,在“应付单查询条件”对话框中,单击【确定】按钮,双击需审核单据所在行,单击【审核】按钮,完成审核操作。

② 双击【制单处理】菜单,在“制单查询”对话框中,勾选“发票制单”,单击【确定】按钮,双击需制单单据所在行,单击【制单】按钮,进入“填制凭证”界面,修改部分栏目内容后,单击【保存】按钮,生成对应的转账凭证。

(4) 结算后采购退货:涉及 4 个系统

1) 红字采购入库单填制和审核。执行【业务工作】\【供应链】\【库存管理】命令,完成如下操作:

① 执行【入库业务】\【采购入库单】命令,打开“采购入库单”标签页,单击【→|】(末张)按钮,或者双击系统右侧“助手视图”的“历史单据”中的【采购入库单】菜单,可以查找到 1 月 11 日杭宁设备有限公司购入标准件的采购入库单。单击“增加”右侧边的【▼】按钮,下拉选择“回冲单据”,生成红字采购入库单,修改部分栏目内容:“入库日期”为“2019－01－14”,“数量”为“－2”。操作完成后,单击【保存】按钮,完成填制操作。

② 保存后,单击【审核】按钮,完成对该红字采购入库单的审核。

提示:

1) 采购结算后退货不能修改原有的采购入库单,必须生成红字采购入库单。在“采购入库单”标签页,有两种做法。

① 先调出原有的采购入库单,通过单击“增加”右侧的【回冲单据】按钮,系统会自动生成与之对应的红字单据,只需修改部分栏目内容即可。

② 直接单击【增加】按钮,选择“红字”,手工录入该张单据。

2) 红字单据不允许录入≥0 的数值,因此,“数量”只能是负值。

2）红字采购发票录入和结算。执行【业务工作】\【供应链】\【采购管理】命令，完成如下操作：

① 执行【采购发票】\【红字专用采购发票】命令，在“专用发票”标签页，单击【增加】按钮，再单击“生单”右侧边的【▼】按钮，下拉选择“入库单”，双击需参照单据所在行，单击【OK 确定】按钮，修改部分栏目内容后，单击【保存】按钮，完成填制操作。

② 保存后，单击【结算】按钮，完成对该红字专用采购发票的自动结算，在“专用发票”界面的左上角出现红字“已结算”标记。

3）采购退货记账和制单。执行【业务工作】\【供应链】\【存货核算】命令，完成如下操作：

① 执行【业务核算】\【正常单据记账】命令，双击需记账单据所在行，单击【记账】按钮，完成记账操作。

② 执行【财务核算】\【生成凭证】命令，打开“生成凭证”标签页，单击【选择】按钮，勾选“采购入库单(报销记账)”，单击【确定】按钮，在“生成凭证单据一览表”界面，双击需制单单据所在行，单击【确定】按钮，“凭证类型”为“转账凭证”，单击【生成】按钮，进入“填制凭证”界面，借、贷方均为红字金额，修改部分栏目内容后，单击【保存】按钮，生成对应的转账凭证。

4）红字采购发票审核和制单。执行【业务工作】\【财务会计】\【应付款管理】命令，完成如下操作：

① 执行【应付单据处理】\【应付单据审核】命令，在“应付单查询条件”对话框中，单击【确定】按钮，双击需审核单据所在行，单击【审核】按钮，完成审核操作。

② 双击【制单处理】菜单，在“制单查询”对话框中，勾选“发票制单”，单击【确定】按钮，双击需制单单据所在行，单击【制单】按钮，进入“填制凭证”界面，借、贷方均为红字金额，修改部分栏目内容后，单击【保存】按钮，生成对应的转账凭证。

6. 应付业务处理

执行【业务工作】\【财务会计】\【应付款管理】命令，完成如下操作。

(1) 签发并承兑商业汇票

1）双击【票据管理】菜单，在“查询条件选择”对话框中，单击【确定】按钮，打开“票据管理”标签页。

2）单击【增加】按钮，打开“应付票据”标签页，对相关栏目内容进行选择或输入：“票据类型”“结算方式”均为“商业承兑汇票”，“票据编号”为“851104”，“收到日期”“出票日期”均为“2019 - 01 - 15”，“到期日”为“2019 - 01 - 31”，“收款人”为“天山科技集团公司”，“金额”为“9 500”，在选定收款人后，“收款人账号”“收款人开户银行”会由系统自动带出。操作完成后，单击【保存】按钮，如图 4 - 69 所示。

3）返回“票据管理”标签页，显示 1 条记录，可以进行修改、删除等相关操作。

4）执行【付款单据处理】\【付款单据审核】命令，在“付款单查询条件”对话框中，单击【确定】按钮，打开“收付款单列表”标签页，双击需审核单据所在行，“选择”栏显示为“Y”，单击【审核】按钮，完成对该付款单的审核。

5）双击【制单处理】菜单，在“制单查询”对话框中，勾选“收付款单制单”，单击【确定】按钮，打开“制单”标签页，双击需制单单据所在行，“选择”栏显示为“1”，单击【制单】按钮，进入“填制凭证”界面，“凭证类型”为“转账凭证”，“制单日期”为“2019 - 01 - 15”，“附单据数”为“1”，单击【保存】按钮，生成对应的转账凭证。

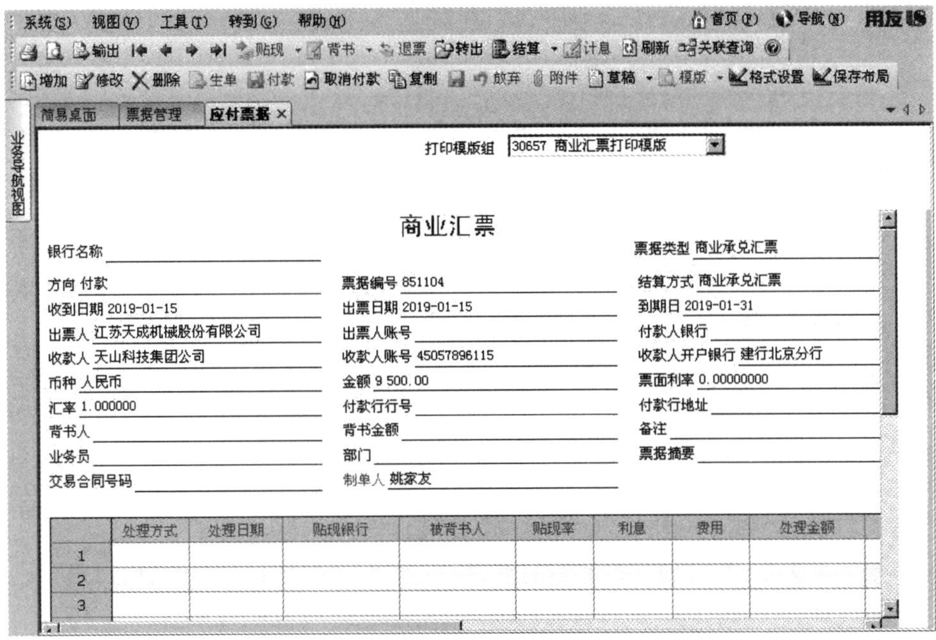

图 4－69　应付票据录入

提示：

1）增加完一张应付票据后，执行【单据查询】\【收付款单查询】命令，可以查询到与之对应的一张付款单。此张付款单是由系统自动生成，需经审核后才能进行制单处理，也不能直接对其进行修改。

2）在“付款单查询条件”对话框中，选择“已审核”“已制单”，可以查询到不同状态下的单据。已审核但尚未制单的单据，单击【弃审】按钮，可以取消审核。已制单的单据，必须先删除已生成的记账凭证，才能取消审核。

3）执行【单据查询】\【凭证查询】命令，可以查询已生成的记账凭证。选择某一条凭证记录，可以进行修改、删除和冲销操作；双击某一条凭证记录，可以查看该记账凭证的详细内容，并联查辅助明细账。

（2）预付采购定金

1）执行【付款单据处理】\【付款单据录入】命令，打开“收付款单录入”标签页。单击【增加】按钮，对相关栏目内容进行选择或输入：在表头中，“日期”为“2019－01－15”，“供应商”为“华城工贸有限公司”，“结算方式”为“转账支票”，“金额”为“20 000”；在表体的第 1 行中，“款项类型”为“预付款”。操作完成后，单击【保存】按钮。

2）保存后，单击【审核】按钮，完成对该付款单的审核。

3）审核后，系统弹出“是否立即制单”对话框，单击【是】按钮，进入“填制凭证”界面。在凭证头中，“凭证类型”为“付款凭证”，“制单日期”为“2019－01－15”，“附单据数”为“2”；在凭证体中,“银行存款/交通银行”科目的“辅助项”需要补充“票号”为“912782”,单击【确定】按钮。操作完成后,单击【保存】按钮,生成对应的付款凭证。

提示:

1) 手工录入的付款单,审核有两种做法。

① 在“收付款单录入”界面,保存后立即单击【审核】按钮。

② 退出录入界面,执行【付款单据处理】\【付款单据审核】命令,选中需审核单据后单击【审核】按钮。系统自动生成的付款单只能采用第二种方法完成审核。

2) 在“收付款单录入”界面,如果“票据号”已填入支票结算所涉的支票号,则在“填制凭证”界面的“银行存款——交通银行”科目的“辅助项”所涉及的支票号由系统根据收款单所填内容自动带入,不需要手工输入。

(3) 应付冲应付

1) 执行【转账】\【应付冲应付】命令,打开“应付冲应付”标签页,对相关栏目内容进行选择或输入:“日期”≦“2019-01-16”,转出“供应商”为“杭宁设备有限公司”,转入“供应商”为“青山机械有限公司”,单击【查询】按钮,系统显示出截止到设定日期的转出方“杭宁设备有限公司”尚未核销的应付款项列表。

2) 在“原币金额”为“75 000”的采购专用发票所在行末尾处的“并账金额”栏内填入“75 000”,如图 4-70 所示,单击【保存】按钮。

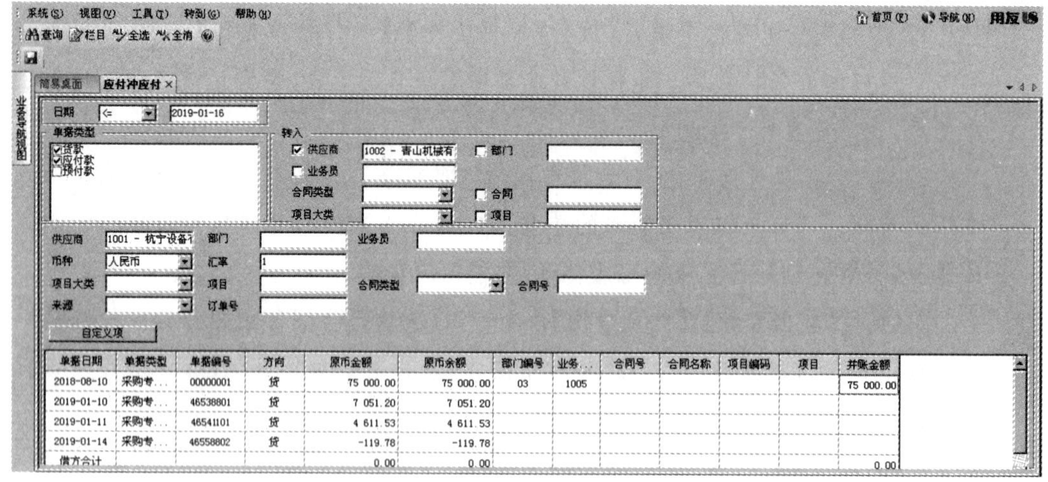

单据日期	单据类型	单据编号	方向	原币金额	原币余额	部门编号	业务...	合同号	合同名称	项目编码	项目	并账金额
2018-08-10	采购专...	00000001	贷	75 000.00	75 000.00	03	1005					75 000.00
2019-01-10	采购专...	46538801	贷	7 051.20	7 051.20							
2019-01-11	采购专...	46541101	贷	4 611.53	4 611.53							
2019-01-14	采购专...	46558802	贷	-119.78	-119.78							
借方合计				0.00	0.00							0.00

图 4-70 转账—应付冲应付

3) 保存后,系统弹出“是否立即制单”对话框,单击【是】按钮,进入“填制凭证”界面。在凭证头中,“凭证类型”为“转账凭证”,“制单日期”为“2019-01-16”,“附单据数”为“1”。操作完成后,单击【保存】按钮,生成对应的转账凭证。

提示：

1）在应付冲应付凭证中，转出“供应商”为“杭宁设备有限公司”的“应付账款”科目以红字金额显示在贷方，而不是借记。

2）每笔应付款的并账金额不能超过余额。

3）在系统弹出“是否立即制单”对话框，单击【否】按钮的情况下，双击【制单处理】菜单，在“制单查询”对话框中，勾选“应付冲应付制单”，单击【确定】按钮，打开“制单”标签页，同样可以生成对应的记账凭证。

（4）预付冲应付

1）执行【转账】\【预付冲应付】命令，在“预付冲应付”对话框中，“日期”为“2019－01－17”。

2）在“预付款”界面，“供应商”为“青山机械有限公司”，单击【过滤】按钮，系统显示出截止到设定日期的支付给该供应商的预付款项列表。在“原币金额”为“10 000”的付款单所在行末尾处的“转账金额”栏内填入“10 000”，如图 4－71 所示。

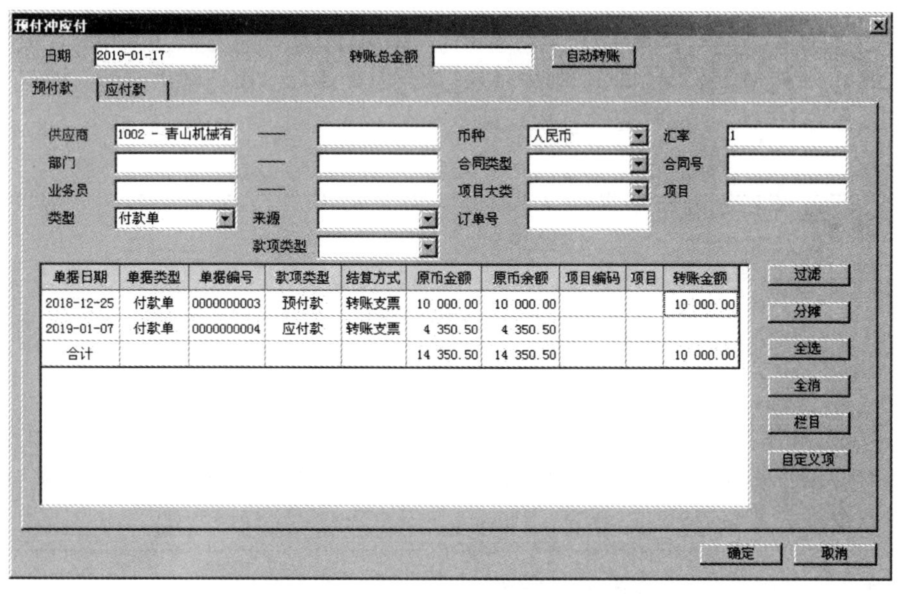

图 4－71　转账—预付冲应付(预付款)

3）在“应付款”界面，单击【过滤】按钮，系统显示出截止到设定日期的该供应商的应付款项列表。在“原币金额”为“14 000”的采购普通发票所在行末尾处的“转账金额”栏内填入“10 000”，如图 4－72 所示。操作完成后，单击【确定】按钮。

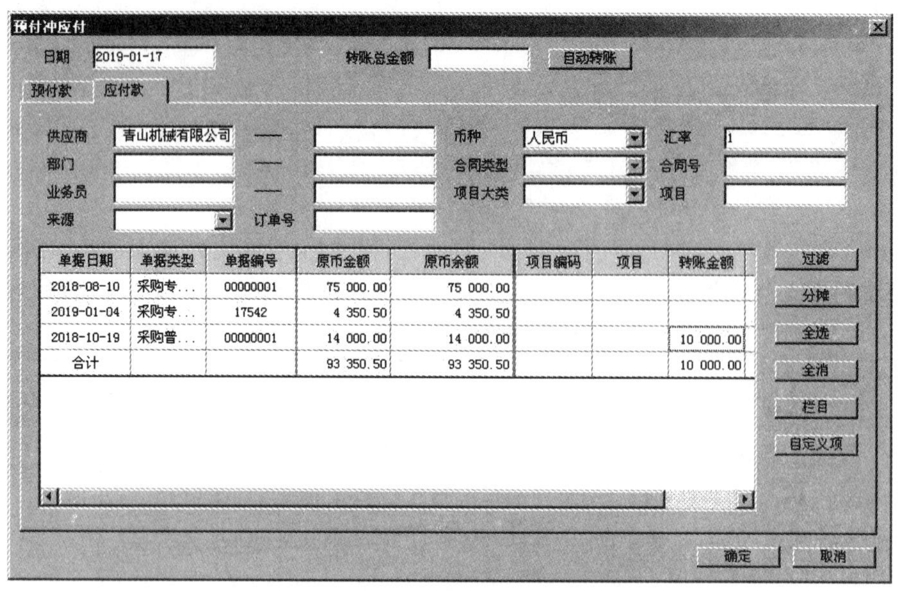

图 4－72　转账—预付冲应付(应付款)

4）确定后，系统弹出“是否立即制单”对话框，单击【是】按钮，进入“填制凭证”界面。在凭证头中，“凭证类型”为“转账凭证”，“制单日期”为“2019－01－17”，“附单据数”为“1”。操作完成后，单击【保存】按钮，生成对应的转账凭证。

提示：

1）在预付冲应付凭证中，“预付账款”科目以红字金额显示在借方，而不是贷记。

2）每笔应付款的转账金额不能超过余额，多笔应付款转账金额的合计数要与预付款转账金额的合计数相等。

3）预付和应付必须在初始设置时选定为不同的科目进行核算，才能在预付冲应付凭证中形成有效的借贷双方(详见“3.5.2 采购与供应商管理初始设置”中的应付款管理相关科目)。

(5）部分核销应付款，部分作为预付款

1）执行【付款单据处理】\【付款单据录入】命令，打开“收付款单录入”标签页。

2）单击【增加】按钮，对相关栏目内容进行选择或输入：在表头中，“日期”为“2019－01－18”，“供应商”为“杭宁设备有限公司”，“结算方式”为“转账支票”，“金额”为“10 000”；在表体中，第 1 行的“款项类型”为“应付款”，“金额”为“7 051.20”，第 2 行的“款项类型”为“预付款”，“金额”为“2 948.80”。操作完成后，单击【保存】按钮。

提示：

1）部分核销应付，余额作为预付的一笔付款，在付款单录入前应当先查询应付余额。

2）付款单表体涉及多行的，表体金额合计不能超出表头金额；表体金额合计小于表头金额的，系统会自动增加一行补充差额，应检查各行金额是否正确，多余行可以通过【删行】按钮删除。

3）保存后，单击【审核】按钮，完成对该付款单的审核。审核后，系统弹出“是否立即制单”对话框，单击【否】按钮，打开“收付款单录入”标签页。

4）执行【核销处理】\【手工核销】命令，在“核销条件”对话框中，“供应商”为“杭宁设备有限公司”，“计算日期”为“2019－01－18”，单击【确定】按钮，打开“单据核销”标签页，上方显示出截止到设定日期的供应商“杭宁设备有限公司”的付款单列表，下方显示该供应商的采购发票列表，即需核销单据。在下方“原币金额”为“7 051.20”的采购专用发票所在行末尾处的“本次结算”栏内填入“7 051.20”。单击【保存】按钮，完成对已结清应付业务的核销，已核销的付款单和采购发票也从“单据核销”界面消失。

5）双击【制单处理】菜单，在“制单查询”对话框中，勾选“收付款单制单”“核销制单”，单击【确定】按钮，打开“制单”标签页，双击需制单的第 1 行单据，“选择”栏显示为“1”，再双击需制单的第 2 行单据，“选择”栏显示为“2”，单击【合并】按钮，需制单的第 2 行单据的“选择”栏变更为“1”，单击【制单】按钮，进入“填制凭证”界面。在凭证头中，“凭证类型”为“付款凭证”，“制单日期”为“2019－01－18”，“附单据数”为“2”；在凭证体中，先单击“银行存款/交通银行”所在科目栏，再将鼠标光标移至左下方“票号日期”位置，待光标由“箭头”变换为“笔”的形状，双击弹出“辅助项”对话框，填入“票号”为“912784”，单击【确定】按钮。操作完成后，单击【保存】按钮，生成对应的付款凭证。

（6）应付票据结算

1）双击【票据管理】菜单，在“查询条件选择”对话框中，单击【确定】按钮，打开“票据管理”标签页。

2）双击需兑付票据所在行，“选择”栏显示为“Y”，单击【结算】按钮，进入“票据结算”对话框，对相关栏目内容进行选择或输入：“结算日期”为“2019－01－31”，“结算金额”为“9 500”，“结算科目”为“银行存款——交通银行”，如图 4－73 所示。操作完成后，单击【确定】按钮。

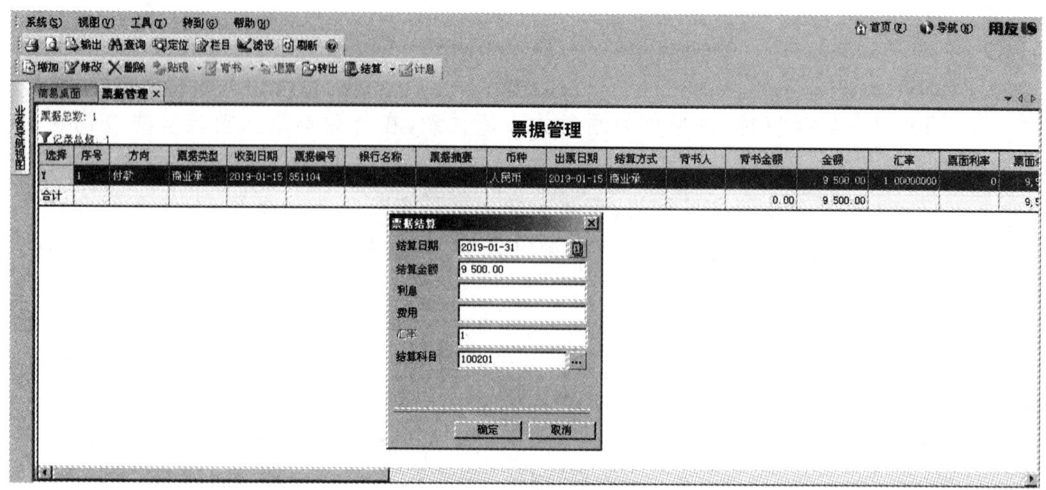

图 4-73　应付票据结算

提示：

1）票据结算说明票据到期且已付款，该票据将被终止确认，不能以该票据再进行其他相关业务。

2）结算应满足的等式为“结算金额－利息＋费用＝票据余额”。

3）执行【其他处理】\【取消操作】命令，在“取消操作条件”对话框中，“操作类型”为“票据处理”，选择需取消结算的票据，单击【OK 确认】按钮，即可撤回所作的票据结算操作。

4）在商业承兑汇票到期，而付款人无力支付款项的情况下，在“票据管理”标签页，需要通过【转出】按钮，将“应付票据”转到“应付账款”，并生成对应的记账凭证。应付票据转出后，执行【单据查询】\【应付单查询】命令，可以查询到与之对应的一张其他应付单，且处于已审核状态。取消票据转出的同时，该应付单也会被系统自动删除。

3）确定后，系统弹出“是否立即制单”对话框，单击【是】按钮，进入“填制凭证”界面。在凭证头中，“凭证类型”为“付款凭证”，“制单日期”为“2019－01－31”，“附单据数”为“2”；在凭证体中，先单击“银行存款/交通银行”所在科目栏，再将鼠标光标移至左下方“票号 日期”位置，待光标由“箭头”变换为“笔”的形状，双击弹出“辅助项”对话框，填入“票号”为“912787”，单击【确定】按钮。操作完成后，单击【保存】按钮，生成对应的付款凭证。

4）关闭“填制凭证”标签页，返回“票据管理”标签页，该票据所在行的“状态”栏显示“结算”字样。

（7）取消操作（以应付冲应付为例）

1）执行【其他处理】\【取消操作】命令，在“取消操作条件”对话框中，“操作类型”为“应付冲应付”，单击【确定】按钮，打开“取消操作”标签页，系统会显示出应付冲应付业务列表。

2）双击需取消操作的业务所在行，“选择”栏显示为“Y”，如图 4－74 所示。单击【OK 确认】按钮，即可撤回所作的应付冲应付业务。

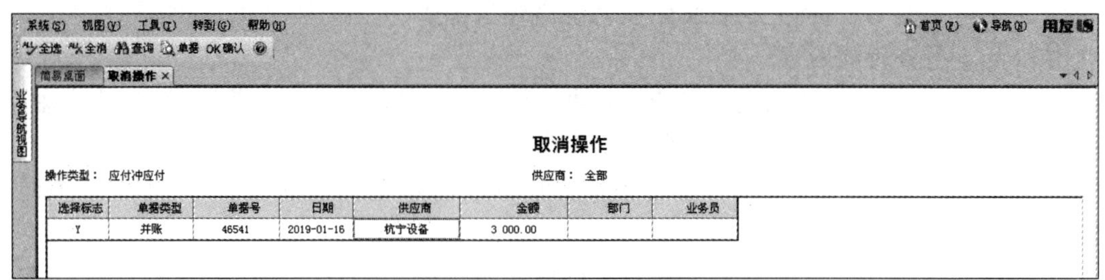

图 4－74　取消“应付冲应付”

提示：

1）在应付款管理中，“取消操作”功能涉及的操作类型包括核销、选择付款、汇兑损益、票据处理、应付冲应付、应付冲应收、预付冲应付、红票对冲。

2）在应付冲应付业务的“取消操作”标签页，单击【单据】按钮，可以查看“并账”前转出方原始单据的详细信息。

3）“取消操作”仅限于尚未制单的业务。想要取消操作的业务如已生成记账凭证的，需要先删除对应的记账凭证。

4.4.2　销售及应收日常业务处理

【问题引入】

1. 哪些操作功能属于销售管理的可选环节？
2. 在销售发票环节，普通销售和现结销售的做法有什么不同？
3. 在存货核算中，相较于普通销售，分期收款和委托代销的记账有什么不同？
4. 应收款核销操作的目的是什么？已核销的应收款为什么要进行合并制单？
5. 供应链管理、应收款管理的哪些控制参数会对销售及应收业务处理产生影响？

【项目实训】

⊙ **实务案例**

本月发生的销售及应收款业务如下。

1. 销售选项维护

在销售管理中，进行销售选项的修改。

2. 普通销售业务

(1) 先发货，后开票

1) 2019 年 1 月 1 日，南元科技集团想要购买轴承 30 个，向营销一部进行询价，营销一部报价 1 750 元/套。

2）2019 年 1 月 2 日，南元科技集团认为价格较为合适，提出订购要求，订购数量为 30 个，要求 2019 年 1 月 9 日前发货。

3）2019 年 1 月 9 日，由营销一部李丽经办，从产成品库向南元科技集团发出 30 个轴承，并开具专用发票(票号为 76182201)1 张。

4）2019 年 1 月 14 日，营销一部将该业务所涉及的单据交到财务部，该业务款项尚未收到。

5）2019 年 1 月 15 日，财务部收到南元科技集团转账支票(票号为 315542)1 张，金额为 59 325 元，结清该业务的应收款项。

（2）票和货同出

2019 年 1 月 15 日，营销二部向河北机电集团销售齿轮轴 40 个，单价为 625 元。由营销二部王立华经办，开具专用发票(票号为 76183301)一张。同时，货物从产成品库发出。营销二部将该业务所涉及的单据交到财务部，该业务款项尚未收到。

3. 现结销售业务

2019 年 1 月 15 日，向茂名飞达有限公司销售前叉组件 60 套，单价为 130 元，由营销二部王立华经办，货物从产成品库发出。同时，开具专用发票(票号 76184401)1 张，并收到茂名飞达有限公司转账支票(票号为 841206)1 张，结清该业务的款项。营销二部随即将该业务所涉及的单据交到财务部。

4. 费用代垫业务

2019 年 1 月 16 日，营销一部在向南元科技集团销售轴承的业务中发生代垫装卸费 1 000 元，以现金支付，该业务款项尚未收回。

5. 一次销售分步业务

（1）一次销售，分批出库

2019 年 1 月 16 日，营销一部向北京福林汽车公司销售轴承 17 个，单价为 1 750 元，由产成品库负责发货。根据客户提出的分批收货要求，1 月 17 日、1 月 20 日分别从产成品库发出货物 10 个、7 个。此业务所涉及的发票尚未开具。

（2）一次销售，分期收款

2019 年 1 月 16 日，营销二部对向海建工有限公司销售齿轮轴 35 个，单价为 630 元，由产成品库负责发货。经协商，同意客户提出的分两次付款的要求。当日，收到向海建工有限公司转账支票(票号为 025663)1 张用于支付第一次款项，同时，营销二部开具第一次的专用发票(票号为 76185501)1 张，数量为 15 个，并随即将该业务所涉及的单据交到财务部。

6. 委托代销业务

1）2019 年 1 月 16 日，营销一部委托茂名飞达有限公司代销前叉组件 100 套，单价为 108 元，货物从产成品库发出。

2）2019 年 1 月 20 日，收到茂名飞达有限公司交回的代销清单一份，共计完成销售 45 个，单价为 118 元，并开具专用发票(票号为 76186601)1 张。

3）2019 年 1 月 20 日，营销一部将该业务所涉及的单据交到财务部，该业务款项尚未收到。当日，按照合同约定的销售收入 10%，财务部以现金支付给茂名飞达有限公司代销手续费。

7. 销售退回业务

(1) 未开发票退货

1) 2019 年 1 月 21 日，营销一部向河北机电集团销售套筒 17 个，单价为 315 元，货物从产成品库发出。

2) 2019 年 1 月 22 日，河北机电集团反映其中有 3 个存在质量问题，经协商同意客户退货。

3) 2019 年 1 月 23 日，营销一部向河北机电集团开具专用发票(票号为 76189901)1 张。

4) 2019 年 1 月 23 日，营销一部将该业务所涉及的单据交到财务部，所涉及的款项尚未收到。

(2) 已开发票退货

2019 年 1 月 23 日，南元科技集团发现当月月初购入的部分轴承存在质量问题，经协商后退回 2 个，单价为 1 750 元，同时开具红字专用发票(票号为 76190001)1 张。当日，财务部根据营销一部交来的该业务单据，开出交通银行现金支票(票号为 073411)1 张，退回该业务款项。

8. 应收业务处理

1) 2019 年 1 月 23 日，财务部收到茂名飞达有限公司签发并承兑的商业承兑汇票(票号为 539648)一张，面值为 6 000.30 元，到期日为 2019 年 1 月 31 日。

2) 2019 年 1 月 23 日，营销二部收到转账支票(票号为 033540)1 张，金额为 15 000 元，系河北机电集团预付购买齿轮轴的定金。

3) 2019 年 1 月 25 日，财务部将期初结余的河北机电集团的 34 100 元应收销货款转到向海建工有限公司。

4) 2019 年 1 月 25 日，财务部将收到的河北机电集团 15 000 元定金冲抵部分期初应收款。

5) 2019 年 1 月 28 日，财务部收到南元科技集团转账支票(票号为 760152)1 张，金额为 330 000 元，用以偿付期初及当月业务所欠款项，多余部分转作为预收款项。

6) 2019 年 1 月 31 日，茂名飞达有限公司 1 月 23 日签发并承兑的商业承兑汇票(票号为 539648)到期，因对方无力支付款项，经批准将其转为应收账款。

7) 2019 年 1 月 31 日，财务部以应收余额百分比法作为坏账处理方法，进行实际发生坏账的确认和坏账准备的计提。

8) 2019 年 1 月 31 日，经与北京福林汽车公司核查，在期初结余的 127 500 元应收销货款中有27 500元确认无法收回，作为坏账处理。

9) 2019 年 1 月 31 日，以 0.3%的比例计提坏账准备。

⊙ 任务分解及技能要点(见表 4－15)

表 4－15　任务分解及技能要点

任务名称	业务类型	系统导航	菜单路径	技能要点
销售选项维护			【设置】\【销售选项】	销售业务控制参数的修改
普通销售业务	先发货，后开票-1		【销售报价】\【销售报价单】	报价单的填制和审核

（续表）

任务名称	业务类型	系统导航	菜单路径	技能要点
	先发货，后开票-2	【业务工作】\【供应链】\【销售管理】	【销售订货】\【销售订单】	销售订单的填制和审核
普通销售业务	先发货，后开票-3	【业务工作】\【供应链】\【销售管理】	【销售发货】\【发货单】;【销售开票】\【销售专用发票】	销售发货单的填制和审核;销售发票的填制和复核
		【业务工作】\【供应链】\【库存管理】	【出库业务】\【销售出库单】	销售出库单的审核(注:此单据由系统根据销售发票自动生成,无须填制)
		【业务工作】\【供应链】\【存货核算】	【初始设置】\【选项】\【选项录入】;【业务核算】\【正常单据记账】	正常单据(销售出库单)的记账
	先发货，后开票-4	【业务工作】\【财务会计】\【应收款管理】	【应收单据处理】\【应收单据审核】;【制单处理】	销售发票的审核;发票制单,生成转账凭证,附单据1张
	先发货，后开票-5	【业务工作】\【财务会计】\【应收款管理】	【收款单据处理】\【收款单据录入】;【收款单据处理】\【收款单据审核】;【核销处理】\【手工核销】;【制单处理】	收款单(款项类型为应收款)的填制和审核;收款单和销售发票的手工核销;收款单和核销合并制单,生成收款凭证,结算日期为当日,附单据2张
	票和货同出	【业务工作】\【供应链】\【销售管理】	【销售开票】\【销售专用发票】	销售发票的填制和复核
		【业务工作】\【供应链】\【库存管理】	【出库业务】\【销售出库单】	销售出库单的审核(注:此单据由系统根据销售发票自动生成,无须填制)
		【业务工作】\【供应链】\【存货核算】	【业务核算】\【正常单据记账】	正常单据(销售出库单)的记账
		【业务工作】\【财务会计】\【应收款管理】	【应收单据处理】\【应收单据审核】;【制单处理】	销售发票的审核;发票制单,生成转账凭证,附单据1张
现结销售业务		【业务工作】\【供应链】\【销售管理】	【销售发货】\【发货单】;【销售开票】\【销售专用发票】	发货单的填制和审核;销售发票的填制、现结和复核
		【业务工作】\【供应链】\【库存管理】	【出库业务】\【销售出库单】	销售出库单的审核(注:此单据由系统根据发货单自动生成,无须填制)

（续表）

任务名称	业务类型	系统导航	菜单路径	技能要点
		【业务工作】\【供应链】\【存货核算】	【业务核算】\【正常单据记账】	正常单据（销售出库单）的记账
		【业务工作】\【财务会计】\【应收款管理】	【应收单据处理】\【应收单据审核】；【制单处理】	应收单据（已现结发票）的审核；现结制单，生成收款凭证，结算日期为当日，附单据 1 张
费用代垫业务		【基础设置】\【基础档案】	【业务】\【费用项目分类】；【业务】\【费用项目】	代垫费用项目分类和具体费用项目的增加、修改和删除等操作
		【业务工作】\【供应链】\【销售管理】	【代垫费用】\【代垫费用单】	代垫费用单的填制和审核
		【业务工作】\【财务会计】\【应收款管理】	【应收单据处理】\【应收单据审核】；【制单处理】	应收单据（其他应收单）的审核；应收单制单，生成付款凭证，结算日期为当日，附单据 1 张
一次销售分步业务	一次销售，分批出库	【业务工作】\【供应链】\【销售管理】	【设置】\【销售选项】	分批出库业务控制参数的修改
			【销售发货】\【发货单】	发货单的填制和审核
		【业务工作】\【供应链】\【库存管理】	【出库业务】\【销售出库单】	分两次进行销售出库单的填制和审核
		【业务工作】\【供应链】\【存货核算】	【业务核算】\【正常单据记账】	正常单据（销售出库单）的记账
	一次销售，分期收款	【业务工作】\【供应链】\【销售管理】	【设置】\【销售选项】	分期收款业务控制参数的修改
		【业务工作】\【供应链】\【存货核算】	【初始设置】\【科目设置】\【存货科目】	分期收款业务的存货科目设置
		【业务工作】\【供应链】\【销售管理】	【销售发货】\【发货单】	发货单的填制和审核
		【业务工作】\【供应链】\【库存管理】	【出库业务】\【销售出库单】	销售出库单的审核（注：此单据由系统根据分期收款发货单自动生成，无须填制）
		【业务工作】\【供应链】\【销售管理】	【销售开票】\【销售专用发票】	销售发票的填制、现结和复核

（续表）

任务名称	业务类型	系统导航	菜单路径	技能要点
		【业务工作】\【供应链】\【存货核算】	【业务核算】\【发出商品记账】	发出商品（分期收款的发货单和销售专用发票）的记账
		【业务工作】\【财务会计】\【应收款管理】	【应收单据处理】\【应收单据审核】；【制单处理】	应收单据（已现结发票）的审核；现结制单，生成收款凭证，结算日期为当日，附单据 2 张
委托代销业务	委托代销参数维护	【基础设置】\【单据设置】	【单据格式设置】	委托代销结算单的格式设置
		【业务工作】\【供应链】\【销售管理】	【设置】\【销售选项】	委托代销业务控制参数的修改
		【业务工作】\【供应链】\【存货核算】	【初始设置】\【选项】\【选项录入】；【初始设置】\【科目设置】\【存货科目】	初始选项的修改；委托代销业务的存货科目设置
	委托代销发货和出库	【业务工作】\【供应链】\【销售管理】	【委托代销】\【委托代销发货单】	委托代销发货单的填制和审核
		【业务工作】\【供应链】\【库存管理】	【出库业务】\【销售出库单】	销售出库单的审核（注：此单据由系统根据委托代销发货单自动生成，无须填制）
	委托代销结算	【业务工作】\【供应链】\【销售管理】	【委托代销】\【委托代销结算单】；【销售开票】\【销售专用发票】	委托代销结算单的填制和审核；销售专用发票的复核（注：此发票由系统根据委托代销结算单自动生成，无须填制）
	委托代销发出商品成本核算	【业务工作】\【供应链】\【存货核算】	【业务核算】\【发出商品记账】	发出商品（委托代销发货单和销售专用发票）的记账
	委托代销发票处理	【业务工作】\【财务会计】\【应收款管理】	【应收单据处理】\【应收单据审核】；【制单处理】	销售发票的审核；发票制单，生成转账凭证，附单据 2 张
	代销手续费处理	【基础设置】\【基础档案】	【业务】\【费用项目分类】；【业务】\【费用项目】	代销费用项目分类和具体费用项目的增加、修改和删除等操作
		【业务工作】\【供应链】\【销售管理】	【费用支出】\【销售费用支出单】	销售费用支出单的填制和审核
		【业务工作】\【财务会计】\【总账】	【凭证】\【填制凭证】	代销手续费制单，生成付款凭证，附单据 1 张

（续表）

任务名称	业务类型	系统导航	菜单路径	技能要点
销售退回业务	未开发票退货-1	【业务工作】\【供应链】\【销售管理】	【销售发货】\【发货单】	发货单的填制和审核
		【业务工作】\【供应链】\【库存管理】	【出库业务】\【销售出库单】	销售出库单的审核（注:此单据由系统根据发货单自动生成,无须填制）
	未开发票退货-2	【业务工作】\【供应链】\【库存管理】	【出库业务】\【销售出库单】	销售出库单（销售退回前）的取消审核
		【业务工作】\【供应链】\【销售管理】	【销售发货】\【发货单】	（销售退回前）发货单的取消审核和修改;（销售退回后）发货单的审核
		【业务工作】\【供应链】\【库存管理】	【出库业务】\【销售出库单】	（销售退回后）销售出库单的审核（注:此单据由系统根据发货单自动生成,无须填制）
		【业务工作】\【供应链】\【存货核算】	【业务核算】\【正常单据记账】	正常单据（销售出库单）的记账
	未开发票退货-3	【业务工作】\【供应链】\【销售管理】	【销售开票】\【销售专用发票】	销售发票的填制和复核
	未开发票退货-4	【业务工作】\【财务会计】\【应收款管理】	【应收单据处理】\【应收单据审核】;【制单处理】	销售发票的审核;发票制单,生成转账凭证,附单据1张
	已开发票退货	【业务工作】\【供应链】\【销售管理】	【销售发货】\【退货单】	退货单的填制和审核
		【业务工作】\【供应链】\【库存管理】	【出库业务】\【销售出库单】	红字销售出库单的审核（注:此单据由系统根据退货单自动生成,无须填制）
		【业务工作】\【供应链】\【存货核算】	【业务核算】\【正常单据记账】	正常单据（红字出库单）的记账
		【业务工作】\【供应链】\【销售管理】	【销售开票】\【红字专用销售发票】	红字销售发票的填制、现结和复核
		【业务工作】\【财务会计】\【应收款管理】	【应收单据处理】\【应收单据审核】;【制单处理】	应收单据（已现结红字发票）的审核;现结制单,生成红字收款凭证,结算日期为当日,附单据2张

(续表)

任务名称	业务类型	系统导航	菜单路径	技能要点
应收业务处理	收到签发并承兑的商业汇票	【业务工作】\【财务会计】\【应收款管理】	【票据管理】;【收款单据处理】\【收款单据审核】;【制单处理】	进行票据管理;收款单据的审核;收款单制单,生成转账凭证,附单据 1 张
	预收销售定金		【收款单据处理】\【收款单据录入】(填制、审核、制单)	收款单(款项类型为预收款)的填制和审核;收款单制单,生成收款凭证,附单据 2 张
	应收冲应收		【转账】\【应收冲应收】(并账、制单)	转账(应收冲应收)的操作;应收冲应收制单,生成转账凭证,附单据 1 张
	预收冲应收		【转账】\【预收冲应收】(转账、制单)	转账(预收冲应收)的操作;预收冲应收制单,生成转账凭证,附单据 1 张
	部分核销应收款,部分作为预收款		【收款单据处理】\【收款单据录入】;【核销处理】\【手工核销】;【制单处理】	收款单的填制和审核;收款单和其他应收单、销售发票的手工核销;收款单、其他应收单和核销合并制单,生成收款凭证,结算日期为当日,附单据 2 张
	应收票据转出		【票据管理】(转出、制单)	进行票据转出;票据处理制单,生成转账凭证,附单据 2 张
	坏账业务处理-1		【设置】\【选项】;【设置】\【初始设置】	坏账处理选项的修改;坏账初始设置的修改
	坏账业务处理-2		【坏账处理】\【坏账发生】(确认坏账损失、制单)	坏账发生的处理;坏账处理制单,生成转账凭证,附单据 2 张
	坏账业务处理-3		【坏账处理】\【计提坏账准备】(计提、制单)	坏账准备的计提;坏账处理制单,生成转账凭证,附单据 1 张

注:存货计价采用全月平均法,因此,日常业务涉及存货发出及出库成本结转的凭证暂不立即制单,主要包括以下两种情况:

1) 在完成正常单据记账后,涉及普通销售业务、现结销售业务、一次销售分批出库业务、销售退回业务的销售出库凭证。

2) 在完成发出商品记账后,涉及分期收款业务的分期收款发货及其出库结转凭证;涉及委托代销业务的委托代销发货及其出库结转凭证。

⊙ **岗位分工**

☞ 以 U06 李丽身份注册并登录【企业应用平台】模块，对本期销售管理、库存管理和存货核算系统进行操作，生成记账凭证。

☞ 以 U03 姚家友（账套主管）身份注册并登录【企业应用平台】模块，对本期应收款管理系统进行操作，生成记账凭证。

☞ 以 U04 丁成功身份注册并登录【企业应用平台】模块，完成总账系统的出纳签字和出纳管理。

☞ 以 U02 学生姓名（账套主管）身份注册并登录【企业应用平台】模块，完成凭证审核、记账、账簿管理。

⊙ **应用向导**

1. 销售选项维护

执行【业务工作】\【供应链】\【销售管理】\【设置】\【销售选项】命令，在“业务控制”页签中，取消勾选“报价含税”；在“可用量控制”页签中，勾选“允许非批次存货超可用量发货”“允许批次存货超可用量发货”，单击【确定】按钮，完成保存操作。

2. 普通销售业务

（1）先发货，后开票

1）销售报价。执行【业务工作】\【供应链】\【销售管理】命令，完成如下操作：

① 执行【销售报价】\【销售报价单】命令，打开“销售报价单”标签页，单击【增加】按钮，对相关栏目内容进行选择或输入：在表头中，“日期”为“2019－01－01”，“销售类型”为“实体销售”，“客户简称”为“南元科技”，“销售部门”为“营销一部”；在表体中，“存货名称”为“轴承”，“数量”为“30”，“无税单价”为“1 750”。操作完成后，单击【保存】按钮，如图 4－75 所示。

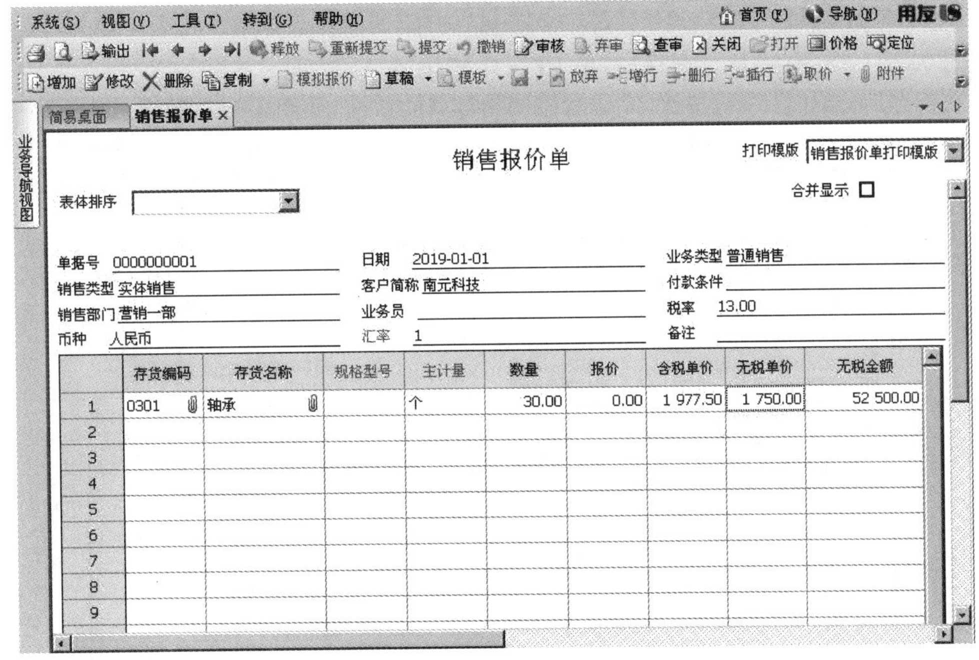

	存货编码	存货名称	规格型号	主计量	数量	报价	含税单价	无税单价	无税金额
1	0301	轴承		个	30.00	0.00	1 977.50	1 750.00	52 500.00
2									
3									
4									
5									
6									
7									
8									
9									

图 4－75　销售报价单

② 保存后,单击【审核】按钮,完成对该报价单的审核。

提示:

1)在“销售报价单”标签页:

① 已保存的报价单,单击【修改】或【删除】按钮,可以修改或删除。

② 已审核的报价单,必须取消审核才能修改或删除。通过单击【弃审】按钮,可以取消审核。

③ 已审核且未关闭的报价单,才能被后续单据参照生单。已关闭的报价单,通过单击【打开】按钮,可以取消关闭。

2)执行【销售报价】\【报价单列表】命令,在“查询条件选择—报价单查询条件”对话框中,单击【确定】按钮,打开“销售报价单列表”标签页,单击【联查】按钮,可以查看某一张报价单的详细内容;单击【批审】或【批弃】按钮,可以进行成批审核或成批取消审核;单击【批关】或【批开】按钮,可以进行成批关闭或成批打开。

2)销售订货。执行【业务工作】\【供应链】\【销售管理】命令,完成如下操作:

① 执行【销售订货】\【销售订单】命令,打开“销售订单”标签页,单击【增加】按钮,再单击“生单”右侧边的【▼】按钮,下拉选择“报价”,在“查询条件选择—订单参照报价单”对话框中,单击【OK 确定】按钮,进入“参照生单”界面,从上方窗口中双击被参照的报价单记录,“选择”显示为“Y”。

② 单击【OK 确定】按钮,被参照的报价单信息自动带入销售订单,修改部分栏目内容:在表头中,“订单日期”为“2019-01-02”,“业务员”为“李丽”;在表体第 1 行末尾处的“预发货日期”为“2019-01-09”。操作完成后,单击【保存】按钮。

③ 保存后,单击【审核】按钮,完成对该销售订单的审核,如图 4-76 所示。

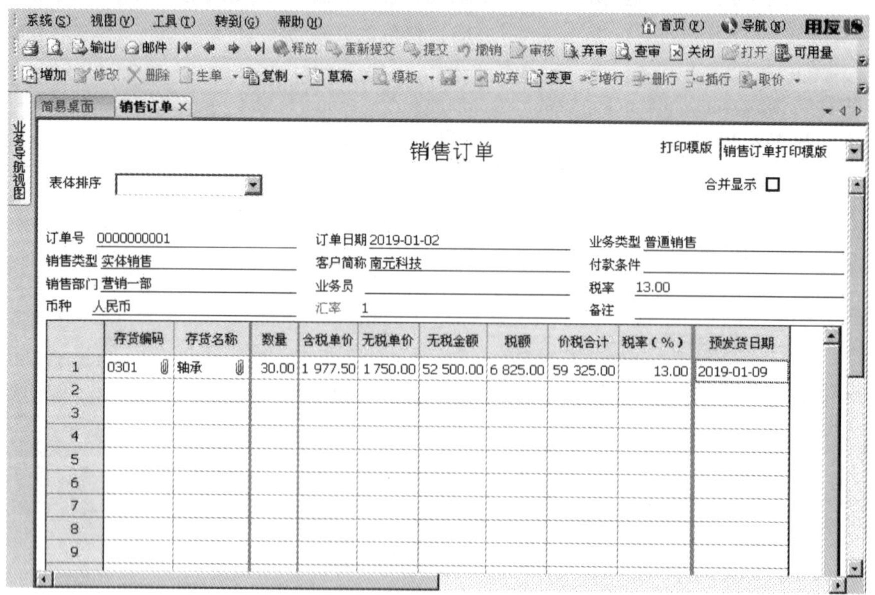

图 4-76 销售订单(已审核)

提示：

1）销售订单为可选环节，通过执行【设置】\【销售选项】命令，可以进行“……必有订单”的勾选。

2）在“销售订单”标签页：

① 已保存的销售订单，单击【修改】或【删除】按钮，可以修改或删除。

② 已审核的销售订单，必须取消审核，才能修改或删除。通过单击【弃审】按钮，可以取消审核。

③ 已审核且未关闭的销售订单，才能被后续单据参照生单。已关闭的销售订单，通过单击【打开】按钮，可以取消关闭。

④ 单击【可用量】按钮，可以查看存货可用量，避免订单数量超出可用量。

3）执行【销售订货】\【订单列表】命令，在“查询条件选择—订单查询条件”对话框中，单击【确定】按钮，打开“销售订单列表”标签页，单击【批审】或【批弃】按钮，可以进行成批审核或成批取消审核；单击【批关】或【批开】按钮，可以进行成批关闭或成批打开操作；双击某一行记录，可以查看某一张销售订单的详细内容。

3）涉及 3 个系统。

① 销售发货和开票。执行【业务工作】\【供应链】\【销售管理】命令，完成如下操作：

首先，执行【销售发货】\【发货单】命令，打开“发货单”标签页，单击【增加】按钮，在“查询条件选择—参照订单”对话框中，单击【确定】按钮，进入“参照生单”界面，从上方窗口中双击被参照的订单记录，“选择”显示为“Y”。单击【OK 确定】按钮，被参照的销售订单信息自动带入发货单，修改部分栏目内容：在表头中，“发货日期”为“2019－01－09”；在表体第 1 行的“仓库名称”为“产成品库”。操作完成后，单击【保存】按钮。保存后，单击【审核】按钮，完成对该发货单的审核，如图 4－77 所示。

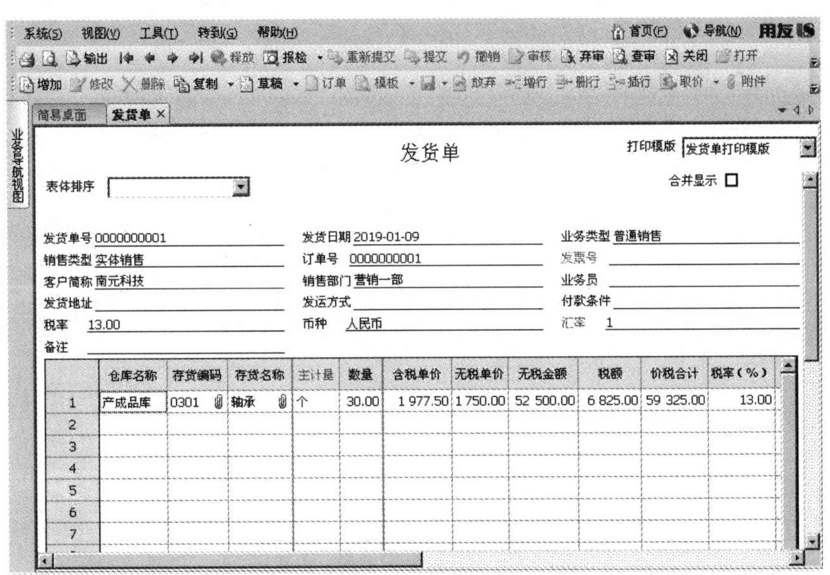

	仓库名称	存货编码	存货名称	主计量	数量	含税单价	无税单价	无税金额	税额	价税合计	税率（%）
1	产成品库	0301	轴承	个	30.00	1 977.50	1 750.00	52 500.00	6 825.00	59 325.00	13.00
2											
3											
4											
5											
6											
7											

图 4－77　发货单(已审核)

提示：

1）在“发货单”标签页：

① 属于非折扣、非劳务、非退补型的存货，仓库为必填项。

② 未经审核的发货单方可进行修改或删除。已审核的发货单，通过单击【弃审】按钮，可以取消审核。

③ 已审核且未关闭的发货单，才能被后续单据参照生单。已关闭的发货单，通过单击【打开】按钮，可以取消关闭。

2）执行【销售发货】\【发货单列表】命令，在“查询条件选择”对话框中，单击【确定】按钮，打开“发货单列表”标签页，单击【批审】或【批弃】按钮，可以进行成批审核或成批取消审核；单击【批关】或【批开】按钮，可以进行成批关闭或成批打开；双击某一行记录，可以查看某一张发货单的详细内容。

其次，执行【销售开票】\【销售专用发票】命令，打开“销售专用发票”标签页，单击【增加】按钮，再单击“生单”右侧边的【▼】按钮，下拉选择“参照发货单”，在“查询条件选择—发票参照发货单”对话框中，单击【确定】按钮，进入“参照生单”界面，从上方窗口中双击被参照的发货单记录，“选择”显示为“Y”。单击【OK 确定】按钮，被参照的发货单信息自动带入销售专用发票，修改部分栏目内容：在表头中，“发票号”为“76182201”，“开票日期”为“2019－01－09”。操作完成后，单击【保存】按钮。保存后，单击【复核】按钮，完成对该销售专用发票的复核，如图 4－78 所示。

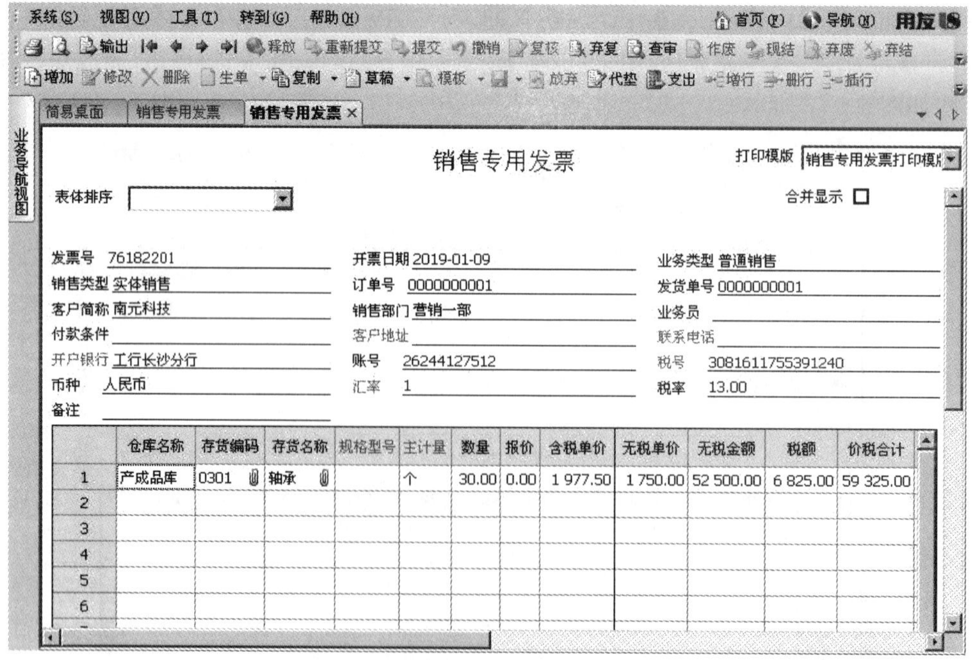

销售专用发票

打印模版 销售专用发票打印模版

表体排序　　合并显示

发票号 76182201　开票日期 2019-01-09　业务类型 普通销售

销售类型 实体销售　订单号 0000000001　发货单号 0000000001

客户简称 南元科技　销售部门 营销一部　业务员

付款条件　客户地址　联系电话

开户银行 工行长沙分行　账号 26244127512　税号 3081611755391240

币种 人民币　汇率 1　税率 13.00

备注

	仓库名称	存货编码	存货名称	规格型号	主计量	数量	报价	含税单价	无税单价	无税金额	税额	价税合计
1	产成品库	0301	轴承		个	30.00	0.00	1 977.50	1 750.00	52 500.00	6 825.00	59 325.00
2												
3												
4												
5												
6												

图 4－78　销售专用发票(已复核)

提示：

1）在客户档案中必须要有纳税人识别号、开户银行、账户等信息才能进行销售开票，详见“3.1.2 往来单位信息设置”的内容。

2）在“销售专用发票”标签页：

① 单击【增加】按钮后，系统默认“参照订单”，可以关闭“查询条件选择—参照订单”对话框，从【生单】中下拉并选择“参照发货单”。

② 参照发货单生成销售发票时，可以“多对一”或“一对多”。如为“多对一”，需要同时选择多条发货单记录；如为“一对多”，需要对销售发票表体的“数量”栏进行修改。

③ 未经复核的销售专用发票方可进行修改、删除、作废和现结。

④ 销售发票复核后才能传递到应收款管理中进行后续操作。

⑤ 已复核的销售专用发票，通过单击【弃复】按钮，可以取消复核；通过单击【代垫】和【支出】按钮，可以连带着进行代垫费用单、销售费用支出单等相关单据的操作，也可以通过“代垫费用”或“费用支出”功能完成相关操作。

3）退出“销售专用发票”标签页后，再次执行【销售开票】\【销售专用发票】命令，通过单击【←】、【→】按钮，或者单击系统右侧“助手视图”的“历史单据”，可以查找到需要进一步处理的销售专用发票。

4）执行【销售开票】\【销售发票列表】命令，在“查询条件选择—销售发票查询条件”对话框中，单击【确定】按钮，打开“销售发票列表”标签页，单击【批复】或【批弃】按钮，可以进行成批复核或成批取消复核；双击某一行记录，可以查看某一张销售发票的详细内容。

② 销售出库。执行【业务工作】\【供应链】\【库存管理】命令，完成如下操作。执行【出库业务】\【销售出库单】命令，打开“销售出库单”标签页，单击【→｜】（末张）按钮，或者单击系统右侧“助手视图”的“历史单据”中的“销售出库单”，可以查找到需审核的销售出库单。单击【审核】按钮，完成对该销售出库单的审核，如图 4－79 所示。

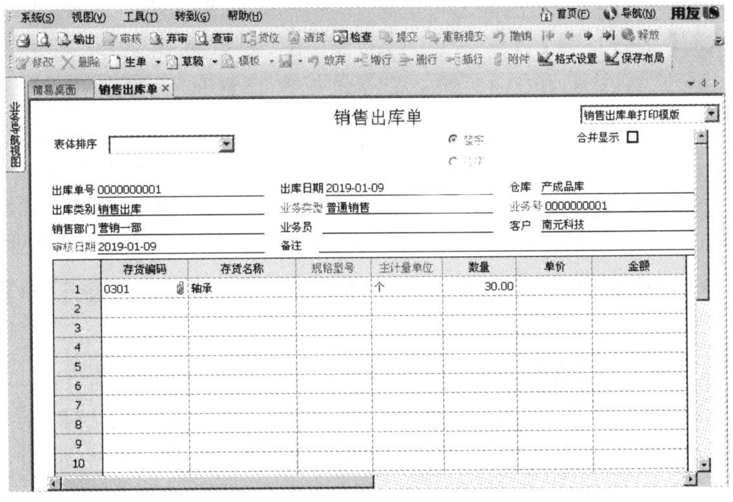

图 4－79　销售出库单（已审核）

提示：

1）由于"销售生成出库单"这一销售选项的设置，销售管理产生一张发货单后，库存管理会自动生成与之对应的一张销售出库单。此张销售出库单处于未审核状态，需要进行审核。

2）材料库和产成品库的"计价方法"均为"全月平均法"。因此，此张销售出库单只显示数量，不显示单价和金额。只有等到月底存货核算完成期末处理后，才能在出库单据上回填单价和金额等成本信息。销售出库单可以进行修改，但由销售生成的出库单不能改动数量。

3）在"销售出库单"标签页：

① 已审核的销售出库单，通过单击【弃审】按钮，可以取消审核。

② 已记账的销售出库单，才能进行制单处理。

4）执行【单据列表】\【销售出库单列表】命令，在"查询条件选择—销售出库单列表"对话框中，单击【确定】按钮，打开"销售出库单列表"标签页，单击【审核】或【弃审】按钮，可以进行审核或取消审核；单击【删除】按钮，可以删除未被审核的销售出库单；单击【联查】按钮，可以查看某一张销售出库单的详细内容。

③ 销售出库成本记账。执行【业务工作】\【供应链】\【存货核算】命令，完成如下操作。执行【初始设置】\【选项】\【选项录入】命令，在"核算方式"界面中，"销售成本核算方式"为"销售出库单"。执行【业务核算】\【正常单据记账】命令，在"查询条件选择"对话框中，单击【确定】按钮，打开"未记账单据一览表"标签页，双击需记账的销售出库单记录，"选择"显示为"Y"，单击【记账】按钮。记账后，单击【确定】按钮，系统会自动将已记账的销售出库单从该标签页中移除，不再显示。

提示：

1）采购管理的最后一笔业务在"2019－01－14"已完成存货核算的【正常单据记账】操作。因此，当销售管理的第一笔业务执行【正常单据记账】命令时，如果系统登录日期在"2019－01－14"之前，系统会弹出"当期业务日期必须≥2019－01－14"。

2）执行【业务核算】\【恢复记账】命令，在"查询条件选择"对话框中，单击【确定】按钮，打开"恢复记账"标签页，双击需恢复记账的销售出库单记录，"选择"为"Y"，单击【恢复】按钮，可以取消记账。

3）采用全月平均法进行发出计价的存货（包括材料库和产成品库的所有存货），必须等到月底存货核算完成期末处理后，方可进行结转出库成本凭证的制单操作。

4）销售发票审核和制单。执行【业务工作】\【财务会计】\【应收款管理】命令，完成如下操作：

① 执行【应收单据处理】\【应收单据审核】命令，在"应收单查询条件"对话框中，单击【确定】按钮，打开"单据处理"标签页，在"应收单据列表"中显示出尚未审核的销售发票记录。双击需审核的销售专用发票记录，"选择"显示为"Y"，单击【审核】按钮，完成对该销售专用发票

的审核。

② 双击【制单处理】菜单，在“制单查询”对话框中，勾选“发票制单”，单击【确定】按钮，打开“制单”标签页，在“销售发票制单”中显示出尚未制单的销售发票记录。双击需制单的销售专用发票记录，“选择标志”显示为“1”，单击【制单】按钮，进入“填制凭证”界面。在凭证头中，“凭证类型”为“转账凭证”，“制单日期”为“2019－01－14”，“附单据数”为“1”；在凭证体中，先单击“主营业务收入”所在科目栏，再将鼠标光标移至左下方“项目”位置，待光标由“箭头”变换为“笔”的形状，双击弹出“辅助项”对话框，填入“项目名称”为“轴承”，单击【确定】按钮。操作完成后，单击【保存】按钮，生成对应的转账凭证，如图 4－80 所示。

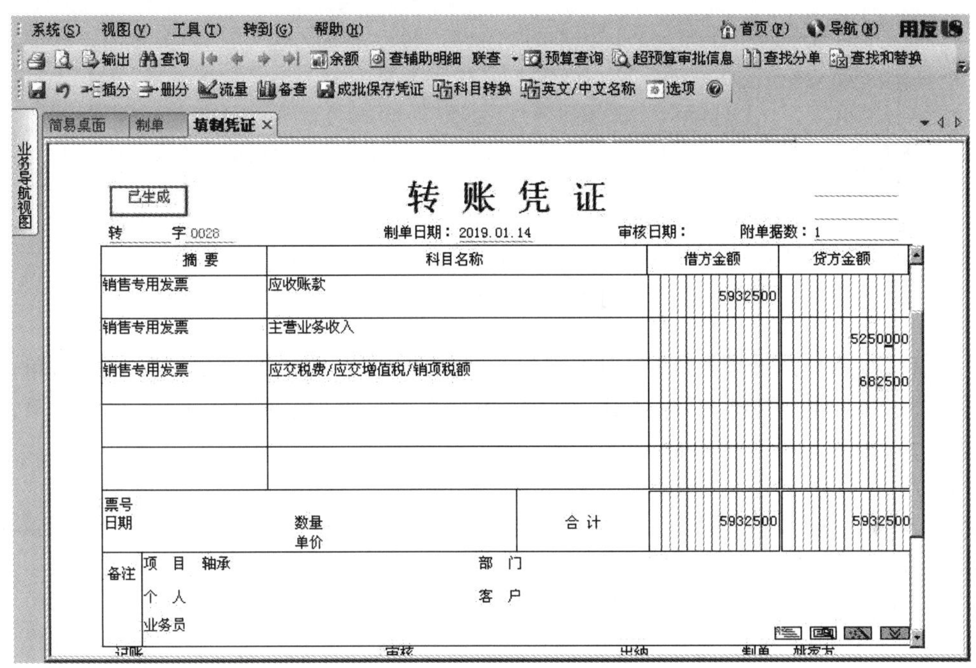

图 4－80　销售专用发票制单

5）应收款项收款、核销和制单。执行【业务工作】\【财务会计】\【应收款管理】命令，完成如下操作：

① 执行【收款单据处理】\【收款单据录入】命令，打开“收付款单录入”标签页。单击【增加】按钮，对相关栏目内容进行选择或输入：在表头中，“日期”为“2019－01－15”，“客户”为“南元科技”，“结算方式”为“转账支票”，“金额”为“59 325”，“票据号”为“315542”；在表体的第 1 行中，“款项类型”为“应收款”。操作完成后，单击【保存】按钮，如图 4－81 所示。

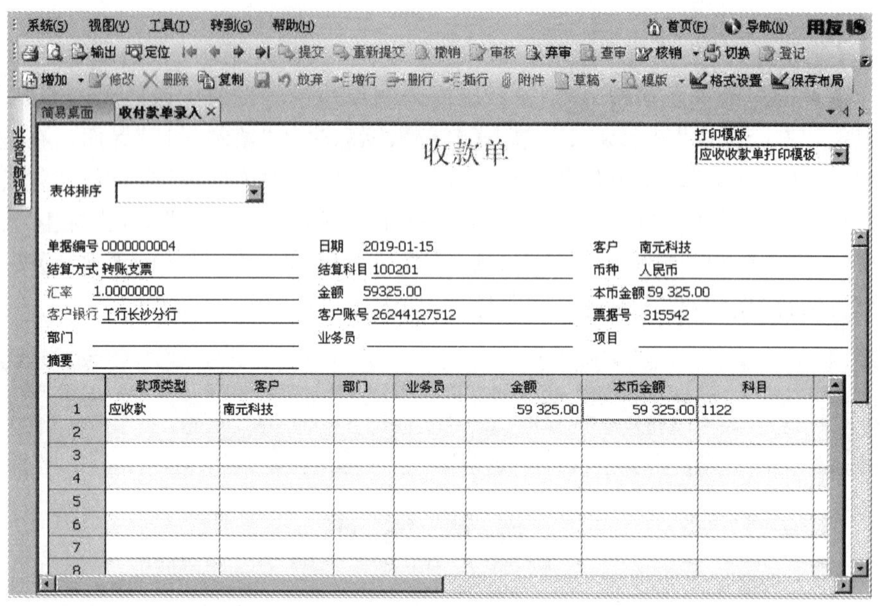

图 4-81　收款单据录入

② 执行【收款单据处理】\【收款单据审核】命令，在“收款单查询条件”对话框中，单击【确定】按钮，打开“收付款单列表”标签页，双击需审核单据所在行，“选择”显示为“Y”，单击【审核】按钮，完成对该收款单的审核。

提示：

1）手工录入的收款单，审核有两种做法，审核后制单也略有不同。

① 在“收付款单录入”界面，保存后直接单击【审核】按钮。审核完成后，系统会弹出“是否立即制单”，通过单击【是】按钮，可以连带着生成对应的记账凭证。

② 执行【收款单据处理】\【收款单据审核】命令，在“收付款单列表”界面，选中需审核单据后单击【审核】按钮。采用这种方法，需要通过双击【制单处理】菜单，勾选“收付款单制单”，完成对已审核单据的凭证生成。

2）上述两种方法，均可通过单击【弃审】按钮，进行取消审核的操作。

③ 执行【核销处理】\【手工核销】命令，在“核销条件”对话框中，“客户”为“南元科技集团”，“计算日期”为“2019-01-15”，单击【确定】按钮，打开“单据核销”标签页，上方显示出截止到设定日期的客户“南元科技集团”的收款单列表，下方显示该客户的其他应收单和销售发票列表，即需核销的单据。在“原币金额”为“59 325”的销售专用发票所在行末尾处的“本次结算”栏内填入“59 325”。单击【保存】按钮，完成对已结清应收业务的核销，已核销的收款单和销售发票也从“单据核销”界面消失。

④ 双击【制单处理】菜单，在“制单查询”对话框中，勾选“收付款单制单”“核销制单”，单击【确定】按钮，打开“制单”标签页，双击需制单的第 1 行单据，“选择”栏显示为“1”，再双击需制单的第 2 行单据，“选择”栏显示为“2”，单击【合并】按钮，需制单的第 2 行单据的“选择”栏变更

为“1”，单击【制单】按钮，进入“填制凭证”界面。在凭证头中，“凭证类型”为“收款凭证”，“制单日期”为“2019－01－15”，“附单据数”为“2”；在凭证体中，“银行存款/交通银行”的辅助项所涉及的结算方式、支票号、结算日期等信息由系统根据收款单所填内容自动带入，“应收账款”的辅助项“票号”为“76182201”。操作完成后，单击【保存】按钮，生成对应的收款凭证，如图 4－82 所示。

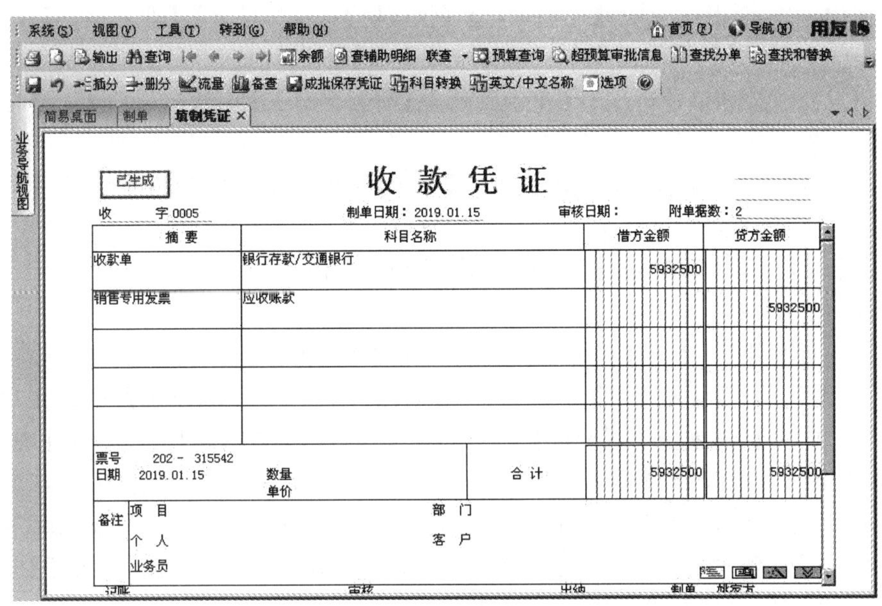

图 4－82　收款单和核销合并制单

（2）票和货同出

1）销售开票。执行【业务工作】\【供应链】\【销售管理】命令，完成如下操作：

① 执行【销售开票】\【销售专用发票】命令，打开“销售专用发票”标签页，单击【增加】按钮，在“查询条件选择—参照订单”对话框中，单击【取消】按钮，对相关栏目内容进行选择或输入：在表头中，“发票号”为“76183301”，“开票日期”为“2019－01－15”，“客户简称”为“河北机电集团”，“销售部门”为“营销二部”；在表体中，“仓库”为“产成品库”，“存货名称”为“齿轮轴”，“数量”为“40”，“无税单价”为“625”。操作完成后，单击【保存】按钮；

② 保存后，单击【复核】按钮，完成对该销售专用发票的复核。

提示：

1）在“销售专用发票”界面，属于非直运、非折扣、非劳务、非退补型的存货，仓库为必填项。

2）复核完一张销售发票后，由该销售发票自动生成以下 2 张单据。

① 在销售管理中，执行【销售发货】\【发货单】命令，可以查询到与之对应的一张发货单，且处于已审核状态。

② 在库存管理中，双击【出库业务】\【销售出库单】命令，可以查询到与之对应的一张销售出库单，处于未审核状态，需要进行审核。

2）销售出库。执行【业务工作】\【供应链】\【库存管理】命令，完成如下操作：

① 执行【出库业务】\【销售出库单】命令，打开“销售出库单”标签页，单击【→｜】(末张)按钮，或者单击系统右侧“助手视图”的“历史单据”中的“销售出库单”，可以查找到需审核的销售出库单。

② 单击【审核】按钮，完成对该销售出库单的审核。

3）销售出库成本记账。执行【业务工作】\【供应链】\【存货核算】\【业务核算】\【正常单据记账】功能，选择需记账的销售出库单记录，单击【记账】按钮，完成记账操作。

4）销售发票审核和制单。执行【业务工作】\【财务会计】\【应收款管理】命令，完成如下操作：

① 执行【应收单据处理】\【应收单据审核】命令，选择需审核的销售专用发票记录，单击【审核】按钮，完成审核操作。

② 双击【制单处理】菜单，选择“发票制单”，生成对应的转账凭证。

3. 现结销售业务

1）销售发货和开票。执行【业务工作】\【供应链】\【销售管理】命令，完成如下操作：

① 执行【销售发货】\【发货单】命令，打开“发货单”标签页，单击【增加】按钮，在“查询条件选择—参照订单”对话框中，单击【取消】按钮，对相关栏目内容进行选择或输入：在表头中，“发货日期”为“2019－01－15”，“业务类型”为“普通销售”，“销售类型”为“实体销售”，“客户简称”为“茂名飞达有限公司”，“销售部门”为“营销二部”；在表体中，“仓库”为“产成品库”，“存货名称”为“前叉组件”，“数量”为“60”，“无税单价”为“130”。操作完成后，单击【保存】按钮；保存后，单击【审核】按钮，完成对该发货单的审核。

② 执行【销售开票】\【销售专用发票】命令，在“销售专用发票”标签页，参照发货单生成销售专用发票，修改部分栏目内容：在表头中，“发票号”为“76184401”，“开票日期”为“2019－01－15”。操作完成后，单击【保存】按钮。

③ 保存后，单击【现结】按钮，对相关栏目内容进行选择或输入：“结算方式”为“转账支票”，“原币金额”为“8 814”，“票据号”为“841206”，本单位和对方公司的开户银行及其账户信息由系统自动带出，如图 4－83 所示。操作完成后，单击【确定】按钮，在“销售专用发票”界面的左上角出现红字“现结”标记，表示该张销售专用发票已完成现结。

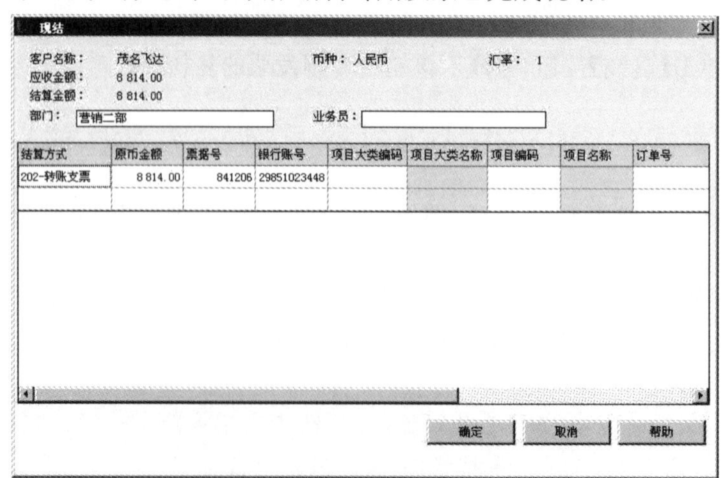

图 4－83　销售专用发票现结

④ 现结后，单击【复核】按钮，完成对该销售发票的复核。

提示：

在“销售专用发票”界面，已现结的销售专用发票，通过单击【弃结】按钮，可以取消现结。“弃结”功能只对未复核的销售发票有效，需取消现结的销售发票已复核的，必须通过单击【弃复】按钮，取消复核后才能取消现结。

2）销售出库。执行【业务工作】\【供应链】\【库存管理】\【出库业务】\【销售出库单】命令，打开“销售出库单”标签页，选择需审核的销售出库单记录，单击【审核】按钮，完成对该销售出库单的审核。

3）销售出库成本记账。执行【业务工作】\【供应链】\【存货核算】\【业务核算】\【正常单据记账】命令，选择需记账的销售出库单记录，单击【记账】按钮，完成记账操作。

4）销售发票审核和制单。执行【业务工作】\【财务会计】\【应收款管理】命令，完成如下操作：

① 执行【应收单据处理】\【应收单据审核】命令，在“应收单查询条件”对话框中，勾选“包括已现结发票”，单击【确定】按钮，打开“单据处理”标签页，双击需审核单据所在行，“选择”显示为“Y”，单击【审核】按钮，完成对该现结发票的审核。

② 双击【制单处理】菜单，在“制单查询”对话框中，勾选“现结制单”，单击【确定】按钮，打开“制单”标签页，双击需制单单据所在行，“选择”显示为“1”，单击【制单】按钮，进入“填制凭证”界面，“凭证类型”为“收款凭证”，“制单日期”为“2019－01－15”，“附单据数”为“2”，“银行存款——交通银行”科目的辅助项信息根据已现结的发票信息由系统自动带出，“主营业务收入”科目的辅助项需要补充为“前叉组件”。操作完成后，单击【保存】按钮，生成对应的收款凭证，如图 4－84 所示。

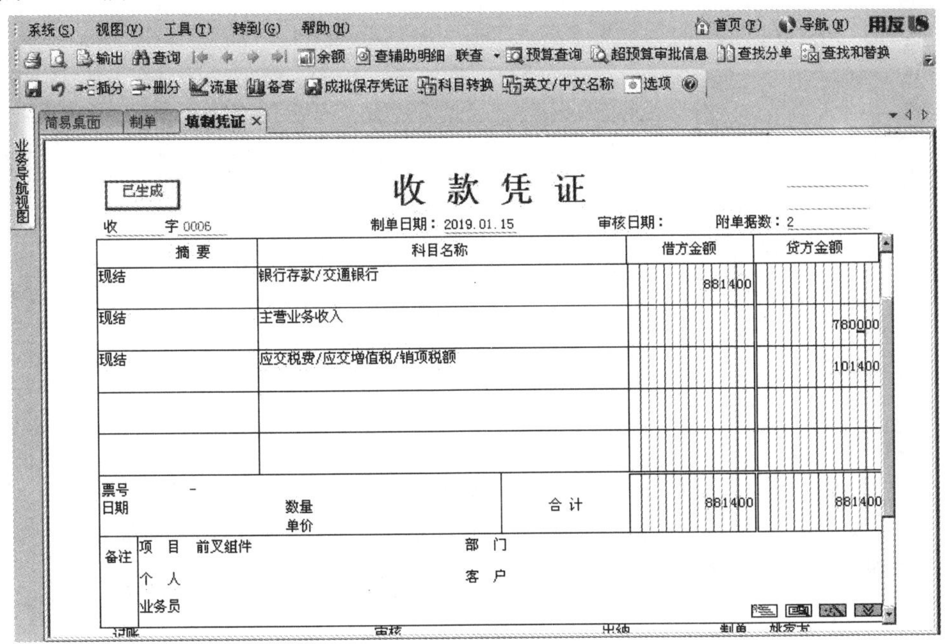

图 4－84　现结制单

4. 费用代垫业务

1）代垫费用项目维护。执行【基础设置】\【基础档案】命令，完成如下操作：

① 执行【业务】\【费用项目分类】命令，进入“费用项目分类”界面，单击【增加】按钮，对相关栏目内容进行选择或输入：“分类编码”为“1”，“分类名称”为“代垫费用”，单击【保存】按钮。

② 执行【业务】\【费用项目】命令，进入“费用项目”界面，单击【增加】按钮，对相关栏目内容进行选择或输入：“费用项目编码”为“01”，“费用项目名称”为“装卸费”，“费用项目分类”为“代垫费用”，单击【保存】按钮。

2）代垫费用单填制和审核。执行【业务工作】\【供应链】\【销售管理】\【代垫费用】\【代垫费用单】命令，打开“代垫费用单”标签页，单击【增加】按钮，对相关栏目内容进行选择或输入：在表头中，“代垫日期”为“2019－01－16”，“客户简称”为“南元科技”，“销售部门”为“营销一部”；在表体中，“费用项目”为“装卸费”，“代垫金额”为“1 000”，“存货名称”为“轴承”。操作完成后，单击【保存】按钮，再单击【审核】按钮，分别完成对该代垫费用单的保存和审核，如图 4－85 所示。

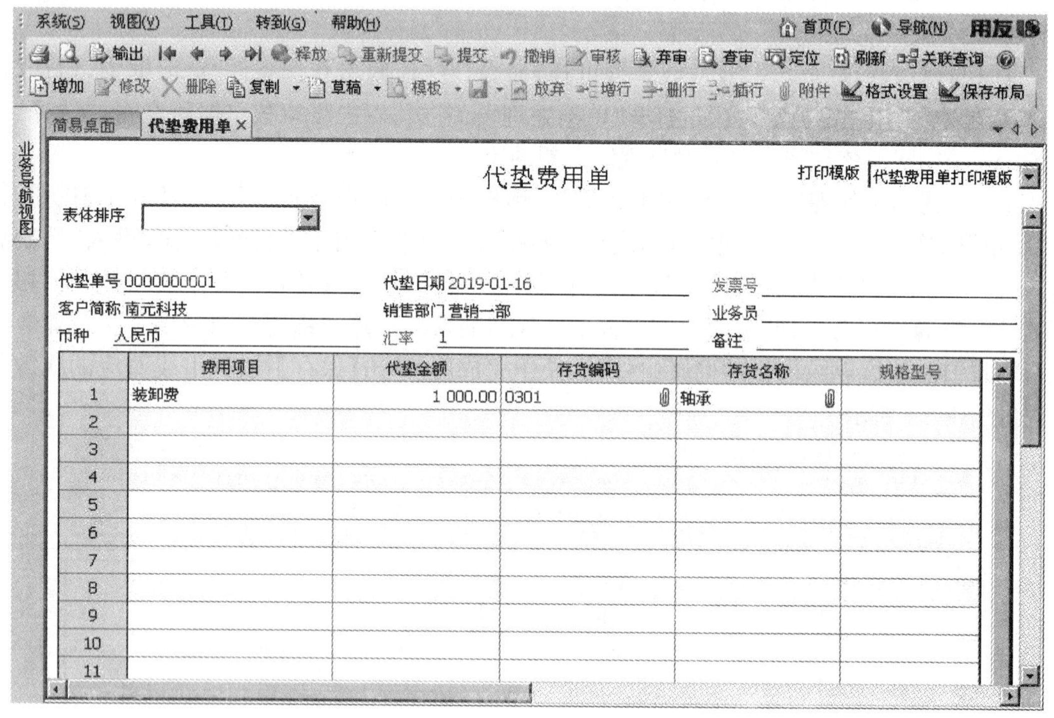

图 4－85　代垫费用单

提示：

增加完一张代垫费用单后，在应收款管理中，执行【单据查询】\【应收单查询】命令，可以查询到与之对应的一张其他应收单。此张其他应收单是由系统自动生成，需经审核后才能进行制单处理，也不能直接对其进行修改。

3）代垫款项审核和制单。执行【业务工作】\【财务会计】\【应收款管理】命令，完成如下操作：

① 执行【应收单据处理】\【应收单据审核】命令，选择需审核的其他应收款记录，单击【审核】按钮，完成审核操作。

② 双击【制单处理】菜单，选择“应收单制单”，生成对应的付款凭证。

5. 一次销售分步业务

（1）一次销售，分批出库

1）销售选项维护。执行【业务工作】\【供应链】\【销售管理】\【设置】\【销售选项】命令，在“销售选项”对话框的“业务控制”中，取消勾选“销售生成出库单”，单击【确定】按钮，完成对销售单据处理模式的修改。

提示：

在变更到新销售单据处理模式之前，必须确保原模式下的发货单、销售发票等单据均已完成审核操作。

2）销售发货。执行【销售发货】\【发货单】命令，打开“发货单”标签页，单击【增加】按钮，进行发货单的填制操作。操作完成后，单击【保存】按钮。保存后，单击【审核】按钮，完成对该发货单的审核。

3）分批出库。执行【业务工作】\【供应链】\【库存管理】命令，完成如下操作：

① 执行【出库业务】\【销售出库单】命令，打开“销售出库单”标签页，单击“生单”右侧边的【▼】按钮，下拉选择“销售生单”，在“查询条件选择—销售发货单列表”对话框中，单击【确定】按钮，进入“销售生单”界面，从上方窗口中双击被参照的发货单记录，“选择”显示为“Y”，下方窗口自动带出“应出库数量”为“17”，“未出库数量”为“17”。

② 单击【OK 确定】按钮，被参照的发货单信息自动带入销售出库单，修改部分栏目内容：在表头中，“出库日期”为“2019－01－17”；在表体中，“数量”为“10”。操作完成后，单击【保存】按钮。保存后，单击【审核】按钮，完成对该销售出库单的审核。

③ 参照第一批出库的单据操作方法，执行【出库业务】\【销售出库单】命令，打开“销售出库单”标签页，继续单击“生单”右侧边的【▼】按钮，由“销售生单”生成第二批出库的销售出库单，下方窗口自动带出“应出库数量”为“17”，“未出库数量”为“7”。

④ 生单成功后，修改部分栏目内容：在表头中，“出库日期”为“2019－01－20”；在表体中，“数量”为“7”。操作完成后，单击【保存】按钮。保存后，单击【审核】按钮，完成对该销售出库单的审核。

4）分批出库成本记账。执行【业务工作】\【供应链】\【存货核算】\【业务核算】\【正常单据记账】命令，选择需记账的销售出库单记录（共 2 条），单击【记账】按钮，完成记账操作。

（2）一次销售，分期收款

1）分期收款参数维护：涉及 2 个系统。

① 执行【业务工作】\【供应链】\【销售管理】\【设置】\【销售选项】命令，在“销售选项”对话框的“业务控制”中，勾选“有分期收款业务”“销售生成出库单”，单击【确定】按钮，完成对销售

单据处理模式的修改。

② 执行【业务工作】\【供应链】\【存货核算】\【初始设置】\【科目设置】\【存货科目】命令，进入“存货科目”界面，对产成品库的相关栏目进行选择或输入：“分期收款发出商品科目编码”为“1406”，“分期收款发出商品科目名称”为“发出商品”。

2）销售发货。执行【业务工作】\【供应链】\【销售管理】\【销售发货】\【发货单】命令，在“发货单”标签页，单击【增加】按钮，进行发货单的填制操作。操作完成后，单击【保存】按钮；保存后，单击【审核】按钮，完成对该发货单的审核，如图 4-86 所示。

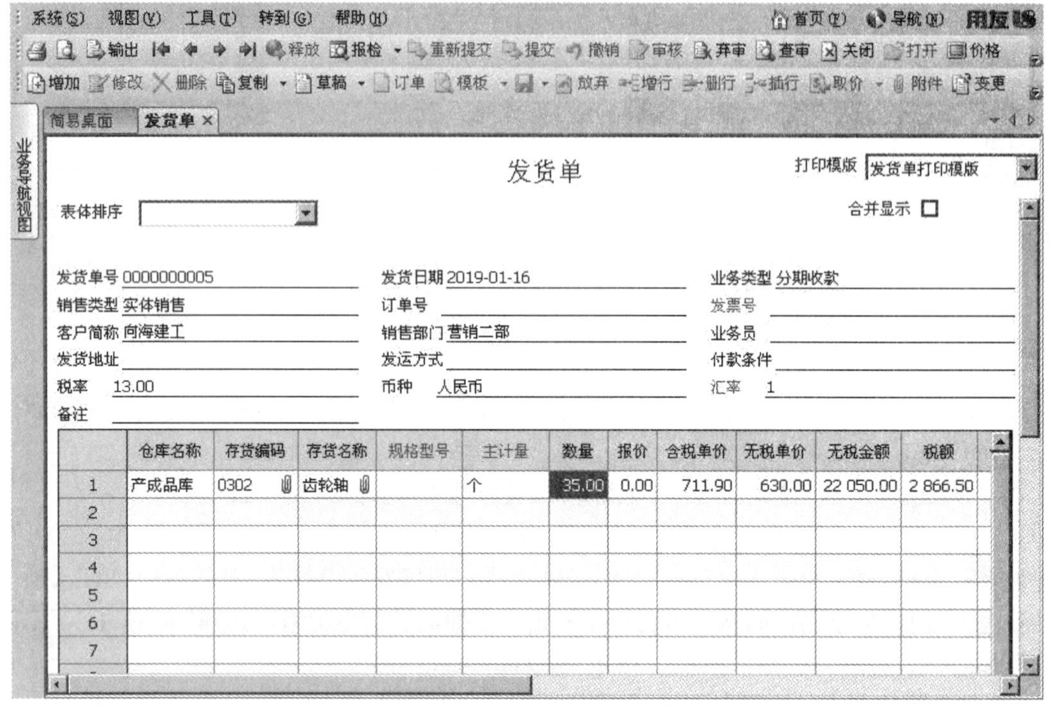

	仓库名称	存货编码	存货名称	规格型号	主计量	数量	报价	含税单价	无税单价	无税金额	税额
1	产成品库	0302	齿轮轴		个	35.00	0.00	711.90	630.00	22 050.00	2 866.50
2											
3											
4											
5											
6											
7											

图 4-86　分期收款发货单

提示：

1）在填制分期收款的发货单时，需要修改相关栏目内容：“业务类型”为“分期收款”，“数量”为“35”，即一次销售的总数量。

2）增加完一张分期收款的发货单后，在库存管理中，执行【出库业务】\【销售出库单】命令，可以查询到与之对应的一张销售出库单，处于未审核状态，需要进行审核。

3）销售出库。执行【业务工作】\【供应链】\【库存管理】命令，完成如下操作：

① 执行【出库业务】\【销售出库单】命令，打开“销售出库单”标签页，单击【→|】(末张)按钮，或者单击系统右侧“助手视图”的“历史单据”中的“销售出库单”，可以查找到需审核的由分期收款发货单生成的销售出库单。

② 单击【审核】按钮，完成对该销售出库单的审核。

4）分期开票。执行【业务工作】\【供应链】\【销售管理】命令，完成如下操作：

① 执行【销售开票】\【销售专用发票】命令，打开“销售专用发票”标签页，单击【增加】按钮，单击“生单”右侧边的【▼】按钮，下拉选择“参照发货单”，在“查询条件选择—发票参照发货单”对话框中，“业务类型”为“分期收款”，单击【确定】按钮，进入“参照生单”界面，从上方窗口中双击被参照的发货单记录，“选择”显示为“Y”。

② 单击【OK 确定】按钮，被参照的发货单信息自动带入销售专用发票，修改部分栏目内容：在表头中，“发票号”为“76185501”，“开票日期”为“2019－01－16”；在表体中，“数量”为“15”。操作完成后，单击【保存】按钮。

③ 保存后，单击【现结】按钮，对相关栏目内容进行选择或输入：“结算方式”为“转账支票”，“原币金额”为“10 678.50”，“票据号”为“025663”，本单位和对方公司的开户银行及其账户信息由系统自动带出。操作完成后，单击【确定】按钮，在“销售专用发票”界面的左上角出现红字“现结”标记，表示该张销售专用发票已完成现结。

④ 现结后，单击【复核】按钮，完成对该销售发票的复核。

5）分期收款发出商品的成本核算。执行【业务工作】\【供应链】\【存货核算】\【业务核算】\【发出商品记账】命令，在“查询条件选择”对话框中，单击【确定】按钮，打开“未记账单据一览表”标签页，双击需记账的发货单和销售专用发票记录，“选择”显示为“Y”，单击【记账】按钮，完成记账操作，如图 4－87 所示。

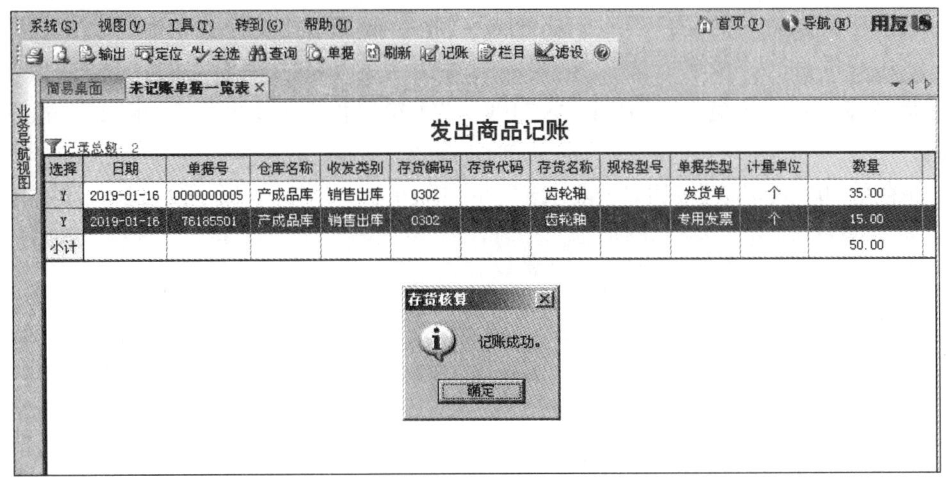

图 4－87　发出商品记账

6）销售发票的审核和制单。执行【业务工作】\【财务会计】\【应收款管理】命令，完成如下操作：

① 执行【应收单据处理】\【应收单据审核】命令，选择需审核的已现结发票记录，单击【审核】按钮，完成发票审核操作。

② 双击【制单处理】菜单，选择“现结制单”，单击【确定】按钮，双击需制单单据所在行，单击【制单】按钮，进入“填制凭证”界面，修改部分栏目内容后，单击【保存】按钮，生成对应的收款凭证。

6. 委托代销业务

(1) 委托代销参数维护:涉及 3 个系统

1) 执行【基础设置】\【单据设置】\【单据格式设置】命令,在"单据类型"中选择"委托代销结算单\显示\委托代销结算单",单击【表头项目】按钮,在"显示项目名称"中勾选"发票号",单击【确定】按钮,再单击【保存】按钮,完成对委托代销结算单所含字段的设置。

2) 执行【业务工作】\【供应链】\【销售管理】\【设置】\【销售选项】命令,在"销售选项"对话框的"业务控制"中,勾选"有委托代销业务""销售生成出库单",单击【确定】按钮,完成对销售单据处理模式的修改。

3) 执行【业务工作】\【供应链】\【存货核算】命令,完成如下操作:

① 执行【初始设置】\【选项】\【选项录入】命令,在"选项录入"对话框的"核算方式"中,"委托代销成本核算方式"为"按发出商品核算"。

② 执行【初始设置】\【科目设置】\【存货科目】命令,进入"存货科目"界面,对产成品库的相关栏目进行选择或输入:"委托代销发出商品科目编码"为"1406","委托代销发出商品科目名称"为"发出商品"。

(2) 委托代销发货和出库

1) 委托代销发货。执行【业务工作】\【供应链】\【销售管理】命令,完成如下操作:

① 执行【委托代销】\【委托代销发货单】命令,打开"委托代销发货单"标签页,单击【增加】按钮,在"查询条件选择—参照订单"对话框中,单击【取消】按钮,对相关栏目内容进行选择或输入:在表头中,"发货日期"为"2019-01-16","业务类型"为"委托代销","销售类型"为"实体销售","客户简称"为"茂名飞达","销售部门"为"营销一部";在表体中,"仓库"为"产成品库","存货名称"为"前叉组件","数量"为"100","无税单价"为"108"。操作完成后,单击【保存】按钮。

② 保存后,单击【审核】按钮,完成对该发货单的审核,如图 4-88 所示。

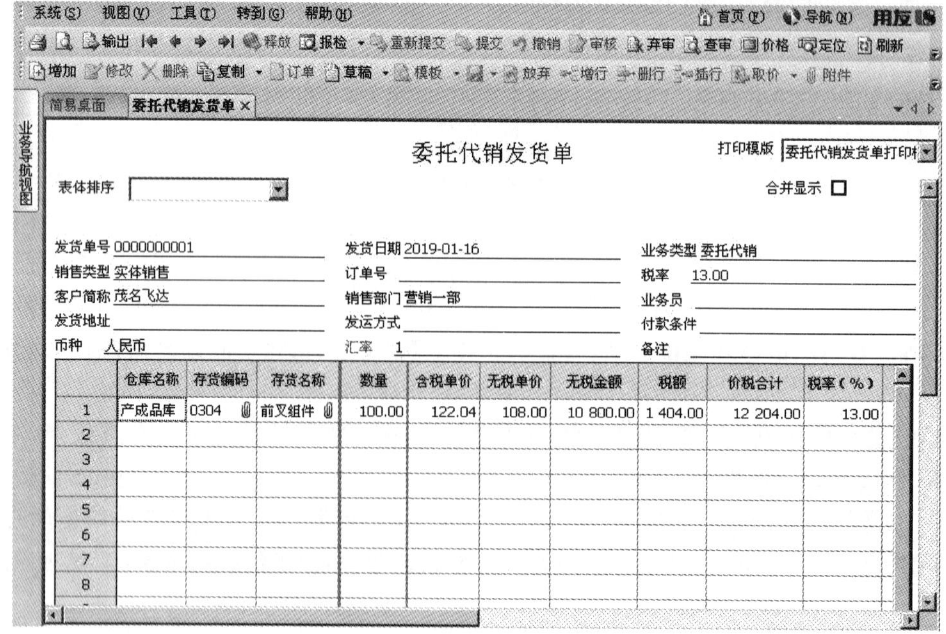

	仓库名称	存货编码	存货名称	数量	含税单价	无税单价	无税金额	税额	价税合计	税率(%)
1	产成品库	0304	前叉组件	100.00	122.04	108.00	10 800.00	1 404.00	12 204.00	13.00
2										
3										
4										
5										
6										
7										
8										

图 4-88 委托代销发货单

2）委托代销出库。执行【业务工作】\【供应链】\【库存管理】命令，完成如下操作：

① 执行【出库业务】\【销售出库单】命令，打开“销售出库单”标签页，单击【→｜】(末张)按钮，或者单击系统右侧“助手视图”的“历史单据”中的“销售出库单”，可以查找到需审核的销售出库单。

② 单击【审核】按钮，完成对该销售出库单的审核。

(3) 委托代销结算

执行【业务工作】\【供应链】\【销售管理】命令，完成如下操作：

1）执行【委托代销】\【委托代销结算单】命令，打开“委托代销结算单”标签页，单击【增加】按钮，在“查询条件选择—委托结算参照发货单”对话框中，单击【确定】按钮，进入“参照生单”界面，从上方窗口中双击被参照的发货单记录，“选择”显示为“Y”。

2）单击【OK 确定】按钮，被参照的发货单信息自动带入委托代销结算单，修改部分栏目内容：在表头中，“发票号”为“76186601”，“结算日期”为“2019－01－20”；在表体中，“数量”为“45”，“无税单价”为“118”。操作完成后，单击【保存】按钮。

3）保存后，单击【审核】按钮，系统会弹出“请选择审核生成的发票类型”，如图 4－89 所示。选择“专用发票”，单击【确定】按钮，完成对该委托代销结算单的审核，同时系统会自动生成一张与之对应的销售专用发票。

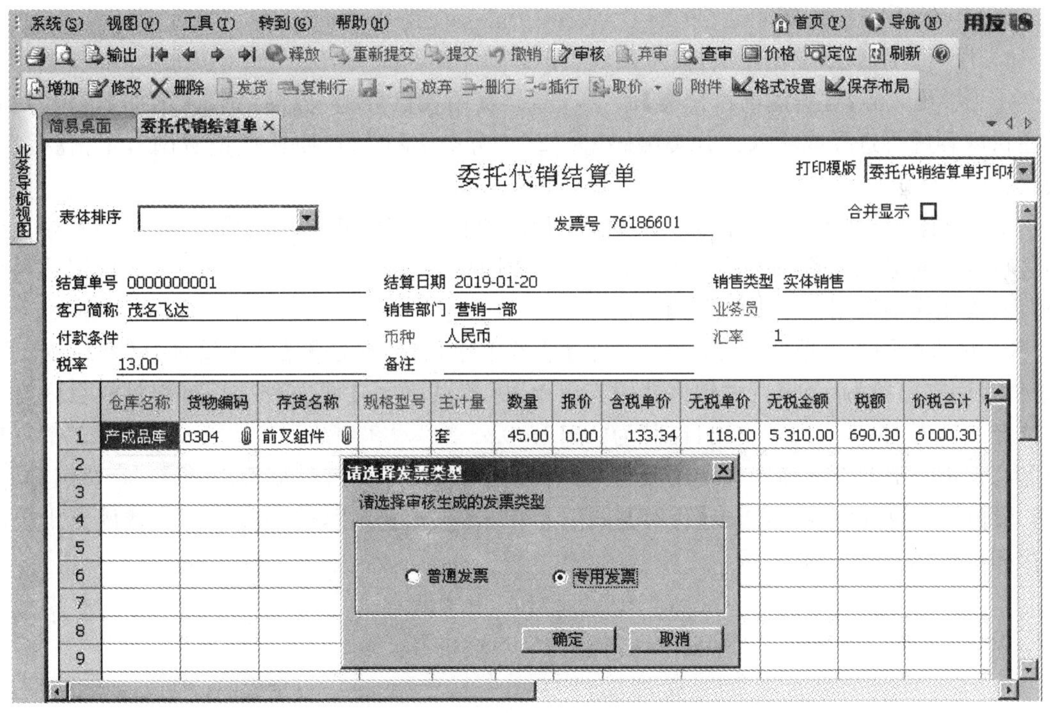

图 4－89　委托代销结算单(审核中)

4）执行【销售开票】\【销售专用发票】命令，打开“销售专用发票”标签页，单击【→｜】(末张)按钮，或者单击系统右侧“助手视图”的“历史单据”中的“销售专用发票”，可以查找到需复核的销售专用发票。单击【复核】按钮，完成对该销售专用发票的复核。

提示：

在委托代销业务中，销售发票是由委托代销结算单自动生成的。如需手工输入发票号，必须将“发票号”设置为委托代销结算单中的显示字段。具体参照此业务所涉功能参数修改的【基础设置】\【单据设置】的操作步骤。

(4) 委托代销发出商品成本核算

执行【业务工作】\【供应链】\【存货核算】\【业务核算】\【发出商品记账】命令，选择需记账的委托代销发货单和销售专用发票记录，单击【记账】按钮，完成记账操作。

(5) 委托代销发票处理

执行【业务工作】\【财务会计】\【应收款管理】命令，完成如下操作：

1) 执行【应收单据处理】\【应收单据审核】命令，选择需审核的销售专用发票记录，单击【审核】按钮，完成审核操作。

2) 双击【制单处理】菜单，选择“发票制单”，单击【确定】按钮，双击需制单单据所在行，单击【制单】按钮，进入“填制凭证”界面，修改部分栏目内容后，单击【保存】按钮，生成对应的转账凭证。

(6) 代销手续费处理

1) 代销费用项目维护。执行【基础设置】\【基础档案】命令，完成如下操作：

① 执行【业务】\【费用项目分类】命令，进入“费用项目分类”界面，单击【增加】按钮，对相关栏目内容进行选择或输入：“分类编码”为“2”，“分类名称”为“委托代销费用”，单击【保存】按钮。

② 执行【业务】\【费用项目】命令，进入“费用项目”界面，单击【增加】按钮，对相关栏目内容进行选择或输入：“费用项目编码”为“02”，“费用项目名称”为“代销手续费”，“费用项目分类”为“委托代销费用”，单击【保存】按钮。

2) 销售费用支出单填制和审核。执行【业务工作】\【供应链】\【销售管理】\【费用支出】\【销售费用支出单】命令，打开“销售费用支出单”标签页，单击【增加】按钮，对相关栏目内容进行选择或输入：在表头中，“支出日期”为“2019－01－20”，“客户简称”为“茂名飞达”，“销售部门”为“营销一部”；在表体中，“费用项目”为“代销手续费”，“支出金额”为“531”，“存货名称”为“前叉组件”。操作完成后，单击【保存】按钮，再单击【审核】按钮，分别完成对该费用支出单的保存和审核，如图 4－90 所示。

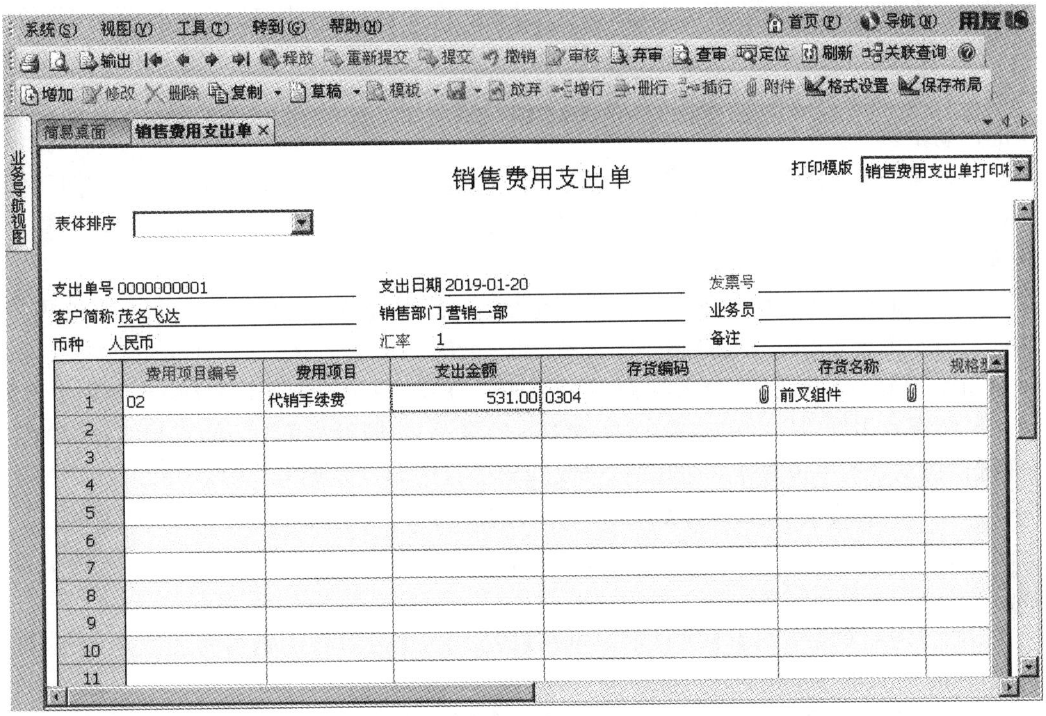

销售费用支出单

支出单号 0000000001　支出日期 2019-01-20　发票号

客户简称 茂名飞达　销售部门 营销一部　业务员

币种 人民币　汇率 1　备注

	费用项目编号	费用项目	支出金额	存货编码	存货名称
1	02	代销手续费	531.00	0304	前叉组件

图 4-90　销售费用支出单(已审核)

提示:

在销售管理中,销售费用支出单仅用于销售过程中相关费用支出明细情况的反映。此张单据无法传递到其他系统,因此,必须在总账系统中手工填制对应的记账凭证。而代垫费用单与其他系统存在传递关系,可以在应收款管理系统中进行制单处理,并传递到总账系统。

3) 代销手续费凭证制单。执行【业务工作】\【财务会计】\【总账】\【凭证】\【填制凭证】命令,完成对代销手续费付款凭证的填制操作。

7. 销售退回业务

(1) 未开发票退货

1) 销售发货和出库:涉及 2 个系统。

① 执行【业务工作】\【供应链】\【销售管理】\【销售发货】\【发货单】命令,打开“发货单”标签页,单击【增加】按钮,进行发货单的填制操作。操作完成后,单击【保存】按钮,再单击【审核】按钮,完成对该发货单的审核。

② 执行【业务工作】\【供应链】\【库存管理】\【出库业务】\【销售出库单】命令,打开“销售出库单”标签页,选择需审核的销售出库单,单击【审核】按钮,完成对该销售出库单的审核。

2) 销售退货:涉及 3 个系统。

① 执行【业务工作】\【供应链】\【库存管理】\【出库业务】\【销售出库单】命令,打开“销售出库单”标签页,选择需取消审核的销售出库单,单击【弃审】按钮,完成取消审核操作。

② 执行【业务工作】\【供应链】\【销售管理】\【销售发货】\【发货单】命令，打开“发货单”标签页，选择需取消审核的发货单，单击【弃审】按钮；取消审核后，单击【修改】按钮，修改部分栏目内容：“数量”为“14”，单击【保存】按钮，完成修改操作；修改后，单击【审核】按钮，完成对该发货单的重新审核。

③ 执行【业务工作】\【供应链】\【库存管理】\【出库业务】\【销售出库单】命令，打开“销售出库单”标签页，选择需审核的销售退回后的销售出库单，单击【审核】按钮，完成对该销售出库单的审核。

④ 执行【业务工作】\【供应链】\【存货核算】\【业务核算】\【正常单据记账】命令，选择需记账的销售出库单记录，单击【记账】按钮，完成记账操作。

3）销售开票。执行【业务工作】\【供应链】\【销售管理】\【销售开票】\【销售专用发票】命令，打开“销售专用发票”标签页，单击【增加】按钮，以及“参照发货单”生单，选择需参照的发货单，完成销售发票的生单操作。生单后，修改部分栏目内容：“发票号”为“76189901”，“开票日期”为“2019－01－23”，单击【保存】按钮，再单击【复核】按钮，完成对该销售发票的复核。

4）销售发票审核和制单。执行【业务工作】\【财务会计】\【应收款管理】命令，完成如下操作：

① 执行【应收单据处理】\【应收单据审核】命令，选择需审核的销售专用发票记录，单击【审核】按钮，完成审核操作。

② 双击【制单处理】菜单，选择“发票制单”，单击【确定】按钮，双击需制单单据所在行，单击【制单】按钮，进入“填制凭证”界面，修改部分栏目内容后，单击【保存】按钮，生成对应的转账凭证。

（2）已开发票退货

1）销售退货。执行【业务工作】\【供应链】\【销售管理】命令，完成如下操作：

① 执行【销售发货】\【退货单】命令，打开“退货单”标签页，单击【增加】按钮，在“查询条件选择—参照订单”对话框中，单击【取消】按钮，再单击“生单”右侧边的【▼】按钮，下拉选择“参照发货单”，在“查询条件选择—退货单参照发货单”对话框中，“退货类型”为“已开发票退货”，单击【确定】按钮，进入“参照生单”界面，从上方窗口中双击被参照的发货单记录，“选择”显示为“Y”。

② 单击【OK 确定】按钮，被参照的发货单信息自动带入退货单，修改部分栏目内容：在表头中，“退货日期”为“2019－01－23”；在表体中，“数量”为“－2”。操作完成后，单击【保存】按钮，再单击【审核】按钮，完成对该退货单的审核，如图 4－91 所示。

2）冲减销售出库。执行【业务工作】\【供应链】\【库存管理】\【出库业务】\【销售出库单】命令，打开“销售出库单”标签页，双击需审核单据所在行，单击【审核】按钮，完成对该红字销售出库单的审核。

3）销售退货成本记账。执行【业务工作】\【供应链】\【存货核算】\【业务核算】\【正常单据记账】命令，双击需记账单据所在行，单击【记账】按钮，完成记账操作。

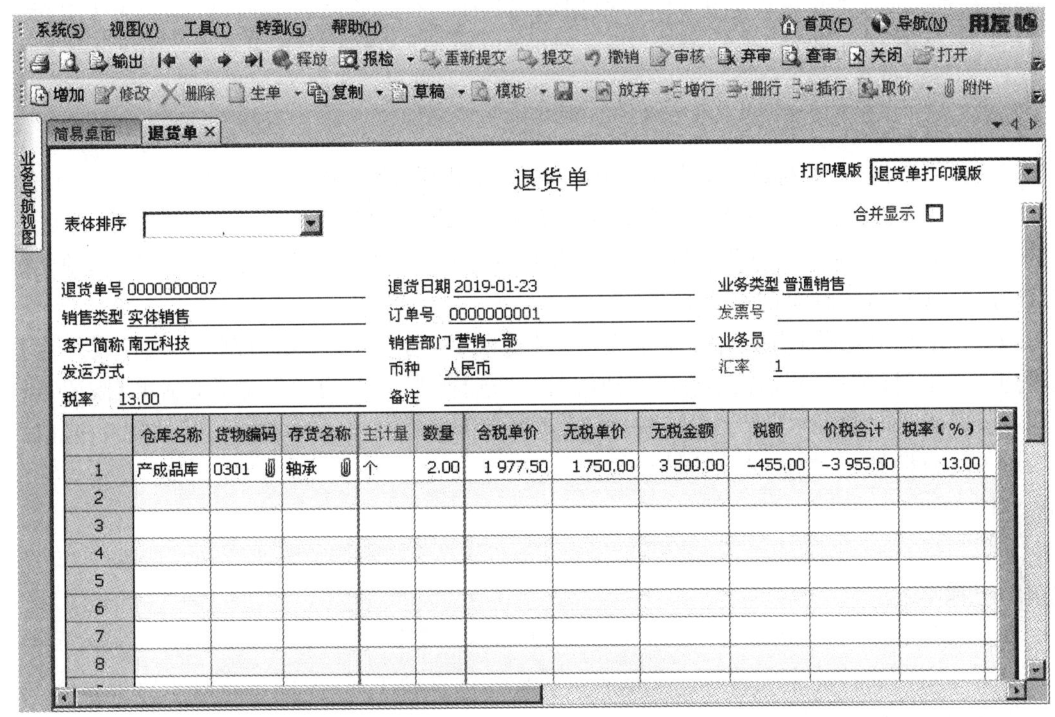

图 4－91　退货单(已审核)

4）出具红字销售发票。执行【业务工作】\【供应链】\【销售管理】命令，完成如下操作：

① 执行【销售开票】\【红字专用销售发票】命令，在“销售专用发票”标签页，单击【增加】按钮，以及“参照发货单”生单，“发货单类型”为“红字记录”，选择需参照的发货单，完成红字销售发票的生单。生单后，修改部分栏目内容：“发票号”为“76190001”，“开票日期”为“2019－01－23”，单击【保存】按钮。

② 保存后，单击【现结】按钮，完成对该红字销售专用发票的现结。

③ 现结后，单击【复核】按钮，完成对该红字销售专用发票的复核。

5）红字销售发票审核和制单。执行【业务工作】\【财务会计】\【应收款管理】命令，完成如下操作：

① 执行【应收单据处理】\【应收单据审核】命令，双击需审核单据所在行，单击【审核】按钮，完成对该红字销售专用发票的审核。

② 双击【制单处理】菜单，选择“现结制单”，单击【确定】按钮，双击需制单单据所在行，单击【制单】按钮，进入“填制凭证”界面，修改部分栏目内容后，单击【保存】按钮，借、贷方均为红字金额，生成对应的收款凭证。

8. 应收业务处理

执行【业务工作】\【财务会计】\【应收款管理】命令，完成如下操作。

(1) 收到签发并承兑的商业汇票

1）双击【票据管理】菜单，在“查询条件选择”对话框中，单击【确定】按钮，打开“票据管理”标签页。

2）单击【增加】按钮，打开“应收票据”标签页，对相关栏目内容进行选择或输入：“票据类型”“结算方式”均为“商业承兑汇票”，“票据编号”为“539648”，“收到日期”“出票日期”均为“2019－01－23”，“到期日”为“2019－01－31”，“出票人”为“茂名飞达有限公司”，“金额”为“6 000.30”，在选定出票人后，“出票人账号”“付款人银行”会由系统自动带出。操作完成后，单击【保存】按钮。

3）返回“票据管理”标签页，显示 1 条记录，可以进行修改、删除等相关操作。

4）执行【收款单据处理】\【收款单据审核】命令，在“收款单查询条件”对话框中，单击【确定】按钮，打开“收付款单列表”标签页，双击需审核单据所在行，“选择”栏显示为“Y”，单击【审核】按钮，完成对该收款单的审核。

5）双击【制单处理】菜单，在“制单查询”对话框中，勾选“收付款单制单”，单击【确定】按钮，打开“制单”标签页，双击需制单单据所在行，“选择”栏显示为“1”，单击【制单】按钮，进入“填制凭证”界面，“凭证类型”为“转账凭证”，“制单日期”为“2019－01－23”，“附单据数”为“1”，单击【保存】按钮，生成对应的转账凭证。

提示：

1）增加完一张应收票据后，执行【单据查询】\【收付款单查询】命令，可以查询到与之对应的一张收款单。此张收款单由系统自动生成，需经审核后才能进行制单处理，也不能直接对其进行修改。

2）在“收款单查询条件”对话框中，选择“已审核”“已制单”，可以查询到不同状态下的单据。已审核但尚未制单的单据，单击【弃审】按钮，可以取消审核。已制单的单据，必须先删除已生成的记账凭证，才能取消审核。

3）执行【单据查询】\【凭证查询】命令，可以查询已生成的记账凭证。选择某一条凭证记录，可以进行修改、删除和冲销操作；双击某一条凭证记录，可以查看该记账凭证的详细内容，并联查辅助明细账。

（2）预收销售定金

1）执行【收款单据处理】\【收款单据录入】命令，打开“收付款单录入”标签页。单击【增加】按钮，对相关栏目内容进行选择或输入：在表头中，“日期”为“2019－01－23”，“客户”为“河北机电集团”，“结算方式”为“转账支票”，“金额”为“15 000”，“票据号”为“033540”；在表体的第 1 行中，“款项类型”为“预收款”。操作完成后，单击【保存】按钮。

2）保存后，单击【审核】按钮，系统弹出“是否立即制单”对话框，单击【是】按钮，进入“填制凭证”界面。在凭证头中，“凭证类型”为“收款凭证”，“制单日期”为“2019－01－23”，“附单据数”为“2”；在凭证体中，“银行存款/交通银行”的辅助项所涉及的结算方式、支票号、结算日期等信息由系统根据收款单所填内容自动带入。操作完成后，单击【保存】按钮，生成对应的收款凭证。

3）制单后，关闭“填制凭证”标签页，对该收款单的审核也一并完成。

提示：

1）手工录入的收款单，审核有两种做法。

① 在“收付款单录入”界面，保存后直接单击【审核】按钮；

② 执行【收款单据处理】\【收款单据审核】命令，选中需审核单据后单击【审核】按钮。

2）系统自动生成的收款单只能采用第二种方法完成审核。

（3）应收冲应收

1）执行【转账】\【应收冲应收】命令，打开“应收冲应收”标签页，对相关栏目内容进行选择或输入：“日期”≦“2019－01－25”，转出“客户”为“河北机电集团”，转入“客户”为“向海建工有限公司”，单击【查询】按钮，系统显示出截止到设定日期的转出方“河北机电集团”尚未核销的应收款项列表。

2）在“原币金额”为“134 100”的销售普通发票所在行末尾处的“并账金额”栏内填入“34 100”，单击【保存】按钮。

3）保存后，系统弹出“是否立即制单”对话框，单击【是】按钮，进入“填制凭证”界面。在凭证头中，“凭证类型”为“转账凭证”，“制单日期”为“2019－01－25”，“附单据数”为“1”。操作完成后，单击【保存】按钮，生成对应的转账凭证。

提示：

1）在应收冲应收凭证中，转出“客户”为“河北机电集团”的“应收账款”科目以红字金额显示在借方，而不是贷记。

2）每笔应收款的并账金额不能超过余额。

3）在系统弹出“是否立即制单”对话框，单击【否】按钮的情况下，双击【制单处理】菜单，在“制单查询”对话框中，勾选“应收冲应收制单”，单击【确定】按钮，打开“制单”标签页，同样可以生成对应的记账凭证。

（4）预收冲应收

1）执行【转账】\【预收冲应收】命令，在“预收冲应收”对话框中，“日期”为“2019－01－25”。

2）在“预收款”界面，“客户”为“河北机电集团”，单击【过滤】按钮，系统显示出截止到设定日期的收到该客户的预收款项列表。在“原币金额”为“15 000”的收款单所在行末尾处的“转账金额”栏内填入“15 000”。

3）在“应收款”界面，单击【过滤】按钮，系统显示出截止到设定日期的该客户的应收款项列表。在“原币余额”为“100 000”的销售普通发票所在行末尾处的“转账金额”栏内填入“15 000”。操作完成后，单击【确定】按钮。

4）确定后，系统弹出“是否立即制单”对话框，单击【是】按钮，进入“填制凭证”界面。在凭证头中，“凭证类型”为“转账凭证”，“制单日期”为“2019－01－25”，“附单据数”为“1”。操作完成后，单击【保存】按钮，生成对应的转账凭证。

提示：

1）在预收冲应收凭证中，“预收账款”科目以红字金额显示在贷方，而不是借记。

2）每笔应收款的转账金额不能超过余额，多笔应收款转账金额的合计数要与预收款转账金额的合计数相等。

3）预收和应收必须在初始设置时选定为不同的科目进行核算，才能在预收冲应收凭证中形成有效的借贷双方（详见“3.5.3 销售与客户管理初始设置”的应收款管理相关科目）。

（5）部分核销应收款，部分作为预收款

1）执行【收款单据处理】\【收款单据录入】命令，打开“收付款单录入”标签页。

2）单击【增加】按钮，对相关栏目内容进行选择或输入：在表头中，“日期”为“2019－01－28”，“客户”为“南元科技集团”，“结算方式”为“转账支票”，“金额”为“330 000”，“票据号”为“760152”；在表体中，第1行的“款项类型”为“应收款”，“金额”为“299 120”，第2行的“款项类型”为“预收款”，“金额”为“30 880”。操作完成后，单击【保存】按钮。

提示：

1）部分核销应收，余额作为预收的一笔收款，在收款单录入前应当先查询应收余额。

2）收款单表体涉及多行的，表体金额合计不能超出表头金额；表体金额合计小于表头金额的，系统会自动增加一行补充差额，应检查各行金额是否正确，多余行可以通过【删行】按钮删除。

3）保存后，单击【审核】按钮，完成对该收款单的审核。审核后，系统弹出“是否立即制单”对话框，单击【否】按钮，退出“收付款单录入”标签页。

4）执行【核销处理】\【手工核销】命令，在“核销条件”对话框中，“客户”为“南元科技集团”，“计算日期”为“2019－01－28”，单击【确定】按钮，打开“单据核销”标签页，上方显示出截止到设定日期的客户“南元科技集团”的收款单列表，下方显示该客户的其他应收单和销售发票列表，即需核销单据。在下方3行单据的每1行末尾处的“本次结算”栏内分别填入“200”“1 000”“302 000”。单击【保存】按钮，完成对已结清应收业务的核销，已核销的收款单、其他应收单和销售发票也从“单据核销”界面消失。

5）双击【制单处理】菜单，在“制单查询”对话框中，勾选“收付款单制单”“核销制单”，单击【确定】按钮，打开“制单”标签页，双击需制单的第1行单据，“选择”栏显示为“1”，再双击需制单的第2行单据，“选择”栏显示为“2”，单击【合并】按钮，需制单的第2行单据的“选择”栏变更为“1”，单击【制单】按钮，进入“填制凭证”界面。在凭证头中，“凭证类型”为“收款凭证”，“制单日期”为“2019－01－28”，“附单据数”为“2”；在凭证体中，“银行存款——交通银行”科目的辅助项所涉及的结算方式、支票号、结算日期等信息由系统根据收款单所填内容自动带入。操作完成后，单击【保存】按钮，生成对应的收款凭证。

（6）应收票据转出

1）双击【票据管理】菜单，在“查询条件选择”对话框中，单击【确定】按钮，打开“票据管理”标签页。

2）双击需转出票据所在行，“选择”栏显示为“Y”，单击【转出】按钮，进入“票据转出”对话框，对相关栏目内容进行选择或输入：“转出日期”为“2019－01－31”，“应收单科目”为“应收账款”，“应收单类型”为“其他应收单”，如图 4－92 所示。操作完成后，单击【确定】按钮。

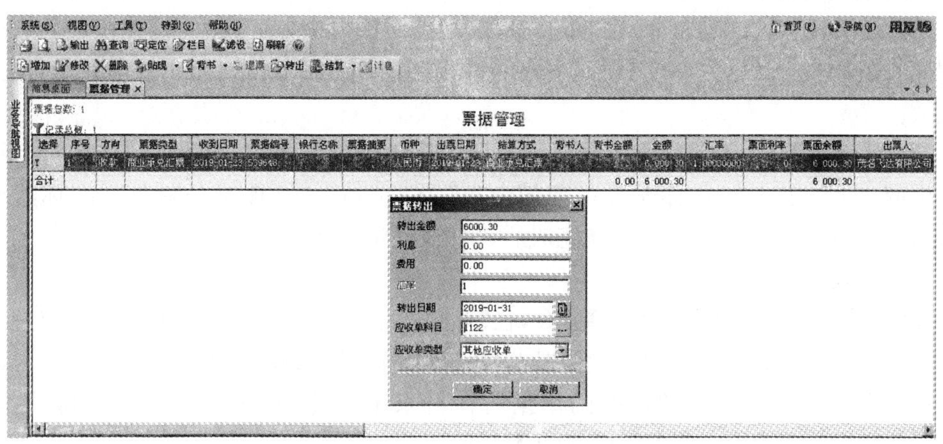

图 4－92　应收票据转出

提示：

1）应收票据转出说明票据已到期，而付款人无力支付款项，该票据将被终止确认，不能以该票据再进行其他相关业务，同时形成与之对应的一项应收账款。

2）应收票据转出后，执行【单据查询】\【应收单查询】命令，可以查询到与之对应的一张其他应收单，且处于已审核状态。取消票据转出的同时，该应收单也会被系统自动删除。

3）在“票据管理”标签页，通过【贴现】和【背书】按钮，可以对尚未到期票据的贴现和背书转让操作，并生成对应的记账凭证；通过【结算】按钮，可以对已到期票据办理收款结算，并生成对应的记账凭证。

3）确定后，系统弹出“是否立即制单”对话框，单击【是】按钮，进入“填制凭证”界面。在凭证头中，“凭证类型”为“转账凭证”，“制单日期”为“2019－01－31”，“附单据数”为“2”。操作完成后，单击【保存】按钮，生成对应的转账凭证。

4）关闭“填制凭证”标签页，返回“票据管理”标签页，该票据所在行的“状态”栏显示“转出”字样。

提示：

在“是否立即制单”对话框中，如果单击【否】按钮，系统不会从“票据管理”标签页连接到“填制凭证”界面，只能通过双击【制单处理】菜单，选择“票据处理制单”，生成对应的记账凭证。

（7）坏账业务处理

1）坏账选项维护。

① 执行【设置】\【选项】命令，在“账套参数设置”对话框中，单击【编辑】按钮，“坏账处理方式”为“应收余额百分比法”，单击【确定】按钮，并以当前用户对系统进行重注册登录，使该设置得以生效。

② 执行【设置】\【初始设置】命令，进入“坏账准备设置”界面，对相关栏目内容进行选择或输入：“提取比例”为“0.3”，“坏账准备期初余额”为“3 711”，“坏账准备科目”为“坏账准备”，“对方科目”为“信用减值损失”。操作完成后，单击【确定】按钮。

2）发生坏账损失。

① 执行【坏账处理】\【坏账发生】命令，在“坏账发生”对话框中，对相关栏目内容进行选择或输入：“日期”为“2019－01－31”，“客户”为“北京福林汽车公司”，单击【确定】按钮，打开“发生坏账损失”标签页，在需处理坏账的单据所在行末尾处的“本次发生坏账金额”栏内填入“27 500”，如图 4－93 所示，单击【OK 确认】按钮。

单据类型	单据编号	单据日期	合同号	合同名称	到期日	余额	部门	业务员	本次发生坏账金额
销售普通发票	45930481	2018-10-16			2018-10-16	127 500.00	营销一部	李丽	27 500
合计						127 500.00			27 500.00

图 4－93　发生坏账损失

② 确认后，系统弹出“是否立即制单”对话框，单击【是】按钮，进入“填制凭证”界面。在凭证头中，“凭证类型”为“转账凭证”，“制单日期”为“2019－01－31”，“附单据数”为“2”。操作完成后，单击【保存】按钮，生成对应的转账凭证。

③ 关闭“填制凭证”标签页，返回“发生坏账损失”标签页，该票据所在行的“余额”栏变更为“100 000”。

3）计提坏账准备。执行【坏账处理】\【计提坏账准备】命令，打开“应收账款百分比法”标签页，单击【OK 确认】按钮，系统弹出“是否立即制单”对话框，单击【是】按钮，进入“填制凭证”界面。在凭证头中，“凭证类型”为“转账凭证”，“制单日期”为“2019－01－31”，“附单据数”为“1”。操作完成后，单击【保存】按钮，生成对应的转账凭证。

提示：

1）坏账处理方式为直接转销法的，不能进行坏账准备的计提。

2）通过“选项”功能修改坏账计提参数时，必须在本年度尚未发生过坏账之前。

（8）取消操作（以票据转出为例）

1）执行【其他处理】\【取消操作】命令，在“取消操作条件”对话框中，“操作类型”为“票据处理”，单击【确定】按钮，打开“取消操作”标签页，系统会显示出票据处理业务列表。

2）双击需取消转出的票据所在行，“选择”栏显示为“Y”，单击【OK 确认】按钮，即可撤回所作的票据转出业务。

提示：

1）在应收款管理中，“取消操作”功能涉及的操作类型包括核销、选择收款、定金处理、坏账处理、汇兑损益、票据处理、应收冲应收、应收冲应付、预收冲应收、红票对冲。

2）“取消操作”仅限于尚未制单的业务。想要取消操作的业务如已生成记账凭证，需要先删除对应的记账凭证。

4.4.3　库存及存货核算日常业务处理

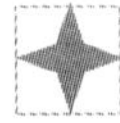

【问题引入】

1. 如何进行产成品完工成本的分配操作？
2. 在库存管理中，调拨业务的处理存在哪些特殊之处？
3. 存货盘盈和盘亏的结转处理分别有几个情况？
4. 在存货核算中，出库调整凭证的制单是否受到存货计价方法的影响？
5. 什么是假退料？假退料对库存管理与存货核算的对账有什么影响？

【项目实训】

⊙ **实务案例**

本月发生的库存管理及存货核算业务如下。

1. 库存管理日常业务

（1）入库业务

1）2019 年 1 月 6 日，产成品库收到生产一部完工的轴承 20 个，已验收入库，由财务部提供的完工产品成本表中显示，总成本为 965 元，其中直接材料为 400 元，直接人工为 460 元，其他直接支出为 105 元。

2) 2019 年 1 月 7 日，产成品库收到生产二部完工的齿轮轴 29 个，已验收入库，由财务部提供的完工产品成本表中显示，总成本为 410 元，其中直接材料为 290 元，直接人工为 120 元。

3) 2019 年 1 月 9 日，物资部收到天山科技集团公司的单价为 28 元的配件 100 盒，作为合作开发项目的捐赠物资。

(2) 出库业务

1) 2019 年 1 月 10 日，生产一部从材料库领用辅料 10 吨，用于生产套筒。

2) 2019 年 1 月 13 日，企管部从产成品库领取齿轮轴 12 个，作为与山西机械职业学校开展校企合作办学项目的学生实训使用。

(3) 调拨业务

2019 年 1 月 15 日，根据仓库管理布局调整，将材料库的 150 套专用工具调拨到产成品库，仍作为低值易耗品核算。

(4) 盘点业务

1) 2019 年 1 月 20 日，对材料库的专用工具进行盘点，发现盘盈 10 个。

2) 2019 年 1 月 23 日，经核定，该批盘盈专用工具的单位成本为 100 元。随即进行原因调查，未发现日常管理差错，经批准按规定处理。

2. *存货核算日常业务*

1) 2019 年 1 月 15 日，将 1 月 6 日生产一部生产完工入产成品库的轴承的入库成本增加 35 元(均为其他直接支出)。

2) 2019 年 1 月 23 日，将 1 月 15 日由营销二部销售给茂名飞达有限公司的前叉组件的出库成本增加 102 元。

3) 2019 年 1 月 30 日，根据生产一部的数据统计，当月领用的辅料有 1.5 吨没有耗用，按照假退料处理，下月将会继续使用。

⊙ 任务分解及技能要点(见表 4-16)

表 4-16 任务分解及技能要点

任务名称	业务类型	系统导航	菜单路径	技能要点
库存管理日常业务	入库业务-1、入库业务-2	【业务工作】\【供应链】\【库存管理】	【入库业务】\【产成品入库单】	产成品入库单的填制和审核
		【业务工作】\【供应链】\【存货核算】	【业务核算】\【产成品成本分配】;【业务核算】\【正常单据记账】;【财务核算】\【生成凭证】	产成品成本的录入和分配;正常单据(产成品入库单)的记账;产成品入库单制单,生成转账凭证,附单据 2 张
	入库业务-3	【业务工作】\【供应链】\【库存管理】	【入库业务】\【其他入库单】	其他入库单的填制和审核
		【业务工作】\【供应链】\【存货核算】	【业务核算】\【正常单据记账】;【财务核算】\【生成凭证】	正常单据(其他入库单)的记账;其他入库单制单,生成转账凭证,附单据 2 张

（续表）

任务名称	业务类型	系统导航	菜单路径	技能要点
	出库业务-1	【业务工作】\【供应链】\【库存管理】	【出库业务】\【材料出库单】	材料出库单的填制和审核
		【业务工作】\【供应链】\【存货核算】	【业务核算】\【正常单据记账】	正常单据（材料出库单）的记账
	出库业务-2	【业务工作】\【供应链】\【库存管理】	【出库业务】\【其他出库单】	其他出库单的填制和审核
		【业务工作】\【供应链】\【存货核算】	【业务核算】\【正常单据记账】	正常单据（其他出库单）的记账
	调拨业务	【业务工作】\【供应链】\【库存管理】	【调拨业务】\【调拨单】;【出库业务】\【其他出库单】;【入库业务】\【其他入库单】	调拨单的填制和审核;其他出库单和其他入库单的审核（注:出入库单由系统根据调拨单自动生成,无须填制）
		【业务工作】\【供应链】\【存货核算】	【业务核算】\【特殊单据记账】	特殊单据（调拨单）的记账
	盘点业务-1	【业务工作】\【供应链】\【库存管理】	【盘点业务】;【入库业务】\【其他入库单】	盘点单的填制和审核;其他入库单的审核（注:此入库单由系统根据盘点单自动生成,无须填制）
	盘点业务-2	【业务工作】\【供应链】\【存货核算】	【日常业务】\【其他入库单】;【业务核算】\【正常单据记账】;【财务核算】\【生成凭证】	其他入库单的修改;正常单据（盘点单）的记账;其他入库单制单,生成转账凭证,附单据2张
		【业务工作】\【财务会计】\【总账】	【凭证】\【填制凭证】	盘盈结转制单,填制转账凭证,附单据1张
存货核算日常业务	入库成本调整	【业务工作】\【供应链】\【存货核算】	【日常业务】\【入库调整单】（制单、记账）;【财务核算】\【生成凭证】	入库调整单的填制和记账;入库调整单制单,生成转账凭证,附单据1张
	出库成本调整	【业务工作】\【供应链】\【存货核算】	【日常业务】\【出库调整单】（制单、记账）;【财务核算】\【生成凭证】	出库调整单的填制和记账;出库调整单制单,生成转账凭证,附单据1张
	假退料处理	【业务工作】\【供应链】\【存货核算】	【日常业务】\【假退料单】;【业务核算】\【正常单据记账】	假退料单的填制;正常单据（假退料单）的记账

注:存货计价采用全月平均法,因此,出库业务所涉的材料出库凭证和其他出库凭证暂不立即制单。调拨业务同时产生出库和入库,如不涉及核算科目的变化,无须制单。

⊙ **岗位分工**

☞ 以U08赵方平身份注册并登录【企业应用平台】模块，对本期库存管理和存货核算系统进行操作，生成记账凭证。

☞ 以U02学生姓名(账套主管)身份注册并登录【企业应用平台】模块，完成凭证审核、记账、账簿管理。

⊙ **应用向导**

1. *库存管理日常业务*

(1) 入库业务

1) 产成品入库。

① 执行【业务工作】\【供应链】\【库存管理】命令，完成如下操作：

首先，执行【入库业务】\【产成品入库单】命令，打开“产成品入库单”标签页。

其次，单击【增加】按钮，对相关栏目内容进行选择或输入：在表头中，“入库日期”为“2019-01-06”，“仓库”为“产成品库”，“部门”为“生产一部”，“入库类别”为“产成品入库”；在表体中，“产品名称”为“轴承”，“数量”为“20”。

最后，操作完成后，单击【保存】按钮，再单击【审核】按钮，完成对该产成品入库单的审核，如图4-94所示。

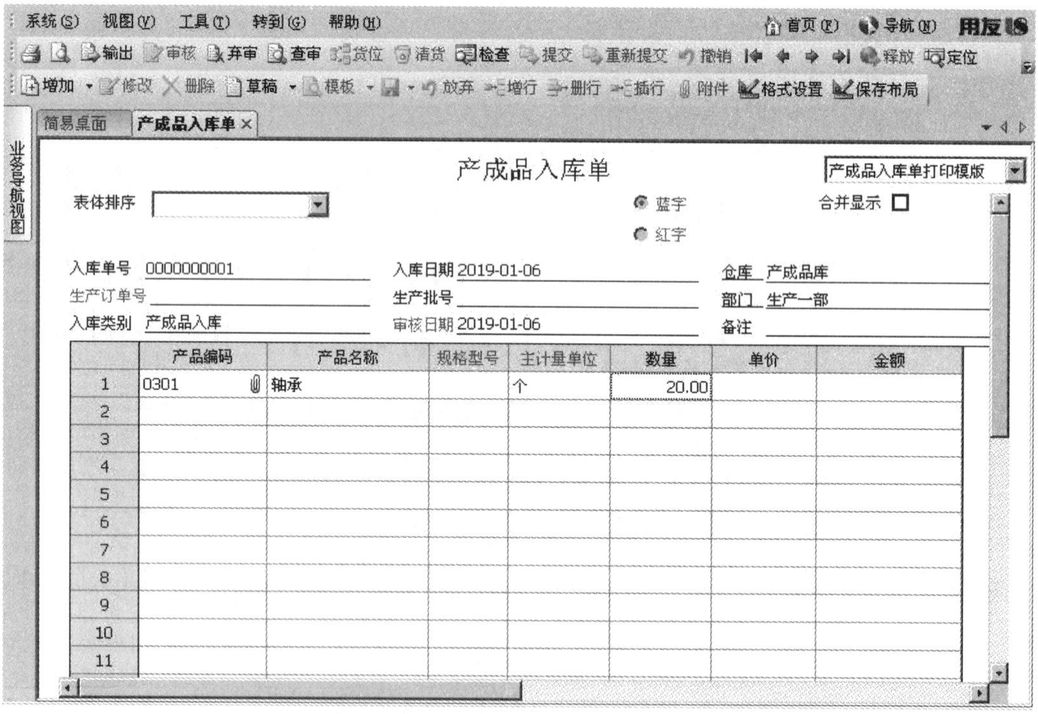

产成品入库单

入库单号 0000000001　入库日期 2019-01-06　仓库 产成品库

生产订单号　生产批号　部门 生产一部

入库类别 产成品入库　审核日期 2019-01-06　备注

	产品编码	产品名称	规格型号	主计量单位	数量	单价	金额
1	0301	轴承		个	20.00		

图4-94　产成品入库单(已审核)

② 执行【业务工作】\【供应链】\【存货核算】命令，完成如下操作：

首先，执行【业务核算】\【产成品成本分配】功能，打开“产成品成本分配表”标签页，单击【查询】按钮，在“产成品成本分配表查询”对话框中，勾选“产成品库”，单击【确定】按钮，在“轴承”所在行末尾处的“金额”栏内填入“965”。

其次，录入后，单击【分配】按钮，如图 4－95 所示。分配后，单击【确定】按钮，完成对该产成品成本的分配。

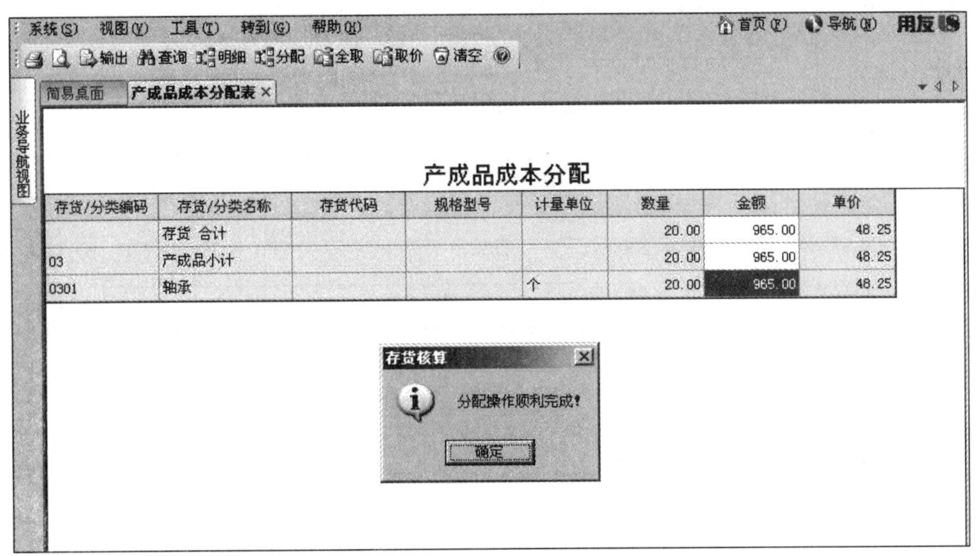

图 4－95　产成品成本分配

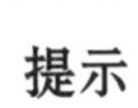

提示：

填制“产成品入库单”时，“单价”和“金额”暂时为空，待产成品成本分配完成后，在库存管理中，执行【入库业务】\【产成品入库单】命令，或【单据查询】\【产成品入库单列表】命令，可以查看到“48.25”已由系统自动回填到“单价”栏目中。

再次，执行【业务核算】\【正常单据记账】命令，双击需记账单据所在行，单击【记账】按钮，完成记账操作。

然后，执行【财务核算】\【生成凭证】命令，单击【选择】按钮，在“查询条件选择”对话框中。勾选“产成品入库单”，双击需制单单据所在行，单击【确定】按钮，修改部分栏目内容：“凭证类型”为“转账凭证”，“对方”科目类型的“科目编码”为“500101”，“科目名称”为“直接材料”（先归集到此一个科目中）。

最后，设置后，单击【生成】按钮，修改部分栏目内容，单击【保存】按钮，生成对应的转账凭证，如图 4－96 所示。

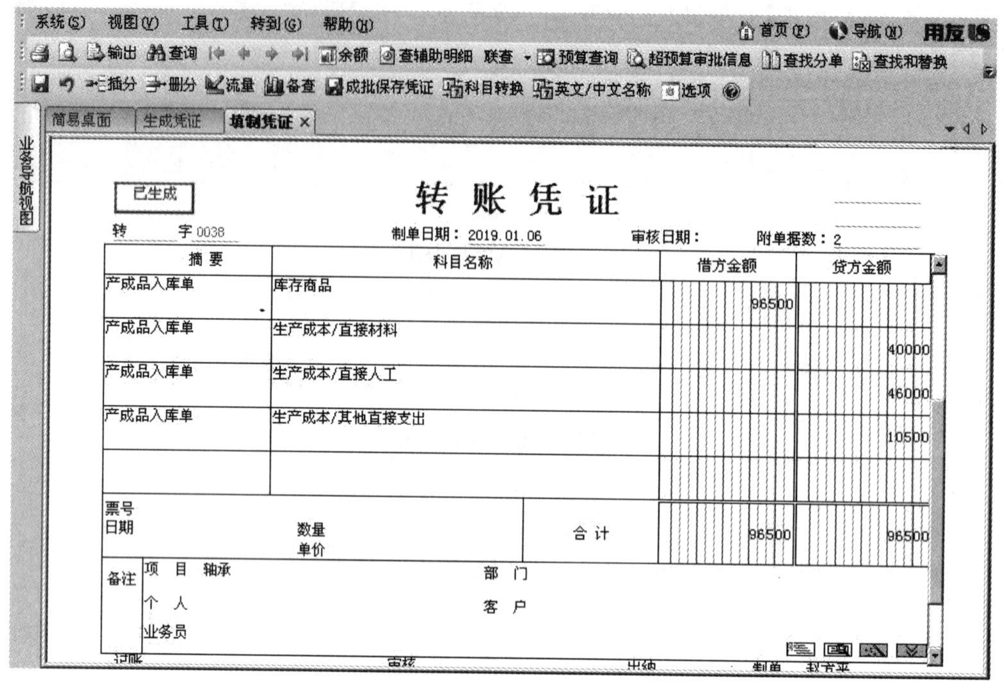

图 4-96 产成品入库单制单

提示：

生成“产成品入库凭证”时，根据总成本的多个构成项目，应当分别以生产成本的不同明细科目进行核算；“库存商品”和“生产成本”科目均设为项目核算，需要将辅助项的项目名称补充完整。

以同样的步骤，完成齿轮轴入库的相关操作，并生成对应的转账凭证。

2）其他入库。

① 执行【业务工作】\【供应链】\【库存管理】命令，完成如下操作：

执行【入库业务】\【其他入库单】命令，打开“其他入库单”标签页，单击【增加】按钮，对相关栏目内容进行选择或输入：在表头中，“入库日期”为“2019-01-09”，“仓库”为“材料库”，“入库类别”为“其他入库”，“部门”为“物资部”；在表体中，“存货名称”为“配件”，“数量”为“100”，“单价”为“28”。操作完成后，单击【保存】按钮。保存后，单击【审核】按钮，完成对该其他入库单的审核。

② 执行【业务工作】\【供应链】\【存货核算】命令，完成如下操作：

执行【业务核算】\【正常单据记账】命令，双击需记账单据所在行，单击【记账】按钮，完成记账操作。执行【财务核算】\【生成凭证】命令，选择“其他入库单”，单击【确定】按钮，双击需制单单据所在行，单击【制单】按钮，进入“填制凭证”界面，修改部分栏目内容后，单击【保存】按钮，生成对应的转账凭证。

（2）出库业务

1）材料出库。

① 执行【业务工作】\【供应链】\【库存管理】命令，完成如下操作：

执行【出库业务】\【材料出库单】命令，打开“材料出库单”标签页，单击【增加】按钮，对相关栏目内容进行选择或输入：在表头中，“出库日期”为“2019－01－10”，“仓库”为“材料库”，“出库类别”为“生产耗用出库”，“部门”为“生产一部”；在表体中，“材料名称”为“辅料”，“数量”为“10”。操作完成后，单击【保存】按钮。保存后，单击【审核】按钮，完成对该材料出库单的审核，如图 4－97 所示。

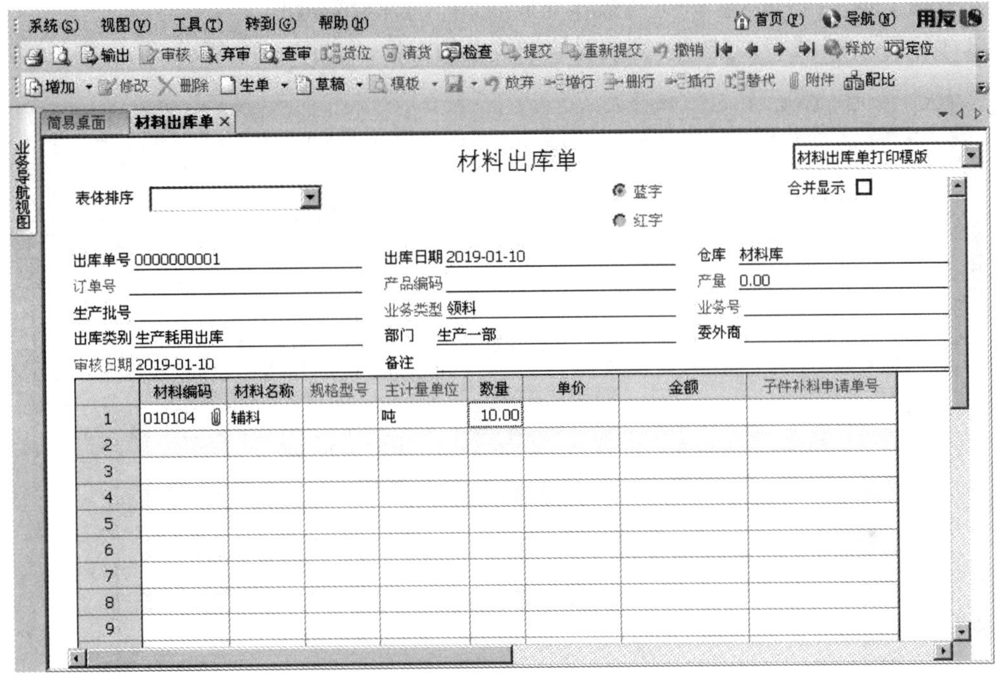

图 4－97　材料出库单（已审核）

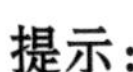

提示：

在“材料出库单”界面右侧的“助手视图”中，“存货信息”列表可以参看相应存货的“现存量”、可用量、预计入库量和预计出库量等信息。

② 执行【业务工作】\【供应链】\【存货核算】\【业务核算】\【正常单据记账】命令，双击选择需记账的材料出库单记录，单击【记账】按钮，完成记账操作。

2）其他出库。

① 执行【业务工作】\【供应链】\【库存管理】命令，完成如下操作：

执行【出库业务】\【其他出库单】命令，打开“其他出库单”标签页，单击【增加】按钮，对相关栏目内容进行选择或输入：在表头中，“出库日期”为“2019－01－13”，“仓库”为“产成品库”，“出库类别”为“其他出库”，“部门”为“企管部”；在表体中，“产品名称”为“齿轮轴”，“数量”为

"12"。操作完成后，单击【保存】按钮。保存后，单击【审核】按钮，完成对该其他出库单的审核。

② 执行【业务工作】\【供应链】\【存货核算】\【业务核算】\【正常单据记账】命令，选择需记账的其他出库单记录，单击【记账】按钮，完成记账操作。

(3) 调拨业务

1) 执行【业务工作】\【供应链】\【库存管理】命令，完成如下操作：

① 执行【调拨业务】\【调拨单】命令，打开"调拨单"标签页，单击【增加】按钮，对相关栏目内容进行选择或输入：在表头中，"日期"为"2019 - 01 - 15"，"转出仓库"为"材料库"，"转入仓库"为"产成品库"，"出库类别"为"其他出库"，"入库类别"为"其他入库"；在表体中，"存货名称"为"专用工具"，"数量"为"150"。操作完成后，单击【保存】按钮。

② 保存后，单击【审核】按钮，完成对该调拨单的审核，如图 4 - 98 所示。

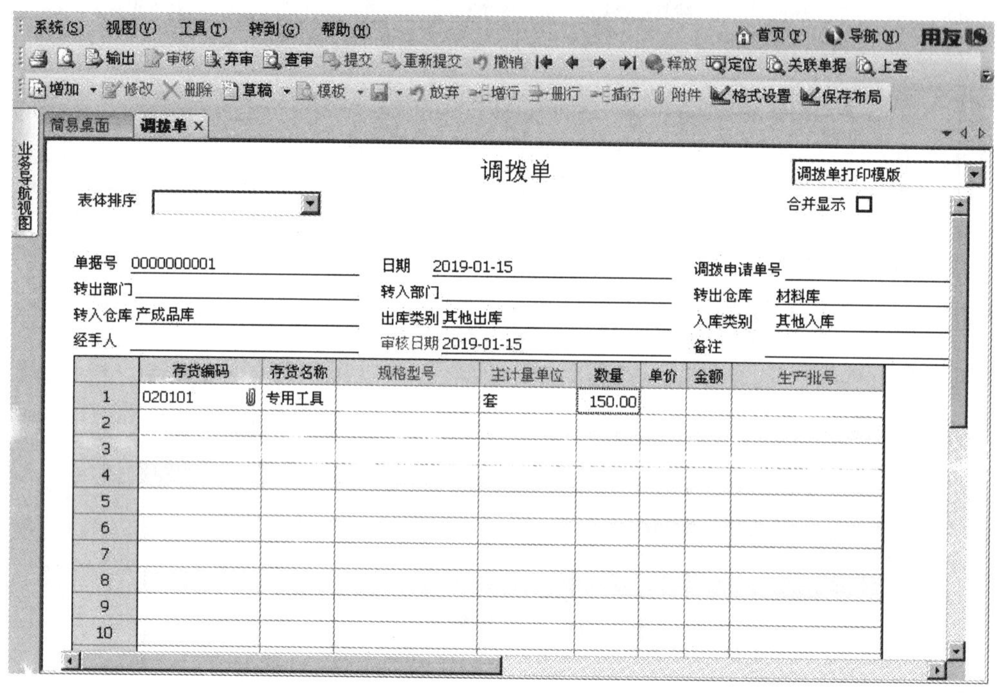

图 4 - 98　调拨单(已审核)

提示：

增加完一张调拨单后，执行【出库业务】\【其他出库单】命令，或【单据查询】\【其他出库单列表】命令，可以查询到与之对应的一张"业务类型"为"调拨出库"的其他出库单；同时，执行【入库业务】\【其他入库单】命令，或【单据查询】\【其他入库单列表】命令，可以查询到与之对应的一张"业务类型"为"调拨入库"的其他入库单。此两张出入库单均由系统自动生成，需经审核后才能进行后续处理，也不能直接对其进行修改和删除。

③ 执行【出库业务】\【其他出库单】命令，选择需审核的由调拨单生成的其他出库单记录，

单击【审核】按钮，完成审核操作。

④ 执行【入库业务】\【其他入库单】命令，选择需审核的由调拨单生成的其他入库单记录，单击【审核】按钮，完成审核操作。

2）执行【业务工作】\【供应链】\【存货核算】\【业务核算】\【特殊单据记账】命令，在“特殊单据记账条件”对话框中，“单据类型”为“调拨单”，单击【确定】按钮，打开“未记账单据一览表”标签页，双击选择需记账的调拨单记录，“选择”显示为“Y”，单击【记账】按钮，如图 4－99 所示。

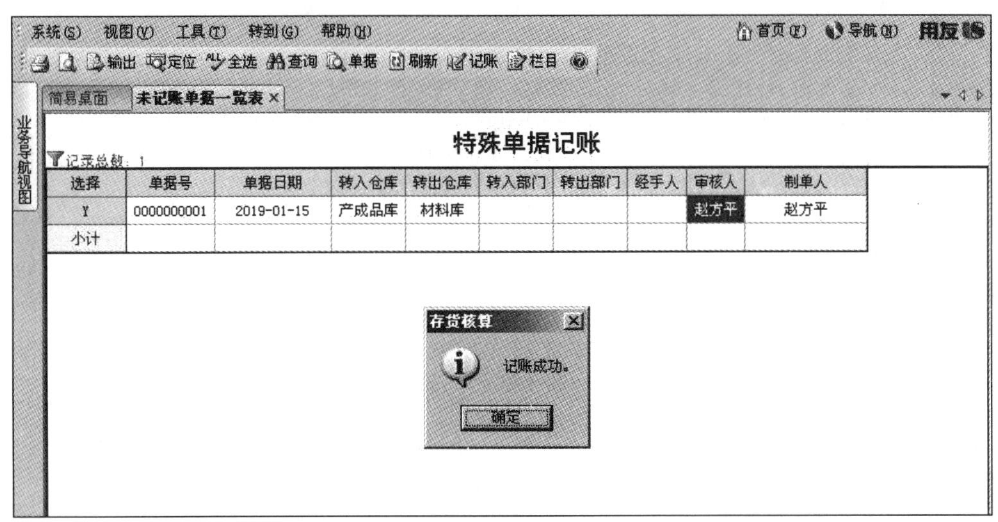

图 4－99　特殊单据记账

提示：

专用工具调拨前通过“周转材料——低值易耗品”科目进行核算，调拨后没有变更核算科目，因此，此调拨业务无须进行账务处理，即对该调拨单不涉及生成凭证的后续操作。

（4）盘点业务

1）发现盘盈。在【业务工作】\【供应链】\【库存管理】命令，完成如下操作：

① 执行【盘点业务】功能，打开“盘点单”标签页，单击【增加】按钮，对相关栏目内容进行选择或输入：在表头中，“盘点日期”为“2019－01－20”，“账面日期”为“2019－01－20”，“盘点仓库”为“材料库”，“出库类别”为“其他出库”，“入库类别”为“其他入库”；在表体中，“存货名称”为“专用工具”，“账面数量”为“316”，“盘点数量”为“326”。操作完成后，单击【保存】按钮。

② 保存后，单击【审核】按钮，完成对该盘点单的审核，如图 4－100 所示。

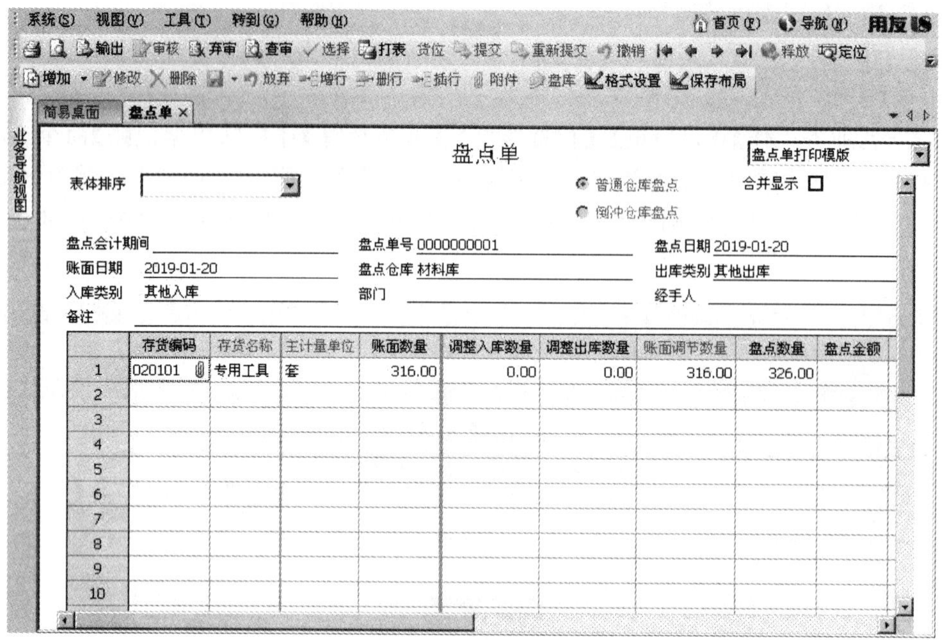

图 4－100　盘点单(已审核)

提示：

1) 在“盘点单”标签页：

① 点击【盘库】按钮，可以对选定的盘点仓库中所有存货进行盘点；点击【选择】按钮，可以对选定的盘点仓库中的某类存货进行盘点。

② 表体中的“盘点数量”即实盘数。

2) 增加完一张盘点单后，如为盘亏，执行【出库业务】\【其他出库单】命令，或【单据查询】\【其他出库单列表】命令，可以查询到与之对应的一张“业务类型”为“盘亏出库”的其他出库单；如为盘盈，执行【入库业务】\【其他入库单】命令，或【单据查询】\【其他入库单列表】命令，可以查询到与之对应的一张“业务类型”为“盘盈入库”的其他入库单。此两张出入库单均由系统自动生成，需经审核后才能进行后续处理，也不能直接对其进行修改和删除。

3) 执行【基础设置】\【基础档案】\【存货】\【存货档案】命令，可以设置各类存货的盘点周期单位、盘点日期等控制参数。

③ 执行【入库业务】\【其他入库单】命令，选择需审核的由盘点单生成的其他入库单记录，单击【审核】按钮，完成审核操作。

2) 盘盈处理。

① 执行【业务工作】\【供应链】\【存货核算】命令，完成如下操作。

首先，执行【日常业务】\【其他入库单】命令，选择需修改的由盘点单生成的其他入库单记录，单击【修改】按钮，修改部分栏目内容：在表体中，“单价”为“100”。操作完成后，单击【保存】

按钮，完成对该其他入库单的修改。

其次，执行【业务核算】\【正常单据记账】命令，选择需记账的由盘点单生成的其他入库单记录，单击【记账】按钮，完成记账操作。

最后，执行【财务核算】\【生成凭证】命令，单击【选择】按钮，在"查询条件选择"对话框中。勾选"其他入库单"，选择需制单的由盘点单生成的其他入库单记录，单击【确定】按钮，修改部分栏目内容："凭证类型"为"转账凭证"，"对方"科目类型的"科目编码"为"1901"，"科目名称"为"待处理财产损溢"，生成对应的转账凭证。

② 执行【业务工作】\【财务会计】\【总账】\【凭证】\【填制凭证】命令，完成对盘盈结转凭证的填制操作，生成对应的转账凭证。

2. 存货核算日常业务

(1) 入库成本调整

执行【业务工作】\【供应链】\【存货核算】命令，完成如下操作：

1) 执行【日常业务】\【入库调整单】命令，打开"入库调整单"标签页，单击【增加】按钮，对相关栏目内容进行选择或输入：在表头中，"仓库"为"产成品库"，"日期"为"2019-01-15"，"收发类别"为"产成品入库"，"部门"为"生产一部"；在表体中，"存货名称"为"轴承"，"金额"为"35"。操作完成后，单击【保存】按钮，如图4-101所示。

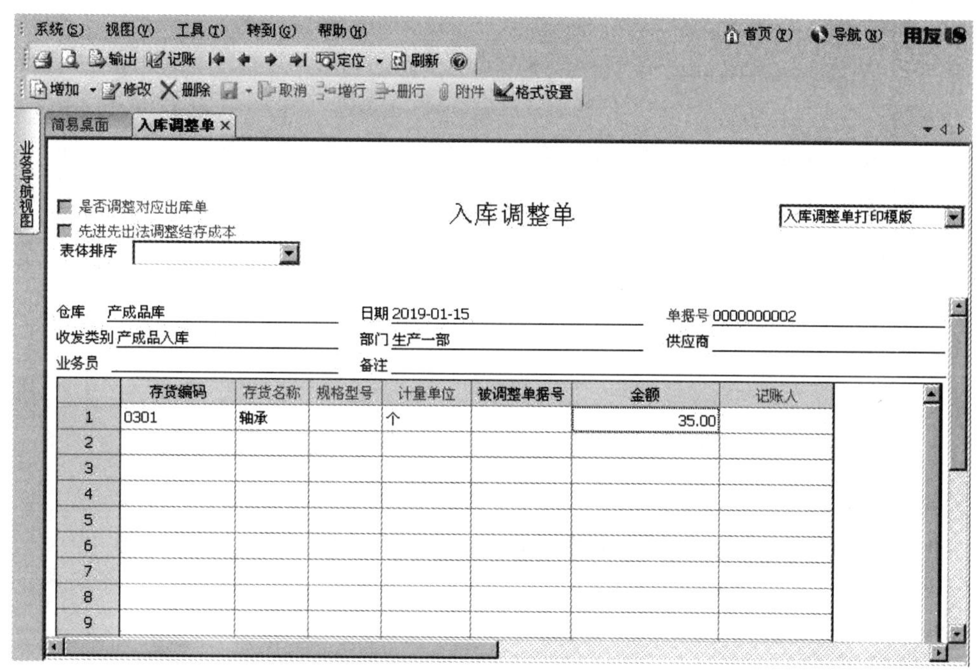

图4-101　入库调整单

2) 保存后，单击【记账】按钮，完成对该入库调整单的记账。

3) 执行【财务核算】\【生成凭证】命令，单击【选择】按钮，在"查询条件选择"对话框中，勾选"入库调整单"，选择需制单的入库调整单记录，单击【确定】按钮，修改部分栏目内容："凭证类型"为"转账凭证"，"对方"科目类型的"科目编码"为"500103"，"科目名称"为"生产成本其他直接支出"。操作完成后，单击【生成】按钮，修改部分栏目内容，单击【保存】按钮，生成对应的转账凭证。

提示：

入库调整单处理完毕后，通过双击【账表】\【分析表】\【入库成本分析】功能，可以查看“轴承”的入库成本信息，即由“965”变更为“1 000”。

(2) 出库成本调整

执行【业务工作】\【供应链】\【存货核算】命令，完成如下操作：

1) 执行【日常业务】\【出库调整单】命令，打开“出库调整单”标签页，单击【增加】按钮，对相关栏目内容进行选择或输入：在表头中，“仓库”为“产成品库”，“日期”为“2019－01－23”，“收发类别”为“销售出库”，“部门”为“营销二部”；在表体中，“存货名称”为“前叉组件”，“金额”为“102”。操作完成后，单击【保存】按钮，如图 4－102 所示。

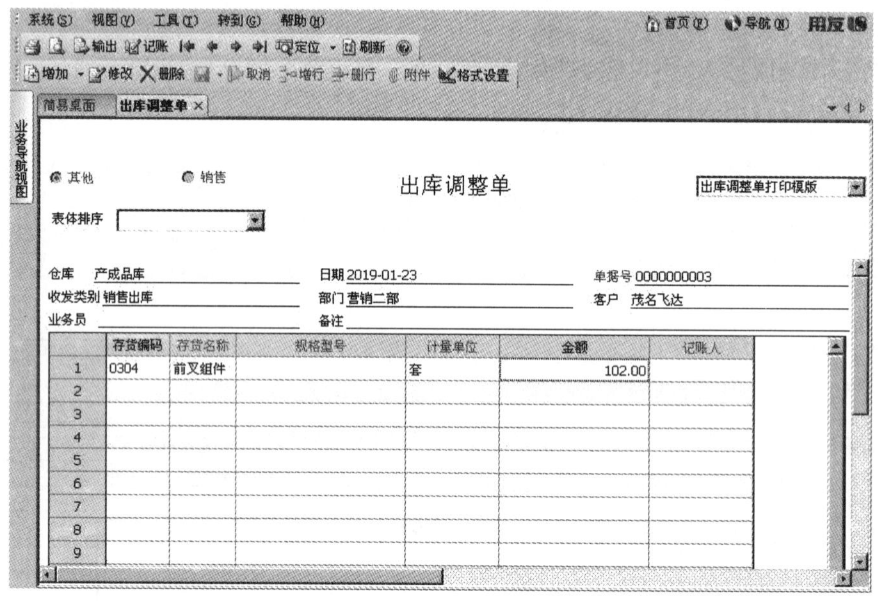

图 4－102　出库调整单

2) 保存后，单击【记账】按钮，完成对该出库调整单的记账。

提示：

1) 入库调整单和出库调整单的“金额”栏输入的均为变动额。

2) 手工录入的入库调整单和出库调整单，记账有两种做法。

① 在“入库调整单”或“出库调整单”界面，保存后直接点击【记账】按钮。

② 执行【业务核算】\【正常单据记账】命令，选择需记账的入库调整单或出库调整单记录，点击【记账】按钮。

3) 通过上述两种方法取消记账，均需通过执行【业务核算】\【恢复记账】命令来完成。

3）执行【财务核算】\【生成凭证】命令，单击【选择】按钮，在“查询条件选择”对话框中。勾选“出库调整单”，选择需制单的出库调整单记录，单击【确定】按钮，“凭证类型”为“转账凭证”，单击【生成】按钮；修改部分栏目内容，单击【保存】按钮，生成对应的转账凭证。

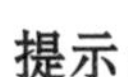

提示：

出库调整单是对存货发出成本进行增减调整的单据，因此，无论存货采用何种发出计价方法，此单据均可在完成记账后随即进行制单处理。

（3）假退料处理

执行【业务工作】\【供应链】\【存货核算】命令，完成如下操作：

1）执行【日常业务】\【假退料单】命令，打开“假退料单”标签页，单击【增加】按钮，对相关栏目内容进行选择或输入：在表头中，“出库日期”为“2019－01－30”，“仓库”为“材料库”，“出库类别”为“生产耗用出库”，“部门”为“生产一部”；在表体中，“材料名称”为“辅料”，“金额”为“－1.5”。操作完成后，单击【保存】按钮，如图 4－103 所示。

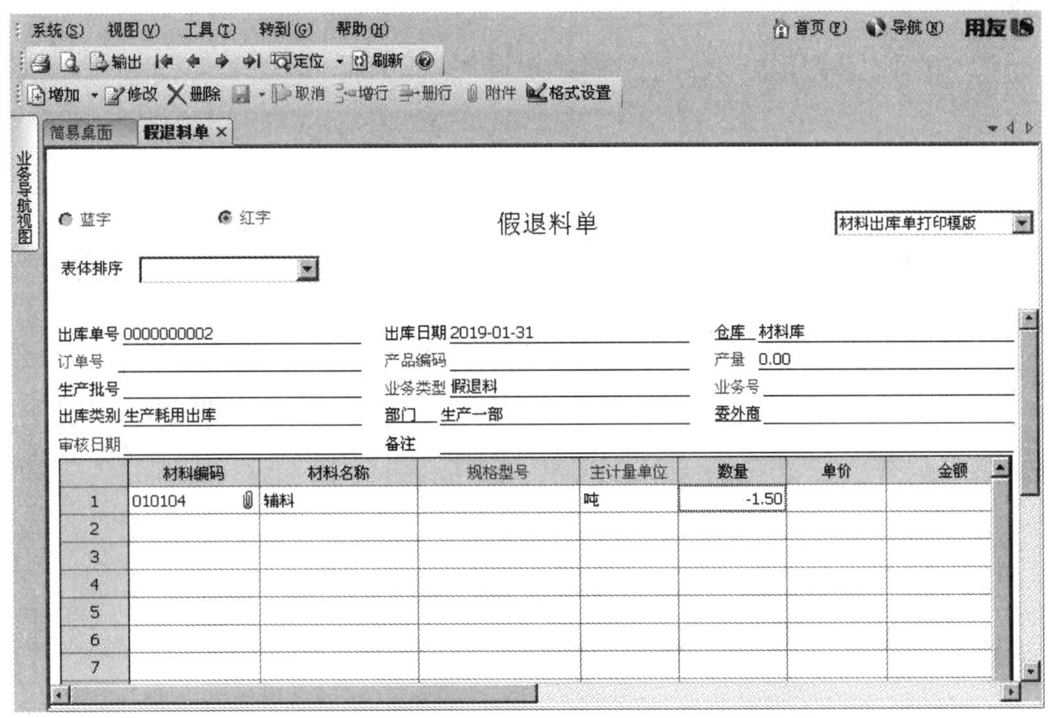

图 4－103　假退料单

2）执行【业务核算】\【正常单据记账】命令，选择需记账的假退料单记录，单击【记账】按钮，完成记账操作。

提示：

1）为了简化月末退料核算业务，采用假退料单只在存货账面进行退料登记，而不办理实际的退料入库业务。此处理会在假退料当月形成存货核算系统的账面数与库存管理系统的实存数不相符的问题，待月末结账后会重新恢复到一致。

2）处理假退料的当月，填制假退料单（红字），“金额”栏输入的均为负数，不允许录入大于等于 0 的数值；生成红字转账凭证冲减成本。月末结账后，系统自动生成假退料回冲单（蓝字），并生成蓝字转账凭证恢复成本。

3）假退料单处理完毕后，通过执行【账表】\【汇总表】\【出库汇总表】命令，以记账日期作为汇总依据，可以查看“假退料”的出库信息。

第 5 单元　业务财务一体化系统期末处理

单元概要

为了定期总结经营活动及其成果情况，在每个会计期间结束时，企业都需要完成一些特定的工作，以便于对账表记录进行核对，结清各类账表记录数据。在业务财务一体化应用模式下，每个业务工作系统的期末工作基本上都要涉及对账、账表管理、期末结账等规律性较强的事项，个别业务系统的期末处理也体现出一定的特殊性。本单元包括以下 4 个项目。

- 5.1　总账系统期末业务处理
- 5.2　固定资产系统期末业务处理
- 5.3　薪资系统期末业务处理
- 5.4　供应链及收付款系统期末业务处理

项目 5.1　总账系统期末业务处理

【项目目标】

◆ 理解期末处理包含的主要内容。
◆ 理解转账定义的原理。
◆ 掌握转账定义的操作方法。
◆ 掌握转账生成凭证的操作方法。
◆ 掌握总账对账、结账、取消结账的操作方法。

【知识要点】

本项目主要包括以下内容。

☑ 5.1.1　自动转账定义与生成
☑ 5.1.2　总账对账与期末结账

下面对本项目内容的知识要点进行介绍。

总账期末处理是指在将本月所发生的经济业务全部登记入账后所要做的工作，主要包括计提、分摊、结转、对账和结账。

一、自动转账定义与生成

实现自动转账包括转账定义和转账生成两部分。

1. 转账定义

转账定义是把凭证的摘要、会计科目、借贷方向以及金额的计算公式预先设置成凭证模板,即自动转账分录,待需要转账时调用相应的自动转账分录生成凭证即可。自动转账分录可以分为独立自动转账分录和相关自动转账分录。独立自动转账分录要转账的业务数据与本月其他经济业务无关;相关自动转账分录要转账的业务数据与本月其他经济业务相关,例如,结转生产成本前应完成制造费用的结转等。

本功能提供以下几种转账功能的定义:

1) 自定义转账设置。自定义转账是适用范围最大的一种转账方式,可以完成的转账业务主要有以下几种:

① "费用分配"的结转,如制造费用分配、生产成本分配、薪资费用分配等。

② "税金计算"的结转,如增值税、城市维护建设税、教育费附加等。

③ "提取各项费用"的结转,如计提借款利息等。

④ 各项辅助核算的结转。

2) 对应结转设置。对应结转不仅进行两个科目一对一结转,还提供科目的一对多结转功能。对应结转的科目可为上级科目,但其下级科目的科目结构必须一致(相同明细科目),如有辅助核算,则两个科目的辅助账也必须一一对应。

3) 销售成本结转设置。销售成本结转功能是将月末商品(或产成品)销售数量乘以库存商品(或产成品)的平均单价来计算各类商品销售成本并进行结转。

4) 汇兑损益结转设置。它用于期末自动计算外币账户的汇兑损益,并在转账生成中自动生成汇兑损益转账凭证。汇兑损益只针对以下外币账户:外汇存款户、外币现金、外币结算的各项债权与债务,但不包括所有者权益类账户、成本类账户和损益类账户。

5) 期间损益结转设置。它用于在一个会计期间终了将损益类科目的余额结转到"本年利润"科目中,从而及时反映企业利润的盈亏情况。它主要是对"管理费用""销售费用""财务费用""主营业务收入"以及营业外收支等科目的结转。

2. 转账生成

定义完转账凭证后,每月月末只需执行"转账生成"功能即可由计算机快速生成转账凭证。在此生成的转账凭证将自动追加到未记账凭证中去,通过审核、记账后才能真正完成结转工作。汇兑损益结转生成、期间损益结转生成的过程基本相同。

二、总账对账与期末结账

1. 对账

对账是对账簿数据进行核对,以检查记账是否正确以及账簿是否平衡。它主要是通过核对总账与明细账、总账与辅助账来完成账账核对。

若对账结果为账账相符,则对账月份的对账结果处显示"正确",若对账结果为账账不符,则对账月份的对账结果处显示"错误"。按【错误】按钮则显示"对账错误信息表"。当对账出现错误或记账有误时,系统允许通过"恢复记账前状态"功能进行检查、修改,直到对账正确为止。

2. 结账

结账处理就是计算本月各账户发生额合计数和本月账户期末余额,并将余额结转到下月作为下月月初余额。结账是一种批量数据处理工作,每月只结账一次,主要是对当月日常处理的终止和对下月账簿的初始化，由计算机自动完成。

在结账前要进行下列检查：

1）检查本月业务是否全部记账，有未记账凭证不能结账。

2）月末结转必须全部生成并记账，否则本月不能结账。

3）检查上月是否已结账，如果上月未结账，则本月不能记账。

4）核对总账与明细账、总账与辅助账、总账系统与其他子系统数据是否一致，不一致不能结账。

5）检查损益类账户是否全部结转完毕，如未完成则本月不能结账。

6）若总账系统与其他子系统联合使用，应检查其他子系统是否已结账，若没有则本月不能结账。

结账后如果发现结账错误，可以通过"反结账"功能取消结账标志，进行修正后再进行结账。

【项目准备】

☞ 系统登录：以U03姚家友（账套主管）身份注册并登录【企业应用平台】模块，操作日期为"2019-01-31"。

5.1.1　自动转账定义与生成

【问题引入】

1. 什么是期末处理？它主要包含哪些内容？
2. 期末处理时，什么类型的凭证可以设置自动转账？
3. 设置自动转账后，为什么无法生成转账凭证？

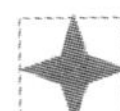

【项目实训】

⊙ **实务案例**

1. 自定义转账

2019年1月31日，根据相关资料，计提本月短期借款利息，附单据1张（已知：所有短期借款均从一家机构借出，年利率均为7%）。

2. 销售成本结转

2019年1月31日，结转已销产品成本（说明：总账管理、库存管理和存货核算是同期启用的，此处只熟悉销售成本结转的设置方法即可，不作相关操作）。

3. 汇兑损益结转

2019年1月31日，根据相关资料进行期末调汇（期末汇率：美元6.702 5、英镑8.789 0），生成凭证，附单据3张。

4. 期间损益结转

2019 年 1 月 31 日，根据相关资料结转本期损益，附单据 1 张。

5. 转账生成

2019 年 1 月 31 日，根据已定义的转账方案，依次生成对应的记账凭证。

⊙ **任务分解及技能要点(见表 5－1)**

表 5－1　任务分解及技能要点

任务名称	系统导航	菜单路径	技能要点
期末转账定义	【业务工作】\【财务会计】\【总账】	【期末】\【转账定义】\【自定义转账】	自定义转账的转账定义
		【期末】\【转账定义】\【销售成本结转】	销售成本结转的转账定义
		【期末】\【转账定义】\【汇兑损益结转】	汇兑损益结转的转账定义
		【期末】\【转账定义】\【期间损益结转】	期间损益结转的转账定义
期末转账生成		【期末】\【转账生成】	总账各类转账设置的凭证生成

⊙ **岗位分工**

☞ 以 U03 姚家友身份注册并登录【企业应用平台】模块，生成记账凭证。

☞ 以 U02 学生姓名(账套主管)身份注册并登录【企业应用平台】模块，完成凭证审核、记账。

⊙ **应用向导**

执行【业务工作】\【财务会计】\【总账】命令，完成如下操作。

1. 自定义转账

执行【期末】\【转账定义】\【自定义转账】命令，进入“自定义转账设置”对话框。

1) 计提短期借款利息。

① 单击【增加】按钮，打开“转账目录”对话框，输入“转账序号”为“1”，“转账说明”为“计提短期借款利息”，选择“凭证类别”为“转账凭证”，单击【确定】按钮，继续定义转账凭证的分录信息。

② 单击【增行】按钮，定义分录的第 1 行，选择“科目编码”为“660301(财务费用——利息)”，“方向”为“借”；双击“金额公式”栏，单击末端的【参照】按钮，选择“QC 期初余额”函数，单击【下一步】按钮，打开“公式向导”对话框，选择“科目编码”为“2001(短期借款)”，其他默认，单击【完成】按钮，返回“金额公式”栏。在“金额公式”栏的“QC(2001,月)”后输入“＊0.07/12”，按【回车键】确认。

③ 单击【增行】按钮，定义分录的第 2 行，选择“科目编码”为“2231(应付利息)”，“方向”为“贷”；双击“金额公式”栏，单击末端的【参照】按钮，选择“JG()”函数(即取对方科目计算结果)。操作完成后，单击【保存】按钮，如图 5－1 所示。

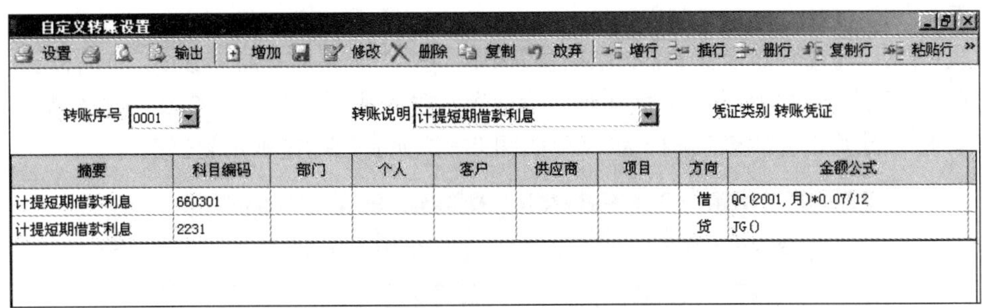

图 5－1　自定义转账设置—计提短期借款利息

2）制造费用分配。参照计提短期借款利息的设置方法，完成制造费用分配的自定义转账设置。

2. 销售成本结转

执行【期末】\【转账定义】\【销售成本结转】命令，进入“销售成本结转设置”对话框，选择“库存商品科目”为“1405 库存商品”，“商品销售收入科目”为“6001 主营业务收入”，“商品销售成本科目”为“6401 主营业务成本”，如图 5－2 所示，单击【确定】按钮后退出。

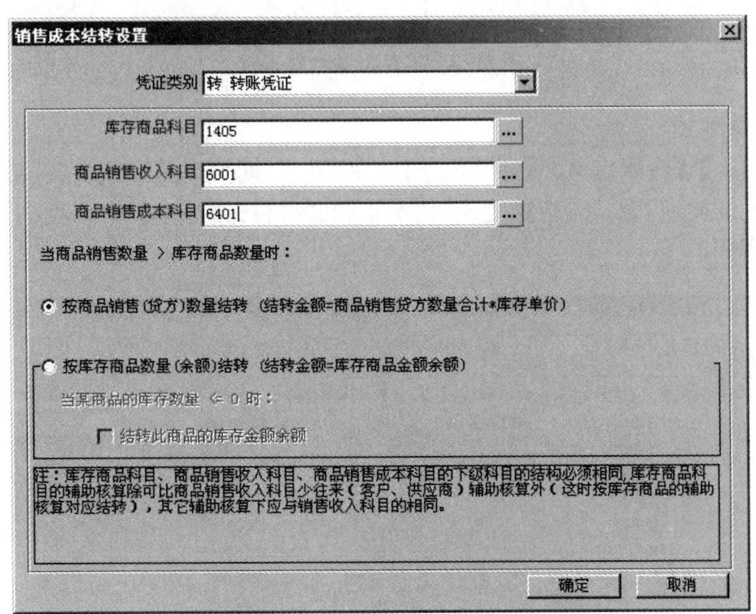

图 5－2　销售成本结转设置

提示：

1）在“销售成本结转设置”菜单中，“库存商品”科目必须定义为数量核算。

2）如果总账系统和供应链系统的库存管理、存货核算同时启用，则在库存管理中进行出库单据处理，在存货核算中进行记账、销售成本结转凭证的制单，并传递到总账系统。

3. 汇兑损益结转

1）执行【期末】\【转账定义】\【汇兑损益】命令，进入“汇兑损益结转设置”对话框。

2）选择“凭证类别”为“付 付款凭证”，“汇兑损益入账科目”为“660303 财务费用——汇兑损益”，“是否计算汇兑损益”选择为“Y”，如图 5－3 所示，单击【确定】按钮。

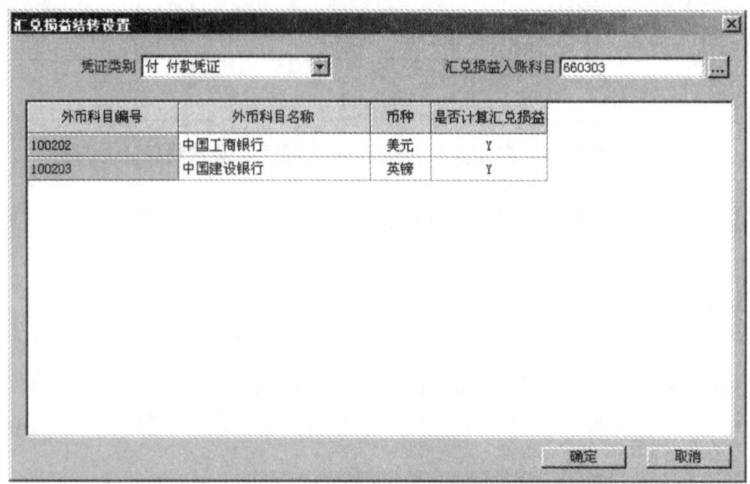

图 5－3　汇兑损益结转设置

4. 期间损益结转

1）执行【期末】\【转账定义】\【期间损益】命令，进入“期间损益结转设置”对话框。

2）选择“凭证类别”为“转 转账凭证”，“本年利润科目”为“4103 本年利润”，如图 5－4 所示，单击【确定】按钮。

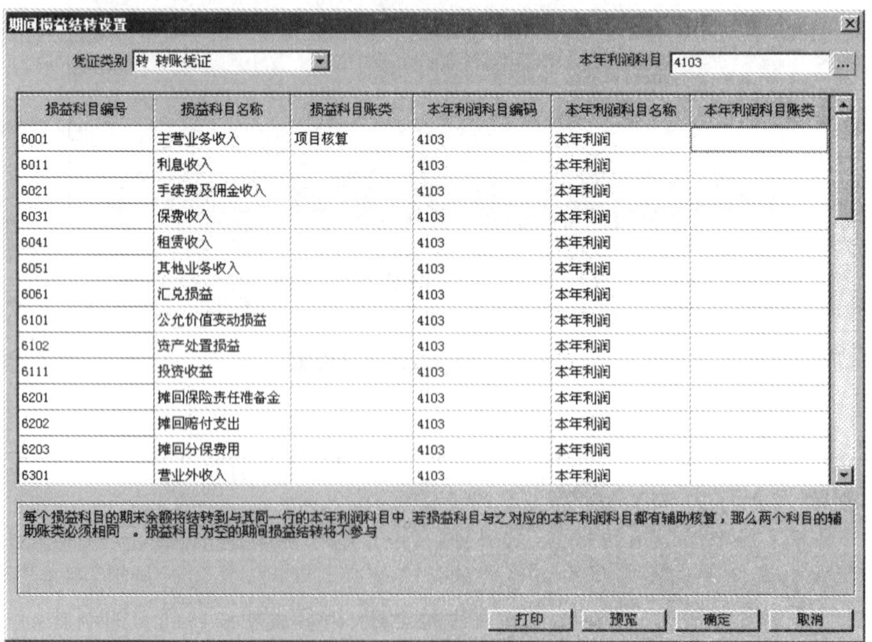

图 5－4　期间损益结转设置

5. 转账生成

1）执行【期末】\【转账生成】命令，进入“转账生成”对话框。

2）选择“自定义转账”，双击“计提短期借款利息”所在行，“是否结账”栏显示为“Y”，如图 5－5 所示，单击【确定】按钮，进入“填制凭证”标签页，检查凭证数据是否正确，修改部分栏目内容：附单据数为“1”，单击【保存】按钮，在凭证的左上角显示红字的“已生成”标记，如图 5－6 所示。

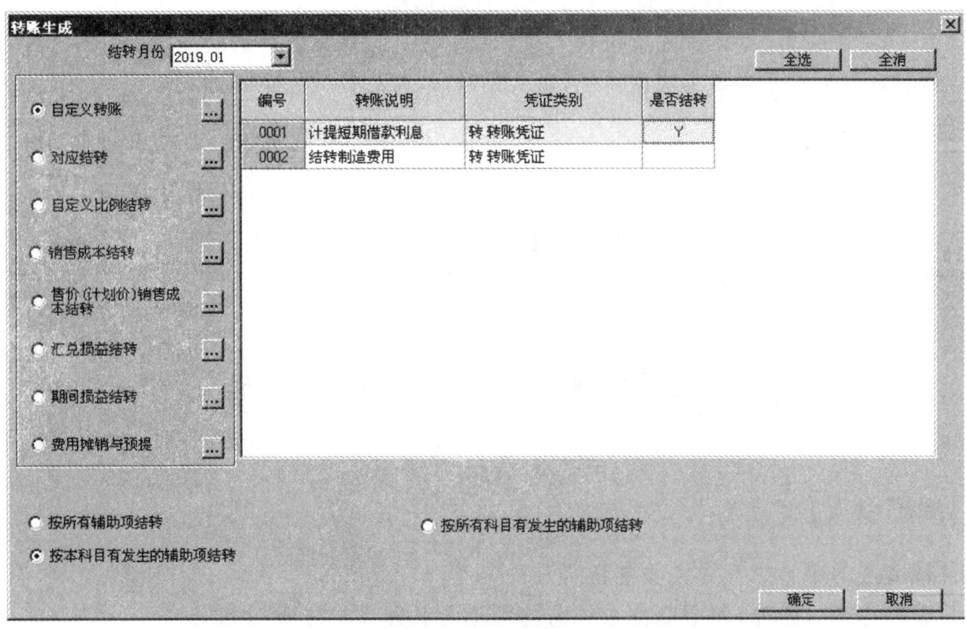

图 5－5　转账生成(1)

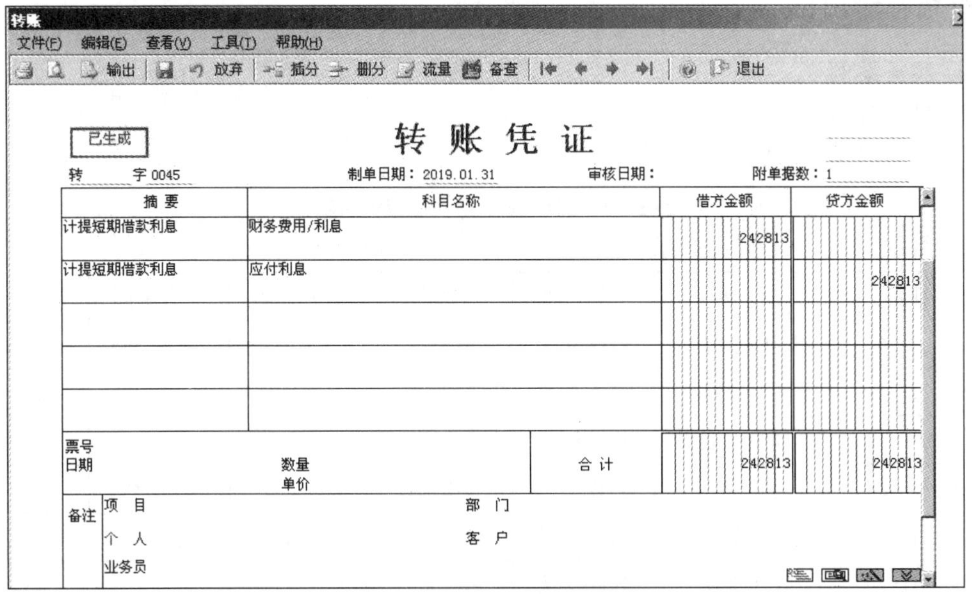

图 5－6　转账生成(2)

3）同理，转账生成其他的记账凭证。

提示：

1）转账定义的公式基本上取自账簿，因此，在进行月末转账之前，必须将所有未记账凭证全部记账；否则生成凭证的数据可能不准确。特别是对于一组相关转账分录，必须按顺序依次进行转账生成、审核、记账。

2）根据需要，选择生成结转方式、结转月份及需要结转的转账凭证，系统在进行结转计算后显示将要生成的凭证，确认无误后，将生成的凭证追加到未记账凭证中。

3）结转月份为当前会计月，且每月只结转一次。在生成结转凭证时，要注意操作日期，一般在月末进行。

最后，在"企业应用平台"主界面，单击【重注册】按钮，以U02学生姓名（账套主管）身份注册并登录，对自动转账生成的凭证进行审核、记账处理。

5.1.2 总账对账与期末结账

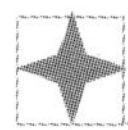

【问题引入】

1. 什么是总账对账？它主要包括哪些内容？
2. 除了总账对账外，各个业务系统需要定期与总账系统进行对账吗？
3. 什么是结账？结账后如何反结账？

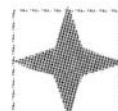

【项目实训】

⊙ **实务案例**

1. 银行对账

1）银行对账单（见表5－2、表5－3）。

表5－2　2019年1月交通银行对账单

账户名称：江苏天成机械股份有限公司　　　账号：135698210274　　　元

交易日期	摘　要	凭证种类	结算号	借方金额	贷方金额	余　额
2019－01－06	购办公用品	现金支票	648312		9 040.00	2 834 541.91
2019－01－11	购买辅料	转账支票	912783		6 102.00	2 828 439.91
2019－01－16	办理银行汇票	银行汇票	146321		60 000.00	2 768 439.91
2019－01－20	付款单	转账支票	912784		10 000.00	2 758 439.91
2019－01－20	银行汇票回款	银行汇票	146321	5 344.00		2 763 783.91
2019－01－26	收回货款	转账支票	661053	100 000.00		2 863 783.91

（续表）

交易日期	摘　要	凭证种类	结算号	借方金额	贷方金额	余　额
2019-01-28	支付欠款	转账支票	912785		360 000.00	2 503 783.91
2019-01-31	票据结算	转账支票	912787		9 500.00	2 494 283.91
2019-01-31	收到银行贷款	转账支票	309685	200 000.00		2 694 283.91

表 5-3　2019 年 1 月中国工商银行对账单

账户名称：江苏天成机械股份有限公司　　　账号：115964112312　　　美元

交易日期	摘　要	凭证种类	结算号	借方金额	贷方金额	余　额
2019-01-05	收到投资	转账支票	495327	80 000.00		180 000.00

2）银行对账。对比操作自动对账与手工对账，对未能两清的记录找出原因。

3）余额调节表查询。2019 年 1 月 31 日，输出当月的银行存款余额调节表（与手工编制的银行存款余额调节表的结果进行对比）。

4）对账勾兑情况查询。

2. 总账期末对账

3. 总账期末结账

2019 年 1 月 31 日，处理本期总账系统结账业务（在其他业务系统结账后进行；注意取消结账操作）。

⊙ 任务分解及技能要点（见表 5-4）

表 5-4　任务分解及技能要点

任务名称	系统导航	菜单路径	技能要点
总账对账	【业务工作】\【财务会计】\【总账】	【出纳】\【银行对账】	期末银行对账单的录入；银行存款日记账与银行对账单的勾兑；期末银行存款余额调整表的生成
		【期末】\【对账】	总账系统的对账操作
期末结账		【期末】\【结账】	总账系统的期末结账

⊙ 应用向导

执行【业务工作】\【财务会计】\【总账】命令，完成如下操作。

1. 银行对账

1）录入银行对账单。

① 执行【出纳】\【银行对账】\【银行对账单】命令，打开“银行科目选择”对话框。选择“科目”为“100201 银行存款——交通银行”，单击【确定】按钮，进入“银行对账单”窗口，单击【增加】按钮，逐个输入银行对账单数据，单击【保存】按钮，如图 5-7 所示。

银行对账单

科目：中国交通银行（100201）　　对账单账面余额:2,694,283.91

日期	结算方式	票号	借方金额	贷方金额	余额
2019.01.06	201	648312		9 040.00	2 834 541.91
2019.01.11	202	912783		6 102.00	2 828 439.91
2019.01.16	3	146321		60 000.00	2 768 439.91
2019.01.20	202	912784		10 000.00	2 758 439.91
2019.01.20	3	146321	5 344.00		2 763 783.91
2019.01.26	202	661053	100 000.00		2 863 783.91
2019.01.28	202	912785		360 000.00	2 503 783.91
2019.01.31	202	912787		9 500.00	2 494 283.91
2019.01.31	202	309685	200 000.00		2 694 283.91

图 5－7　中国交通银行对账单

② 以同样的方法，录入中国工商银行对账单。

2）银行对账。

① 执行【出纳】\【银行对账】\【银行对账】命令，选择“科目”为“100201 银行存款——交通银行”，单击【确定】按钮，进入“银行对账”标签页。

② 单击【对账】按钮，打开“自动对账”对话框，“截止日期”为“2019－01－31”，其他默认，单击【确定】按钮，显示自动对账结果。

提示：

除了自动对账外，也可以选择手工对账，在“银行对账”标签页，对一些自动对账未勾兑的已达账项，分别双击“两清”栏，直接进行手工对账调整。手工对账的标志为“Y”，以区别自动对账标志。

3）余额调节表查询。执行【出纳】\【银行对账】\【余额调节表查询】命令，进入“银行存款余额调节表”标签页。双击需查看的银行科目所在行，即可查看对应的银行存款余额调节表。

2. 总账期末对账

1）执行【期末】\【对账】命令，进入“对账”窗口。

2）单击选择需对账的月份“2019－01”，“是否对账”显示为“Y”，单击【对账】按钮，开始自动对账，并显示自动对账结果。

3. 总账期末结账

1）执行【期末】\【结账】命令，进入“结账”标签页，单击选择需结账月份“2019－01”，单击

【下一步】按钮。

2）单击【对账】按钮，系统对需结账的月份进行账账核对。

3）单击【下一步】按钮，系统显示“2019 年 01 月工作报告”。

4）查看工作报告后，单击【下一步】按钮，再单击【结账】按钮，若符合结账要求，系统将进行结账。否则不予结账。

提示：

1）结账后除查询外，不得再对本月业务进行任何操作。

2）在结账过程中，如未通过检查，则不能结账，也可能是因为其他业务系统尚未结账造成的。

3）如果因某种原因而取消本月结账，账套主管可以在“结账”界面选择取消结账的月份，按住“Ctrl＋Shift＋F6”取消结账即可。

项目 5.2　固定资产系统期末业务处理

【项目目标】

- ◆ 掌握固定资产卡片查询的不同条件设置方法。
- ◆ 掌握通过固定资产卡片管理进行卡片修改的操作方法。
- ◆ 掌握固定资产账表查询的不同条件设置方法。
- ◆ 掌握固定资产期末结账和取消结账的相关操作。
- ◆ 理解固定资产管理系统结账与总账管理系统结账的前后关系。
- ◆ 了解固定资产管理系统账表的主要用途。

【知识要点】

本项目主要包括以下内容。

☑ 5.2.1　固定资产卡片管理

☑ 5.2.2　固定资产账表管理

☑ 5.2.3　固定资产期末结账

下面对本项目内容的知识要点进行介绍。

一、固定资产卡片管理

系统提供“卡片管理”功能，以满足企业对固定资产系统中所有卡片（包括原始卡片和当期录入卡片）进行综合和明细管理的要求，以便于企业能够及时了解在役资产、已减少资产、已拆分资产的变化情况，为考核和分析固定资产的利用情况，促使企业合理配置固定资产提供基础资料。在卡片管理中，可以完成对固定资产卡片的查询、修改、删除等操作；既可以按部门、按类别或自定义条件查看固定资产项目列表，也可以查看某项固定资产卡片的详细内容，诸如基本信息、附属设备、大修理记录、资产转移记录、停启用记录、原值变动、拆分/减少信息等诸多方面，还可以通过单张卡片联查对应的记账凭证。

二、固定资产账表管理

在固定资产管理过程中，企业需要及时掌握固定资产的统计、汇总、分析和其他各方面的信息，系统根据用户所作的日常业务处理，自动生成一系列不同格式的固定资产账表，将固定资产的结构和比例情况、折旧程度、减值数据、变化情况等反馈给企业作为相关决策依据，并对固定资产进行序时分析、明细分析和综合分析。这些账表主要包括分析表、减值准备表、统计表、账簿、折旧表等。分析表包括部门构成分析表、价值结构分析表、类别构成分析表、使用状况分析表，减值准备表包括减值准备总账、减值准备明细账、减值准备余额表，统计表包括原值一览表、变动情况表、到期提示表、盘盈盘亏报告表、评估变动表等，账簿包括固定资产总账、固定资产明细账和固定资产登记表，折旧表包括折旧计提汇总表、折旧计算明细表、固定资产及累计折旧表、折旧清单表。此外，系统还提供“自定义账夹”功能，以便于企业根据需要增设特殊管理需求的固定资产账表。

三、固定资产期末结账

在固定资产系统运行过程中，通常需要定期与总账系统进行对账，以确保固定资产系统数据与总账系统的“固定资产”科目数据相符。系统提供了“对账”功能，可以实现上述两个系统之间的对账。固定资产对账不属于必需环节，只有将系统参数设置为与账务对账，才能执行此操作。对账操作不设时限，在会计期间的任何时候均可进行。当固定资产系统完成当期各项业务处理后，每月都要进行月末结账。在结账过程中，系统会自动对账，给出对账结果，如出现对账不平衡，系统会根据用户要求继续结账或停止结账。结账后，当期固定资产数据不允许修改，系统日期自动转入下一会计期间。

【项目准备】

☞ 系统登录：以 U03 姚家友（账套主管）身份注册并登录【企业应用平台】模块，操作日期为“2019－01－31”。

5.2.1 固定资产卡片管理

【问题引入】

1. 如何在固定资产卡片管理中查询原始卡片信息？
2. 如何在固定资产卡片管理中查询已减少资产信息？
3. 哪种状态的卡片在固定资产卡片管理中可以被修改或删除？
4. 在固定资产卡片管理中能否联查固定资产业务凭证？

【项目实训】

⊙ 实务案例

本月涉及固定资产卡片管理的业务如下：

1）2019 年 1 月 31 日，查询企管部所有在役资产项目，并联查固定资产卡片。

2）2019 年 1 月 31 日，查询“交通运输设备类”所有在役资产，并联查固定资产卡片。

3）2019 年 1 月 31 日，自定义查询条件，查询固定资产卡片。

⊙ 任务分解及技能要点（见表 5－5）

表 5－5　任务分解及技能要点

任务名称	系统导航	菜单路径	技能要点
固定资产卡片管理	【业务工作】\【财务会计】\【固定资产】	【卡片】\【卡片管理】	固定资产卡片的查询、修改、删除和联查等操作

⊙ 应用向导

执行【业务工作】\【财务会计】\【固定资产】命令，完成如下操作。

1. 按部门查询

1）执行【卡片】\【卡片管理】命令，在“查询条件选择—卡片管理”对话框中，“开始使用日期”为“空”到“2019－01－31”，单击【确定】按钮，打开“卡片管理”标签页，从左侧下拉列表中选择“按部门查询”，单击【企管部】选项，如图 5－8 所示。

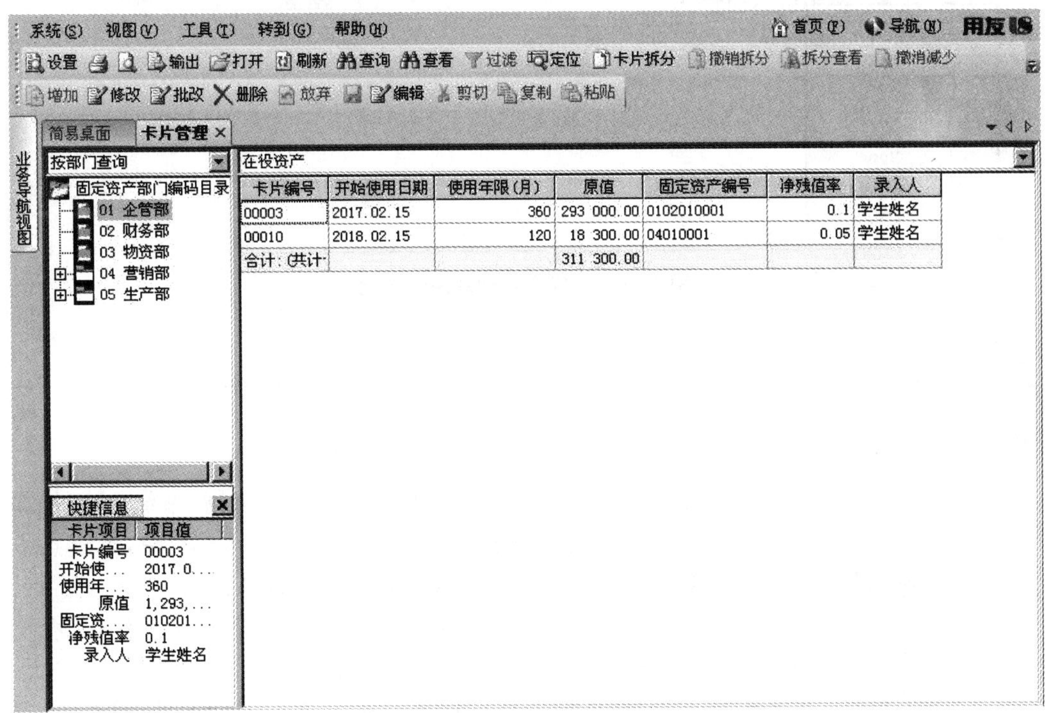

图 5－8　固定资产卡片查询（按部门）

2）双击需详查的固定资产卡片行，即可联查到某张固定资产卡片的详细信息。

2. 按类别查询

在“卡片管理”标签页，参照“按部门查询”的方法，进行“按类别查询”，并联查某张固定资产卡片的详细信息。

3. 自定义查询

在“卡片管理”标签页，从左侧下拉列表中选择“自定义查询”，单击【添加查询】按钮，在“查询定义”对话框中，单击【新增行】按钮，“查询表名称”为“原值查询”，“项目”为“原值”，“比较符”为“≥”，“比较值”为“50 000”。操作完成后，单击【确定】按钮，显示符合查询定义条件的固定资产卡片列表，如图 5－9 所示，并保存所设的查询条件。

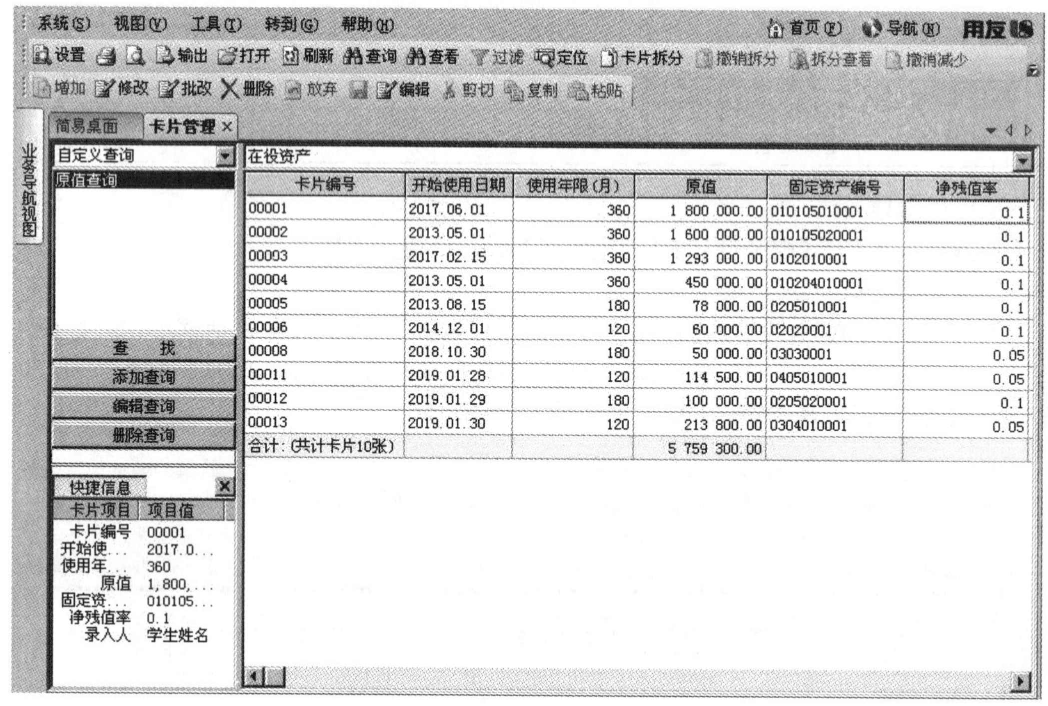

图 5－9 自定义查询的原值查询

提示：

在“卡片管理”标签页中：

1）设定 3 种查询方式，即按部门查询、按类别查询，自定义查询，系统默认“按部门查询”，通过左侧下拉列表选择，可以切换查询方式。“自定义查询”中，通过点击【编辑查询】和【删除查询】按钮，可以对查询定义进行修改和删除操作。

2）反映 3 种资产状态，即在役资产、已减少资产、已拆分资产。系统默认“在役资产”，通过“在役资产”栏末尾下拉选择，可切换资产状态。

3）需修改固定资产卡片时，选定需修改的固定资产卡片，点击【修改】按钮，进入卡片编辑界面，修改完成后，点击【保存】按钮。

4)需删除固定资产卡片时，选定需删除的在役资产，点击【删除】按钮即可；如需删除的是已减少资产，点击此按钮时，系统可能会提示"现在还没有到可以清理该卡片的时候"，无法执行删除操作。此提示与【设置】\【选项】菜单中的"已发生资产减少卡片可删除时限"有关。

5.2.2　固定资产账表管理

【问题引入】

1. 各部门固定资产的折旧数据可以通过哪些账表反映出来？
2. 固定资产账表能否导出为 Excel 文件？如果能，如何导出？
3. 固定资产的哪些账表可以在总账里查询到同类型数据？

【项目实训】

⊙ **实务案例**

本月涉及固定资产账表管理的业务如下：

1) 2019 年 1 月 31 日，查询所有部门的折旧计提汇总表。

2) 2019 年 1 月 31 日，查询固定资产统计表。

3) 2019 年 1 月 31 日，查询电子设备类固定资产的总账及明细账。

4) 2019 年 1 月 31 日，自定义查询条件，查询固定资产账表。

⊙ **任务分解及技能要点(见表 5-6)**

表 5-6　任务分解及技能要点

任务名称	系统导航	菜单路径	技能要点
固定资产账表管理	【业务工作】\【财务会计】\【固定资产】	【账表】\【我的账表】	固定资产各类账表的查询、输出和联查等操作

⊙ **应用向导**

执行【业务工作】\【财务会计】\【固定资产】命令，完成如下操作。

1. 折旧表

1) 执行【账表】\【我的账表】命令，单击左侧"折旧表"前面的【+】按钮，将所含下级账表展开，如图 5-10 所示。

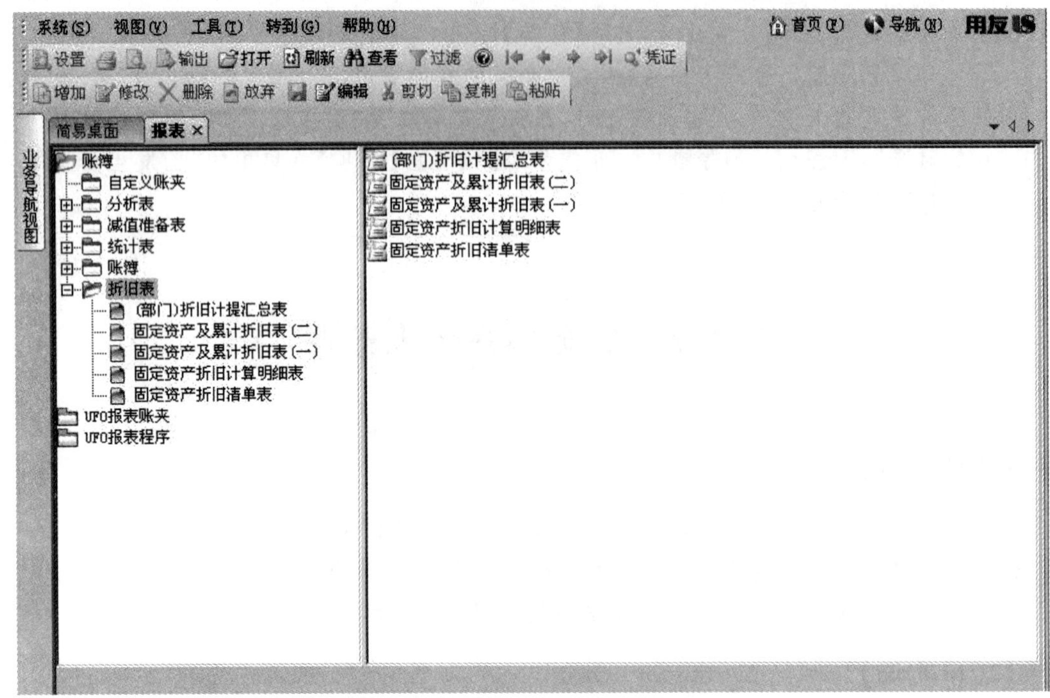

图 5-10　固定资产账表—折旧表

2) 双击【(部门)折旧计提汇总表】,在“条件—(部门)折旧计提汇总表”对话框中,“部门级次”为“1-2”,单击【确定】按钮,即可打开“(部门)折旧计提汇总表”。

提示:

在“(部门)折旧计提汇总表”界面:

1) 点击【过滤】按钮,系统弹出“条件—(部门)折旧计提汇总表”对话框,无须退出此标签页,即可重新设置查询条件。

2) 选择某个部门所在行,点击【打开】按钮,或者双击此行,即可联查(部门、类别)明细账。

3) 用户可以以拖动列边框的方式调整账表列宽,并通过点击【保存格式】按钮来保存当期格式。

2. 统计表

1) 执行【账表】\【我的账表】命令,单击左侧“统计表”前面的【+】按钮,将所含下级账表展开,如图 5-11 所示。

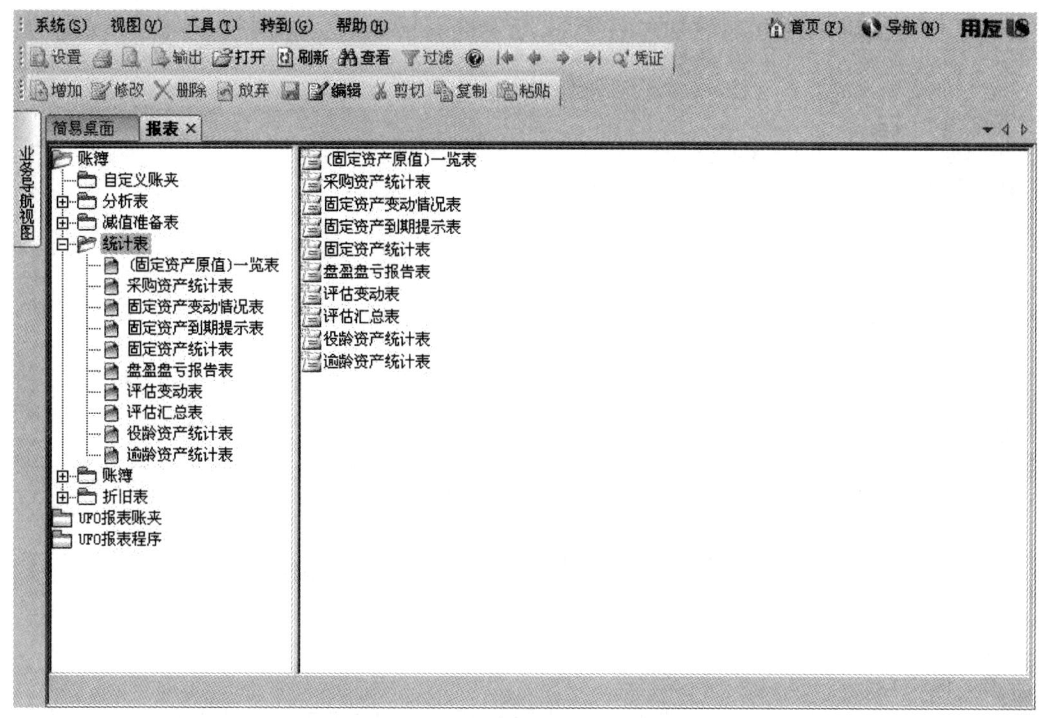

图5-11　固定资产账表—统计表

2）双击【固定资产统计表】，在“条件—固定资产统计表”对话框中，“部门级次”“类别级次”均为“明细级”。设定后，单击【确定】按钮，即可打开“固定资产统计表”。

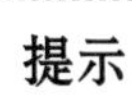

提示：

1）在“条件—固定资产统计表”界面，系统提供了“按部门和类别统计”“按部门统计”“按类别统计”3种统计方式，“部门级次”“类别级次”两种查询级次。自定义查询条件后，即可查看到相应的统计表。

2）在“固定资产统计表”标签页，选择某个部门或某个固定资产类别所在行，点击【打开】按钮，或者双击此行，即可联查(部门、类别)明细账。

3. 账簿

1）执行【账表】\【我的账表】命令，单击左侧“账簿”前面的【+】按钮，将所含下级账表展开，如图5-12所示。

2）双击【固定资产总账】，在“条件—固定资产总账”对话框中，“类别”为“电子设备类”，单击【确定】按钮，即可打开“固定资产总账”标签页。

3）在“固定资产总账”界面，选择“2019.01”所在行，单击【打开】按钮，或者双击此行，打开“(部门、类别)明细账”标签页，完成对此类固定资产明细账的查询。

4）在“(部门、类别)明细账”界面，选择“技术研发设施”所在行，单击【打开】按钮，或者双击此行，打开“固定资产卡片”标签页，完成对此单个固定资产卡片的查询。

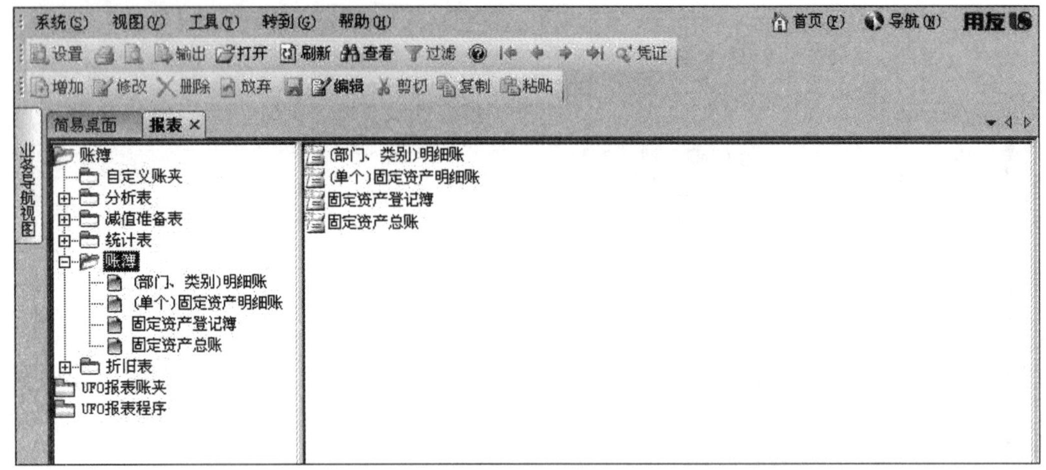

图 5-12 固定资产账表—账簿

5）在“固定资产卡片”界面，单击【凭证】按钮，完成联查凭证操作。

提示：

点击左侧“自定义账夹”功能，点击【增加】按钮，在“新建报表”对话框中，可以根据管理需要，增设个性化账表。

5.2.3 固定资产期末结账

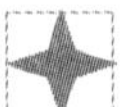

【问题引入】

1. 固定资产结账前需要做好哪些准备工作？
2. 固定资产结账后，如发现当期数据有误如何取消结账？

【项目实训】

⊙ **实务案例**

本月涉及固定资产期末结账的业务如下：

2019 年 1 月 31 日，处理本期固定资产系统的结账业务(注意取消结账操作)。

⊙ **任务分解及技能要点(见表 5-7)**

表 5-7 任务分解及技能要点

任务名称	系统导航	菜单路径	技能要点
固定资产期末结账	【业务工作】\【财务会计】\【固定资产】	【处理】\【月末结账】	固定资产的月末结账操作；固定资产的取消结账操作

⊙ **应用向导**

执行【业务工作】\【财务会计】\【固定资产】\【处理】\【月末结账】命令，在"月末结账"对话框中，如图5-13所示，单击【开始结账】按钮，系统自动完成固定资产系统的月末结账。

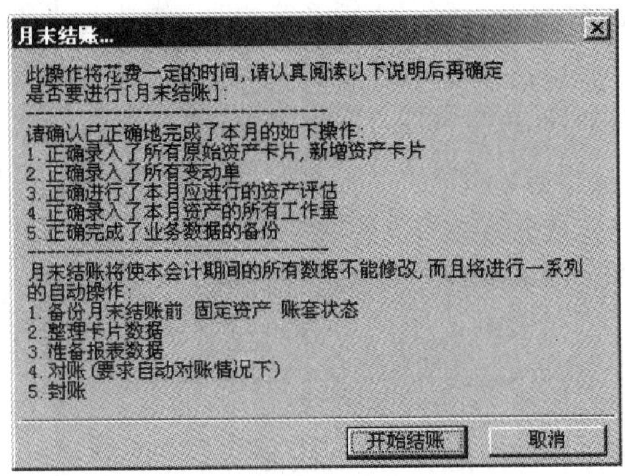

图5-13　固定资产系统的月末结账

提示：

1）相对于总账系统而言，固定资产系统属于外部系统，在完成当期业务处理后，可单独进行月末结账。

2）结账后，账套自动进入下一期间，需要以下一期间的某个日期重新注册并登录系统，才能进行新的固定资产操作。

3）结账后，当期固定资产卡片、凭证等数据不得修改。如确需修改的，可以通过执行【处理】\【恢复月末结账前状态】命令来完成取消结账操作。但是，取消结账只能在总账系统尚未结账之前进行。

项目5.3　薪资系统期末业务处理

【项目目标】

- ◆ 掌握薪资账表的项目查询和数据分析。
- ◆ 掌握薪资管理的结账操作。
- ◆ 熟悉个人所得税申报数据的查询。

【知识要点】

本项目主要包括以下内容。

☑ 5.3.1　薪资账表管理

☑ 5.3.2　薪资期末结账

下面对本项目内容的知识要点进行介绍。

一、薪资账表管理

在完成日常的薪资业务处理后，薪资管理系统的业务数据得以更新。相应地，企业也需要查询、汇总、分析、输出各类薪资数据。薪资管理中账表的主要功能是对薪资系统中所有的报表进行管理，有工资表和工资分析表两种报表类型，以便于企业全面统计薪资发放情况，查询薪资变动明细，按部门、人员类别、工资项目、期间等进行分类统计，进行薪资增长分析和部门、项目构成分析等。

二、薪资期末结账

每个月的薪资数据处理完毕后，需要执行“期末结账”功能，将各类薪资数据结转至下个月。由于在工资项目中有些数据每个月都处于变动中，即每个月的薪资数据均不相同。用友 U8 提供了这样的功能，就是在结账过程中，企业可以选择需要清零的薪资数据，以便于下个月重新输入新的数据。在薪资管理期末结账后，当期薪资数据将不再允许变动，因此，若发现还有一些业务或其他事项需要在已结账月份进行处理的，可以使用“反结账”功能，取消期末结账操作。

【项目准备】

☞ 系统登录：以 U03 姚家友（账套主管）身份注册并登录【企业应用平台】模块，操作日期为“2019－01－31”。

5.3.1 薪资账表管理

【问题引入】

1. 在薪资管理中如何查询工资发放条？
2. 在薪资管理中能否将相关账表另存为 Excel 格式的文件？
3. 如果需要考察各部门的人工费用，可以查询哪些账表？

【项目实训】

⊙ 实务案例

本月涉及薪资账表管理的业务如下：

1）2019 年 1 月 31 日，在“正式人员”工资类别下，查询实发工资的分类统计表（按项目）。

2）2019 年 1 月 31 日，在“正式人员”工资类别下，查询营销一部和营销二部的工资发放条。

3）2019 年 1 月 31 日，在“正式人员”工资类别下，查询个人所得税年度申报表。

4）2019 年 1 月 31 日，自定义查询条件，查询薪资管理账表。

⊙ 任务分解及技能要点(见表5-8)

表5-8　任务分解及技能要点

任务名称	系统导航	菜单路径	技能要点
薪资账表管理	【业务工作】\【人力资源】\【薪资管理】	【统计分析】\【账表】\【我的账表】	薪资账表的查询、输出和联查等操作
		【业务处理】\【扣缴所得税】	个人所得税相关报表的查询、输出和联查等操作

⊙ 应用向导

执行【业务工作】\【人力资源】\【薪资管理】命令,完成如下操作。

1. 分类统计表(按项目)

1) 打开"正式人员"工资类别后,执行【统计分析】\【账表】\【我的账表】命令,进入"我的账表"标签页,单击左侧的【+】按钮,如图5-14所示。

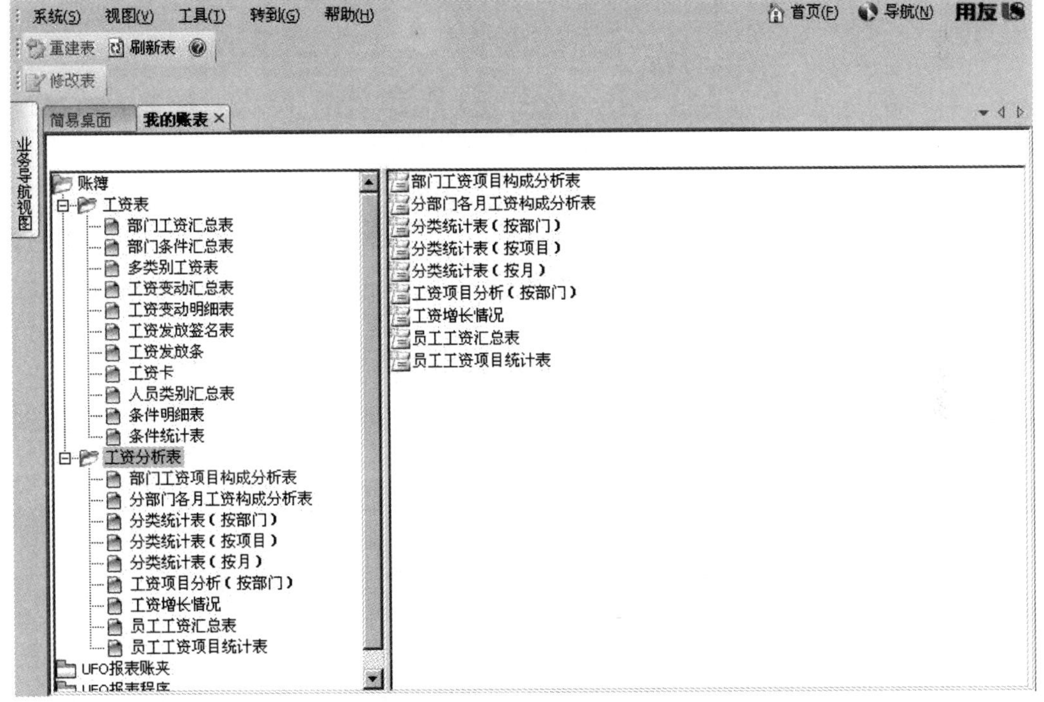

图5-14　薪资管理—我的账表

2) 在"工资分析表"账夹中,双击"分类统计表(按项目)",进入"分析月份选择"对话框,"分析月份期间"为从"1"月到"1"月,单击【确定】按钮;进入"分析表选项"对话框,将"实发合计"项目移至"已选项目"区域,单击【确定】按钮,即可查询实发工资的分类统计表。

2. 工资发放条

1) 打开"正式人员"工资类别后,执行【统计分析】\【账表】\【我的账表】命令,进入"我的账表"标签页。

2) 在"工资表"账夹中,双击"工资发放条",勾选"营销一部""营销二部",单击【确定】按钮，即可查询相应部门的工资发放条。本功能以列表形式的记录行显示，在进行预览打印时，系统自动按照每个职员姓名逐一分段打印，便于分发。

3. 个人所得税年度申报表

1）打开“正式人员”工资类别后，执行【业务处理】\【扣缴所得税】命令，进入“个人所得税申报模板”对话框。

2）双击“个人所得税年度申报表”，进入“所得税申报”对话框，选择查询范围、查询方式、查询期间、过滤方式等，点击【确定】按钮，即可查询个人所得税年度申报表。

4. 部门工资项目构成分析表

1）打开“正式人员”工资类别后，执行【统计分析】\【账表】\【我的账表】命令，进入“我的账表”标签页。

2）在“工资分析表”账夹中，双击“部门工资项目构成分析表”，选择“分析月份期间”为从“1”月到“1”月，单击【确定】按钮；勾选所有部门，单击【确定】按钮；将“基本工资”“岗位工资”项目移至“已选项目”区域，单击【确定】按钮，即可查询相应部门的工资项目构成分析表。

5.3.2 薪资期末结账

【问题引入】

1. 薪资管理期末结账前需要进行哪些检查？
2. 如何进行薪资管理的期末结账？
3. 薪资管理结账后，如发现业务数据存在差错，如何取消结账？

【项目实训】

⊙ **实务案例**

本月涉及薪资期末结账的业务如下：

2019 年 1 月 31 日，处理本期薪资管理系统的结账业务（注意取消结账操作）。

⊙ **任务分解及技能要点（见表 5－9）**

表 5－9　任务分解及技能要点

任务名称	系统导航	菜单路径	技能要点
薪资期末结账	【业务工作】\【人力资源】\【薪资管理】	【业务处理】\【月末处理】	薪资管理的月末结账操作
		【业务处理】\【反结账】	薪资管理的取消结账操作

⊙ **岗位分工**

☞ 系统登录：以 U03 姚家友（账套主管）身份注册并登录【企业应用平台】模块，操作日期为“2019－01－31”。

⊙ **应用向导**

执行【业务工作】\【人力资源】\【薪资管理】命令，完成如下操作。

1. 结账

执行【业务处理】\【月末处理】命令，在"月末处理"对话框中，如图5－15所示，单击【确定】按钮，按照系统提示，完成薪资管理的月末结账。

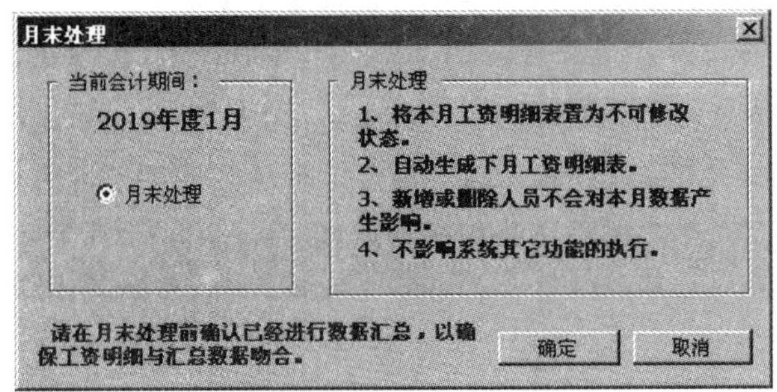

图5－15　薪资管理的月末处理

2. 反结账

执行【业务处理】\【反结账】命令，进入"反结账"对话框，选择需反结账的工资类别，单击【确定】按钮，按照系统提示，完成薪资管理的反结账操作。

提示：

1) 相对于总账系统而言，薪资管理系统属于外部系统，在完成当期业务处理后，可单独进行月末结账。

2) 结账的几点事项。

① 如果需要处理多个工资类别，则结账可以进行批量处理，也可以区分不同工资类别分别进行结账。

② 在结账过程中，系统提示"是否选择清零项目"，如果选择了清零项目，结账后这些项目数据将清零。

3) 反结账的几点事项。

① 反结账只能由账套主管才能执行。

② 反结账前必须关闭工资类别。

③ 在本例中，执行"反结账"功能，系统将自动清空2019年2月已完成的工资变动数据，返回到2019年1月。

④ 反结账只能在总账系统尚未结账之前进行。

项目 5.4　供应链及收付款系统期末业务处理

【项目目标】

◆ 掌握供应链4个系统账表查询的不同条件设置方法。
◆ 掌握应收应付款管理系统账表查询的不同条件设置方法。
◆ 掌握供应链4个系统期末结账和取消结账的相关操作。
◆ 掌握应收应付款管理系统期末结账和取消结账的相关操作。
◆ 理解供应链4个系统之间结账的前后关系。
◆ 理解供应链及应付应收款管理系统结账与总账系统结账的前后关系。

【知识要点】

本项目主要包括以下内容。

☑ 5.4.1　采购及应付期末业务处理
☑ 5.4.2　销售及应收期末业务处理
☑ 5.4.3　库存及存货核算期末业务处理

下面对本项目内容的知识要点进行介绍。

一、采购及应付期末业务处理

1. 采购及应付的账表管理

(1) 采购管理的账表

企业需要及时掌握采购业务所涉的流程、采购订单、到货和采购发票等单据、货物暂估、在途或受托代销、成本费用和供应商等方面的信息。采购管理系统可供查询的有采购分析、采购账簿、统计表和明细表等。采购分析包括采购成本及费用分析、货龄综合分析、采购执行状况表、供应商价格分析以及交货的情况、质量、周期和准时率分析等。采购账簿包括采购结算余额表、在途物资余额表、代销商品款台账及余额表、供应商代管存货表等。统计表和明细表包括采购明细表、到货明细表、费用明细表、结算明细表、入库明细表、请购单执行统计表、采购订单执行统计表、采购时效性统计表、综合统计表等。

(2) 应付款管理的账表

企业有对反映应付款项的形成及其变化情况等信息的查阅和分析要求，主要有业务账表、统计分析和科目账查询等系统账表。业务账表包括应付总账表、应付余额表、应付明细账和对账单。统计分析包括应付账龄分析、付款账龄分析、欠款分析和付款预测。账龄是客商往来管理的一种基本分析指标，根据账龄长短的不同，企业采取的措施也不尽相同，因此，在进行账龄分析之前，必须先完成对账期内账龄区间和逾期账龄区间的设置。科目账查询包括供应商往来科目明细账、供应商往来科目余额表。

2. 采购及应付的期末结账

当采购管理、应付款管理完成当期各项业务处理后，每月都要进行月末结账。在结账前，企业应检查当期需结账系统的工作是否已全部完成，通常还会进行应付款管理与总账管理系统的对账操作，以检查应付数据与总账系统的应付受控科目数据是否相符。系统提供了两种对账方式，即“按供应商＋币种”“按科目＋供应商”。上述对账不属于必需环节，也不设时限，在会计期间的任何时候均可进行。在结账前，还要进行账套数据的备份。针对应付款管理，在结账中，系统会自动检测截止到结账月份的应付单据、付款单据是否全部制单和记账，票据处理和其他处理是否全部制单。如未完成上述处理，将无法结账。

二、销售及应收期末业务处理

1. 销售及应收的账表管理

(1) 销售管理的账表

在销售管理中，企业单位需要及时掌握销售业务所涉的流程、销售订单、发货和销售发票等单据、货物、销售成本及费用支出、客户、业务员等方面的信息。销售管理系统可供查询的有统计表、明细表、销售分析、客户分析、费用分析和综合分析等。统计表包括销售统计表、发货统计表、发货汇总表、销售订发货统计表、销售时效性统计表、委托代销统计表、销售综合统计表等。明细表包括销售收入明细账、销售成本明细账、委托代销明细账、发货明细表、发货结算勾对表等。销售分析包括销售增长、结构、毛利等分析、货物流向分析、货龄分析等。客户分析主要涉及对客户的分布、新增、购买、流失等情况的分析。费用分析可以按客户、按部门或按业务员进行费用统计。综合分析包括动销分析、商品周转率分析、畅适滞分析。

(2) 应收款管理的账表

企业单位更多关注的是如何及时回笼赊销所占用的资金，提高应收账款周转率，通过系统提供的销售管理账表和应收款管理账表，可以掌握应收款项的产生及其回款情况的相关信息，主要涉及业务账表、统计分析和科目账查询等。业务账表包括应收总账表、应收余额表、应收明细账和对账单。统计分析包括应收账龄分析、收款账龄分析、欠款分析和收款预测。同样地，应收款管理也提供了对账期内账龄区间和逾期账龄区间的设置功能。科目账查询包括客户往来科目明细账、客户往来科目余额表。

2. 销售及应收的期末结账

同理于采购管理、应付款管理，销售管理、应收款管理每月也要进行月末结账。在结账前，除了检查当期工作是否已全部完成外，通常也会进行应收款管理与总账管理系统的对账操作，以检查应收数据与总账系统的应收受控科目数据是否相符。系统提供了两种对账方式，即“按客户＋币种”“按科目＋客户”。同样地，系统会自动检测截止到结账月份的应收单据、收款单据是否全部制单和记账，票据处理和其他处理是否全部制单。如未完成上述处理，应收款管理将无法结账。结账后，当期销售及应收的系统数据也不允许修改，系统日期自动转入下一会计期间。

三、库存及存货核算期末业务处理

1. 库存及存货核算的账表管理

(1) 库存管理的账表

系统可供查询的有库存账、批次账、货位账、统计表、储备分析等。库存账包括现存量查询、出入库流水账、库存台账、备查簿等。批次账包括批次台账、批次存货汇总表。货位账包括货位卡片、货位汇总表、货位存量查询。统计表包括收发存、业务类型、限额领料等汇总表、存货分布表、业务追溯报表等。储备分析包括超储存货、短缺存货等查询、库龄分析、呆滞积压存货分析等。

(2) 存货核算的账表

系统可供查询的有账表、汇总表、分析表。账表包括流水账、普通明细账、发出商品明细账、个别计价明细账、总账等。汇总表包括出入库汇总表、差异分摊表、收发存汇总表、暂估材料/商品余额表、发出商品汇总表等。分析表主要围绕存货周转率、ABC 成本、库存资金占用、入库成本等方面展开分析。

2. 存货核算的期末处理

当存货核算的各项日常业务完成后,需要进行专门的期末处理,它是存货核算特有的期末业务。在业务财务一体化应用模式下,存货核算的期末处理应当在采购管理、销售管理和库存管理完成结账后进行,且每月只能执行一次,需要谨慎执行。通过期末处理,可以完成对以全月平均法计价的存货的全月平均单价和当期发出存货成本的计算,以及对按计划成本或售价核算的存货的差异率及其当期发出存货差异分摊额的计算,并对已完成期末处理的仓库或存货进行标记。只有完成期末处理,按全月平均法计价的存货以及按计划成本或售价核算的存货才能对发出存货成本进行结转制单。

3. 库存及存货核算的期末结账

在结账前,系统提供了存货核算与总账管理系统的对账功能,以检查存货的期初结存、本期发生、期末结存的数量、金额数据与总账系统的“原材料”科目、“库存商品”科目数据是否相符,以及涉及委托代销和分期收款的发出商品与总账系统的“发出商品”科目数据是否相符,还可以按照单据进行逐一核对,以便于查找产生差异的原因。同理于采购管理、销售管理,库存管理和存货核算也有各自的月末结账功能。

针对供应链 4 个系统、应付款管理和应收款管理的各种类型的账表,系统都是根据用户所作的日常业务而自动生成。各系统还提供了一些共性化的操作功能。诸如自定义条件的查询功能,企业可以自行设置分析对象,选定需要查询的科目、供应商、客户、部门、业务员、存货种类等信息,生成更为灵活的、侧重点不同的账表;对报表数据进行小计、总计、排序、筛选等操作;余额表可以联查明细账,明细账具有联查总账和凭证的功能;具有将所查询的报表进行输出的功能,可以以 Excel 文件、数据库文件、文本文件等格式保存到电脑的指定路径下。系统还提供了“自定义账夹”功能,以便于企业根据需要增设特殊管理需求的账表。针对上述系统的月末结账,由于系统之间的数据传递存在方向性,因此,结账操作需要遵循先后顺序,采购及应付和销售及应收的结账在先,其后是库存管理的结账,而存货核算的结账在供应链 4 个系统中是最后操作。如果要执行供应链 4 个系统的取消结账操作,其顺序刚好与之相反。结账后,对当月账簿做结账标志,已结账月份的系统数据不允许修改,系统日期自动转入下一会计期间。

【项目准备】

☞ 以 U03 姚家友(账套主管)身份注册并登录【企业应用平台】模块,进行存货核算的期末处理,并生成记账凭证。

☞ 以 U02 学生姓名(账套主管)身份注册并登录【企业应用平台】模块,完成其他操作,操作日期为“2019-01-31”。

5.4.1 采购及应付期末业务处理

【问题引入】

1. 哪些采购账簿可以在总账系统里查询到同类型数据?
2. 采购账表如何按存货种类或按仓库进行查询?
3. 应付款管理结账前,需要检查哪些工作的处理情况?

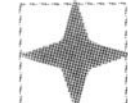【项目实训】

⊙ 实务案例

本月涉及采购及应付期末处理的业务如下:

1) 2019 年 1 月 31 日,自定义查询条件,查询采购账簿。

2) 2019 年 1 月 31 日,自定义查询条件,进行采购分析。

3) 2019 年 1 月 31 日,自定义查询条件,查询统计表和明细表。

4) 2019 年 1 月 31 日,自定义查询条件,查询应付业务余额表。

5) 2019 年 1 月 31 日,处理本期采购管理的结账业务(注意取消结账操作)。

6) 2019 年 1 月 31 日,处理本期应付款管理的结账业务(在采购管理结账后进行,注意取消结账操作)。

⊙ 任务分解及技能要点(见表 5-10)

表 5-10　任务分解及技能要点

任务名称	系统导航	菜单路径	技能要点
采购管理账表	【业务工作】\【供应链】\【采购管理】	【报表】\【我的报表】	采购账簿、采购分析、统计表和明细表等采购账表的查询、输出、筛选、排序和汇总等操作
采购管理结账		【月末结账】	采购管理月末结账和取消结账操作
应付款管理账表	【业务工作】\【财务会计】\【应付款管理】	【账表管理】\【业务账表】	应付款各类业务账表的查询、输出等操作
应付款管理结账		【期末处理】\【月末结账】	应付款管理月末结账和取消结账操作

⊙ 应用向导

1. 采购管理账表

执行【业务工作】\【供应链】\【采购管理】命令,完成如下操作:

1) 执行【报表】\【我的报表】命令,单击左侧“采购账簿”前面的【+】按钮,将所含下级账表展开，如图 5－16 所示。

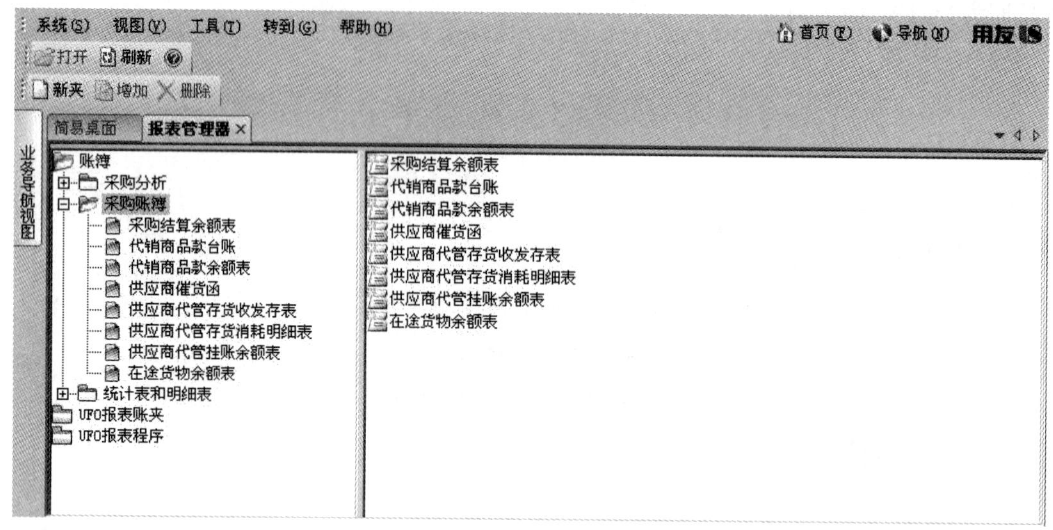

图 5－16　采购管理账表—采购账簿

2）执行【报表】\【我的报表】命令，单击左侧“采购分析”前面的【＋】按钮，将所含下级分析表展开，如图 5－17 所示。

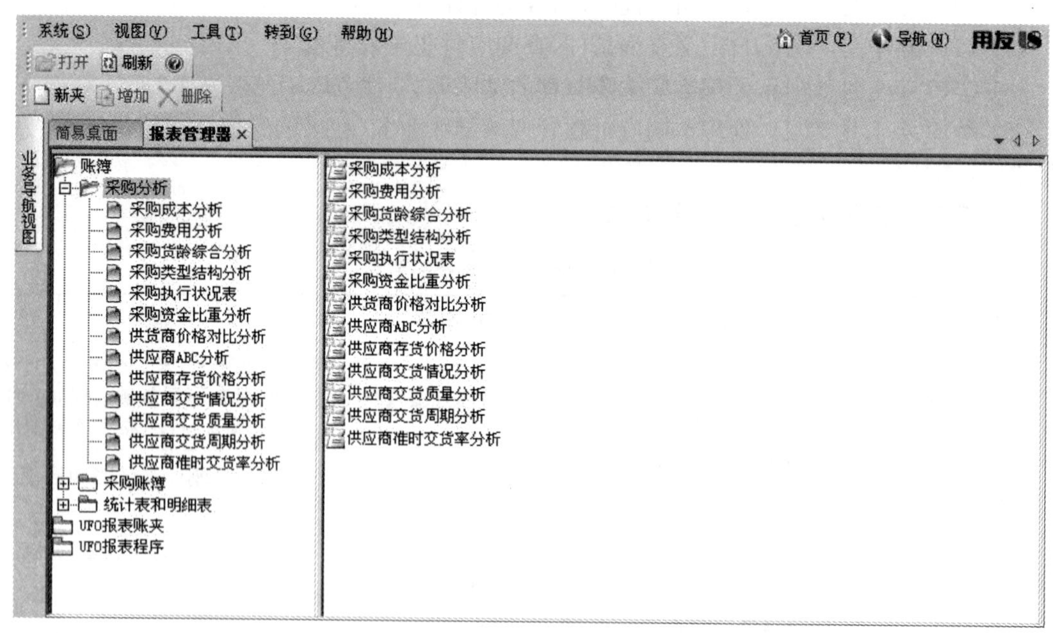

图 5－17　采购管理账表—采购分析

3）执行【报表】\【我的报表】命令，单击左侧“统计表和明细表”前面的【＋】按钮，将所含下级账表展开，如图 5－18 所示。

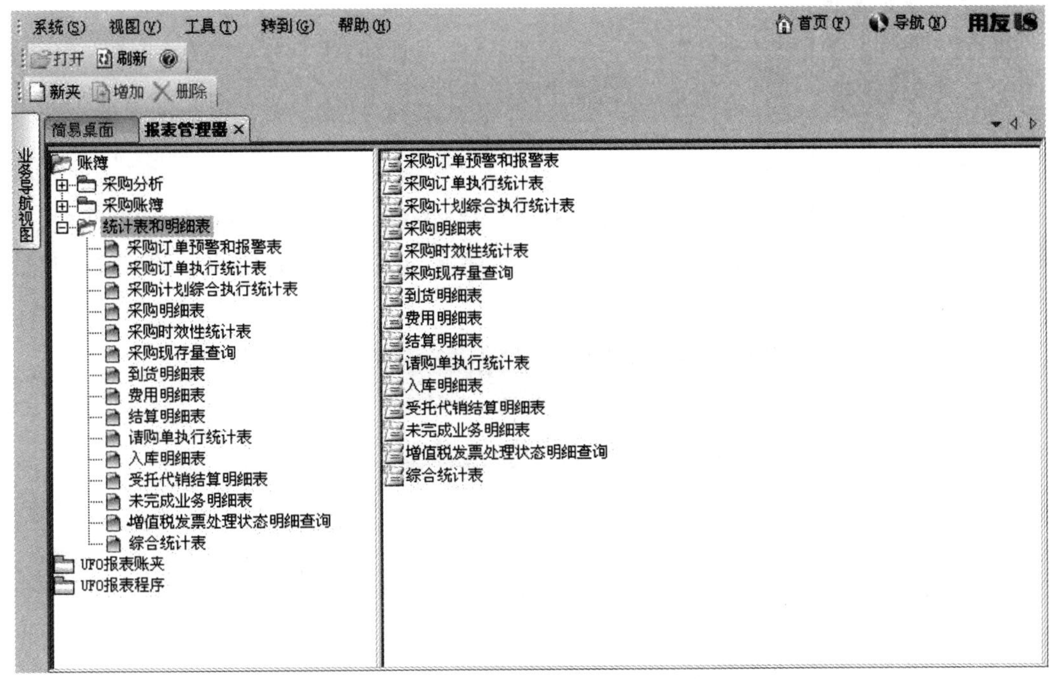

图 5－18　采购管理账表—统计表和明细表

4）双击需查询的账表名称，在“查询条件选择”对话框中设定条件后，单击【确定】按钮，即可显示此账表的数据界面。

提示：

在采购管理账表的“查看”界面中：

1）点击【小计】或【总计】按钮，可以将记录行小计或总计汇总显示在汇总组的最后一行。

2）点击【排序】按钮，或者双击某一列的标题栏，可以对账表数据进行排序。

3）点击【过滤】按钮，可以对账表数据进行筛选。

4）点击【分组】按钮，可以添加分组方案，并依据分组方案进行账表的分组项显示。

5）点击【交叉】按钮，可以添加交叉方案，并依据交叉方案进行账表的动态交叉显示。

6）点击【格式】按钮，可以重新设置账表格式。

7）点击【查询】按钮，可以重新选择查询条件。

8）点击【输出】按钮，可以将账表以 Excel 电子表格、PDF 电子文档或 HTML 网页文档中的某一种文件类型，单独保存到电脑的指定路径下。

上述处理同样适用于销售管理账表。

2. 应付款管理账表

执行【业务工作】\【财务会计】\【应付款管理】\【账表管理】\【业务账表】\【业务余额表】命令，在“查询条件选择—应付余额表”对话框中设定条件后，单击【确定】按钮，即可显示此余额表的数据界面。

3. 采购管理结账

执行【业务工作】\【供应链】\【采购管理】\【月末结账】命令，系统弹出“结账”对话框，单击【结账】按钮，系统自动完成采购管理的月末结账。结账完成后，当前会计月份所在行的“是否结账”显示为“是”，如图 5－19 所示。

结账

会计月份	起始日期	结束日期	是否结账
1	2019-01-01	2019-01-31	是
2	2019-02-01	2019-02-28	否
3	2019-03-01	2019-03-31	否
4	2019-04-01	2019-04-30	否
5	2019-05-01	2019-05-31	否
6	2019-06-01	2019-06-30	否
7	2019-07-01	2019-07-31	否
8	2019-08-01	2019-08-31	否
9	2019-09-01	2019-09-30	否
10	2019-10-01	2019-10-31	否
11	2019-11-01	2019-11-30	否
12	2019-12-01	2019-12-31	否

结账　取消结账　帮助　退出

为保证采购系统的暂估余额表和存货核算系统的暂估余额表数据一致，建议在月末结账前将未填单价、金额的采购入库单填上单价、金额

图 5－19　采购管理—结账

提示：

1）相对于总账系统而言，采购管理系统属于外部系统，在完成当期业务处理后，可单独进行月末结账。月末结账前，必须进行数据备份。此原理同样适用于销售管理、库存管理、存货核算、应收款管理、应付款管理等系统。

2）在采购管理的结账过程中，系统会弹出“月末结账”对话框。如当期确有已完成但尚未关闭的采购订单，点击【是】按钮，进入“采购订单列表”标签页，点击【批关】按钮，关闭采购订单后再进行结账操作。

3）结账后，可以通过点击【取消结账】按钮，完成取消结账操作。在应付款管理、库存管理或存货核算已结账的情况下，采购管理无法取消结账。

上述处理同样适用于销售管理。

4. 应付款管理结账

执行【业务工作】\【财务会计】\【应付款管理】\【期末处理】\【月末结账】命令，双击“结账标

志”显示为“Y”，单击【下一步】按钮，如图5-20所示，单击【完成】按钮。

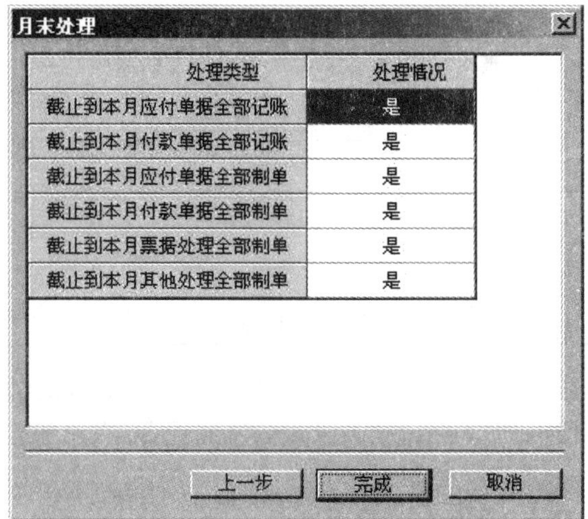

处理类型	处理情况
截止到本月应付单据全部记账	是
截止到本月付款单据全部记账	是
截止到本月应付单据全部制单	是
截止到本月付款单据全部制单	是
截止到本月票据处理全部制单	是
截止到本月其他处理全部制单	是

图5-20　应付款管理—月末结账

提示：

1）只有如图5-20所示的所有处理类型的处理情况均为“是”，才能进行应付款管理系统的月末结账，这是系统自动检测应付款管理系统是否具备结账条件。

2）结账后，可以通过执行【期末处理】\【取消月结】命令来完成取消结账操作。上述处理同样适用于应收款管理系统的月末结账。

5.4.2　销售及应收期末业务处理

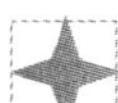

【问题引入】

1. 销售报表如何按客户或按业务员进行查询？
2. 应收款管理结账前需要检查哪些工作的处理情况？
3. 针对不同账龄的应收款，企业需要采用哪种相应的管理措施？

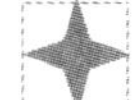

【项目实训】

⊙ **实务案例**

本月涉及销售及应收期末处理的业务如下：

1）2019年1月31日，自定义查询条件，查询销售报表。

2）2019年1月31日，自定义查询条件，进行销售分析。

3）2019年1月31日，自定义查询条件，查询应收对账单。

4）2019 年 1 月 31 日，设置账期内账龄及逾期账龄区间（见表 5－11），并进行应收款账龄分析。

表 5－11　账期内账龄及逾期账龄区间

序号	起止天数/天	总天数/天
01	1～90	90
02	91～180	180
03	181～360	360
04	361 以上	

5）2019 年 1 月 31 日，处理本期销售管理的结账业务（注意取消结账操作）。

6）2019 年 1 月 31 日，处理本期应收款管理的结账业务（在销售管理结账后进行，注意取消结账操作）。

⊙ 任务分解及技能要点（见表 5－12）

表 5－12　任务分解及技能要点

任务名称	系统导航	菜单路径	技能要点
销售管理账表	【业务工作】\【供应链】\【销售管理】	【报表】\【我的报表】	销售报表、销售分析等销售账表的查询、输出、筛选、排序和汇总等操作
销售管理结账		【月末结账】	销售管理月末结账和取消结账操作
应收款管理账表	【业务工作】\【财务会计】\【应收款管理】	【账表管理】\【业务账表】	应收款各类业务账表的查询、输出等操作
应收账龄分析		【设置】\【初始设置】;【账表管理】\【统计分析】	账龄区间的设置;账龄分析表的生成
应收款管理结账		【期末处理】\【月末结账】	应收款管理月末结账和取消结账操作

⊙ 应用向导

1. 销售管理账表

执行【业务工作】\【供应链】\【销售管理】命令，完成如下操作：

1）执行【报表】\【我的报表】命令，单击左侧“销售报表”前面的【＋】按钮，将所含下级账表展开，如图 5－21 所示。

2）执行【报表】\【我的报表】命令，单击左侧“销售分析”前面的【＋】按钮，将所含下级分析表展开，如图 5－22 所示。

3）双击需查询的账表名称，在“查询条件选择”对话框中设定条件后，单击【确定】按钮，即可显示此账表的数据界面。

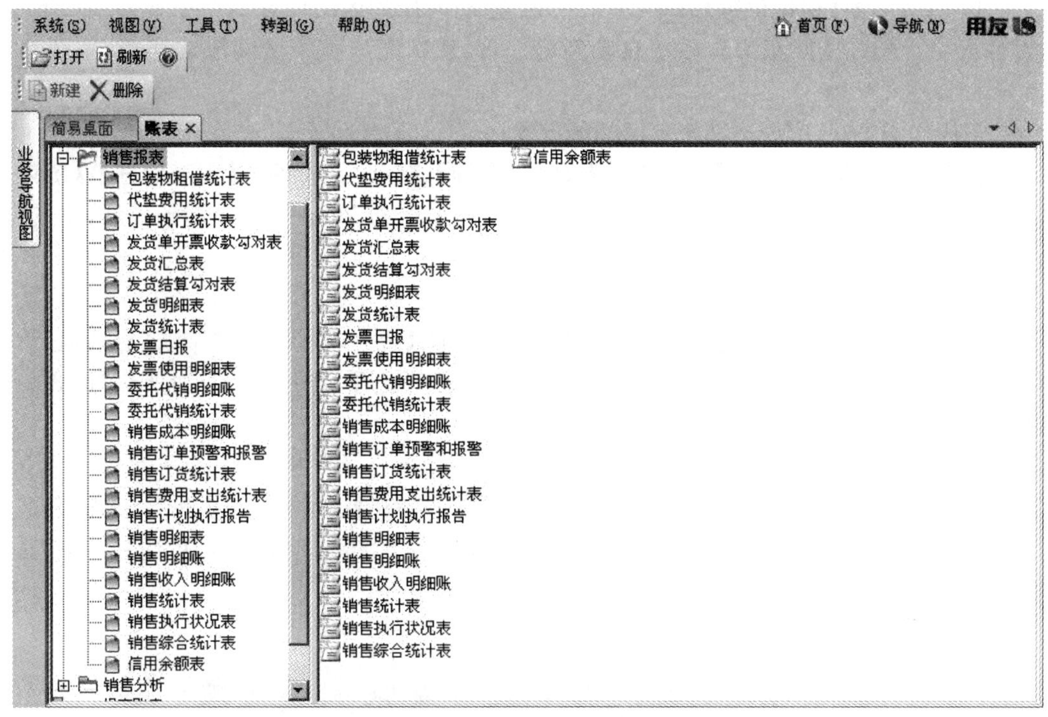

图 5－21　销售管理账表—销售报表

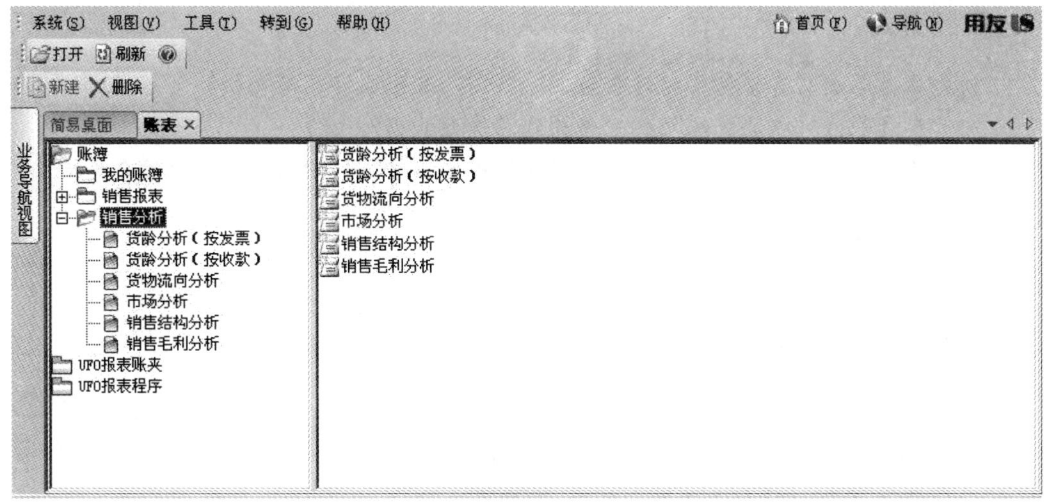

图 5－22　销售管理账表—销售分析

2. 应收款管理账表

执行【业务工作】\【财务会计】\【应收款管理】\【账表管理】\【业务账表】\【对账单】命令，在“查询条件选择—应收对账单”对话框中设定条件后，单击【确定】按钮，即可显示此对账单的数据界面。

3. 应收账龄分析

1）设置账龄区间。执行【业务工作】\【财务会计】\【应收款管理】命令，完成如下操作：

① 执行【设置】\【初始设置】命令，单击左侧“账期内账龄区间设置”，在序号为“01”的“总天数”填入“90”，单击【回车键】，系统自动新增一行，依次完成各个区间段的操作，系统自动保存。

② 以同样的方法，完成逾期账龄区间的设置。

2)生成账龄分析表。执行【业务工作】\【财务会计】\【应收款管理】\【账表管理】\【统计分析】\【应收账龄分析】命令，在“查询条件选择—应收账龄分析”对话框中设定条件后，单击【确定】按钮，即可显示此分析表的数据界面。

4. 销售管理结账

执行【业务工作】\【供应链】\【销售管理】\【月末结账】命令，系统弹出“结账”对话框，单击【结账】按钮，系统自动完成销售管理的月末结账。结账完成后，当前会计月份所在行的“是否结账”显示为“是”。

5. 应收款管理结账

执行【业务工作】\【财务会计】\【应收款管理】\【期末处理】\【月末结账】命令，双击“结账标志”显示为“Y”，单击【下一步】按钮。同样地，所有处理类型的处理情况均为“是”后，单击【完成】按钮，才能进行应收款管理的月末结账。

5.4.3 库存及存货核算期末业务处理

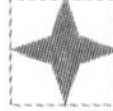【问题引入】

1. 进行库存管理与存货核算的对账后，若不相符，其原因可能有哪些？
2. 哪些存货账簿可以在总账系统里查询到同类型数据？
3. 相较于普通出库业务，分期收款、委托代销成本结转凭证的制单处理有什么不同？

【项目实训】

⊙ **实务案例**

本月涉及库存及存货核算期末处理的业务如下。

1. 库存管理期末业务

1) 2019 年 1 月 31 日，进行库存管理与存货核算的对账(如有不相符，说明原因)

2) 2019 年 1 月 31 日，自定义查询条件，查询库存账。

3) 2019 年 1 月 31 日，自定义查询条件，查询统计表。

4) 2019 年 1 月 31 日，处理本期库存管理的结账业务(说明：在采购管理和销售管理结账后进行，注意取消结账操作)。

2. 存货核算期末业务

1) 全月平均法的存货成本核算。

① 2019 年 1 月 31 日，进行材料库和产成品库的期末处理。

② 2019 年 1 月 31 日，核查本期出库业务所涉单据的单价和金额信息。

2）生成出库成本结转凭证。

① 2019 年 1 月 31 日，进行销售出库单的制单，生成转账凭证，附单据 1 张

② 2019 年 1 月 31 日，进行材料出库单的制单，生成转账凭证，附单据 1 张

③ 2019 年 1 月 31 日，进行其他出库单的制单，生成转账凭证，附单据 1 张

④ 2019 年 1 月 31 日，进行分期收款发出商品的制单（发货单、专用发票），生成转账凭证，附单据 1 张

⑤ 2019 年 1 月 31 日，进行委托代销发出商品的制单（发货单、专用发票），生成转账凭证，附单据 1 张

3）2019 年 1 月 31 日，自定义查询条件，查询存货账簿。

4）2019 年 1 月 31 日，自定义查询条件，查询分析表。

5）2019 年 1 月 31 日，处理本期存货核算系统的结账业务（说明：在采购管理、销售管理和库存管理系统结账后进行，注意取消结账操作）。

⊙ 任务分解及技能要点（见表 5－13）

表 5－13　任务分解及技能要点

任务名称	业务类型	系统导航	菜单路径	技能要点
库存管理期末业务	库存管理对账	【业务工作】\【供应链】\【库存管理】	【对账】\【库存与存货对账】	库存管理与存货核算的对账
	库存管理账表		【报表】\【我的报表】	库存管理各类账表的查询、输出等操作
	库存管理结账		【月末结账】	库存管理月末结账和取消结账操作
存货核算期末业务	全月平均法的存货成本核算	【业务工作】\【供应链】\【存货核算】	【业务核算】\【期末处理】	区分仓库，进行存货核算的期末处理
	生成出库成本结转凭证		【财务核算】\【生成凭证】	销售出库单、材料出库单、其他出库单制单；分期收款发出商品制单；委托代销发出商品制单
	存货核算账表		【账表】\【我的账表】	存货核算各类账表的查询、输出等操作
	存货核算结账		【业务核算】\【月末结账】	存货核算月末结账和取消结账操作

⊙ 应用向导

1. 库存管理期末业务

1）库存管理对账。执行【业务工作】\【供应链】\【库存管理】\【对账】\【库存与存货对账】命令，在"库存存货对账"对话框中，单击【确定】按钮，打开"对账报告"标签页，对账报告显示库存管理与存货核算不相符的存货项目及其入库、出库和结存的数量信息。

2）库存管理账表。执行【业务工作】\【供应链】\【库存管理】命令，完成如下操作：

① 执行【报表】\【我的报表】命令，打开"查询管理系统"标签页，单击左侧"库存账"前面的

【+】按钮，将所含下级账表展开，如图 5-23 所示。

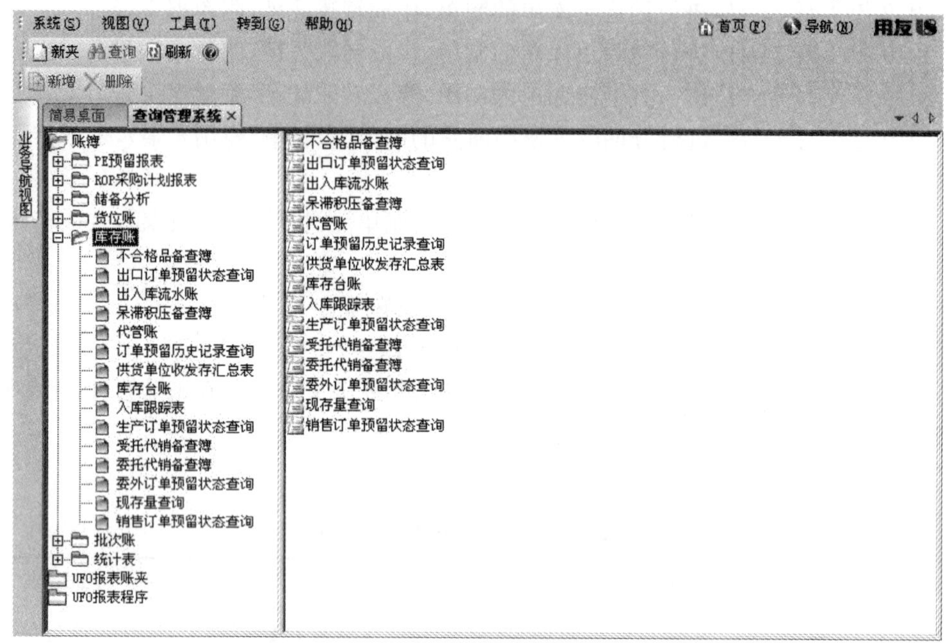

图 5-23　库存管理账表—库存账

② 执行【报表】\【我的报表】命令，打开“查询管理系统”标签页，单击左侧“统计表”前面的【+】按钮，将所含下级账表展开，如图 5-24 所示。

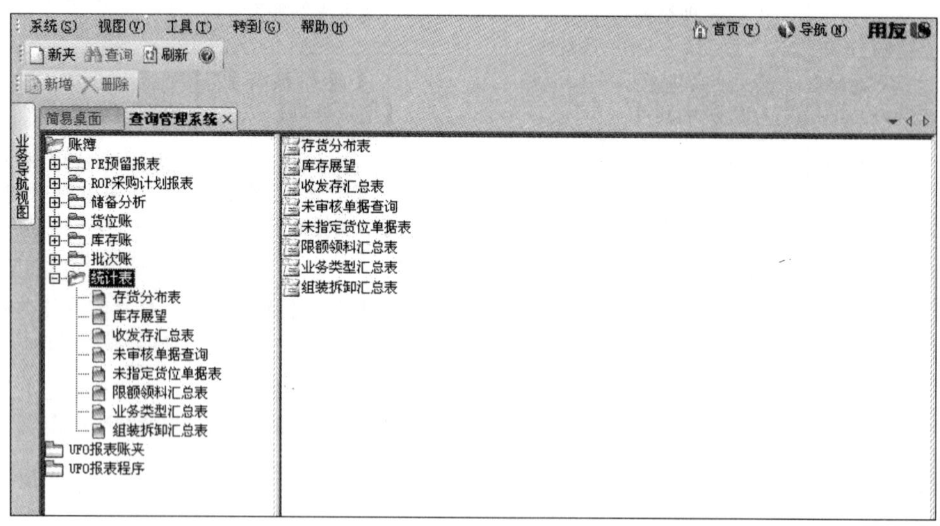

图 5-24　库存管理账表—统计表

③ 双击需查询的账表名称，在“查询条件选择”对话框中设定条件后，单击【确定】按钮，即可显示此账表的数据界面。

3）库存管理结账。执行【业务工作】\【供应链】\【库存管理】\【月末结账】命令，系统弹出“结账”对话框，单击【结账】按钮，系统自动完成库存管理的月末结账。结账完成后，当前会计月份所在行的“是否结账”显示为“是”。

提示：

(1) 采购管理和销售管理尚未结账，库存管理不能结账。

(2) 库存管理结账之前确保入库单、出库单等相关单据均已审核。

(3) 库存启用月份结账后将不能修改期初数据。如需修改，可以通过点击【取消结账】按钮，进行取消结账操作。

2. 存货核算期末业务

(1) 全月平均法的存货成本核算

执行【业务工作】\【供应链】\【存货核算】命令，完成如下操作：

1) 执行【业务核算】\【期末处理】命令，在“期末处理”对话框左侧的“未期末处理仓库”页签中，勾选需要期末处理的仓库，如图 5-25 所示。

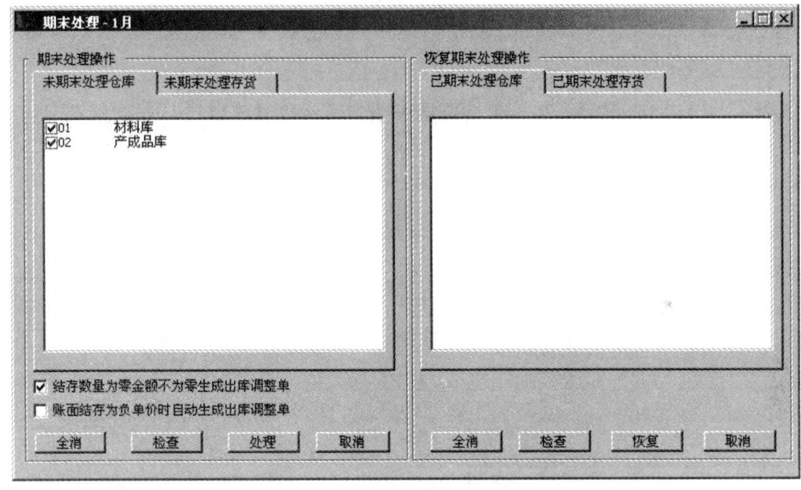

图 5-25　存货核算—期末处理

2) 选定后，单击【处理】按钮，进入“仓库平均单价计算表”界面，单击【确定】按钮，直至系统提示“期末处理完毕”，所选仓库移到右侧“已期末处理仓库”页签中。

提示：

1) 存货核算的期末处理，可以选定仓库或者选定存货进行操作。

2) 必须确保供应链系统的所有单据均已记账，才能进行存货核算的期末处理。

3) 在“期末处理”对话框右侧的“已期末处理仓库”页签中，勾选需要取消期末处理的仓库，点击【恢复】按钮，可以进行取消期末处理操作，但是在总账结账后将不可恢复。

(2) 生成出库成本结转凭证

1) 销售出库。执行【业务工作】\【供应链】\【存货核算】命令,完成如下操作:

① 执行【财务核算】\【生成凭证】命令,打开"生成凭证"标签页,单击【选择】按钮,在"查询条件"对话框中,勾选"销售出库单",单击【确定】按钮,在"生成凭证单据一览表"界面,选择第1行需制单的销售出库单记录,单击【确定】按钮,选择"凭证类别"为"转 转账凭证",如图5-26所示。

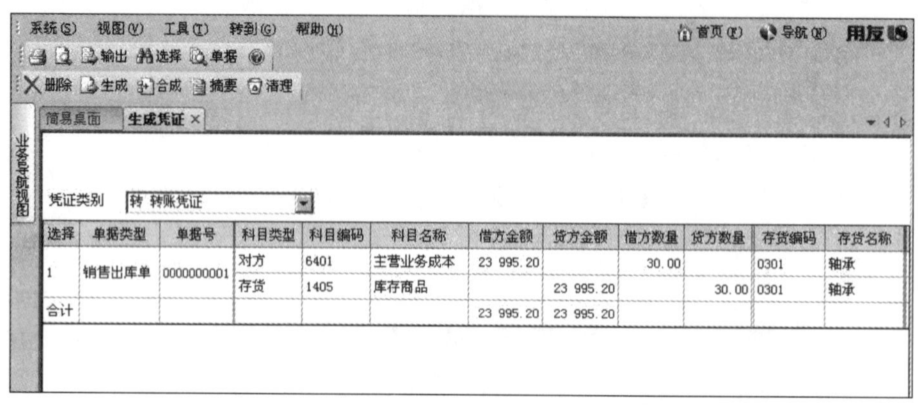

选择	单据类型	单据号	科目类型	科目编码	科目名称	借方金额	贷方金额	借方数量	贷方数量	存货编码	存货名称
1	销售出库单	0000000001	对方	6401	主营业务成本	23 995.20		30.00		0301	轴承
			存货	1405	库存商品		23 995.20		30.00	0301	轴承
合计						23 995.20	23 995.20				

图5-26 存货核算—销售出库单制单(1)

② 单击【生成】按钮,进入"填制凭证"界面,修改部分栏目内容,补充完整"主营业务成本""库存商品"科目的辅助项信息,单击【保存】按钮,生成对应的转账凭证,如图5-27所示。

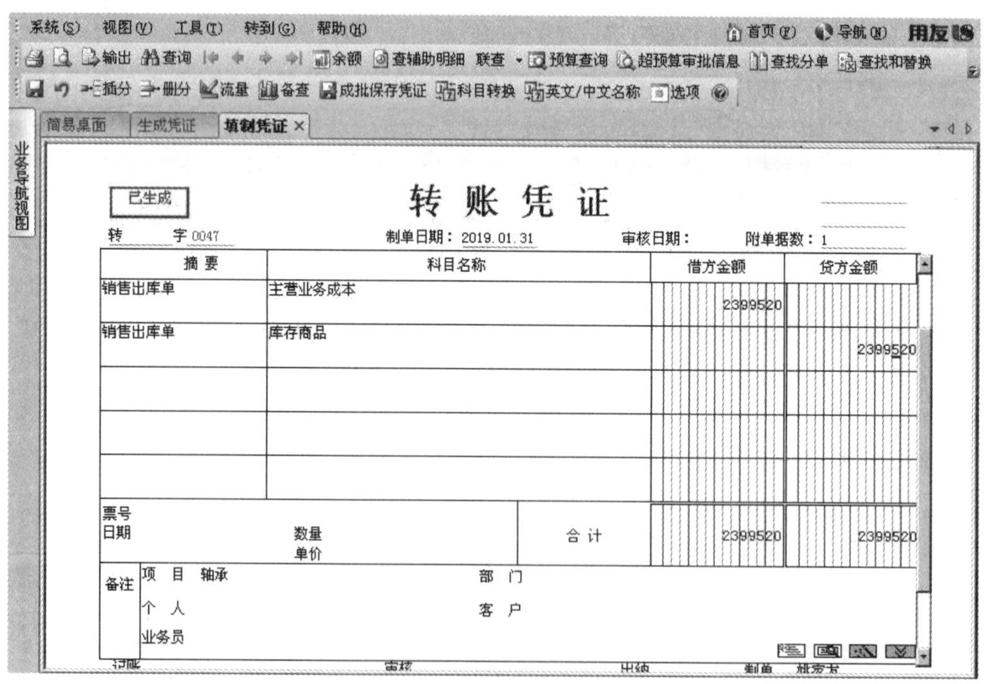

图5-27 存货核算—销售出库单制单(2)

③ 以同样的方法,依次完成每个销售出库单记录的制单操作。

提示：

销售出库单在生成凭证时，“库存商品”科目的对方科目主要有两种情况。

(1) 如果商品已出库且已开票，借记“主营业务成本”科目。

(2) 如果商品已出库但未开票，借记“发出商品”科目。

2）材料出库。执行【业务工作】\【供应链】\【存货核算】命令，完成如下操作：

① 执行【财务核算】\【生成凭证】命令，打开“生成凭证”标签页，单击【选择】按钮，在“查询条件”对话框中，勾选“材料出库单”，单击【确定】按钮，在“生成凭证单据一览表”界面，选择需制单的材料出库单记录，单击【确定】按钮，“凭证类别”为“转 转账凭证”，如图 5－28 所示。

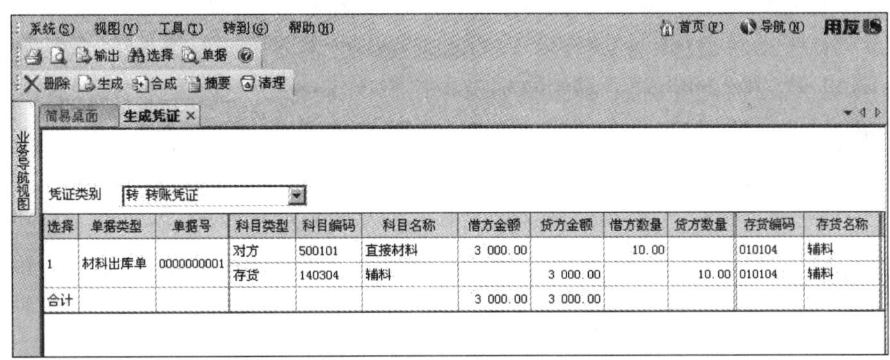

选择	单据类型	单据号	科目类型	科目编码	科目名称	借方金额	贷方金额	借方数量	贷方数量	存货编码	存货名称
1	材料出库单	0000000001	对方	500101	直接材料	3 000.00		10.00		010104	辅料
			存货	140304	辅料		3 000.00		10.00	010104	辅料
合计						3 000.00	3 000.00				

图 5－28　存货核算—材料出库单制单(1)

② 单击【生成】按钮，进入“填制凭证”界面，修改部分栏目内容，补充完整“生产成本——直接材料”科目的辅助项信息，单击【保存】按钮，生成对应的转账凭证，如图 5－29 所示。

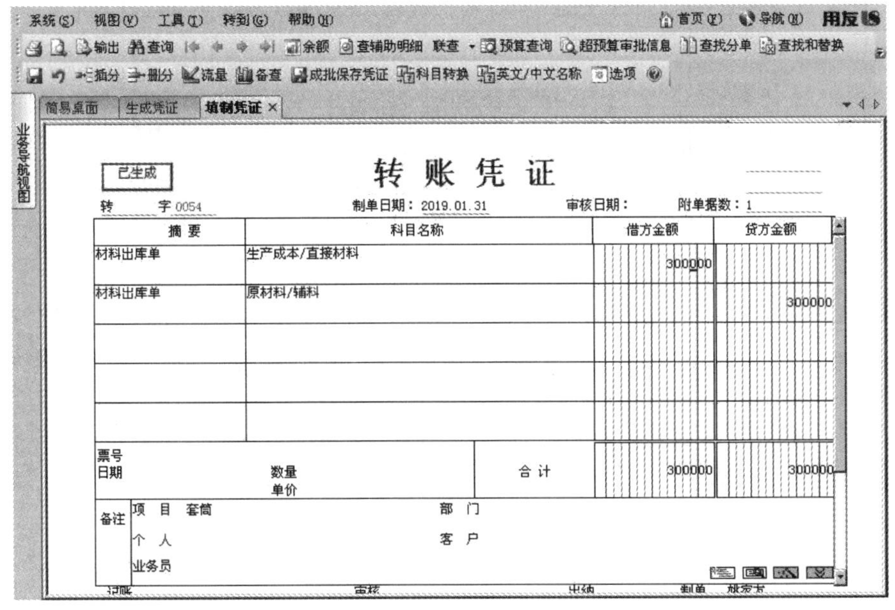

摘要	科目名称	借方金额	贷方金额
材料出库单	生产成本/直接材料	300000	
材料出库单	原材料/辅料		300000
票号 日期	数量 单价 合计	300000	300000

图 5－29　存货核算—材料出库单制单(2)

3）其他出库。执行【业务工作】\【供应链】\【存货核算】命令，完成如下操作：

① 执行【财务核算】\【生成凭证】命令，打开“生成凭证”标签页，单击【选择】按钮，在“查询条件”对话框中，勾选“其他出库单”，单击【确定】按钮，在“生成凭证单据一览表”界面，选择第1行需制单的其他出库单记录，单击【确定】按钮，“凭证类别”为“转 转账凭证”，“对方”科目类型的“科目编码”为“6711”，“科目名称”为“营业外支出”。

② 单击【生成】按钮，修改部分栏目内容，补充完整“库存商品”科目的辅助项信息，单击【保存】按钮，生成对应的转账凭证。

4）分期收款发出商品。执行【业务工作】\【供应链】\【存货核算】命令，完成如下操作：

① 执行【财务核算】\【生成凭证】命令，打开“生成凭证”标签页，单击【选择】按钮，在“查询条件”对话框中，勾选“分期收款发出商品发货单”“分期收款发出商品专用发票”，单击【确定】按钮，在“生成凭证单据一览表”界面，需制单发货单记录的“选择”填入“1”，需制单专用发票记录的“选择”填入“2”，单击【确定】按钮，“凭证类别”为“转 转账凭证”，单击【生成】按钮，修改部分栏目内容，补充完整“库存商品”科目的辅助项信息，单击【保存】按钮，生成对应的第1张转账凭证，如图5-30所示。

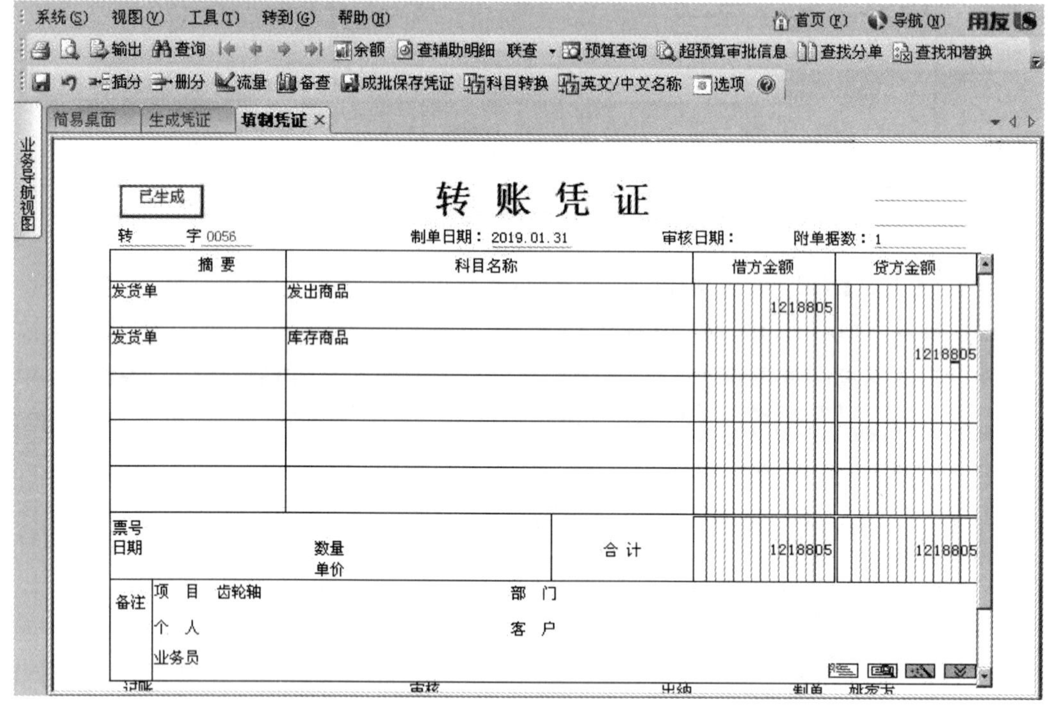

图5-30 存货核算—分期收款发出商品发货单制单

② 单击【→】按钮，修改部分栏目内容，补充完整“主营业务成本”科目的辅助项信息，单击【保存】按钮，生成对应的第2张转账凭证，如图5-31所示。

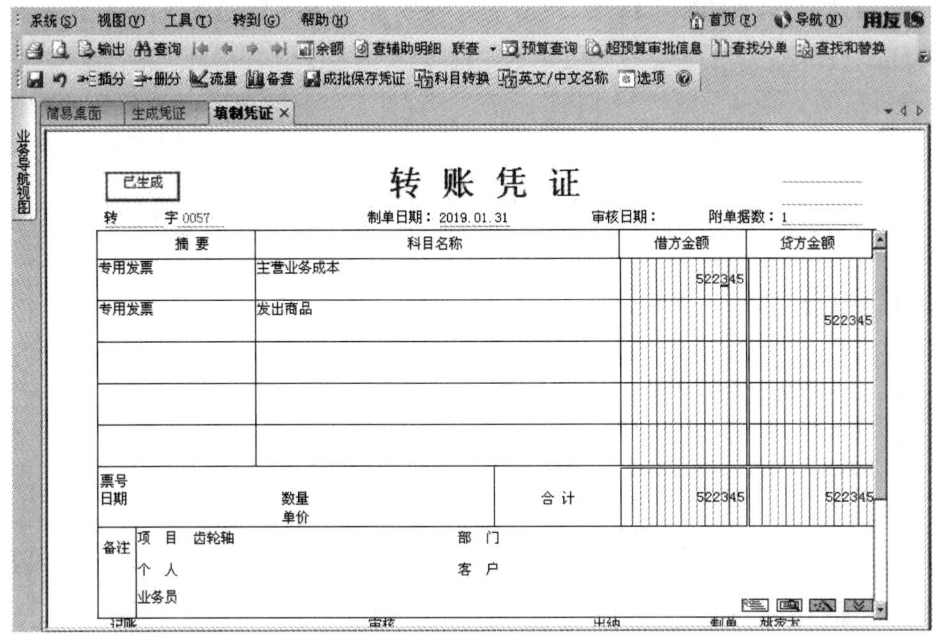

图 5－31 存货核算—分期收款发出商品专用发票制单

5）委托代销发出商品。执行【业务工作】\【供应链】\【存货核算】\【财务核算】\【生成凭证】命令，打开“生成凭证”标签页，单击【选择】按钮，在“查询条件”对话框中，勾选“委托代销发出商品发货单”“委托代销发出商品专用发票”，参照分期收款发出商品的制单方法，完成委托代销发出商品的制单操作，生成对应的 2 张转账凭证。

（3）存货核算账表

执行【业务工作】\【供应链】\【存货核算】命令，完成如下操作：

1）执行【账表】\【我的账表】命令，单击左侧“存货账簿”前面的【＋】按钮，将所含下级账表展开，如图 5－32 所示。

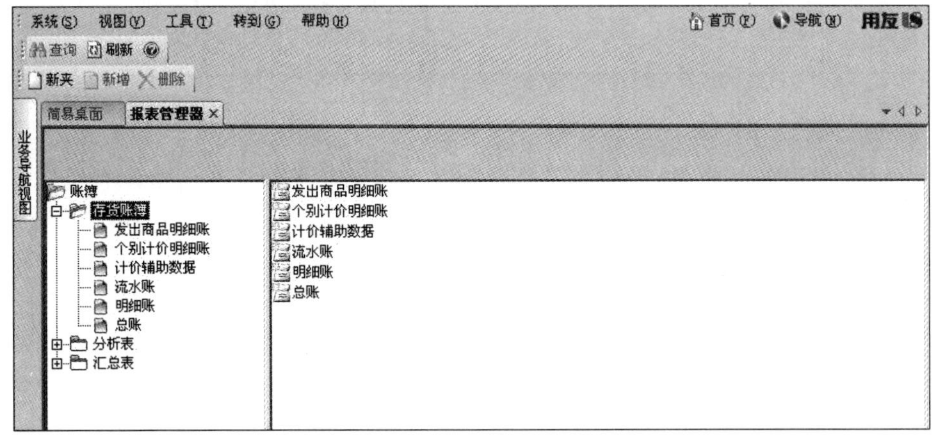

图 5－32 存货核算账表—存货账簿

2）执行【账表】\【我的账表】命令，单击左侧“分析表”前面的【+】按钮，将所含下级账表展开，如图 5-33 所示。

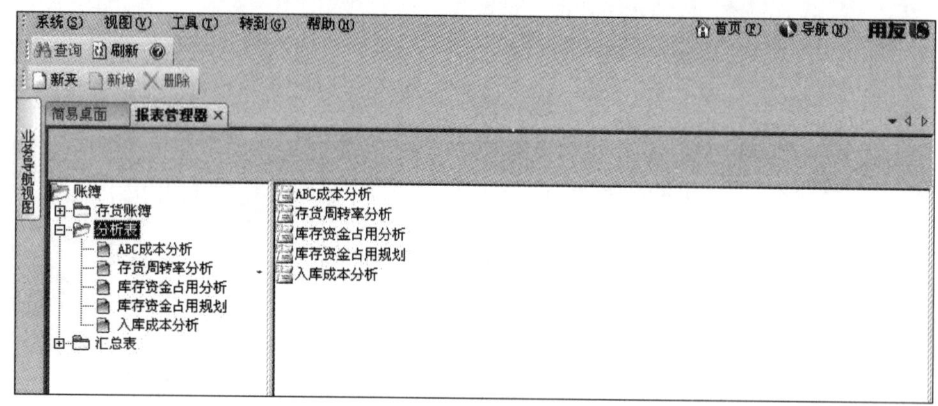

图 5-33　存货核算账表—分析表

3）双击需查询的账表名称，在“查询条件选择”对话框中设定条件后，单击【确定】按钮，即可显示此账表的数据界面。

（4）存货核算结账

执行【业务工作】\【供应链】\【存货核算】\【业务核算】\【月末结账】命令，系统弹出“结账”对话框，单击【结账】按钮，系统自动完成存货核算的月末结账。结账完成后，当前会计月份所在行的“是否结账”显示为“是”。

提示：

1）采购管理、销售管理和库存管理系统尚未全部结账的，存货核算系统不能结账。

2）存货核算系统结账后，已结账的当前月份不得取消结账，必须重新注册并登录系统，将“操作日期”设为下一月份，才能通过点击【取消结账】按钮，完成取消结账操作。

第 6 单元　业务财务一体化系统报表处理

单元概要

在业务财务一体化系统中，企业需要以报表文件的形式对本单位日常业务和财务系统的核算及管理资料进行整理和汇总。除了对外提供符合会计准则要求的财务报表外，企业也需要自行编制一些格式较为灵活、多系统数据源的内部管理报表。用友 U8 的 UFO 报表系统提供了满足编报自定义报表和模板报表的功能。本单元包括以下 2 个项目。

- 6.1　报表设计与模板管理
- 6.2　报表数据生成与表页管理

项目 6.1　报表设计与模板管理

【项目目标】

◆ 掌握自定义报表的创建与保存、格式设计和公式定义。
◆ 熟悉 UFO 报表系统预置报表的模板引用。
◆ 熟悉 UFO 报表系统的数据与格式状态的菜单功能。
◆ 熟悉 UFO 报表系统的业务流程。
◆ 了解 UFO 报表系统涉及其他系统的相关函数。

【知识要点】

本项目主要包括以下内容。
☑ 6.1.1　自定义报表设计
☑ 6.1.2　模板报表设计

下面对本项目内容的知识要点进行介绍。

UFO 报表系统是对业务财务一体化应用数据进行加工处理，使之形成反映企业在某一特定日期或一定期间的财务报表及其他内部管理报表的体系。其主要功能有多行业报表模板功能、文件管理功能、格式管理功能、数据处理功能等。本项目主要是将前 3 个功能融入报表文件的创建、编辑和格式等处理要求中进行说明。

一、UFO 报表系统的相关概述

1. 窗口的布局

UFO 报表窗口由显示当前报表文件名的标题栏、显示报表菜单的菜单栏、用于编辑报表内容的编辑栏、显示可执行相应命令的一系列按钮的工具栏、显示表页在报表中序号的页标、动态显示操作的相关信息的状态栏等项目组成。

2. 窗口的状态

UFO 报表窗口将含有数据的报表分为格式状态和数据状态加以显示，这两种状态下的处理功能有所不同。报表的格式设计是在格式状态下进行的，诸如表尺寸、行高或列宽、单元属性、区域画线、组合单元、关键字设置等。报表的三类公式，即单元公式、审核公式、舍位平衡公式也是在格式状态下定义。凡是格式状态下的操作对当期报表文件的所有表页均为有效。在格式状态下，窗口显示的仅为报表的格式，数据无法显示，也不能进行数据的录入、计算等操作。报表的数据处理是在数据状态下进行的，诸如输入数据、增加或删除表页、审核公式的使用、舍位平衡公式的使用、关键字录入、插入图表对象、整表或表页计算等。在数据状态下，窗口显示的是报表的全部内容，包括格式和数据，但不能修改报表的格式。窗口左下角有一个特别重要的按钮——格式/数据按钮，以红字显示，可以实现格式状态和数据状态之间的切换。

3. 报表的元素

组成报表的元素可以分为单元、单元区域、表页。组成报表的最小单位是单元。单元名称或称单元地址，由所在列号在前、行号在后进行标识，用数字 1～9 999 表示行号，用字母 A～IU 表示列号。单元分为 3 种类型：可以直接输入数字或由单元中存放的单元公式运算生成数字的数值型单元，存放汉字、字母、数字及各种键盘可输入的符号组成的一串字符的字符型单元，定义一个没有数据的空表所需的所有文字、符号或数字的表样型单元。单元区域是由一张表页上的若干个单元组成，自起点单元至终点单元形成一个长方形矩阵。每一张表页是由许多单元组成的，一个报表中的不同表页以不同序号的页标加以区分。

二、UFO 报表系统的格式设计

1. 自定义报表设计

在实际工作中，企业单位出于内部管理的需要而自行编制一些具有特定格式的报表。UFO 报表系统提供了灵活、便捷地编报这类报表的相关功能。自定义报表设计主要包括自定义报表的格式编辑、关键字设置、公式定义等操作。

(1) 格式设计

UFO 报表系统提供了丰富的格式设计功能，可以分别针对报表文件、报表中的表页、表页中的行或列、单元区域、单元等进行文字、线条、颜色、图案、相对位置等诸多方面的格式编辑和美化操作。这些操作均在格式状态下进行，主要通过执行【编辑】菜单中的【插入】、【追加】、【删除】等命令，【格式】菜单中的【表尺寸】、【单元属性】、【行属性】、【列属性】、【组合单元】和【区域画线】等命令。其中，【插入】、【追加】、【删除】是对表页、行或列的对应操作，所不同的是对表页的插入、追加、删除仅在数据状态下有效。【单元属性】菜单包括“单元类型”“字体图案”“对齐”“边框”4 个页签，在“单元类型”页签中，系统提供了 3 种类型，即数值、字符、表样。如选定为“数值”，可以进一步设置千位分隔、百分号、货币符号、小数位数的数值格式。使用“字体图案”页签，主要设置字体、字型、字号，以及前景色、背景色、图案花色。使用“对齐”页签，主要设置文本的水平对齐方向与垂直对齐方向。使用“边框”页签，主要设置外边框、内边框，以及框线样式。【组合单元】菜单可以将相邻若干个同类型单元合成一个大单元。通过【区域画线】菜单可以设置6种画线类型和7种样式。

(2) 关键字设置

关键字是表页中一种具有特殊功能的单元，可以唯一标识一张表页，以便于对表页数据进行有效定位和快速查找表页。关键字操作分为设置、录入、偏移，其中，设置在格式状态下进行，录入在数据状态下进行，偏移在两种状态下均可操作。通过执行【数据】菜单的【关键字】命令，系统提供了6种关键字，即单位名称、单位编号、年、季、月、日，还配有一个自定义关键字。关键字设置后，通过设定偏移量，可以调整多个关键字在同一单元中的相对位置。关键字录入后，同一报表的多张表页就有了各自的定位标志。

(3) 公式定义

UFO报表系统提供了3种公式类型，即单元公式、审核公式、舍位平衡公式。得益于UFO报表系统与业务财务一体化应用的其他系统之间的数据关联接口，通过设置单元公式，可以从各关联系统中获取对应的数据。审核公式用于核查报表内部或表间的某些项目之间的量化关系是否正确。在报表的计量单位需要换算时，舍位平衡公式可以对报表数据进行进位和进位后重新调整平衡关系。以单元公式为例，UFO报表系统提供了种类丰富的函数类型，主要包括以下几类：

1) 从总账系统取数的账务函数，以发生(函数名为“FS”)、累计发生(函数名为“LFS”)、期初(函数名为“QC”)、期末(函数名为“QM”)最为常用；

2) 从报表当前表页取数的统计函数，诸如合计(函数名为“TOTAL”)、平均数(函数名为“AVG”)、个数(函数名为“COUNY”)、最大值(函数名为“MAX”)、最小值(函数名为“MIN”)；

3) 从总账系统之外的外部系统取数的业务系统函数，诸如工资函数、固定资产函数、应收应付函数、采购管理函数、销售函数、库存管理函数、存货核算函数等。

此外，还有函数名为“SELECT”的从报表其他表页取数的函数，从其他报表取数的函数，以及函数名为“IFF”的条件取值函数等。

在业务财务一体化应用下，上述这些函数可以帮助用户准确而又便捷地设定计算公式，进而从财务会计、供应链、人力资源等诸多系统的业务资料和财务资料中提取相应的数据。

2. 模板报表设计

除了可由企业自行设计和定义报表外，UFO报表系统提供了33个行业的标准报表模板，涉及众多行业或领域且符合规范格式要求的报表模板，可轻松生成复杂的报表。企业可以在调用模板报表的基础上，按照最新会计准则的格式要求，进行局部修改，修改方法同于自定义报表，也可以将自定义报表作为模板保存到报表模板库中，以便于日后调用其格式及计算公式，快捷完成各种报表的编报工作。

三、UFO报表系统的文件管理

无论是自定义还是调用模板形成的报表，UFO报表系统都提供文件管理功能，通过执行【保持】或【另存为】命令，可以保存当前报表文件(*.REP)，并且能够实现报表文件在文本文件、*.MDB文件、Excel文件等多种不同文件格式之间的转换。同时，UFO报表系统还支持多个窗口同时显示和处理，可同时打开的文件和图形窗口多达40个。

此外，系统还提供了标准财务数据的“导入”或“导出”功能，可以和其他流行财务软件交换数据。

【项目准备】

☞ 系统登录：以 U03 姚家友（账套主管）身份注册并登录【企业应用平台】模块，操作日期为“2019－01－31”。

6.1.1 自定义报表设计

【问题引入】

1. 用友 UFO 报表进入新建界面后，与 Excel 电子表格软件有什么共同点？
2. 报表中的文字单元和金额单元在属性上如何区别设置？
3. 单元区域添加边框和添加斜线有什么不同？
4. 组合单元有几种方式？举例说明组合效果的不同点。
5. 单元公式的账务函数如何进行参照？

【项目实训】

⊙ **实务案例**

本月涉及自定义报表设计的业务如下。

1. 表样（见表 6－1）

表 6－1　自定义报表的表样

	A	B	C	D	E	F	G	H	I	J	K	L
1	生产成本、期间费用明细表											
2	单位名称：江苏天成机械股份有限公司				2019 年 1 月							元
3	生产成本			销售费用			管理费用			财务费用		
4	金额 项目	期初数	期末数	金额 项目	本月数	本年累计数	金额 项目	本月数	本年累计数	金额 项目	本月数	本年累计数
5												
6	直接材料			工资			工资			利息		
7	直接人工			广告费			差旅费			手续费		
8	其他直接支出			办公费			办公费			汇兑损益		
9	制造费用			折旧费			折旧费			其他		
10	合计			合计			合计			合计		
11	附注：本报表请于次月 5 日前上报。											
12	单位负责人：			会计主管：			制表人：					

2. 新建报表

新建报表，并以“生产成本、期间费用明细表”的名称保存此报表。

3. 格式要求

1）设置表尺寸。

2）进行单元组合。

3）设置表格边框（外边框用粗线、内边框用细线）。

4）绘制单元斜线。

5）设置数字区域为“数值”，千位分隔，水平右对齐、垂直居中。

4. 输入表头、表体、表尾内容

表头、表尾为黑体、粗体、14 号，表体为 12 号，对齐方式参看表样，自行调整行高或列宽以便更好地适应单元内容的显示。

5. 设置关键词：单位名称、年、月

6. 定义单元公式

7. 将“生产成本、期间费用明细表”作为模板，保存在“内部管理报表”行业属性下

⊙ 任务分解及技能要点（见表 6－2）

表 6－2　任务分解及技能要点

任务名称	业务类型	菜单路径	技能要点
新建与保存	新建报表	【文件】\【新建】	自定义报表的创建
	保存报表	【文件】\【保存】	新建报表的保存
格式编辑	表尺寸	【格式】\【表尺寸】	报表行数和列数的设置
	组合单元	【格式】\【组合单元】	单元区域的合并
	表体边框	【格式】\【单元属性】	单元区域内外边框的设置
	区域画线	【格式】\【区域画线】	单元区域特殊线条的设置
	单元其他属性	【格式】\【单元属性】	单元区域类型、字体和对齐的设置
	行高与列宽	【格式】\【行高】；【格式】\【列宽】	行高或列宽的设置
	设置关键字	【数据】\【关键字】\【设置】；【数据】\【关键字】\【偏移】	关键字的添加；关键字位置的调整
	定义单元公式	【数据】\【编辑公式】\【单元公式】	单元数据计算公式的设置
	创建自定义模板	【格式】\【自定义模板】	报表模板的增加、修改和删除等操作

⊙ 应用向导

执行【业务工作】\【财务会计】\【UFO 报表】命令，完成如下操作。

1. 新建与保存

1）单击【新建】按钮，或者执行【文件】\【新建】命令，进入“report1”窗口。

提示：

1）新建报表后，系统自动生成一张名为“report1”的默认格式的空白表，默认只包含 1 张表页，页标为“第 1 页”。

2）UFO 报表有两种操作状态，即格式状态、数据状态。两种状态下所能操作的功能存在差别。当前状态通过窗口左下角的红字显示。新建报表后，默认为格式状态。执行【编辑】\【格式/数据状态】命令，或者单击左下角红字，可以在两种状态之间进行切换。

3）报表由列和行构成，列和行的交叉处为单元，也就是报表的最小单位，并以列号（A～Ⅳ）和行号（1～9 999）作为单元名称。

2）在格式状态下，单击【保存】按钮，或者执行【文件】\【保存】命令，在“另存为”对话框中，选择目标路径，输入文件名，单击【另存为】按钮，将新建报表保存在计算机指定的路径下，以便日后打开使用，UFO 报表的标题栏也自动改为新设的文件名。

提示：

1）UFO 报表文件的默认类型为. rep，也可保存为. txt、. mdb、. xls、. wk4 等文件类型。

2）对于已保存的报表文件，通过执行【文件】\【另存为】命令，可以保存当前文件的备份，或者把文件保存为其他文件格式。执行【另存为】命令后，对文件所作的改变将只保存于新文件中，原有文件不予保存。

3）通过执行【文件】菜单的【打开】命令，或者单击【打开】按钮，可以将存放于目标路径下的上述 5 类格式的文件打开，系统允许同时打开处理 20 个文件。

2. 格式编辑

1）表尺寸。在格式状态下，执行【格式】\【表尺寸】命令，“行数”为“14”，“列数”为“12”，单击【确认】按钮，报表窗口自动调整。

提示：

1）如需增加行或列有两种方法。

① 执行【编辑】\【插入】\【行】或【列】命令，添加于选定行的上方或选定列的左边。

② 执行【编辑】\【追加】\【行】或【列】命令，只能将行或列添加在最后。一次操作可插入或追加多行或多列。

2）如需减少行或列，选择需删除的行或列，执行【编辑】\【删除】菜单的【行】或【列】命令。拖动鼠标选定连续多行或多列的，也可一次性删除。

2）组合单元。在格式状态下，拖动鼠标，选中[A1:L1]，单击鼠标右键的【组合单元】菜单，或者执行【格式】\【组合单元】命令，单击【整体组合】按钮，完成对选定区域的单元格组合。参照表样，依次完成组合单元操作。

提示：

1）组合单元只针对由连续两个以上单元组成的单元区域有效。已定义公式的单元、可变区中的单元不得选入需组合的单元区域内。

2）系统提供3种组合方式，即按行、按列、整体。按行或列的方式受到需组合的单元区域的行数或列数限制，整体组合适用于需组合的各种单元区域。例如，4列×2行（包含8个单元），执行【整体组合】命令后形成1个大单元，执行【按行组合】命令后形成2个4列×1行的单元；执行【按列组合】命令后形成4个1列×2行的单元。

3）组合后的单元以单元区域的名称作为地址，类型和内容以此区域左上角的单元为准。

4）如要取消组合，选定已组合的单元，在"组合单元"对话框中，单击【取消组合】按钮即可。

3）表体边框。在格式状态下，拖动鼠标，选中[A3:L12]，单击鼠标右键的【单元属性】菜单，或者执行【格式】\【单元属性】命令，在"单元属性"对话框的"边框"中，选择线型样式，完成外边框和内边框的设置。

4）区域画线。

① 去除原有框线。在格式状态下，拖动鼠标，选中[A4:A5]，单击鼠标右键的【单元属性】菜单，或者执行【格式】\【单元属性】命令，在"单元属性"对话框的"边框"中，鼠标移至预览区，单击中间横线，完成删除框线操作。

② 添加斜线。在格式状态下，拖动鼠标，选中[A4:A5]，执行【格式】\【区域画线】命令。在"区域画线"对话框中，"画线类型"为"正斜线"，"样式"为"实线"，单击【确认】按钮，完成添加斜线操作。

提示：

1）区域画线可以针对一个单元或包含多个单元的单元区域进行操作，如选定为单元区域，则无须组合单元。

2）如需删除画线，再次执行【区域画线】命令，样式选为"空白"；如需删除的是正斜线或反斜线，必须先选择对应的画线类型。

3）通过"单元属性"的"边框"功能，也可以添加或删除画线，如是斜线的，可以删除，无法添加。

③ 在格式状态下，选中[A4]，填入"金额"，单击鼠标右键的【单元属性】菜单，或者执行【格式】\【单元属性】命令，在"单元属性"对话框的"对齐"中，"水平方向"为"居右"，"垂直方向"为"居中"，单击【确定】按钮。再选中A5，填入"项目"，"水平方向"为"居左"，"垂直方向"为"居

中”，单击【确定】按钮，完成对斜线上方和下方单元的设置。

④ 参照表样，依次完成多个单元区域的区域画线操作。

5）单元其他属性。

① 在格式状态下，选中[B6：C12]，单击鼠标右键的【单元属性】菜单，或者执行【格式】\【单元属性】命令，在“单元属性”对话框的“单元类型”中，选择“数值”，勾选“逗号”，如图 6－1 所示；在“单元属性”对话框的“对齐”中，完成对齐方式设置。

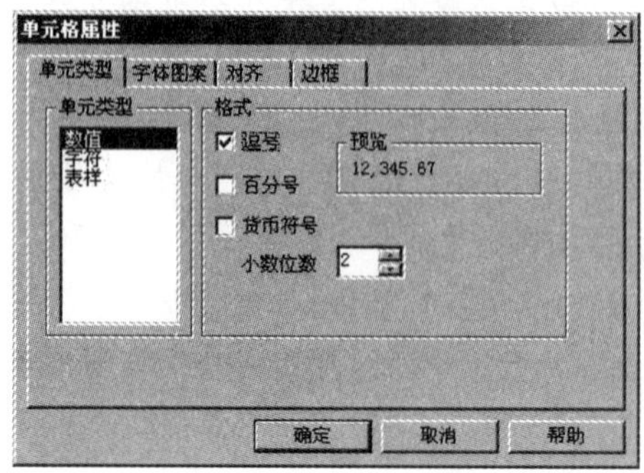

图 6－1　UFO 报表—单元属性(单元类型)

提示：

1）单元类型有 3 种，即数值、字符、表样。“数值”用于存放报表数字，“字符”用于存放报表数字、文字及由键盘可输入的符号。数值型和字符型单元输入后只作用于当前表页；表样型单元的数据作用于所有表页，各表页对应地址的单元内容和显示方式相同。

2）新建报表时，单元类型默认为“数值”，在格式状态下进行数据录入的单元自动转换成表样型单元。

3）已有内容的单元变换单元类型后，系统会自动清除已输入的内容。

② 选中[A1：L1]，填入报表的标题，单击鼠标右键的【单元属性】菜单，或者执行【格式】\【单元属性】命令，在“单元属性”对话框的“字体图案”中，按照要求选定“字体”“字型”“字号”，如图 6－2 所示。在“单元属性”对话框的“对齐”中，完成对齐方式设置。

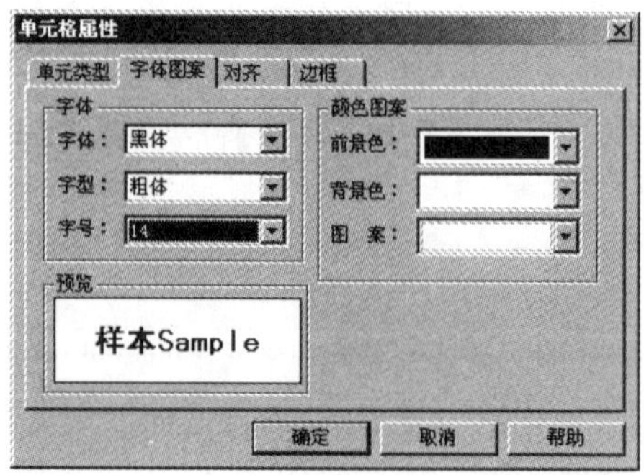

图 6－2　UFO 报表—单元属性(字体图案)

③ 参照表样，依次完成多个单元区域的单元类型、字体图案和对齐操作。

6）行高与列宽。

① 在格式状态下，选中[A1：L1]，单击鼠标右键的【行高】菜单，或者执行【格式】\【行高】命令，“行高（毫米）”默认为“5”，调整为“8”，单击【确认】按钮，完成行高设置。

提示：

1）单击行标或列标，可选中整行或整列；在行标或列标上拖动鼠标，可选取多行或多列；单击报表左上角的全选按钮，可选中整个表页的行高、列宽。其默认计量单位为毫米。

2）将鼠标移至行或列的边界处，拖动鼠标可对行高或列宽进行粗略调整。

② 参照表样，依次完成表体、表尾的内容输入和格式设置，第 2 行的各个单元区域不作上述操作。

提示：

1）已有公式的单元，必须先删除公式才能修改单元内容。

2）在格式状态下，剪切操作对所有表页有效，需要谨慎使用。

3）当报表有颜色、框线等设置时，通过执行【格式】\【套用格式】命令，选择接近的格式，再进行一些简单的修改即可。

7）设置关键字。

① 在格式状态下，选中[A2：E2]，执行【数据】\【关键字】\【设置】命令，在“设置关键字”对话框中，选中“单位名称”，如图 6-3 所示，单击【确定】按钮，在选定单元区域内，设定的关键字以红字显示。

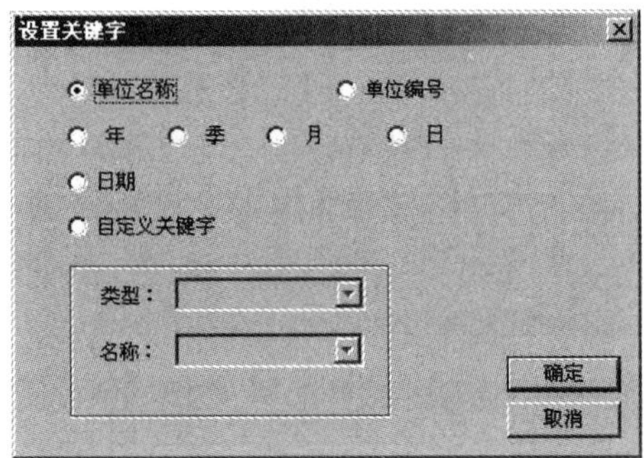

图 6-3　UFO 报表—关键字设置

② 参照表样，依次完成其他关键字的设置。

③ 在格式状态下，执行【数据】\【关键字】\【偏移】命令，输入或单击【▲】、【▼】按钮，完成对已设定关键字的偏移操作。

提示：

1）关键字可以唯一标识一张表页。

2）关键字的设置、偏移在格式状态下操作，录入在数据状态下操作。

3）同一个关键字只能设置一次，重复设置的，系统会自动取消前一次的设置。执行【数据】\【关键字】\【取消】命令，可删除所设关键字。

4）一个单元可以设置多个关键字，通过关键字偏移操作进行相对位置的调整。关键字偏移量的最大区间为[−300,300]，必须是整数，负数表示向左偏移，正数表示向右偏移。

完成上述一系列操作后，单击【保存】按钮，"生产成本、期间费用明细表"的样式如图 6－4 所示。

UFO报表 －［生产成本、期间费用明细表］

生产成本、期间费用明细表

单位名称：xxxxxxxxxxxxxxxxxxxxxxxxxxxxxx　　xxxx 年　xx 月

生产成本			销售费用			管理费用			财务费用		
金额 项目	期初数	期末数	金额 项目	本月数	本年累计数	金额 项目	本月数	本年累计数	金额 项目	本月数	本年累计数
直接材料			工薪费		演示数据	工薪费			利息		
直接人工			办公费			办公费			手续费		
其他直接支出			折旧费			折旧费			汇兑损益		
制造费用			差旅费			差旅费					
			广告费			其他					
			其他								
合计			合计			合计			合计		

附注：本报表请于次月5日前上报。

单位负责人：　　　　会计主管：　　　　制表人：

图 6－4　UFO 报表—生产成本、期间费用明细表(格式)

8）定义单元公式。

① 在格式状态下，选定[B6]，执行【数据】\【编辑公式】\【单元公式】命令，或者单击【fx】按钮，或者使用"＝"，调出"定义公式"对话框，如图 6－5 所示。在该对话框中，可直接在"＝"后面的编辑栏内手动输入公式，也可通过函数向导定义公式。

图 6－5　UFO 报表—定义公式

② 单击【函数向导】按钮，在"函数向导"对话框中，"函数分类"为"用友账务函数"，"函数名"为"期初(QC)"，单击【下一步】按钮，单击【参照】按钮。

③ 在“账务函数”对话框中，“科目”为“500101 生产成本——直接材料”，其他栏目按照系统默认，如图 6-6 所示。

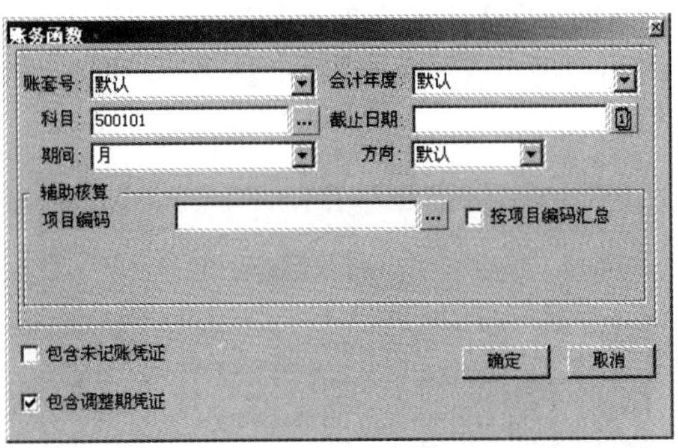

图 6-6 UFO 报表—账务函数

提示：

1) 账套号默认为当前账套，会计年度默认为当前年度。

2) 一次只能选择一个科目，对于“货币资金”之类的需要参照多个科目的项目，在“定义公式”对话框的编辑栏内，使用+、-、*、/、()等运算符，并配合函数向导，可以设置多个单元公式。

3) 会计科目如下设辅助项的，“辅助核算项目编码”缺省表示选定所有的核算项目。

4) 期间通常为“月”，即当前月。如需年初数的，期初(QC)函数的期间应为“全年”或“1”；如需年末数的，期末(QM)函数的期间应为“全年”或“12”；累计发生(LFS)函数返回选定科目从年初到某一期间某方向发生额的累计数，期间仍为“月”，而不是“全年”。

5) 期初(QC)、期末(QM)函数的科目方向可以缺省；发生(FS)和累计发生(LFS)函数的科目方向不可缺省。

6) 诸如“合计”之类的通过表内其他项目算术运算可得的项目，可以在“定义公式”对话框的编辑栏内，在英文半角状态下手动输入公式。

④ 单击【确定】按钮，返回上一窗口，再单击【确定】按钮，返回到“定义公式”对话框，公式“QC("500101",月,,,,"",,,,,)”显示在“=”后面的编辑栏内，单击【确认】按钮，保存该单元公式，B6 单元显示“公式单元”字样。

⑤ 参照表样，依次完成所有单元公式的定义。

以“销售费用——工薪费”为例，“本月数”和“本年累计数”的单元公式如下：

E6= FS("660101",月,"借",,,"",,)

F6= LFS("660101",月,"借",,,"",,)

以生产成本的“期初数”为例，“合计”的单元公式如下：

B12= TOTAL (B6:B9)或者=B6+B7+B8+B9

⑥ 公式定义后，执行【数据】\【公式列表】命令，在“公式列表”对话框中，可查看到所有公

式的表达式。通过单击【导出】按钮,可以将公式列表输出形成一个单独的.txt 等文件。

9）创建自定义模板。

① 在格式状态下,执行【格式】\【自定义模板】命令,在“自定义模板”对话框中,单击【增加】按钮,“行业名称”为“内部管理报表”,单击【确定】按钮,新增的行业名称会显示在行业名列表中,如图 6-7 所示。

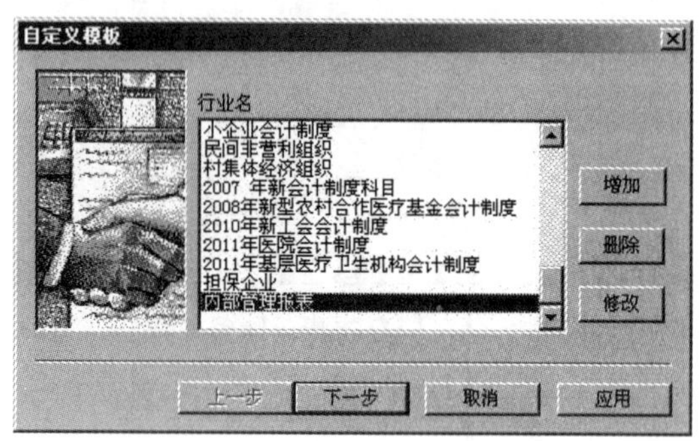

图 6-7 UFO 报表—自定义模板

② 选定“内部管理报表”,单击【下一步】按钮,再单击【增加】按钮,在“添加模板”对话框中,选择目标路径下的“生产成本、期间费用明细表.rep”,单击【添加】按钮,该报表显示在模板名列表中,再单击【完成】按钮,在内部报表中成功定义了一个新的报表模板。

提示:

在“自定义模板”窗口,通过单击【删除】、【修改】按钮,可对已保存的行业名、模板名进行删除、修改操作。

6.1.2 模板报表设计

【问题引入】

1. 报表模板主要起到什么作用?
2. 如果模板中的报表格式与现行规定不相符,企业可以修改模板吗?
3. 利润表可以设计怎样的审核公式?

【项目实训】

⊙ **实务案例**

本月涉及财务模板报表设计的业务如下。

1. 利润表

1）利用报表模板(2007 新会计制度科目)生成利润表。

2）检查报表项目及单元公式是否符合最新会计准则要求,如有不符则进行修改。

3）以当前报表名称保存此报表。

2. 资产负债表

1）利用报表模板（2007 新会计制度科目）生成资产负债表。

2）检查报表项目及单元公式是否符合最新会计准则要求，如有不符则进行修改。

3）定义审核公式：资产的期末余额＝负债和所有者权益的期末余额；资产的年初余额＝负债和所有者权益的年初余额。

4）以当前报表名称保存此报表。

⊙ 任务分解及技能要点（见表 6－3）

表 6－3　任务分解及技能要点

任务名称	业务类型	菜单路径	技能要点
利润表	调用利润表模板	【格式】\【报表模板】	利润表模板的格式调用
	利润表格式编辑	参看自定义报表设计	
资产负债表	调用资产负债表模板	【格式】\【报表模板】	资产负债表模板的格式调用
	资产负债表格式编辑	参看自定义报表设计	
	定义审核公式	【数据】\【编辑公式】\【审核公式】	报表项目勾稽关系的定义

⊙ 岗位分工

☞ 系统登录：以 U03 姚家友（账套主管）身份注册并登录【企业应用平台】模块，操作日期为“2019－01－31”。

⊙ 应用向导

执行【业务工作】\【财务会计】\【UFO 报表】命令，完成如下操作。

1. 利润表

调用利润表模板的步骤如下：

1）单击【新建】按钮，或者执行【文件】\【新建】命令，生成一张空白表。

2）在格式状态下，执行【格式】\【报表模板】命令，在“报表模板”对话框中，选择所属行业、报表名称，如图 6－8 所示。

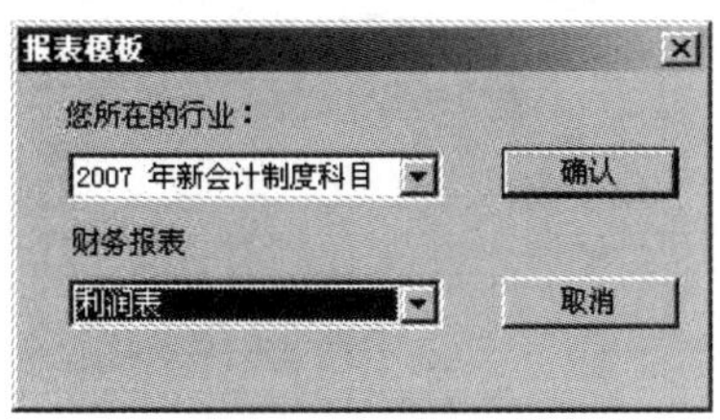

图 6－8　UFO 报表—报表模板

3）单击【确认】按钮，系统提示“模板格式将覆盖本表格式！是否继续?”，单击【是】按钮，系统以利润表模板替代空白表，如图 6－9 所示。

UFO报表 - [report1]

利润表			
			会企02表
编制单位:	xxxx 年	xx 月	单位:元
项　　目	行数	本期金额	上期金额
一、营业收入	1	公式单元	公式单元
减：营业成本	2	公式单元	公式单元
营业税金及附加	3	公式单元	公式单元
销售费用	4	公式单元	公式单元
管理费用	5	公式单元	公式单元
财务费用	6	公式单元	公式单元
资产减值损失	7	公式单元	公式单元
加：公允价值变动收益（损失以“-”号填列）	8	公式单元	公式单元
投资收益（损失以“-”号填列）	9	公式单元	公式单元
其中:对联营企业和合营企业的投资收益	10		
二、营业利润（亏损以“-”号填列）	11	公式单元	公式单元
加：营业外收入	12	公式单元	公式单元

图 6－9　UFO 报表—利润表模板

4）参照最新的利润表格式和编制要求，修改项目名称和单元公式。操作完成后，单击【保存】按钮，命名报表并保存在目标路径下。

提示：

1）在格式状态下，调用系统预置模板报表后可以进行项目和公式的修改。

2）修改完毕后，需要重新计算报表数据。

2. 资产负债表

1）参照利润表，以同样的方法，调用资产负债表模板，如图 6－10 所示。

UFO报表 - [report2]

			资产负债表				
							会企01表
编制单位:		xxxx 年	xx 月	xx 日			单位:元
资　　产	行次	期末余额	年初余额	负债和所有者权益（或股东权益）	行次	期末余额	年初余额
流动资产:				流动负债:			
货币资金	1	公式单元	公式单元	短期借款	32	公式单元	公式单元
交易性金融资产	2	公式单元	公式单元	交易性金融负债	33	公式单元	公式单元
应收票据	3	公式单元	公式单元	应付票据	34	公式单元	公式单元
应收账款	4	公式单元	公式单元	应付账款	35	公式单元	公式单元
预付款项	5	公式单元	公式单元	预收款项	36	公式单元	公式单元
应收利息	6	公式单元	公式单元	应付职工薪酬	37	公式单元	公式单元
应收股利	7	公式单元	公式单元	应交税费	38	公式单元	公式单元
其他应收款	8	公式单元	公式单元	应付利息	39	公式单元	公式单元
存货	9	公式单元	公式单元	应付股利	40	公式单元	公式单元
一年内到期的非流动资产	10			其他应付款	41	公式单元	公式单元
其他流动资产	11			一年内到期的非流动负债	42		

图 6－10　UFO 报表—资产负债表模板

2）参照最新的资产负债表格式和编制要求，修改项目名称和单元公式。

3）在格式状态下，先查看“资产的期末余额”所在单元地址（如 C38）、“负债和所有者权益的期末余额”所在单元地址（如 G38）；再执行【数据】\【编辑公式】\【审核公式】命令，在“审核公式”对话框的“审核关系”编辑栏中，参照格式范例，输入“C38＝G38 MESS"资产的期末余额＜＞负债和所有者权益的期末余额"”，单击【确定】按钮，保存该审核公式。依次完成操作后，如图 6－11 所示。

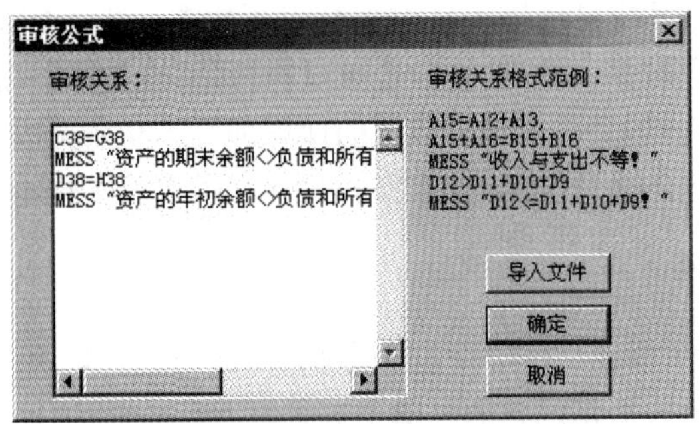

图 6－11　UFO 报表—数据（审核公式）

4）操作完成后，单击【保存】按钮，命名报表并保存在目标路径下。

提示：

1）审核公式在格式状态下编辑，在数据状态下使用。

2）审核公式必须在英文半角状态下输入。

项目 6.2　报表数据生成与表页管理

【项目目标】

◆ 掌握 UFO 报表系统的数据处理。
◆ 掌握 UFO 报表系统的表页功能及操作。
◆ 熟悉 UFO 报表系统的图表分析功能。

【知识要点】

本项目主要包括以下内容。

☑ 6.2.1　报表数据生成
☑ 6.2.2　报表表页操作
☑ 6.2.3　报表图表分析

下面对本项目内容的知识要点进行介绍。

一、报表数据生成

报表数据包括报表单元的数值、字符等，可以由单元公式生成或者手动输入。报表数据生成的对象是某一张表页，主要包括关键字录入、审核公式、舍位平衡公式的使用等工作，这些操作必须在数据状态下进行。当企业完成自定义报表设计，或是模板报表编辑后，将格式状态切换至数据状态，UFO 报表系统自动提示是否进行表页数据计算。如确需计算，则系统会自动计算并直接生成当前表页数据。此外，企业也可以执行【整表重算】或【表页重算】命令，发起对报表数据的计算要求。当然，上述对报表数据的计算都要建立在关键字已录入的基础上，否则单元公式无法定位到特定的会计期间，导致报表数据有误或无法显示。

二、报表表页操作

UFO 报表系统的单个报表文件可以包含多张表页，通过在表页之间建立联系，实现以固定格式管理大量同类型报表数据的目的。除了对表页进行插入、追加或删除等操作之外，企业可以进行表页的排序和查询，以及针对多张表页进行汇总，将汇总数据存放于当前报表的最后一页或形成新的报表，还可以针对某一特定表页进行格式和数据的输出。

三、报表图表分析

UFO 报表系统提供了插入图表功能，共有直方图、折线图、饼图、面积图 4 类图形、11 种样式。所插入的图表与报表数据存在直接关联，可针对单元区域、当前表页或整个报表，以选定区域的行或列作为数据源，进行数据直观展示和分析，用户也可自定义图表标识、图表标题、X 轴及 Y 轴的标题。通过鼠标操作，图表在报表文件中既可以移动位置，也可以调整图表大小，还可以更换图表样式。

【项目准备】

☞ 系统登录：以 U03 姚家友（账套主管）身份注册并登录【企业应用平台】模块，操作日期为“2019-01-31”。

6.2.1 报表数据生成

【问题引入】

1. 时期报表和时点报表如何通过关键字加以区分？
2. 在哪些情况下需要执行整表重算功能？
3. 关键字的位置如何进行调整？
4. 审核公式的操作在格式和数据状态下有什么不同？

【项目实训】

⊙ 实务案例

本月涉及报表数据生成的业务如下。

1. 自定义报表生成

生产成本、期间费用明细表。2019 年 1 月 31 日，录入关键字“江苏天成机械　2019 年 1 月”，生成并保存报表数据。

2. 模板报表生成

1）利润表。2019 年 1 月 31 日，录入关键字“江苏天成机械　2019 年 1 月”，生成并保存报表数据。

2）资产负债表。2019 年 1 月 31 日，录入关键字“江苏天成机械　2019 年 1 月 31 日”，生成报表数据，使用审核公式进行验证，并保存报表数据。

⊙ 任务分解及技能要点(见表 6－4)

表 6－4　任务分解及技能要点

任务名称	业务类型	菜单路径	技能要点
自定义报表生成	打开报表	【文件】\【打开】	已保存报表文件的打开
	录入关键字	【数据】\【关键字】\【录入】	区分不同会计期间，进行关键字的录入
模板报表生成	打开报表	参看自定义报表生成	
	录入关键字		
	审核勾稽关系	【数据】\【审核】	依据审核公式，进行报表项目关系的审核

⊙ 应用向导

执行【业务工作】\【财务会计】\【UFO 报表】命令，完成如下操作。

1. 自定义报表生成

1）单击【打开】按钮，或者执行【文件】\【打开】命令，打开目标路径下的“生产成本、期间费用明细表”。

2）在数据状态下，执行【数据】\【关键字】\【录入】命令，输入各关键字的内容，如图 6－12 所示。

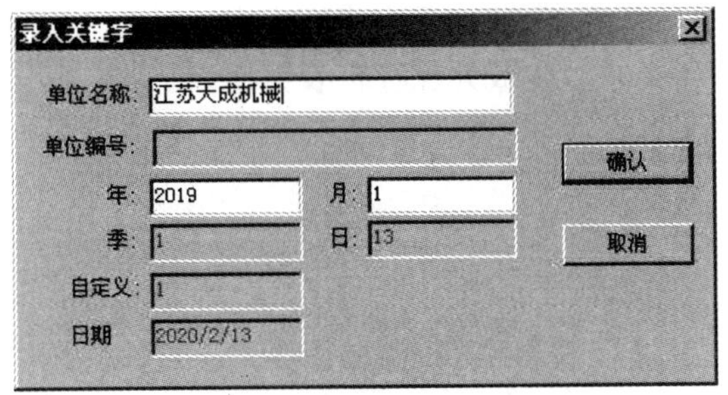

图 6－12　UFO 报表—关键字录入

提示：

1）只有录入关键字，才能明确需要生成数据的报表归属于哪个账套、哪一期间。

2）关键字必须在数据状态下才能录入。

3）关键字必须由键盘录入，不能进行剪切、复制、粘贴。

4）关键字“单位名称”最多输入30个字符，“单位编号”最多输入10个字符。

3）单击【确认】按钮，系统提示“是否重算第1页”，单击【是】按钮，按照录入的关键字，系统自动生成该账套2019年1月的“生产成本、期间费用明细表”数据，公式单元会显示相应数据。

4）单击【保存】按钮，或者执行【文件】\【保存】命令，对当前报表数据进行保存。

2. 模板报表生成

1）利润表。参照自定义报表生成，以同样的方法生成利润表数据并保存。

2）资产负债表。

① 参照自定义报表生成，以同样的方法生成资产负债表数据。

② 在数据状态下，执行【数据】\【审核】命令，根据已定义的审核公式，系统自动进行报表项目数据勾稽关系审核；对当前报表数据进行保存。

6.2.2 报表表页操作

【问题引入】

1. 一个报表文件和一张表页之间存在何种关系？
2. 如何在一个报表文件中分别生成1—12月的分月数据？
3. 表页的插入和追加有什么不同？

【项目实训】

⊙ **实务案例**

本月涉及报表表页操作的业务如下：

2019年1月31日，在生产成本、期间费用明细表中，追加一张表页，在新表页中输入关键字“江苏天成机械　2019年2月”，生成并保存报表数据。

⊙ **任务分解及技能要点(见表 6－5)**

表 6－5　任务分解及技能要点

任务名称	业　务	菜单路径	技能要点
报表表页操作	编辑表页	【编辑】\【追加】\【表页】;【编辑】\【插入】\【表页】;【编辑】\【删除】\【表页】	表页的添加和删除操作
	更新表页数据	【数据】\【表页重算】	区分不同表页,进行数据重算

⊙ **岗位分工**

☞ 系统登录:以 U03 姚家友(账套主管)身份注册并登录【企业应用平台】模块,操作日期为“2019－01－31”。

⊙ **应用向导**

执行【业务工作】\【财务会计】\【UFO 报表】命令,完成如下操作:

1) 单击【打开】按钮,或者执行【文件】\【打开】命令,打开目标路径下的“生产成本、期间费用明细表”。

2) 在数据状态下,执行【编辑】\【追加】\【表页】命令,在“追加表页”对话框中,输入或单击【▲】、【▼】按钮确定需追加的表页数,如为“1”,单击【确认】按钮,在“生产成本、期间费用明细表”底部状态栏显示“第 2 页”的页标。

提示:

1) 增加表页有两种方法。

① 执行【编辑】\【插入】\【表页】命令,将新增表页作为第 1 页;

② 执行【编辑】\【追加】\【表页】命令,将新增表页作为最后 1 页。

2) 一个报表最多可含 99 999 张表页。

3) 在格式状态下,所进行的操作对当前报表的所有表页都有效,因此,新增表页自动沿用其他表页的格式和内容,不同表页的页标只在数据状态下才会显示。

4) 通过增加表页,可将某个账套某一年度各月报表保存在一个文件中,便于快捷查询、统计和分析。

5) 如需减少表页,执行【编辑】\【删除】\【表页】命令即可。删除表页时,通过输入多个页码且以英文逗号分隔,可以一次性删除多张表页;删除表页后,页码自动按序重新排列;删除表页功能对只有一张表页的报表无效。

3) 单击“第 2 页”的页标,以同样的方法,输入各关键字的内容,单击【确认】按钮,系统提示“是否重算第 2 页”,单击【是】按钮,系统自动计算第 2 页的数据。

4) 单击【保存】按钮,或者执行【文件】\【保存】命令,对当前报表数据进行保存。

提示：

在数据状态下，执行【数据】\【整表重算】命令，系统对整个报表进行重算；选定某一张表页，执行【数据】\【表页重算】命令，系统对选定的表页进行重算。

6.2.3 报表图表分析

【问题引入】

1. 相较于 Excel 软件，UFO 报表的插入图表功能具有同样的作用吗？
2. 插入图表时，如何选择数据源？
3. 不同图表类型分别适用于对什么进行分析？

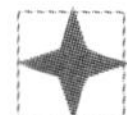

【项目实训】

⊙ **实务案例**

本月涉及报表图表分析的业务如下：

2019 年 1 月 31 日，在生产成本、期间费用明细表中，采用饼图的形式，生成销售费用构成图。

⊙ **任务分解及技能要点(见表 6－6)**

表 6－6 任务分解及技能要点

任务名称	菜单路径	技能要点
报表图表分析	【工具】\【插入图表对象】	区分不同图表类型，进行区域作图

⊙ **岗位分工**

☞ 系统登录：以 U03 姚家友(账套主管)身份注册并登录【企业应用平台】模块，操作日期为“2019－01－31”。

⊙ **应用向导**

执行【业务工作】\【财务会计】\【UFO 报表】命令，完成如下操作：

1) 单击【打开】按钮，或者执行【文件】\【打开】命令，打开目标路径下的“生产成本、期间费用明细表”。

2) 在数据状态下，选定第 1 页的[D5：E11]，单击鼠标右键的【插入图表对象】菜单，或者执行【工具】\【插入图表对象】命令，在“区域作图”对话框中，选择数据组，添加名称和标题，选择图形，如图 6－13 所示，单击【确认】按钮，即可形成销售费用构成图。

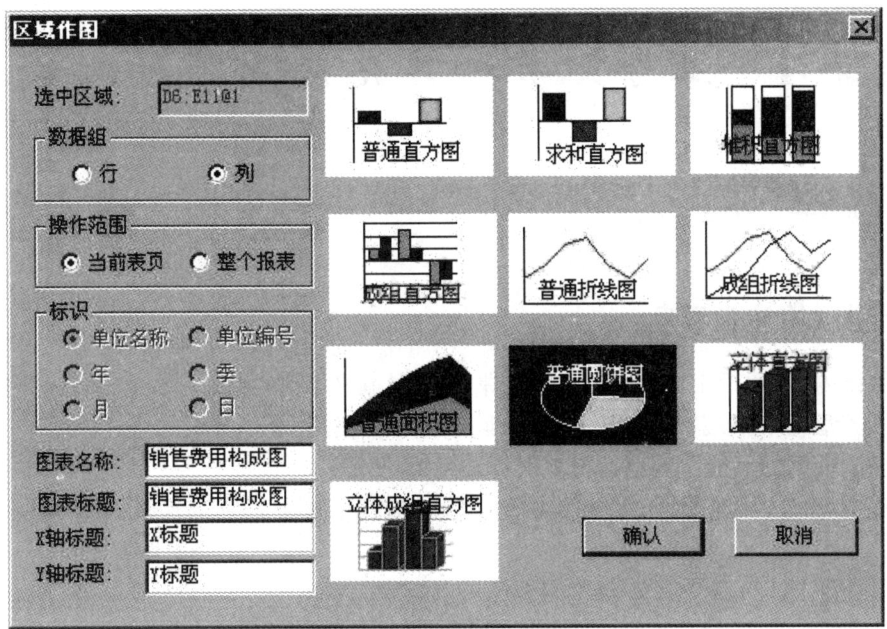

图 6－13　UFO 报表—区域作图

提示:

1）插入图表只能在数据状态下操作，所形成的图表也只能在数据状态下显示。

2）作图前要选定数据源，所选区域必须含标题单元，列数或行数不应小于 2。

3）图表只能插入到当前表页中，不能单独保存。

4）选中图表对象，按住鼠标左键不松，可以移动图表位置；使用鼠标拖动图表四周某一控制点，可以调整图表大小；单击鼠标右键，可以进行剪切、复制、删除等操作。

5）双击图表对象，单击鼠标右键，可以更换图形。

附录1　业务财务一体化应用强化测试A

【测试要求】

一、测试的注意事项

1）测试内容：运行用友 U8 V10.1 软件，完成从新建账套、系统初始化、总账管理、薪资管理、固定资产管理、应收款管理、应付款管理、供应链管理到 UFO 报表的全过程操作。

2）测试期间尽可能不要运行与本次测试无关的程序。

3）配备 U 盘、移动硬盘等存储设备用于保存测试相应的文件。

二、测试前的准备工作

新建一个文件夹，命名为“强化测试 A”，需要保存的文件如下：

1）账套的备份文件。

2）操作成果的截图文件。在文件夹中，新建一个 word 文件，命名为“强化测试 A”，在测试过程中所有要求截取的图片都保存在该文件中。

3）账表输出文件。

4）UFO 报表文件。

【测试资料】

一、操作员及权限

以系统管理员“admin”的身份登录系统管理，操作员信息如表 A-1 所示。

表 A-1　操作员及权限

编　号	姓　名	口　令	所属部门	权　限
601	张军	无	财务部	账套主管的全部权限
602	孙丽红	无	财务部	总账管理、薪资管理、固定资产管理的所有权限
603	王海	无	财务部	供应链管理、应收款管理、应付款管理的所有权限

二、建账及启用

1. 账套号：800（也可以自定义）

启用日期：2020-01-01。

2. 账套名称：杭州长兴科贸有限公司。

单位名称：杭州长兴科贸有限公司。

单位简称：长兴科贸。

3. 记账本位币：人民币(RMB)

企业类型：工业。

行业性质：2007 年新会计制度科目(按行业性质预置科目)。

账套主管：601　张军。

基础信息：对存货、客户进行分类，有外币核算。

分类编码方案：科目编码级次：4－2－2；客户分类编码级次：2－2；存货分类编码级次：2－2；部门编码级次：2－2；结算方式编码级次：1－2。

4. 启用系统

总账管理、薪资管理、固定资产管理、应收款管理、应付款管理、采购管理、销售管理、库存管理、存货核算，启用日期均为"2020－01－01"。

三、系统初始化

要求：操作员为"601　张军"，操作日期为"2020－03－01"。

(一) 公共基础信息

1. 部门档案(见表 A－2)

表 A－2　部门档案

部门编码	部门名称
01	销售部
02	后勤部
03	财务部
04	装配部

2. 人员档案(见表 A－3)

表 A－3　人员档案

人员编码	人员姓名	行政部门
01	张军	财务部
02	孙丽红	财务部
03	王海	财务部
04	张林	后勤部
05	刘通	销售部
06	陈辉	装配部

注：均为在职人员和业务员。

3. 供应商档案(见表 A-4)

表 A-4　供应商档案

供应商编号	供应商名称	供应商简称	纳税人识别号	开户银行	账　号
01	华卓电子有限公司	华卓电子	913201152201478961	工行北京分行	14752265983
02	海丽贸易服务公司	海丽贸易	913201152204763102	建行上海分行	63310025714

4. 客户分类(见表 A-5)

表 A-5　客户分类

类别编码	类别名称
01	批发商
02	零售商

5. 客户档案(见表 A-6)

表 A-6　客户档案

客户编号	客户名称	客户简称	所属客户分类	纳税人识别号	开户银行	账　号
01	北京华海路电脑商贸城	华海路电脑城	02	911101036700589125	交行北京分行	22101136547
02	大德科技有限公司	大德科技	01	911101025632201145	农行广州分行	36556178942

(二) 总账基础信息

1. 凭证类别(见表 A-7)

表 A-7　凭证类别

类别字	类别名称	限制类型
记	记账凭证	无限制

2. 外币种类(见表 A-8)

表 A-8　外币种类

币别代码	币别名称	汇率方式	记账汇率
USD	美元	固定汇率	6.94

3. 会计科目及期初数据(见表 A－9 至表 A－13)

表 A－9　会计科目及总账期初

科目编码	科目名称	辅助核算	借贷方向	期初余额/元
1001	库存现金	日记账	借	21 000.00
1002	银行存款	日记账、银行账	借	89 500.00
100201	中国工商银行	日记账、银行账	借	89 500.00
100202	交通银行	日记账、银行账、美元	借	
1122	应收账款	客户往来 应收系统	借	65 000.00
1123	预付账款	客户往来 应收系统	借	30 000.00
1221	其他应收款			
122101	个人往来	个人往来	借	
122102	单位往来		借	
1401	材料采购		借	3 300.00
140101	主要材料	数量金额核算(个)	借	3 300.00(30 个)
140102	辅助材料	数量金额核算(盒)	借	
1403	原材料		借	42 500.00
140301	主要材料	数量金额核算(个)	借	40 000.00(400 个)
140302	辅助材料	数量金额核算(盒)	借	2 500.00(100 件)
1405	库存商品		借	86 000.00
140501	数码配件	数量金额核算(个)	借	16 000.00(80 个)
140502	管理软件	数量金额核算(套)	借	70 000.00(14 套)
1601	固定资产		借	178 750.00
1602	累计折旧		贷	39 072.00
2001	短期借款		贷	200 000.00
2202	应付账款	供应商往来 应付系统	贷	69 834.00
2203	预收账款	供应商往来 应付系统	贷	4 000.00
2211	应付职工薪酬		贷	16 810.00
2221	应交税费		贷	7 478.00
222101	应交增值税		贷	
22210101	进项税额		贷	
22210105	销项税额		贷	7 478.00

（续表）

科目编码	科目名称	辅助核算	借贷方向	期初余额/元
4104	利润分配		贷	178 856.00
410401	未分配利润		贷	178 856.00
6602	管理费用		借	
660201	工资	部门核算	借	
660202	差旅费	部门核算	借	
660203	折旧费	部门核算	借	
660204	其他	部门核算	借	

表 A－10　应收账款期初往来明细

日　期	凭证号	客　户	摘　要	方　向	金额/元
2019－11－10	转字－10	华海路电脑城	应收销货款	借	37 000.00
2019－12－8	转字－8	大德科技	应收销货款	借	28 000.00
合计					65 000.00

表 A－11　预付账款往来明细

日　期	凭证号	供应商	摘　要	方　向	金额/元
2019－12－05	付字－5	华卓电子有限公司	预付购货款	借	30 000.00
合计					30 000.00

表 A－12　应付账款往来明细

日　期	凭证号	供应商	摘　要	方　向	金额/元
2019－11－9	转字－9	华卓电子有限公司	应付购货款	贷	40 002.00
2019－12－16	转字－16	海丽贸易服务公司	应付购货款	贷	29 832.00
合计					69 834.00

表 A－13　预收账款往来明细

日　期	凭证号	客　户	摘　要	方　向	金额/元
2019－12－11	收字－11	大德科技	预收销货款	贷	4 000.00
合计					4 000.00

4. 指定科目

指定“1001 库存现金”为现金总账科目，“1002 银行存款”为银行总账科目。

5. 结算方式(见表 A－14)

表 A－14 结算方式

结算方式编号	结算方式名称	是否票据管理
1	支票	
101	现金支票	是
102	转账支票	是
2	商业汇票	

6. 本单位开户银行(见表 A－15)

表 A－15 本单位开户银行

编 码	账户名称	账 号	开户银行	所属银行编码
101	工行人民币户	12254398766	工行长青路支行	01 中国工商银行
501	交行美元户	63014789215	交行富源路支行	05 中国交通银行

7. 出纳初始信息

1) 2019 年 12 月 31 日，杭州长兴科贸有限公司的中国工商银行科目(100202)的人民币存款日记账余额为 89 500.00 元，与银行对账单余额相符。

2) 2019 年 12 月 31 日，杭州长兴科贸有限公司的交通银行科目(100201)的美元存款日记账余额为 0，与银行对账单余额相符。

8. 总账的其他功能选项设置

根据需要进行自定义。

(三) 薪资管理基础信息

1. 建立工资账套

工资类别个数：多个，分别为“正式工”(所有部门)和“临时工”(后勤部)；要求代扣个人所得税；不扣零；启用日期为“2020－01－01”。

2. 工资项目(见表 A－16)

表 A－16 工资项目

项目名称	类 型	长 度	小数位数	增减项
基本工资	数字	8	2	增项
绩效工资	数字	8	2	增项
交通补贴	数字	8	2	增项
应发合计	数字	10	2	增项
实发合计	数字	10	2	增项

3. 人员档案

1) 工资类别：正式工。

2）人员档案(见表 A－17)。

表 A－17　人员档案

人员编号	人员姓名	部门名称	人员类别	账　号
01	张军	财务部	在职人员	62009378001
02	孙丽红	财务部	在职人员	62009378002
03	王海	财务部	在职人员	62009378003
04	张林	后勤部	在职人员	62009378004
05	刘通	销售部	在职人员	62009378005
06	陈辉	装配部	在职人员	62009378001

4.“正式工”工资项目

1）工资类别:正式工。

2）工资项目:基本工资、绩效工资、交通补贴、应发合计、实发合计。

3）计算公式(见表 A－18)。

表 A－18　正式工工资计算公式

工资项目	定义公式
交通补贴	销售部人员为 300 元,其他部门人员为 150 元
应发合计	基本工资＋绩效工资＋交通补贴
实发合计	应发合计－代扣税
计税工资	应发合计

5.“临时工”类别下的工资项目

1）工资类别:临时工。

2）工资项目:基本工资、工时补贴、应发合计、实发合计。

3）计算公式(见表 A－19)。

表 A－19　临时工工资计算公式

工资项目	定义公式
工时补贴	基本工资×0.05
应发合计	基本工资＋工时补贴
实发合计	应发合计－代扣税
计税工资	应发合计

注:中方人员,计税,通过银行代发工资,工资不停发。

6. 代扣个人所得税设置

1）所得税项目:工资;对应工资科目:计税工资。

2）计税基数为 5 000 元,附加费用默认。

3）个人所得税七级超额累进税率表（按照现行税率）。

7. 薪资管理的其他功能选项设置

根据需要进行自定义。

（四）固定资产管理基础信息

1. 建立固定资产账套

1）采用"平均年限法（一）"计提折旧，折旧汇总分配周期为1个月，当（月初已计提月份＝可使用月份－1）时，将剩余折旧全部提足（工作量法除外）。

2）固定资产类别编码方式为"2－3"；固定资产编码方式采用"自动编码"方法；编码方式为"类别编码＋部门编码＋序号"；卡片序号长度为"3"。

3）要求与账务系统进行对账，固定资产对账科目为"1601 固定资产"，累计折旧对账科目为"1602 累计折旧"，在对账不平衡的情况下允许固定资产月末结账。

2. 选项设置

月末结账前一定要完成制单登账业务；"固定资产""累计折旧""减值准备""增值税进项税额""固定资产清理"的默认入账科目按照现行会计准则要求设置。其他功能选项根据需要进行自定义。

3. 部门对应折旧科目（见表A－20）

表A－20 部门对应折旧科目

部门编码	部门名称	折旧科目
01	销售部	销售费用
02	后勤部	管理费用——折旧费
03	财务部	管理费用——折旧费
04	装配部	制造费用

4. 资产类别（见表A－21）

表A－21 资产类别

类别编码	类别名称	使用年限	净残值率/%	计提属性	卡片样式
01	设备			正常折旧	含税卡片样式
01001	办公设备	20	4	正常折旧	含税卡片样式
01002	组装设备	10	5	正常折旧	含税卡片样式
02	车辆			正常折旧	含税卡片样式
02001	货车	12	3	正常折旧	含税卡片样式
02002	轿车	15	4	正常折旧	含税卡片样式

5. 固定资产原始卡片(见表 A－22)

表 A－22 固定资产原始卡片

资产名称	类别编号	部　门	增加方式	使用年限	开始使用日期	原值/元	累计折旧/元
复印机	01001	财务部、后勤部	购入	15	2018－10－16	3 750.00	320.00
办公桌椅	01001	财务部	购入	20	2015－11－20	40 000.00	8 160.00
装配设施	01002	装配部	购入	10	2016－04－25	25 000.00	9 104.00
小型集装箱车	02001	销售部	购入	12	2017－09－30	110 000.00	21 488.00
合计						178 750.00	39 072.00

注：

1）使用状况均为“在用”，其他未作说明的信息按系统默认。

2）柜式空调的多部门使用比例为 1∶1。

（五）应收款管理的基础信息

1. 应收款管理相关科目

1）基本科目：“应收科目”为“应收账款”，“预收科目”为“预收账款”，“坏账入账科目”为“坏账准备”，“商业承兑科目”“银行承兑科目”均为“应收票据”，“票据利息科目”“票据费用科目”均为“财务费用”，“税金科目”为“应交税费——应交增值税(销项税额)”，“销售收入科目”“销售退回科目”均为“主营业务收入”。

2）结算方式科目：“现金支票”“转账支票”均为“银行存款——中国工商银行”，“商业承兑汇票”“银行承兑汇票”均为“应收票据”，“本单位账号”为“12254398766”。

2. 客户往来期初数据

1）销售专用发票期初(见表 A－23)。

表 A－23 销售专用发票期初

日　期	票　号	客户简称	销售部门/业务员	物资名称	数　量	含税单价	价税合计/元
2019－11－10	11253001	华海路电脑城	销售部/刘通	数码配件	74	500.00	37 000.00
2019－12－08	49581707	大德科技	销售部/刘通	管理软件	2	14 000.00	28 000.00

2）收款单期初(见表 A－24)。

表 A－24 收款单期初

元

日　期	客户简称	部门/业务员	科　目	金额/元	结算方式	票据号	摘　要
2019－12－11	大德科技	销售部/刘通	2203	4 000.00	转账支票	648217	预收销货款

注：“结算方式”为“现金支票”，“结算科目”为“银行存款——中国工商银行”。

3. 应收款管理的其他功能选项设置

根据需要进行自定义。

（六）应付款管理的基础信息

1. 应付款管理相关科目

1）基本科目："应付科目"为"应付账款"，"预付科目"为"预付账款"，"税金科目"为"应交税费——应交增值税（进项税额）"，"商业承兑科目""银行承兑科目"均为"应付票据"，"票据利息科目""票据费用"科目均为"财务费用"。

2）结算方式科目："现金支票""转账支票"均为"银行存款——中国工商银行"，"本单位账号"为"12254398766"。

2. 供应商往来期初数据

1）采购专用发票期初（见表 A－25）

表 A－25　采购专用发票期初

日　期	票　号	供应商简称	部门/业务员	科　目	物资名称	数　量	单　价	价税合计/元
2019－11－09	51221401	华卓电子	销售部/刘通	2202	主要材料	400	88.50	40 002.00
2019－12－16	96640303	海丽贸易	销售部/刘通	2202	主要材料	300	88.00	29 832.00

2）付款单期初（见表 A－26）

表 A－26　付款单期初

日　期	供应商简称	部门/业务员	科　目	金额/元	票据号	摘　要
2019－12－05	华卓电子	销售部/刘通	1123	30 000.00	102596	预付购货款

注："结算方式"为"转账支票"，"结算科目"为"银行存款——中国工商银行"。

3. 应付款管理的其他功能选项设置

根据需要进行自定义。

（七）供应链管理基础信息

1. 存货分类（见表 A－27）

表 A－27　存货分类

编　码	类别名称
01	材料
02	商品
03	应税劳务

2. 计量单位组（见表 A－28）

表 A－28　计量单位组

计量单位组编号	计量单位组名称	计量单位组类别
1	实物	无换算关系
2	劳务	无换算关系

3. 计量单位(见表 A－29)

表 A－29　计量单位

计量单位编码	计量单位名称	所属计量单位组
01	个	实物
02	套	
03	盒	
11	千米	劳务

4. 存货档案(见表 A－30)

表 A－30　存货档案

分类编码	存货编码	存货名称	计量单位	属　性	税率/%
01	0101	主要材料	个	外购、生产耗用、销售	13
	0102	辅助材料	盒	外购、生产耗用、销售	13
02	0201	数码配件	个	自制、销售	13
	0202	管理软件	套	自制、销售	13
03	0301	运输劳务	千米	外购、销售、应税劳务	9

5. 仓库档案(见表 A－31)

表 A－31　仓库档案

仓库编码	仓库名称	计价方法
01	材料库	先进先出法
02	商品库	先进先出法

6. 收发类别(见表 A－32)

表 A－32　收发类别

收发标志	编　码	名　称	收发标志	编　码	名　称
收	1	入库	发	2	出库
	11	采购入库		21	销售出库
	12	商品入库		22	装配出库
	13	其他入库		23	其他出库

7. 采购类型(见表 A－33)

表 A－33　采购类型

编　码	名　称	入库类别	是否默认值
1	材料采购	采购入库	是
2	商品采购	采购入库	否
3	其他采购	采购入库	否

8. 销售类型(见表 A－34)

表 A－34　销售类型

编　码	名　称	出库类别	是否默认值
1	批发	销售出库	是
2	零售	销售出库	否

9. 存货科目(见表 A－35)

表 A－35　存货科目

仓库编码及名称	存货编码	存货名称	存货科目编码	存货科目名称
01 材料库	0101	主要材料	140301	原材料——主要材料
	0102	辅助材料	140302	原材料——辅助材料
02 商品库	0201	数码配件	140501	库存商品——数码配件
	0202	管理软件	140502	库存商品——管理软件

10. 存货对方科目(见表 A－36)

表 A－36　存货对方科目

入库类别编码及名称	存货编码	存货名称	对方科目编码	对方科目名称
11 采购入库	0101	主要材料	140101	材料采购——主要材料
	0102	辅助材料	140102	材料采购——辅助材料
21 销售出库			6401	主营业务成本
22 装配出库			5001	生产成本

11. 单据设计

将采购发票、销售发票的单据编号方式均设置为完全手工编号。

12. 供应链期初数据

1) 2019 年 12 月 26 日，装配部从华卓电子有限公司购入主要材料 40 个，暂估价为每套 70 元，已验收入材料库，采购发票尚未收到。

2）存货核算期初数据(见表A－37)。

表A－37　存货核算期初数据

仓库名称	存货编码	存货名称	结存数量	结存单价	结存金额/元
材料库	0101	主要材料	400	100.00	40 000
	0102	辅助材料	100	25.00	2 500
商品库	0201	数码配件	80	200.00	16 000
	0202	管理软件	14	5 000.00	70 000

13. 供应链的其他功能选项设置

根据需要进行自定义。

四、日常业务处理

要求：按照各操作员的权限分工完成相应的操作，附单据均为1张。

业务1：2020年3月1日，公司因管理工作需要，聘用一名临时工(见表A－38)，并按照4 800元/月核算当月的基本工资，从下个月开始核算工时补贴。

表A－38　临时工档案

职员编号	职员姓名	性　别	所属部门	人员类别	账号
07	张云	女	后勤部	在职人员	62009378007

注：中方人员，计税，通过银行代发工资，工资不停发。

业务2：2020年3月3日，装配部陈辉出差预借差旅费3 000元，财务部以现金支付。

业务3：2020年3月5日，由销售部刘通经办，向大德科技有限公司销售管理软件3套，单价为13 800元。对方公司已于本月3日提出订购要求，要求本月12日前发货并安装调试。

业务4：2020年3月5日，财务部收到某外资公司对本单位的投资，金额为10 000美元，存入交通银行美元户，结算方式为转账支票(票号为758402)1张，以当期的期初汇率折算，结算日期为当日。

业务5：2020年3月6日，大德科技有限公司所购光盘从商品库发出，并开具专用发票(票号为49592303)1张。

业务6：2020年3月8日，装配部陈辉出差回来，报销差旅费2 750元，余款以现金退回。

业务7：2020年3月9日，收到大德科技有限公司转来的转账支票(票号247301)1张，用来偿还所欠2019年12月8日款项，金额为20 000元，存入工商银行人民币户，结算日期为当日。

业务8：2020年3月11日，装配部收到华卓电子有限公司提供的2019年12月26日已验收入材料库的主要材料专用发票(票号为51230808)1张，单价为75元/个。

业务9：2020年3月12日，装配部从材料库领用主要材料110个，用于装配数码配件。

业务10：2020年3月16日，由销售部刘通经办，从华卓电子有限公司购入主要材料55个，单价68元，增值税税率为13%，取得专用发票(票号为51231707)1张。因对方公司要求，财务部于当日以转账支票(票号为432169)支付款项，结算日期为当日。

业务11:2020年3月20日,销售部到国美电器购入电脑2台,取得专用发票(票号为25149303)1张,注明单价为6 800元/台,增值税税率为13%,属于办公设备,款项于当日以工商银行转账支票(票号为432175)1张支付,预计使用10年,折旧方法为平均年限法(一),结算日期为当日。

业务12:2020年3月21日,收到运输公司提供的专用发票(票号为91120606)1张,系本月16日所购材料的运费,金额为120元,增值税税率为9%。因对方公司要求,财务部于当日以现金支票(票号为648225)支付款项,结算日期为当日。

业务13:2020年3月21日,财务部将期初结余的华卓电子有限公司的20 000元应付购货款转到海丽贸易服务公司。

业务14:2020年3月23日,装配部完工数码配件8个,已验收进入商品库,总成本为1 680元。

业务15:2020年3月28日,经核查,将本月23日装配完成的数码配件的入库成本减少30元。

业务16:2020年3月31日,核算本月工资数据如表A-38所示,并根据“应发合计”金额进行工资费用分配。

表A-39　工资数据

编　号	姓　名	基本工资/元	绩效工资/元
01	张军	8 000	1 000
02	孙丽红	7 800	900
03	王海	6 000	800
04	张林	5 000	760
05	刘通	5 500	800
06	陈辉	5 800	820

业务17:2020年3月31日,按照应发工资总额的8%,计提本月职工教育经费。

业务18:2020年3月31日,根据固定资产相关信息,计提本月固定资产折旧。

业务19:2020年3月31日,收到海丽贸易服务公司提供的辅助材料30盒,验收进入材料库。因月底发票尚未收到,将该批物资的成本暂估为750元。

业务20:2020年3月31日,进行汇兑损益调整,美元的期末汇率为6.92。

业务21:2020年3月31日,按照5.6%的年利率,计提短期借款的利息。

业务22:2020年3月31日,在本期所有业务(包括对账)完成后,进行期间损益结转。

五、对账与查账

(一) 银行对账

1. 银行对账单(见表 A－40、表 A－41)

表 A－40　2020 年 3 月中国工商银行对账单

账户名称:杭州长兴科贸有限公司　　　账号:12254398766　　　元

交易日期	摘要	凭证种类	结算号	借方金额	贷方金额	余　额
2020－03－12	销售	转账支票	247301	20 000.00		109 500.00
2020－03－23	采购	转账支票	432169		4 226.20	105 273.80

表 A－41　2020 年 3 月交通银行对账单

账户名称:杭州长兴科贸有限公司　　　账号:63014789215　　　美元

交易日期	摘要	凭证种类	结算号	借方金额	贷方金额	余　额
2020－03－05	收到投资	转账支票	758402	10 000.00		10 000.00

2. 生成银行存款余额调节表

(二)与总账对账

(三) 账表输出

自定义条件,进行财务系统、业务系统的账表查询,以 Excel 格式输出至少 5 种不同的账表,且输出的账表要取自不同的系统,并以文件名"强化测试 A(账表名称)"保存输出的账表。

六、UFO 报表处理

要求:操作员为"601 张军",操作日期为"2020－03－31",完成会计报表简表(见表A－42)。

表 A－42　会计报表简表

2020 年 3 月 31 日　　　元

项目／金额	资产负债项目		项目／金额	利润项目	
	年初数	期末数		本月数	本年累计数
货币资金			主营业务收入		
应收账款(净值)			主营业务成本		
原材料			管理费用		
库存商品			销售费用		
固定资产(净值)			财务费用		
应付账款			利润总额		

（续表）

项目 金额	资产负债项目		项目 金额	利润项目	
	年初数	期末数		本月数	本年累计数
应交税费			所得税费用		
应付职工薪酬			净利润		
实收资本					
本年利润					

1）按照表样，设置表头标题、关键字、表体项目。

2）其他单元格的单元属性可自定义设置。

3）编辑报表公式。

4）生成报表数据。

5）以文件名“强化测试 A(简表)”保存报表。

附录 2　业务财务一体化应用强化测试 B

【测试要求】

一、测试的注意事项

1）测试内容：运行用友 U8 V10.1 软件，完成从新建账套、系统初始化、总账管理、薪资管理、固定资产管理、应收款管理、应付款管理、供应链管理到 UFO 报表的全过程操作。

2）测试期间尽可能不要运行与本次测试无关的程序。

3）配备 U 盘、移动硬盘等存储设备用于保存测试相应的文件。

二、测试前的准备工作

新建一个文件夹，命名为“强化测试 B”，需要保存的文件如下。

1）账套的备份文件。

2）操作成果的截图文件。在文件夹中，新建一个 word 文件，命名为“强化测试 B”，在测试过程中所有要求截取的图片都保存在该文件中。

3）账表输出文件。

4）UFO 报表文件。

【测试资料】

一、操作员及权限

以系统管理员“Admin”的身份登录系统管理，操作员信息如表 B-1 所示。

表 B-1　操作员及权限

编　号	姓　名	口　令	所属部门	权　限
3001	方青山	无	财务部	账套主管的全部权限
3002	王成军	无	财务部	总账、薪资管理、固定资产管理的所有权限
3003	姜华	无	财务部	供应链、应收款管理、应付款管理的所有权限

二、建账及启用

1. 账套号：900（也可以自定义）

启用日期：2020-01-01。

2. 账套名称：苏州华艺家具股份有限公司

单位名称：苏州华艺家具股份有限公司。

单位简称：苏州华艺。

3. 记账本位币：人民币(RMB)

企业类型：工业。

行业性质：2007年新会计制度科目(按行业性质预置科目)。

账套主管：3001方青山。

基础信息：对存货、客户进行分类，有外币核算。

分类编码方案：科目编码级次：4－2－2－2；客户分类编码级次：2－2；存货分类编码级次：2－2；部门编码级次：2－2；结算方式编码级次：1－2。

4. 启用系统

总账、薪资管理、固定资产、应收款管理、应付款管理、采购管理、销售管理、库存管理、存货核算，启用日期均为“2020－01－01”。

三、系统初始化

要求：操作员为“3001方青山”，操作日期为“2020－03－01”。

(一)公共基础信息

1. 部门档案(见表B－2)

表B－2 部门档案

部门编码	部门名称	部门属性
01	购销中心	
0101	销售科	市场营销
0102	采购科	采购供应
02	生产部	
0201	木器加工车间	生产管理
0202	喷漆车间	生产管理
03	财务部	财务管理

2. 人员档案(见表B－3)

表B－3 人员档案

人员编码	人员姓名	所属部门
01	方青山	财务部
02	王成军	财务部
03	姜华	财务部
04	姚佩佩	木器加工车间
05	王庆	喷漆车间
06	周斌	销售科
07	杨霞	采购科

注：均为业务员。

3. 地区分类(见表 B－4)

表 B－4 地区分类

类别编码	类别名称
01	华南区
02	华北区

4. 供应商档案(见表 B－5)

表 B－5 供应商档案

供应商编号	供应商名称	供应商简称	所属地区分类	纳税人识别号	地 址	开户银行	账 号
001	厦门开源木材厂	开源木材厂	01	913502030611534320	厦门市太子宫路 98 号	中行厦门支行	3067226
002	石家庄建业漆制品公司	建业漆制品公司	02	911301080596541820	石家庄市红旗大街 75 号	招行石家庄分行	6331002

5. 客户分类(见表 B－6)

表 B－6 客户分类

类别编码	类别名称
01	同城客户
02	异地客户

6. 客户档案(见表 B－7)

表 B－7 客户档案

客户编号	客户名称	客户简称	所属客户分类	纳税人识别号	地 址	开户银行	账 号
001	苏州顾家家居公司	顾家家居	01	91320585MA21756663	苏州市开发区 21 号	中行苏州分行	423456
002	无锡美凯龙商城	美凯龙	02	913202003238267773	无锡市和平路 90 号	招行无锡分行	365432

(二) 总账基础信息

1. 凭证类别(见表 B－8)

表 B－8 凭证类别

类别字	类别名称	限制类型	限制科目
收	收款凭证	借方必有	1001,1002
付	付款凭证	贷方必有	1001,1002
转	转账凭证	凭证必无	1001,1002

2. 外币种类(见表 B－9)

表 B－9　外币种类

币别代码	币别名称	汇率方式	记账汇率
HKD	港币	固定汇率	0.89

3. 项目目录(见表 B－10)

表 B－10　项目目录

<table>
<tr><td>项目设置步骤</td><td colspan="2">设置内容</td></tr>
<tr><td>项目大类</td><td colspan="2">生产成本</td></tr>
<tr><td rowspan="4">核算科目</td><td colspan="2">生产成本(5001)</td></tr>
<tr><td colspan="2">直接材料(500101)</td></tr>
<tr><td colspan="2">直接人工(500102)</td></tr>
<tr><td colspan="2">制造费用(500103)</td></tr>
<tr><td>项目分类</td><td colspan="2"></td></tr>
<tr><td>1</td><td colspan="2">自制项目</td></tr>
<tr><td>2</td><td colspan="2">代加工项目</td></tr>
<tr><td>项目目录</td><td colspan="2"></td></tr>
<tr><td>01</td><td>餐桌</td><td>自制项目</td></tr>
<tr><td>02</td><td>电视柜</td><td>自制项目</td></tr>
</table>

4. 会计科目及期初数据(见表 B－11 至表 B－15)

表 B－11　会计科目及总账期初

科目编码	科目名称	辅助核算	借贷方向	期初余额/元
1001	库存现金	日记账	借	149 877.00
1002	银行存款	日记账、银行账	借	136 000.00
100201	招商银行	日记账、银行账	借	136 000.00
100202	建设银行	日记账、银行账、港币	借	
1122	应收账款	客户往来 应收系统	借	56 509.00
1221	其他应收款		借	9 500.00
1401	材料采购		借	31 000.00
140101	橡胶木	数量金额核算(立方米)	借	31 000.00(10 立方米)
140102	水曲柳	数量金额核算(立方米)	借	
1403	原材料		借	112 500.00

（续表）

科目编码	科目名称	辅助核算	借贷方向	期初余额/元
140301	橡胶木	数量金额核算(立方米)	借	60 000.00(20 立方米)
140302	水曲柳	数量金额核算(立方米)	借	52 500.00(15 立方米)
1405	库存商品		借	83 600.00
140501	餐桌	数量金额核算(套)	借	33 600.00(30 套)
140502	电视柜	数量金额核算(个)	借	50 000.00(50 个)
1511	长期股权投资		借	146 000.00
1601	固定资产		借	275 600.00
1602	累计折旧		贷	75 000.00
2001	短期借款		贷	166 512.00
2201	应付票据		贷	73 000.00
2202	应付账款	供应商往来 应付系统	贷	40 000.00
2203	预收账款	客户往来 应收系统	贷	30 288.00
2211	应付职工薪酬		贷	14 800.00
2221	应交税费		贷	77 000.00
222101	应交增值税		贷	77 000.00
22210101	进项税额		贷	
22210105	销项税额		贷	77 000.00
2231	应付利息		贷	35 681.00
2501	长期借款		贷	167 000.00
4001	股本		贷	158 600.00
4103	本年利润		贷	100 000.00
4104	利润分配		贷	83 000.00
5001	生产成本	项目核算	借	20 295.00
500101	直接材料	项目核算	借	6 500.00
500102	直接人工	项目核算	借	8 450.00
500103	制造费用	项目核算	借	5 345.00
5101	制造费用	部门核算	借	
6001	主营业务收入		贷	
6051	其他业务收入		贷	
6301	营业外收入		贷	

（续表）

科目编码	科目名称	辅助核算	借贷方向	期初余额/元
6401	主营业务成本		借	
640101	餐桌		借	
640102	电视柜		借	
6402	其他业务成本		借	
6403	税金及附加		借	
6601	销售费用		借	
660101	工资		借	
660102	差旅费		借	
660103	折旧费		借	
660104	水电费		借	
660105	其他		借	
6602	管理费用		借	
660201	工资	部门核算	借	
660202	差旅费	部门核算	借	
660203	折旧费	部门核算	借	
660204	水电费	部门核算	借	
660205	其他	部门核算	借	
6603	财务费用		借	
660301	借款利息		借	
660302	汇兑损益		借	
660303	其他		借	

表 B－12　应收账款往来明细

日　期	客　户	摘　要	方　向	金额/元
2019－12－03	顾家家居	应收销货款	借	26 509.00
2019－12－23	美凯龙	应收销货款	借	30 000.00
合计				56 509.00

表 B－13　应付账款明细

日　期	供应商	摘　要	方　向	金额/元
2019－10－30	开源木材厂	应付购货款	贷	40 000.00
合计				40 000.00

表 B-14　预收账款往来明细

日　期	凭证号	客　户	摘　要	方　向	金额/元
2019-12-11	收字-11	顾家家居	预收销货款	贷	30 288.00
合计					30 288.00

表 B-15　生产成本明细

明细科目	项　目	方　向	期初余额/元
直接材料	餐桌	借	4 800.00
	电视柜	借	1 700.00
直接人工	餐桌	借	5 850.00
	电视柜	借	2 600.00
制造费用	餐桌	借	3 550.00
	电视柜	借	1 795.00
合计			20 295.00

5. 指定会计科目

指定“1001 库存现金”为现金总账科目，“1002 银行存款”为银行总账科目。

6. 结算方式(见表 B-16)

表 B-16　结算方式

结算方式编号	结算方式名称	是否票据管理
1	现金支票	是
2	转账支票	是
3	银行承兑汇票	否
4	商业承兑汇票	否

7. 出纳初始信息

1) 2019 年 12 月 31 日，苏州华艺家具股份有限公司的招商银行科目(100201)的人民币存款日记账余额为 136 000.00 元，与银行对账单余额相符。

2) 2019 年 12 月 31 日，苏州华艺家具股份有限公司的建设银行科目(100202)的港币存款日记账余额为 0，与银行对账单余额相符。

8. 总账的其他功能选项设置

根据需要进行自定义。

(三) 薪资管理基础信息

1. 建立工资账套

工资类别个数：单个，为“正式工”(所有部门)；要求代扣个人所得税；不扣零；启用日期为“2020-01-01”。

2. 工资项目(见表B-17)

表B-17　工资项目

项目名称	类型	长度	小数位数	增减项
基本工资	数字	8	2	增项
奖金	数字	8	2	增项
误餐补贴	数字	8	2	增项
应发合计	数字	8	2	增项
实发合计	数字	8	2	增项

3. 人员档案(见表B-18)

表B-18　人员档案

人员编号	人员姓名	部门名称	人员类别	银行账号
01	方青山	财务部	正式工	20190101001
02	王成军	财务部	正式工	20190101002
03	姜华	财务部	正式工	20190101003
04	姚佩佩	木器加工车间	正式工	20190101004
05	王庆	喷漆车间	正式工	20190101005
06	周斌	销售科	正式工	20190101006
07	杨霞	供应科	正式工	20190101007

4. 正式工工资项目

1) 工资项目:基本工资、奖金、误餐补贴、应发合计、实发合计。

2) 计算公式(见表B-19)。

表B-19　正式工工资计算公式

工资项目	定义公式
奖金	销售科人员为2 500元,其他部门人员为1 500元
应发合计	基本工资+奖金+误餐补贴
实发合计	应发合计一代扣税

注:中方人员,计税,通过银行代发工资,工资不停发。

5. 代扣个人所得税设置

1) 所得税项目:工资;对应工资科目:实发工资。

2) 计税基数为5 000元,附加费用默认。

3) 个人所得税七级超额累进税率表(按照现行税率)。

6. 薪资管理的其他功能选项设置

根据需要进行自定义。

（四）固定资产管理基础信息

1. 建立固定资产账套

1）采用“平均年限法（二）”计提折旧，折旧汇总分配周期为1个月，当（月初已计提月份=可使用月份－1）时，将剩余折旧全部提足（工作量法除外）。

2）固定资产类别编码方式为“2-1-1-2”；固定资产编码方式采用“自动编码”方法；编码方式为“类别编码＋序号”；卡片序号长度为“4”。

3）要求与账务系统进行对账，固定资产对账科目为“1601 固定资产”，累计折旧对账科目为“1602 累计折旧”，在对账不平衡的情况下允许固定资产月末结账。

2. 选项设置

月末结账前一定要完成制单登账业务；“固定资产”“累计折旧”“减值准备”“增值税进项税额”“固定资产清理”的默认入账科目按照现行会计准则要求设置。其他功能选项根据需要进行自定义。

3. 部门对应折旧科目（见表B-20）

表B-20 部门对应折旧科目

部门编码	部门名称	折旧科目
01	购销中心	
0101	销售科	销售费用——折旧费
0102	采购科	管理费用——折旧费
02	生产部	
0201	木器加工车间	制造费用
0202	喷漆车间	制造费用
03	财务部	管理费用——折旧费

4. 资产类别（见表B-21）

表B-21 资产类别

类别编码	类别名称	使用年限	净残值率/%	计提属性	卡片样式
01	房屋及建筑物			正常折旧	通用样式
011	办公楼	30	2	正常折旧	通用样式
012	厂房	30	2	正常折旧	通用样式
02	机器设备			正常折旧	通用样式
021	喷漆生产线	10	3	正常折旧	通用样式
03	办公设备	5	3	正常折旧	通用样式

5. 固定资产原始卡片(见表 B-22)

表 B-22　固定资产原始卡片

资产名称	类别编号	部　门	增加方式	使用年限	开始使用日期	原值/元	累计折旧/元	对应折旧科目
1 号办公楼	011	财务部	在建工程转入	30	2010-02-19	217 600.00	69 000.00	管理费用——折旧费
A 号喷漆生产线	021	喷漆车间	购入	20	2017-12-20	40 000.00	4 000.00	制造费用
电脑	03	销售科	购入	10	2018-05-25	10 000.00	1 700.00	销售费用——折旧费
传真机	03	采购科	购入	10	2019-07-03	8 000.00	300.00	管理费用——折旧费
合计						275 600.00	75 000.00	

注:使用状况均为“在用”,其他未作说明的信息按系统默认。

(五) 供应链管理基础信息

1. 存货分类(见表 B-23)

表 B-23　存货分类

编　码	类别名称
01	原材料
02	库存商品
03	应税劳务

2. 计量单位组(见表 B-24)

表 B-24　计量单位组

计量单位组编号	计量单位组名称	计量单位组类别
01	无换算关系	无换算

3. 计量单位(见表 B-25)

表 B-25　计量单位

计量单位编码	计量单位名称	所属计量单位组
01	套	无换算关系
02	立方米	无换算关系
03	个	无换算关系
11	千米	无换算关系

4. 存货档案(见表 B－26)

表 B－26　存货档案

分类编码	存货编码	存货名称	计量单位	属　性	税率/%
01	0101	橡胶木	立方米	外购、生产耗用、销售	13
	0102	水曲柳	立方米	外购、生产耗用、销售	13
02	0201	餐桌	套	自制、销售	13
	0202	电视柜	个	自制、销售	13
11	0301	运输费	千米	外购、销售、应税劳务	9

5. 仓库档案(见表 B－27)

表 B－27　仓库档案

仓库编码	仓库名称	计价方法
01	原料库	移动平均法
02	成品库	移动平均法

6. 收发类别(见表 B－28)

表 B－28　收发类别

收发标志	编　码	名　称	收发标志	编　码	名　称
收	1	入库	发	2	出库
	11	采购入库		21	销售出库
	12	产成品入库		22	领料出库
	13	其他入库		23	其他出库

7. 采购类型(见表 B－29)

表 B－29　采购类型

编　码	名　称	入库类别	是否默认值
1	普通采购	采购入库	是

8. 销售类型(见表 B－30)

表 B－30　销售类型

编　码	名　称	出库类别	是否默认值
1	经销	销售出库	是
2	代销	销售出库	否

9. 存货科目(见表 B - 31)

表 B - 31　存货科目

仓库编码及名称	存货编码	存货名称	存货科目编码	存货科目名称
01 原料库	0101	橡胶木	140301	原材料——橡胶木
	0102	水曲柳	140302	原材料——水曲柳
02 成品库	0201	餐桌	140501	库存商品——餐桌
	0202	电视柜	140502	库存商品——电视柜

10. 存货对方科目(见表 B - 32)

表 B - 32　存货对方科目

入库类别编码及名称	存货编码	存货名称	对方科目编码	对方科目名称
11 采购入库	0101	橡胶木	140101	材料采购——橡胶木
	0102	水曲柳	140102	材料采购——水曲柳
21 销售出库			6401	主营业务成本

11. 单据设计

将采购发票、销售发票的单据编号方式均设置为完全手工编号。

12. 供应链期初数据

1) 2019 年 12 月 26 日,采购科杨霞从开源木材厂购入橡胶木 12 立方米,暂估价为36 000 元,已验收入材料库,采购发票尚未收到。

2) 存货核算期初数据(见表 B - 33)

表 B - 33　存货核算期初数据

仓库名称	存货编码	存货名称	结存数量	结存单价	结存金额/元
原料库	0101	橡胶木	20 立方米	3 000.00	60 000.00
	0102	水曲柳	15 立方米	3 500.00	52 500.00
成品库	0201	餐桌	30 套	1 120.00	33 600.00
	0202	电视柜	50 个	1 000.00	50 000.00

13. 供应链的其他功能选项设置

根据需要进行自定义。

(六) 应收款管理的基础信息

1. 应收款管理相关科目

1) 基本科目:“应收科目”为“应收账款”,“预收科目”为“预收账款”,“坏账入账科目”为“坏账准备”,“税金科目”为“应交税费——应交增值税(销项税额)”,“销售收入科目”为“主营业务收入”。

2) 结算方式科目:“现金支票”“转账支票”为“银行存款——招商银行”,“商业承兑汇票”

"银行承兑汇票"为"应收票据","本单位账号"为"53254398473"。

2. 客户往来期初数据

1）销售专用发票期初(见表B－34)。

表B－34 销售专用发票期初

日　期	票　号	客户简称	销售部门/业务员	物资名称	数量	含税单价	价税合计/元
2019－12－03	44553707	顾家家居	销售科/周斌	电视柜	10	2 650.9	26 509.00
2019－12－23	43889202	美凯龙	销售科/周斌	餐桌	10	2 850.00	28 500.00

2）其他应收单期初(见表B－35)。

表B－35 其他应收单期初

日　期	客户简称	部门/业务员	科　目	金额/元	结算方式	票据号	摘　要
2019－12－23	美凯龙	销售科/周斌	1122	1 500.00	转账支票	203113	代垫运费

3）收款单期初(见表B－36)。

表B－36 收款单期初

日　期	客户简称	部门/业务员	科　目	金额/元	结算方式	票据号	摘　要
2019－12－11	顾家家居	销售科/周斌	2203	30 288.00	转账支票	118217	预收销货款

注:"结算方式"为"转账支票","结算科目"为"银行存款——招商银行"。

3. 应收款管理的其他功能选项设置

根据需要进行自定义。

(七) 应付款管理的基础信息

1. 应付款管理相关科目

1）基本科目:"应付科目"为"应付账款","税金科目"为"应交税费——应交增值税(进项税额)"。

2）结算方式科目:"现金支票""转账支票"均为"银行存款——招商银行","本单位账号"为"53254398473"。

2. 供应商往来期初数据

1）采购专用发票期初(见表B－37)。

表B－37 采购专用发票期初

日　期	票　号	供应商简称	部门/业务员	科　目	物资名称	数　量	单　价	价税合计/元
2019－10－30	31221404	开源木材厂	采购科/杨霞	2202	橡胶木	10	4 000.00	40 000.00
合计								40 000.00

注:"结算方式"为"转账支票","结算科目"为"银行存款——招商银行"。

2）供应商往来期初数据(见表B－37)。

3. 应付款管理的其他功能选项设置

根据需要进行自定义。

四、日常业务处理

要求:按照各操作员的权限分工完成相应的操作,附单据均为1张。

业务1:2020年3月1日,从银行贷款港币300 000元,期限3年,以转账支票方式存入建设银行。结算号为478229,以当期的期初汇率折算,结算日为当日。

业务2:2020年3月2日,收到某机构捐赠收入55 000元,以现金支票方式存入招商银行账户,结算号为118229,结算日为当日。

业务3:2020年3月6日,销售科周斌出差归来报销差旅费2 500元,已预借3 000元。余款以现金退回。

业务4:2020年3月8日,以招商银行转账支票归还短期借款本金40 000元,利息1 200元,其中利息已预提800元。结算号为238419,结算日为当日。

业务5:2020年3月10日,车间因工作需要购入劳保用品,于当日交付使用。其中木器加工车间购入3 000元,喷漆车间购入2 000元,增值税税率13%,开出招商银行转账支票1张,结算号229470。

业务6:2020年3月12日,以现金支付本月水费,其中销售科950元,采购科700元,财务部900元,木器加工车间650元,喷漆车间800元,增值税税率13%。

业务7:2020年3月13日,采购科杨霞向开源木材厂购买橡胶木10立方米,单价3 100元/立方米,验收入原料库,同时收到专用发票1张,票号为96654101。

业务8:2020年3月14日,业务部门将采购发票交给财务部门,财务部门确定此业务所涉及的应付账款及采购成本。

业务9:2020年3月15日,财务部门开出转账支票1张,支票号880231,付清采购货款。

业务10:2020年3月18日,销售科周斌向顾家家居销售餐桌30套,单价为1 400元/套,增值税率13%,货物从成品库发出。

业务11:2020年3月18日,根据上述发货单开具专用发票1张。票号为66653202,同时收到客户以转账支票所支付的全部货款,存入招商银行,支票号为597886。

业务12:2020年3月18日,销售部在向顾家家居销售餐桌过程中,发生一笔代垫的安装费500元,客户尚未支付该笔款项。

业务13:2020年3月31日,确认本月为顾家家居代垫的安装费500元为坏账。

业务14:2020年3月31日,核算本月工资数据如表B-38所示,并根据“应发合计”金额进行工资费用分配。

表B-38 工资数据

编号	姓名	基本工资/元	奖金/元
01	方青山	7 000.00	1 000.00
02	王成军	6 800.00	900.00
03	姜华	6 500.00	1 100.00
04	姚佩佩	5 500.00	900.00

（续表）

编　号	姓　名	基本工资/元	奖金/元
05	王庆	5 200.00	900.00
06	周斌	5 000.00	2 000.00
07	杨霞	5 000.00	1 500.00

业务15：2020年3月31日，按照应发工资总额的2%，计提本月工会经费。

业务16：2020年3月31日，根据固定资产相关信息，计提本月固定资产折旧。

业务17：2020年3月31日，喷漆车间将A号喷漆生产线出售，取得出售款60 000元，增值税税率13%，收到对方开出的转账支票1张存入招商银行账户，结算号399087，结算日为当日。

业务18：2020年3月31日，结转出售生产线的净损益。

业务19：2020年3月31日，发现2日收到的捐赠收入金额应为50 000元，请采用红字冲销法将多记的金额冲销.

业务20：2020年3月31日，进行汇兑损益调整，港币的期末汇率为0.88。

业务21：2020年3月31日，按照5%的年利率，计提短期借款的利息。

业务22：2020年3月31日，在本期所有业务（包括对账）完成后，进行期间损益结转。

五、对账与查账

（一）银行对账

1. 银行对账单（见表B-39、表B-40）

表B-39　2019年3月招商银行对账单

账户名称：苏州华艺家具股份有限公司　　账号：53254398473

元

交易日期	摘　要	结算方式	结算号	借方金额	贷方金额	余额
2020-03-02	捐赠收入	现金支票	118229	55 000.00		191 000.00
2020-03-08	归还借款	转账支票	238419		41 200.00	149 800.00
2020-03-10	购买劳保用品	转账支票	229470		5 650.00	144 150.00
2020-03-15	采购	转账支票	880231		35 030.00	109 120.00
2020-03-18	销售	转账支票	597886	47 460.00		156 580.00

表B-40　2019年3月建设银行对账单

账户名称：苏州华艺家具股份有限公司　　账号：37014789215

元

交易日期	摘要	结算方式	结算号	借方金额	贷方金额	余　额
2020-03-01	贷款	转账支票	478229	300 000.00		300 000.00

2. 生成银行存款余额调节表

（二）与总账对账

（三）账表输出

自定义条件，进行财务系统、业务系统的账表查询，以Excel格式输出至少5种不同的账表，且输出的账表要取自不同的系统，并以文件名“强化测试B(账表名称)”保存输出的账表。

六、UFO报表处理

要求：操作员为“3001 方青山”，操作日期为“2020－03－31”，完成“成本与费用表”（见表B－41）。

表B－41　成本与费用表

单位名称：苏州艺华家具股份有限公司　2020　年　3　月　　元

生产成本			销售费用		管理费用			财务费用	
金额 项目	期初数	期末数	金额 项目	本月数	金额 项目	财务部本月数	采购科本月数	金额 项目	本月数
直接材料			工资		工资			借款利息	
直接人工			差旅费		差旅费			汇兑损益	
制造费用			折旧费		折旧费			其他	
			水电费		水电费				
			其他		其他				
合计			合计		合计			合计	

单位负责人：　　会计主管：　　制表人：

1）按照表样，设置表头标题、关键字、表体项目。
2）其他单元格的单元属性可自定义设置。
3）编辑报表公式。
4）生成报表数据。
5）以文件名“强化测试B(成本与费用表)”保存报表。

图书在版编目(CIP)数据

会计信息化：用友 U8 业财一体化应用 / 黄浩岚，历丽主编. -- 南京：南京大学出版社，2020.6

ISBN 978-7-305-23295-4

Ⅰ. ①会… Ⅱ. ①黄… ②历… Ⅲ. ①会计信息一财务管理系统 Ⅳ. ①F232

中国版本图书馆 CIP 数据核字(2020)第 083242 号

出版发行 南京大学出版社
社　　址 南京市汉口路 22 号　　邮　编 210093
出 版 人 金鑫荣

书　　名 会计信息化——用友 U8 业财一体化应用
主　　编 黄浩岚　历　丽
责任编辑 王向民　　编辑热线 025-83592193
助理编辑 陈家霞
责任校对 刘永清

照　　排 南京南琳图文制作有限公司
印　　刷 南京京新印刷有限公司
开　　本 787×1092　1/16　印张 22.75　字数 570 千
版　　次 2020 年 6 月第 1 版　2020 年 6 月第 1 次印刷
ISBN 978-7-305-23295-4
定　　价 60.00 元

网址：http://www.njupco.com
官方微博：http://weibo.com/njupco
官方微信号：njupress
销售咨询热线：(025) 83594756